ITALIEN
im 1. Jh. n. Chr.
km 100 200
Maßstab 1:5 540 000
GERMANIA
Rhenus
Danuvius
Augusta Vindelicum
Aenus
Noricum
Lacus Venetus
Raetia
Augusta Rauricorum
Dubis
Isonta
Anisus
Murus
ALPES MONTES
ILLYRICUM
Lacus Lemanus
Rhodanus
Ticinus
Atesis
Tridentum
Lacus Verbanus
Lacus Larius
Gallia Transpadana
Comum
Venetia
Via Postumia
Aquileia
Dalmatia
Lacus Benacus
Verona
Patavium
Vercellae
Mediolanum
Ticinus
Cremona
Mantua
Padus
Atria
Pola
Tanarus
Placentia
Parma
Liguria
Mutina
Bononia
Aemilia
Ravenna
Genua
Via Aemilia
Via Aurelia
Rubico
Ariminum
Lucca
Florentia
Pisae
Arnus
Metaurus
Ancona
Etruria
Arretium
Umbria
Via Flaminia
Picenum
Lacus Trasimenus
Perusia
Clusium
Asculum
Volsinii
Hadria
Lacus Volsiniensis
Tiberis
Reate
Aternus
Tarquinii
Corfinium
Caere
Lacus Fucinus
Anio
Roma
Ostia
Praeneste
Samnium
Latium
Antium
Campania
Luceria
Apulia
Cannae
Tarracina
Formiae
Beneventum
Aufidus
Capua
Via Traiana
Venusia
Via Appia
Vesuvius
Neapolis
Pompei
Brundisium
Casuentus
Calabria
Tarentum
Poseidonia (Paestum)
Lucania
Heraclea
Via Popilia
Sybaris
Croton
MARE LIGUSTICUM
MARE TYRRHENUM
MARE ADRIATICUM
MARE IONIUM
MARE AFRICUM
Corsica
Aleria
Olbia
Sardinia
Sulci
Carales
Spalatum
Salonae
Panormus
Drepanum
Segesta
Via Valeria
Aetna
Lilybaeum
Sicilia
Himeras
Selinus
Agrigentum
Syracusae
Utica
Carthago
Bagradas
Tunes
AFRICA
Zama
Caere
Veii
Via Flaminia
Tiberis
Fidenae
Anio
Via Aurelia
Roma
Praeneste
Tusculum
Ostia
Alba Longa
Latium
Lavinium
Via Appia
Volturnus
Capua
Beneventum
Clanius
Via Appia
Campania
Nola
Neapolis
Vesuvius
Cumae
Herculaneum
Misenum
Pompei
Via Popilia
Golf von Neapel
Stabiae
km 30
W0278433

Hinweise zur Konzeption und zur Arbeit mit *Campus*

Das Lehrwerk *Campus* bietet einen systematischen und altersgerechten Lateinkurs für den Sprachunterricht. Die **Grammatikstoffe** werden kleinschrittig und behutsam vorgestellt, intensiv eingeübt und von Beginn an verlässlich in ansprechenden Texten repräsentiert. Das **Vokabular** basiert auf den statistischen Untersuchungen des Bamberger Wortschatzes und bezieht darüber hinaus den sog. Kulturwortschatz ein.

Jeder Band enthält den Stoff eines Schuljahres und ist in zwei Teile gegliedert: Teil 1 umfasst die Lektionen mit Texten und Übungen, Teil 2 Wortschatz und Grammatik. Das Buch für das zweite Lernjahr bietet sieben Themenkreise aus der antiken Welt. Jeder Themenkreis wird durch eine Doppelseite mit den nötigen Basisinformationen eingeleitet. Diese enthält – in den weiß unterlegten Flächen – das **kulturkundliche Grundwissen**, das mit dem Schriftzug *fundamentum* gekennzeichnet ist.

Jede **Lektion** umfasst eine Doppelseite, die den Stoff übersichtlich und leicht zugänglich vorstellt; diese hat regelmäßig folgendes Aufbauschema (vgl. S. 4 f.):

- Linke Seite (enthält keinen neuen Wortschatz, allenfalls einige Vokabeln, die den neuen Grammatikstoff repräsentieren):

E Lateinischer Text zur Einführung des Grammatikstoffs
Ü Aufgaben zur (ersten) Übung des Grammatikstoffs
I Sachinformation zum kulturellen Hintergrund der Lektion

- Rechte Seite (enthält den gesamten neuen Wortschatz):

T Lektionstext mit dem aktuellen Grammatikstoff und allen neuen Vokabeln
V Aufgaben zur inhaltlichen und sprachlichen Vertiefung

Für die Behandlung einer Lektion bieten sich – vereinfacht dargestellt – **zwei methodische Verfahren** an:

von links nach rechts: ▮ Behandlung des Grammatikstoffs und ggf. seiner Repräsentanten im Vokabular (E) ▮ Einübung des Grammatikstoffs (Auswahl aus Ü) ▮ Übersetzung und Erschließung des Lektionstextes, Erarbeitung des (restlichen) Lektionswortschatzes (T, V a) ▮ Sprachliche Vertiefung (Auswahl aus V)

von rechts nach links: ▮ Behandlung des Lektionstextes (T, V a) ▮ dabei: Erarbeitung des Grammatikstoffs und des Vokabulars (T) ▮ Einübung des Grammatikstoffs (Auswahl aus Ü, E) ▮ Sprachliche Vertiefung (Auswahl aus V)

Die Behandlung der Lektionstexte ist verbindlich; die anderen Bestandteile der Doppelseiten sind ein **Angebot**, aus dem die Lehrkraft gezielt auswählen muss.

Weiteres **fakultatives Zusatzmaterial** – beispielsweise für Intensivierungsstunden – bieten die 12 *plus*-Lektionen, die den Stoff der jeweils vorangegangenen Kapitel umwälzen und vertiefen.

Bei der **Zeitplanung** sollte man Folgendes berücksichtigen:

- Für eine Lektion können (bei vier Stunden pro Woche) gut drei Unterrichtsstunden veranschlagt werden, wenn man auf die *plus*-Lektionen verzichtet.
- Wenn man alle *plus*-Lektionen in den Unterricht integrieren möchte, sind pro Lektion 2,5 Unterrichtsstunden anzusetzen.

Die Lektion – Auf einen Blick

Linke Seite

keine neuen Vokabeln
Ausnahme: beispielhafte Repräsentanten des neuen Grammatikstoffs

Einfacher Text:
gezielte **Einführung** bzw. Systematisierung des neuen **Grammatikstoffs**

Illustration
motivierender Einstieg in E

Übungen
präzise und kleinschrittige Festigung der Grammatik, steigernde Anordnung, von der Einzelform zum Kontext

Kleiner **Text**, als **Hausaufgabe** geeignet (hier Ü f)

Sachinformation
Vorbereitung auf T

8

E

1. Dominus servam monere debet. Serva cibos parare debet.
2. Serva semper cibos domini parat.
3. Dominus vocat: „Para cibos, Homilia! Parate cibos, servi!“
4. Syrus: „Statim cibos paro.“
5. Syrus et serva cibos parant.
6. Cornelia intrat et rogat:
7. „Cur cibos paras, Homilia? Cui cibos paratis, servi?“
8. Homilia et servus: „Domino cibos paramus.“

Ü

a) Ordne jedem Wortstamm eine Endung zu. Übersetze die gebildeten Verbformen:

-o debe- -te -t -mus
-o intra- -nt dele-
gaude- -tis -s pare- tace-
roga- -re terre- mone-

b) Konjugiere:
1. rogare et gaudere 2. intrare et videre
3. vocare et tacere 4. parare et parere

c) Irrläufer. Eine Verbform hat sich verirrt und gehört nicht in die Reihe. Begründe:
1. intramus - paremus - rogamus - vocamus
2. dolent - rogant - terrent - parant - monet
3. gaudes - taces - vides - pares - paras
4. paro - pareo - gaudes - terreo - taceo

d) Cornelia und Julia spielen. Sie springen immer vom Singular in den Plural und umgekehrt:
intro, rogat, mones, parant, timemus, vocas, rogamus, vocant, paratis, paretis, dolent

e) Regentropfen haben die Endungen unleserlich gemacht. Ergänze sie und übersetze:
Servi cibos para💧💧. Syrus puellas statim voca💧. Iulia intra💧: „Cur voca💧, Syre? Et cur cibos para💧💧💧, servi?“ Statim Syrus: „Domino cibum para💧💧 debemus. Itaque cibos para💧💧💧. Domino et amicis placet cibos habere.“ Iulia: „Para💧💧 cibos, servi!“

f) 1. Quis ibi vocat? Iulia vocat. 2. Avus et Cornelia rident et gaudent. Nam amica puellae villam domini intrat. 3. Dominus servas vocat. Servae domino parent et statim cibos parant.

I

Das Abendessen
Ganz Rom freute sich auf die wichtigste Mahlzeit des Tages, die cena. Da man Heizmaterial und Beleuchtung sparen musste, fand die cena normalerweise am späteren Nachmittag bis zum Einbruch der Dunkelheit statt. Bis zur cena blieb bei den meisten Römern die Küche kalt. Die cena war Mittelpunkt des Familienlebens und bestand aus mindestens drei Gängen: Vor-, Haupt- und Nachspeise. Bei keiner Vorspeise durften Eier fehlen. Den Hauptgang bildeten Fisch- und Fleischgerichte. Zum Nachtisch gab es meist mit Honig bestrichene Süßigkeiten. Der Tisch der einfacheren Leute war nicht so reich gedeckt. Sie aßen häufig einen Brei aus Getreide oder Bohnen, dem man auch anderes Gemüse hinzufügte. Fleisch gab es sehr selten, auch Fisch konnte man sich nicht täglich leisten.

34 a-Konjugation

Auf den **Lektionsdoppelseiten** ist nur die Behandlung des **T-Stückes** obligatorisch. Alle anderen Elemente – hier grün unterlegt – stellen ein Angebot dar, aus dem die Lehrkraft eine Auswahl nach methodischen und didaktischen Kriterien treffen wird.

Die römisch bezifferten *plus*-**Lektionen** haben fakultativen Charakter: Sie bieten keinen neuen Wortschatz und keinen neuen Grammatikstoff. Sie dienen der Festigung und Vertiefung der unmittelbar vorausgegangenen 3-4 Lektionen. Über ihre Durchnahme wird die Lehrkraft nach Bedarf entscheiden.

Rechte Seite

alle neuen Vokabeln

Zum Abendessen: Käse und Oliven

Der Sklave Syrus soll in Rom bei Julias und Cornelias Eltern übernachten und am nächsten Morgen zum Großvater, seinem Besitzer, zurückkehren. Die Mutter Corinna arbeitet schon nebenan in einer kleinen Küche. Syrus schaut ihr dabei zu, während die Töchter noch auf der Straße mit ihrem Freund Gajus spielen.

T

Syro servo placet dominae respondere et dominam rogare; nam linguam nunc amat. Dominam rogat: „Cur tu[1] cibos paras, domina? Cur tu laboras, domina? Cur puellae non laborant?“ Itaque Quintus puellas nunc vocat: „Iulia, propera! Cornelia, propera! Properate! Cenam parare debetis.“ Filiae properant; statim intrant. Et Gaius amicus intrat.

Quintus: „Parate caseum[2] et olivas[3], filiae! Tum mensam ornate!“ Puellae: „Primo mensam ornamus. Tum caseum paramus, ... non olivas. Nam Gaius olivas non amat.“ Gaius: „Sic est. Olivas non amo, sed caseum et fabas[4] amo.“ Corinna: „Parate amico fabas, filiae! Sic amicum delectatis.“ Profecto Gaius amicus gaudet; itaque Corinnae gratiam habet.

[1] tū du
[2] cāseus Käse
[3] olīva Olive
[4] faba Bohne

Vom Speisezettel der Römer: Brötchen, Eier, Oliven, Artischocken, Schnecken und verschiedene angemachte Speisen.

V

a) Entscheide, ob die folgenden Aussagen richtig, falsch oder nicht in T enthalten sind:
1. Dominus puellas vocat. 2. Filiae statim intrant. 3. Servus copias complet. 4. Puellae olivas (Oliven) parant. 5. Gaius olivas non amat. 6. Gaius Quinto gratiam habet.

b) Ergänze die Prädikate in der angegebenen Form und übersetze:
1. Muros (augere, 3. Pl.) 2. Filiam (amare, 1. Sg.) 3. Turbam (videre, 1. Pl.) 4. Amicos (vocare, 2. Pl.) 5. Domino (parere, 1. Sg.) 6. Insulam (intrare, 2. Sg.) 7. Amicas (delectare, 2. Pl.) 8. Mensam (ornare, 3. Sg.)

c) *plus* Immer ich!
1. Die Herrin bereitet Speisen vor. Deshalb ruft sie Claudia und Tullia: „Ihr müsst arbeiten, Töchter! Bereitet das Essen vor und schmückt den Tisch!“ 2. Claudia: „Immer muss ich arbeiten, immer muss ich gehorchen, immer muss ich eilen.“ 3. Tullia: „Immer arbeite ich, immer gehorche ich.“ 4. Die Mädchen: „Immer eilen wir, immer bereiten wir Speisen vor. Niemals sehen wir die Freundinnen.“

Ferien – Auf dem Land 35

Zentraler Lektionstext mit dem aktuellen Grammatikstoff und allen neuen Vokabeln

Abbildung
Auseinandersetzung mit T und I

Vertiefende Aufgaben

Inhaltliche Aufgabe:
Erfassung / Erschließung von T, ggf. weiterführende Recherche oder produktive Rezeption (hier V a)

Aufgabe(n):
zusammenfassende **Sicherung** des neuen Grammatikstoffs (hier V b)

Kleiner **Text** mit hoher Repräsentanz der neuen Vokabeln, als **Hausaufgabe** geeignet (hier V c)

Der letzte König – Rom wird Republik 12

41 **Die Maske der Dummheit** **14**

W Wortschatz 132
F Substantive: u-Deklination 133

42 **Die Befreiung von der Tyrannenherrschaft** **16**

W Wortschatz 134
F Substantive: e-Deklination 134

XIV *plus* Tarquinius – Wohltäter oder Tyrann? **18**

Theater, Thermen, Spiele – Freizeit der Römer 20

43 **So ein Angeber!** **22**

W Wortschatz 135
F Demonstrativpronomina: hic und ille 136
S Demonstrativpronomina hic und ille: Verwendung 136
M Wörter wiederholen: vergessene Vokabeln sichern 137

44 **Thermen – Erlebnisbäder der Antike** **24**

W Wortschatz 138
F Adjektive: 3. Deklination (einendige) 139
S Adjektive: Substantivierung 139

45 **Ein Kampftag in der Arena – der Vormittag** **26**

W Wortschatz 140
F Verben: Passiv (Präsens) 141
S1 Verwendung des Passivs 143
S2 Wiedergabe des Passivs 143
S3 AcI im Passiv (Präsens) 143

46 **Ein Kampftag in der Arena – der Nachmittag** **28**

W Wortschatz 144
F Verben: Passiv (Imperfekt) 145
M Wörter lernen: individuelle Lernstrategien entwickeln 145

XV *plus* Das Kolosseum – das achte Weltwunder **30**

Geheimnisvolle Nachbarn – Rom und die Etrusker 32

47 **Ein Diebstahl mit Folgen** **34**

W Wortschatz 147
F Substantive: 3. Deklination (Neutra) 148

48 **Ein Buch und seine Geheimnisse** **36**

W Wortschatz 149
F Verben: Passiv (Futur I) 150

49 **Ein Zeuge berichtet** **38**

W Wortschatz 151
F1 Substantive: 3. Deklination (i-Stämme) 152
F2 Grundzahlen 1–20 153
F3 Deklination von unus, duo und tres 153

XVI *plus* Brot und Spiele **40**

50 **Auf der Spur** **42**

W Wortschatz 154
F Verben: Passiv (Perfekt) 155
S1 Verwendung des Perfekt Passiv 155
S2 AcI im Passiv (Perfekt) 156

51 **Der Sklave packt aus** **44**

W Wortschatz 157
F1 Verben: Stammformen 158
F2 Ordnungszahlen 158

52 **Ein schnelles Ende** **46**

W Wortschatz 159
F Verben: Stammformen 160

XVII *plus* Das geheime Wissen der Etrusker **48**

Menschen und Götter – die Welt der Mythen 50

53	**Europa und der Stier**		**52**
	W	Wortschatz	161
	F	Verben: Passiv (Plusquamperfekt, Futur II)	162
	S1	Verwendung des Plusquamperfekt Passiv	162
	S2	Verwendung des Futur II Passiv	162
54	**Ein Ende der Qualen**		**54**
	W	Wortschatz	163
	S1	Genitiv der Beschaffenheit	164
	S2	Ablativ der Beschaffenheit	164
55	**Flugpioniere**		**56**
	W	Wortschatz	165
	S	Verwendung des Partizip Perfekt Passiv (PPP)	166
	M	Übersetzen: Partizipien analysieren	168
Spezial		Kreta und die minoische Kultur	**58**
XVIII plus		Proserpina – eine Königin für die Unterwelt	**60**
56	**Göttlicher Zorn**		**62**
	W	Wortschatz	170
	F	Pronomen ipse	171
	S1	Pronomen ipse: Verwendung	172
	S2	Doppelter Akkusativ	172
57	**Ein verbotener Blick**		**64**
	W	Wortschatz	173
	F	Verben: Partizip Präsens Aktiv (PPA)	174
	S	Verwendung des Partizip Präsens Aktiv	174
58	**Die Götter kann man nicht betrügen**		**66**
	W	Wortschatz	176
	S	Partizip als Adverbiale: Überblick	177
XIX plus		Proserpina – der Kompromiss zwischen Pluto und Ceres	**68**

Rom in Gefahr – die Zeit der Republik 70

59 Vom Befehlshaber zum Schuldknecht **72**

W Wortschatz 179
S1 Verben mit abweichender Kasusrektion 180
S2 Verben mit unterschiedlicher Kasusrektion 181

60 Am Ende siegen die Frauen **74**

W Wortschatz 182
S1 Dativ des Zwecks 183
S2 Dativ des Vorteils 183
S3 Partizipien: Substantivierung 183

61 Wer rettet das Kapitol? **76**

W Wortschatz 184
F Pronomen idem 185
S Korrelativa 185

XX *plus* Der Streit zwischen dem Magen und den Gliedern **78**

62 Ein kindlicher Schwur **80**

W Wortschatz 186
F Verben: Konjunktiv Imperfekt 187
S Konjunktiv Imperfekt als Irrealis der Gegenwart 188

63 Die Karthager auf dem Gipfel **82**

W Wortschatz 189
F Verben: Konjunktiv Plusquamperfekt 190
S Konjunktiv Plusquamperfekt als Irrealis der Vergangenheit 190

64 Hannibal ante portas! **84**

W Wortschatz 191
S1 Gliedsätze als Objekt: Begehrsätze 192
S2 Genitiv der Zugehörigkeit 192

XXI *plus* Was wäre gewesen, wenn ...? **86**

Verfolgung und Bekehrung – die Anfänge des Christentums 88

65 Eine entscheidende Wende **90**

W Wortschatz 193
F Indefinitpronomen quidam 194
S1 Indefinitpronomen quidam: Verwendung 195
S2 Gliedsätze als Adverbiale (konsekutiv, final) 195
M ut und ne: Bedeutungen unterscheiden 196

66 Außenseiter Christen **92**

W Wortschatz 197
F Demonstrativpronomen iste 198
S1 Demonstrativpronomen iste: Verwendung 198
S2 Prädikativum 198

67 Tod im Namen des Glaubens? **94**

W Wortschatz 200
S1 Genitivus subiectivus / obiectivus 201
S2 Gliedsätze als Adverbiale (temporal, kausal, konzessiv, adversativ) 201
M cum: Bedeutungen unterscheiden 203

XXII *plus* Hilfe für den Mitmenschen **96**

68 Sieg im Zeichen des Kreuzes **98**

W Wortschatz 204
S Ablativus absolutus (1) 205
M Sprache betrachten: Sinnrichtung ermitteln 206

69 Bonifatius wagt ein Gottesurteil **100**

W Wortschatz 207
S Ablativus absolutus (2) 208
M Übersetzen: Ablativi absoluti auflösen 209

70 Ein „Riesengeschenk" für Karl den Großen **102**

W Wortschatz 211
S Ablativus absolutus (3) 212

XXIII *plus* So muss man beten! **104**

Limes und Lehnwort – die Römer bei uns 106

71	**Imperium sine fine?**		**108**
	W	Wortschatz	213
	F	Interrogativpronomen	214
	S	Wort-, Wahl- und Satzfragen	214
	M	Informationen beschaffen: Bücher und Internet nutzen	215
Spezial		Der Limes	**110**
72	**Warum geht ein Barbar zur römischen Armee?**		**112**
	W	Wortschatz	216
	F	Verben: Konjunktiv Präsens	217
	S	Konjunktiv Präsens in Gliedsätzen	218
73	**Ein gigantisches Bauwerk**		**114**
	W	Wortschatz	219
	F	Verben: Konjunktiv Perfekt	220
	S	Konjunktiv Perfekt in Gliedsätzen	220
XXIV plus		Die Varusschlacht	**116**
Spezial		Antike Fundstücke erzählen eine Geschichte	**118**
74	**„Big business“ am Limes**		**120**
	W	Wortschatz	221
	S1	Gliedsätze als Objekt: Indirekte Fragesätze	222
	S2	Zeitenfolge	223
75	**Ein schwieriger Rechtsfall**		**122**
	W	Wortschatz	224
	F	Adverbbildung	225
	S	Adverb als Adverbiale	225
76	**Pfirsiche in Germanien**		**124**
	W	Wortschatz	226
	F	Verben: ferre	227
XXV plus		Warum Varus verloren hat	**126**

Tabellarium	230
Stammformen wichtiger Verben	245
Grammatisches Register	252
Lateinisch-deutsches Register	255
Eigennamenverzeichnis	270
Zeittafel zur römischen Geschichte	284
Das Stadtzentrum von Rom	286
Abkürzungen / Bildnachweis	288

Der letzte König – Rom wird Republik

1

Über Rom sollen anfangs rund zweieinhalb Jahrhunderte lang sieben Könige geherrscht haben. Romulus war der erste von ihnen, der Etrusker Tarquinius Superbus der letzte. Da die Römer seine Schreckensherrschaft nicht mehr aushielten, stürzten sie ihn und beendeten zugleich für immer die Herrschaft von Königen. Stattdessen führten sie eine neue Staatsform ein, die Republik, in der sich das Volk mehr Rechte erhoffte.

2

fundamentum

Der letzte König Tarquinius Superbus

Tarquinius Superbus – der Beiname heißt „der Hochmütige" – soll 534–509 v. Chr. in Rom regiert haben. Man schreibt ihm durchaus positive Leistungen zu, wie die Errichtung von Abwasserkanälen und den Bau des Jupitertempels auf dem Kapitol. Gleichzeitig aber verfuhr er rücksichtslos mit seinen Untertanen: Die einfachen Leute (die Plebejer) ließ er weitgehend ohne Lohn schuften und den Patriziern (den Adligen) nahm er Rechte, die sie unter seinen Vorgängern gehabt hatten. So regte sich von allen Seiten Widerstand gegen den König, den dieser brutal unterdrückte.
Eine Unrechtstat seines Sohnes Sextus Tarquinius an der Römerin Lukretia (vgl. 42 T) brachte das Fass zum Überlaufen. Dieses Ereignis soll den Ausschlag für die Vertreibung der Tarquinier aus Rom gegeben haben.

fundamentum

Der Freiheitsheld Lucius Junius Brutus

Maßgeblich beteiligt am Sturz des Tarquinius Superbus war der junge Brutus. Als Sohn der Schwester des Tarquinius war er mit der Königsfamilie verwandt. Das war für ihn gefährlich, weil die Söhne des Königs Angst hatten, Brutus könnte an ihrer Stelle einmal König werden wollen. Um den Prinzen diese Furcht zu nehmen und sein Überleben zu sichern, spielte Brutus den harmlosen Dummkopf. Nach der Untat des Königssohnes Sextus an Lukretia führte Brutus den Widerstand gegen die Tarquinierfamilie an.

1 Gavin Hamilton: Der Tod der Lukretia. 1764. Yale Center for British Art, USA.

2 Teil einer römischen Militärstandarte. 1.–2. Jh. n. Chr. Barcelona, Archäologisches Museum. Das Hoheitszeichen S.P.Q.R. steht für die beiden politischen Kräfte, die die römische Republik tragen: Senatus populusque Romanus.

3 Römischer Denar. Vorderseite: Kopf der Göttin Libertas. Rückseite: Der Konsul L. Iunius Brutus zwischen zwei Liktoren, davor ein weiterer Beamter. Um 44 v. Chr. London, British Museum.

4 Die römische Wölfin. Etruskische Bronzeplastik. Um 500 v. Chr. Rom, Musei Capitolini.

5 Der sog. Togatus Barberini: ein römischer Patrizier mit zwei Ahnenbildnissen. 1. Jh. v. Chr. Rom, Musei Capitolini.

6 Liktoren mit Rutenbündeln. Die Liktoren waren ursprünglich die Leibwächter des Königs, später waren sie die Amtsdiener, die höheren römischen Staatsbeamten in der Öffentlichkeit voranschritten. Als Zeichen der Macht des Beamten und der res publica trugen sie über der linken Schulter ein Rutenbündel mit Beil, die sog. fasces.

3

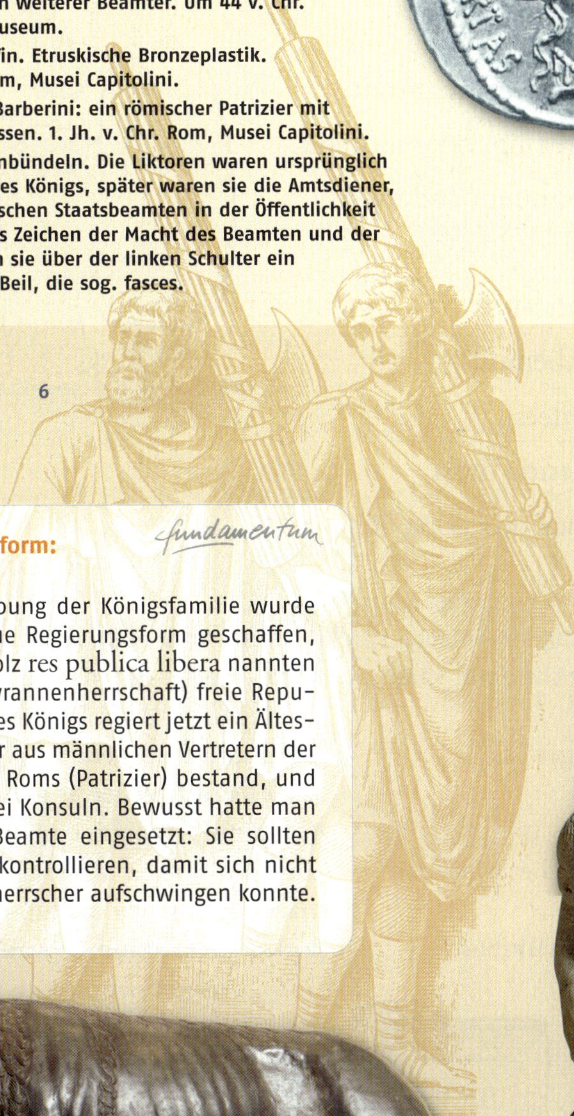
6

fundamentum

Eine neue Staatsform: die Republik

Nach der Vertreibung der Königsfamilie wurde in Rom eine neue Regierungsform geschaffen, die die Römer stolz *res publica libera* nannten – die (von der Tyrannenherrschaft) freie Republik. Anstelle eines Königs regiert jetzt ein Ältestenrat (Senat), der aus männlichen Vertretern der adligen Familien Roms (Patrizier) bestand, und an der Spitze zwei Konsuln. Bewusst hatte man zwei führende Beamte eingesetzt: Sie sollten sich gegenseitig kontrollieren, damit sich nicht einer zum Alleinherrscher aufschwingen konnte.

4

5

41

E

1. Metus homines torquet.
2. Homines pleni timoris et metūs sunt.
3. Adhuc vultūs tristes videmus.
4. Mox vultūs hominum non iam tristes erunt.
5. Nam multitudo vultuum tristium deos movebit.
6. Adhuc tristem gemitum hominum audimus: „Adeste, di magni!“
7. Mox homines sine gemitu dicent: „Vobis, di magni, gratias habemus.“
8. Adhuc omni vultui laetitia deest. Adhuc omnibus vultibus laetitia deest.
9. Mox homines plenis manibus deis dona dabunt.

Ü

a) Welche Formen stehen eindeutig im Singular, welche eindeutig im Plural, welche Form kann beides sein? Sortiere:
metum - manuum - vultūs - gemitu - vultibus - manus

b) Da fehlt doch etwas! Ergänze die fehlenden Formen und bestimme sie:
1. vultuum, vultibus, vultum, vultibus, vultus, vultui, vultu 2. manūs, manibus, manum, manuum, manūs, manui, manūs

c) Dekliniere lateinisch und deutsch:

d) Übersetze und entscheide, ob es an den markierten Stellen -us oder -ūs lauten muss:
1. Magnus erat metus hominum. 2. Vultus hominum tristes erant. 3. Etiam gemitus saepe signum curae et metus est.
4. Homines magno cum gemitu clamant: „Iuppiter, metus nos torquet. 5. Itaque manus nostras ad caelum tendimus (wir strecken) et auxilium petimus. 6. Nonne gemitus noster te movet? 7. Serva nos! Nam manus tua salus nostra est.“

I

Die Königszeit

Die römische Geschichte unterteilt man grob in drei Phasen: die Königszeit (753–509 v. Chr), die Zeit der Republik (509–31 v. Chr.) und die Kaiserzeit (27 v. Chr.–476 n. Chr.). In der Königszeit herrschten sieben sagenhafte Könige, deren erster Romulus und deren letzter der Etrusker Tarquinius Superbus war. Dieser regierte von 534–509 v. Chr. Seinen Beinamen „der Hochmütige“ bekam er wegen seiner grausamen und tyrannischen Machtausübung. Er war schuld daran, dass der Titel rex (König) in Rom nach ihm für immer verpönt war. Weil er vom Volk gehasst wurde, hatte er stets Angst vor einem Attentat.

Die Maske der Dummheit

T

Magnus erat metus Tarquinii Superbi: Viderat enim serpentem[1] in villa sua. Rex superbus metui temperare[2] non poterat; omnes signa metūs videbant. Tarquinius enim sentiebat serpentem signum deorum esse. Quia consilia eorum scire voluit, filios suos cum Bruto, filio sororis, ad oraculum Delphicum[3] misit. Primo fratres magno cum gemitu patrem rogabant: „Cur Brutum nobiscum mittis? An nescis eum stultum esse, pater?“ Tarquinius autem filios tacere et parere voluit. Paulo post iuvenes cum Bruto portum petiverunt.

Brutus, der Neffe des Tarquinius, spielte aber nur den Dummen, um nicht als möglicher Konkurrent um den Thron ermordet zu werden. In Delphi sagte das Orakel voraus, dass derjenige über Rom herrschen werde, der als Erster die Mutter küsse.

Filii Tarquinii putaverunt id oraculum ad matrem suam pertinere. Sed Brutus statim terrae osculum[4] dedit. Fratres vultibus superbis Brutum riserunt: „Quid agis, puer stulte? Ecce manus tuas: Manus tuae sordidae[5] sunt. Talibus manibus numquam imperium tenebis.“ Brutus vultu laeto respondit: „Terrae, communi matri omnium, osculum dedi. Ego igitur in urbe nostra summam potestatem tenebo.“

Brutus hatte tatsächlich den Orakelspruch als Einziger richtig verstanden.

[1] serpēns, ntis *f* Schlange
[2] temperāre *m. Dat.* bändigen
[3] ōrāculum Delphicum das Orakel von Delphi (in Griechenland)
[4] ōsculum Kuss
[5] sordidus schmutzig

V

a) 1. Sammle die Begriffe, die die Gefühle der Hauptfiguren beschreiben. Zeige, wie sich der Verlauf der Geschichte in ihnen spiegelt. 2. Wie wird Brutus von den Söhnen des Tarquinius charakterisiert?

b) Kombiniere und übersetze dann:

1. Video vultus	fortium
2. Mulier clamavit gemitu	claris
3. Me delectat labor manuum	misero
4. Iam saepe fui in portibus	magnum
5. Sentisne metum	laetos

c) 1. Tarquinius rex civibus saepe vultum superbum ostendebat. 2. Cives ergo in magno metu vitam agebant. 3. Semper Tarquinius magnas manūs militum circum se habebat. 4. Amicis plena manu dona dabat. 5. Tarquinius laetus erat, quia cives sine gemitu parebant.

Heinrich Leutemann: Das Orakel zu Delphi. Kolorierter Holzschnitt. Um 1865.

42

E

1. Filii Tarquinii ad Brutum: „Osculum (Kuss) tuum res stulta erat.
2. Semper res stultas fecisti.
3. Res stultae tibi semper placuerunt.“
4. Brutus: „Osculum meum rem stultam fuisse dicitis.
5. Sed terra mater omnium rerum (omnis rei) est.
6. Nam terra omnibus rebus (omni rei) vitam dat.“
7. Filii Tarquinii: „Neque eo osculo neque aliis rebus imperabis.“
8. Brutus: „In eā re erratis.
9. Plenus spei sum; diem perniciei vestrae exspecto.“

Ü

a) Buchstabensalat! Bilde mit folgenden Buchstaben so viele Formen von res wie möglich. Mehrfachverwendung ist erlaubt.

S · I · E · R · U · M

b) Dank Mutter Erde wachsen Blumen, wo einst Buchstaben standen. Welche Formen von res sind gemeint?

c) Suche die passende(n) Adjektivform(en) und bestimme jeweils Kasus, Numerus und Genus:
1. rerum (tristem / tristium / triste) 2. rebus (magna / magnus / magnis) 3. diem (bonum / bonam / bonos) 4. (ceteri / ceteris / ceteros) diebus 5. spe (magnā / magno / magni) 6. perniciei (turpi / turpe / turpis)

d) Ordne die Wörter so, dass sinnvolle Sätze entstehen, und übersetze:
1. spei est dies bonus plenus.
2. perniciem spes et vincit metum.
3. et verba rem tene venient.

e) Brutus – ein Dummkopf?
1. Tarquinius Superbus rex crudelis erat, qui pernicie bonorum civium gaudebat. 2. Brutus, quia perniciem suam timebat, tamquam vir stultus vivere studuit: 3. Profecto multas res miras fecit. 4. Iis rebus vitam suam servavit. 5. Numquam de salute desperabat: Spes Bruti semper valebat. 6. Tandem dies aderat, quo regem pellere potuit.

f) Was bedeutet medias in res gehen?

I

Der Fall Lukretia

Eines Tages unterhielten sich die jungen Prinzen des Tarquiniergeschlechtes, darunter Sextus, der Sohn des Tarquinius Superbus, und Collatinus über ihre Ehefrauen. Collatinus rühmte den Fleiß seiner Frau Lukretia. Um die anderen davon zu überzeugen, lud er sie zu einem nächtlichen Besuch bei Lukretia ein. Tatsächlich trafen die Prinzen Lukretia beim Wollespinnen an. Sextus aber verliebte sich augenblicklich in sie. Eines Nachts drang er bei ihr ein und vergewaltigte sie. Am nächsten Morgen berichtete Lukretia das Verbrechen ihrem Mann, ihrem Vater und Brutus. Nachdem sie die Anwesenden um Rache gebeten hatte, brachte sie sich selbst mit einem Dolch um. Die Untat seines Sohnes führte schließlich zur Vertreibung des Tarquinius Superbus.

Die Befreiung von der Tyrannenherrschaft

T

Kaum ist der Trauerzug für Lukretia in der Stadt Collatia beendet, beginnen unter Führung des Brutus die Gegner des Tarquinius Superbus von dort aus nach Rom zu marschieren.

Res nova Romanos terruit: Viderunt viros per vias urbis properare, qui arma secum habebant. Primo causam eius rei non comprehenderunt. Subito autem media in turba virorum Brutum patremque tristem Lucretiae aspexerunt. Cum iis omnes viri forum petebant. Ibi Brutus manu sua patrem Lucretiae ostendit: „Videte vultum tristem eius viri! Vos cuncti de mala fortuna eius audivistis. Adeste ei, adeste rei publicae! Tarquinius enim non solum eius viri perniciem cogitat: Nunc libertas et salus omnium civium in summo periculo sunt. Res adversae civitatis ad vos omnes pertinebunt. Si libertatem servare vultis, pellite Tarquinium ex urbe! Tarquinius multas res malas fecit. Si in rebus futuris res secundas desideratis, resistite consiliis malis tyranni[1]! Tum in rebus secundis vivetis. Mihi quidem spes bona est.“ Is dies finis Tarquinii Superbi fuit. Eo die cives tyrannos pepulerunt.

[1] tyrannus Gewaltherrscher

Tatsächlich wurden Tarquinius Superbus und seine Familie wenig später aus Rom verjagt. Damit war die Königsherrschaft in Rom für immer beendet. In der neugeschaffenen rēs pūblica lībera soll Brutus zusammen mit seinem Kollegen Collatinus der erste Konsul geworden sein.

Eduardo Rosales-Martinez: Der Tod der Lukretia. 19. Jh. Madrid, Casón del Buen Retiro.

V

a) 1. Mit welchen Schlüsselwörtern charakterisiert Brutus den Tarquinius als Tyrannen? 2. Belege anhand der Rede, dass Lukretia nur als Vorwand für die Vertreibung des Tarquinius dient. 3. Versuche an T zu erklären, inwiefern Brutus ein geschickter Redner ist.

b) Setze die eingeklammerten Substantive in den richtigen Fall. Übersetze anschließend:
1. in tristi (pernicies) 2. per multos (dies) 3. in (res) adversis 4. (res) futuras nescimus 5. magnam (spes) habeo 6. salus (res) publicae 7. copia omnium (res)

c) Übersetze:
1. Medio in foro sumus. 2. Media in via equi constiterunt. 3. Media in urbe stant.

d) Zum Nachdenken:
1. Manus manum lavat (wäscht).
2. Media in vita in morte sumus.

e) 1. Iuppiter: „Homines res futuras nesciunt. 2. Laeti sunt, cum in rebus secundis vivunt. 3. Semper dies laetos videre volunt. 4. Itaque res adversae eos terrent. 5. Sed spem numquam amittunt.“

Tarquinius – Wohltäter oder Tyrann?

T

Nach der Vertreibung des Tarquinius herrscht Unsicherheit in Rom:

Postquam Tarquinius Superbus ab urbe abiit, cives magnam controversiam[1] habebant. „Regem quidem pepulimus, sed quid erit?", multi Romani magno cum metu et vultu tristi dicebant. „Reges tamquam patres populi Romani erant nobisque bene imperabant." Alii etiam quaesiverunt: „Quis res adversas a populo Romano prohibebit? Quis salutem omnium civium ita curabit ut rex? An Brutus novus rex esse vult?"

Sed alii Brutum laudabant: „Tarquinium non solum regem malum, sed etiam tyrannum[2] crudelem fuisse constat. Multos homines torsit et interfecit! Itaque Brutus non solum libertatem nobis dedit, sed etiam sceleratum pepulit. Tyrannum tam crudelem non iam habebimus; nam consules[3], quorum unus Brutus esse debet, cives curabunt et perniciem a re publica prohibebunt. Brutus libertatem nobis dedit. Itaque libertatem etiam servabit."

[1] contrōversia Streit

[2] tyrannus Tyrann, Gewaltherrscher

[3] cōnsul, is Konsul (einer der beiden höchsten röm. Beamten)

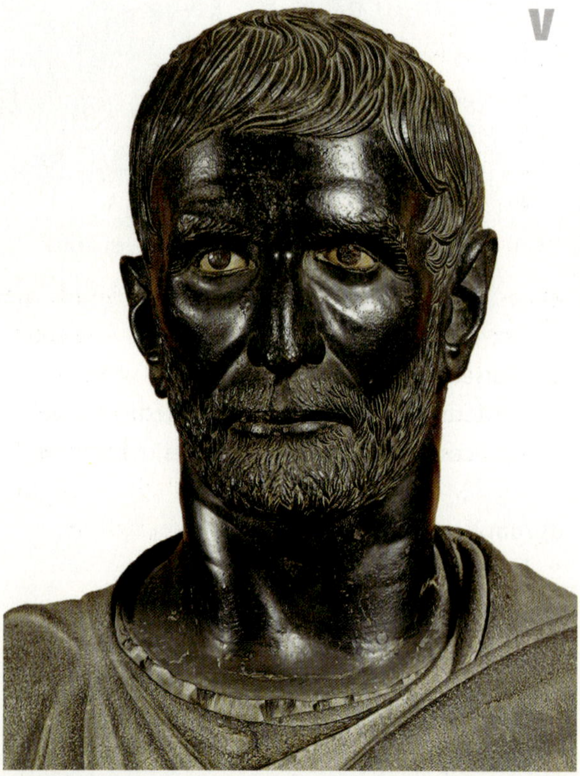

Der sog. Brutus Capitolinus: Das einzige erhaltene Bronzeporträt aus der mittleren Republik wird oft als Lucius Iunius Brutus gedeutet. 3.–1. Jh. v. Chr. Rom, Konservatorenpalast.

V

a) Was bewegte die Bürger nach der Vertreibung des Tarquinius? Sortiere nach einem aufmerksamen Durchlesen die falsche Antwort aus:
- das Wohlergehen der Bürger
- die Befreiung durch Brutus
- die Rückkehr des Tarquinius

b) Versuche, vor der Übersetzung anhand von Wortfeldern und Satzzeichen zu erschließen, wie der letzte König Tarquinius Superbus im ersten Absatz und wie er im zweiten Absatz gesehen wird.

c) 1. In beiden Absätzen finden sich erst Perfekt- und Imperfekt-, danach Futurformen. Erkläre dieses „Tempusprofil" aus dem Inhalt.
2. Diskutiert darüber, ob in dem Text beide Sichtweisen des Tarquinius gleich gut begründet werden oder ob eine überzeugender dargestellt wird. Begründet eure Meinung durch Belege aus dem Text.

a) Tarquinius hat vor seiner Flucht aus Rom fünf Geheimschriften am Verb ire ausprobiert. Finde heraus, welche Geheimcodes er verwendet hat, und bestimme die Formen.

b) Doppelte Angst. Bilde die entsprechende Form von metus oder timor.
1. timorem et (metus) 2. (timor) et metu 3. (timor) et metui 4. timoris et (metus) 5. timor et (metus) 6. (timor) et metum

Hand und Schwert. Bilde die entsprechende Form von manus oder gladius.
1. (manus) et gladios 2. manibus et (gladius) 3. (manus) et gladium 4. manu et (gladius) 5. (manus) et gladiorum 6. (manus) et gladii 7. manui et (gladius)

c) Gib an, welche Veränderung vorgenommen wurde, um den jeweils nächsten Schritt zu erreichen. Beachte: Es gibt jeweils nur eine Veränderung; entweder ändert sich der Kasus oder der Numerus.
1. res → re → rem → res → rebus → re
2. die → diebus → dies → diem → diei → dierum
3. rem → res → rebus → rei → re → rebus
4. dierum → diei → diem → die → diebus → dierum

d) Tarquinius gibt nicht auf. Ergänze die Form im Perfekt durch eine entsprechende Form im Futur I nach folgendem Muster: Rex fui et [?].
Rex fui et ero. Übersetze dann.

Tarquinius secum cogitat:
1. Imperium tenui et [?]. 2. Cives me timuerunt et [?]. 3. Res malas feci et [?]. 4. Populo Romano imperavi et [?]. 5. Romani paruerunt et [?].

e) Wird Tarquinius zurückkehren? Bilde jeweils die passende Form des Adjektivs und übersetze dann.
1. „Tarquinium, regem (crudelis), etiam nunc timeo." 2. „Nondum vitam (dulcis) vivimus." 3. „Bellum (crudelis) me terret." 4. „Sed Brutus vir (fortis) est." 5. „Ingenio (acer) nos servabit." 6. „Et (omnis) viri Romani Bruto adsunt."

f) In einer englischen Buchhandlung:
„Do you **have** a book about the **port** of Rotterdam?" – „Yes, it's here in the **middle** of the shop." – „The author of this book has a **Greek** name." – „I can't **resist** buying it. I love inter**national** books."

Theater, Thermen, Spiele – Freizeit der Römer

1

Heutzutage gibt es zahlreiche Möglichkeiten, seine Freizeit zu verbringen: Kino, Theater, der Besuch großer Sportereignisse oder Ausflüge in Freizeitparks, Zoos, Erlebnisbäder und vieles andere mehr. Auch die Römer kannten Massenvergnügungen, wie den Besuch in den Thermen und im Theater, Gladiatorenkämpfe und Tierhetzen im Amphitheater, Pferderennen, ja sogar nachgestellte Seeschlachten. Anders als heute aber fanden im alten Rom die „Spiele" – wie diese Großveranstaltungen genannt wurden – anlässlich religiöser Feste oder militärischer Siege statt, um beim römischen Volk ein Gemeinschaftsgefühl zu schaffen. In der Kaiserzeit schließlich dienten die von den Herrschern veranstalteten Spiele und Getreidespenden dazu, das einfache Volk von seiner Armut abzulenken – das ist der Sinn des berühmten Spruchs „Brot und Spiele" (panem et circenses).

2

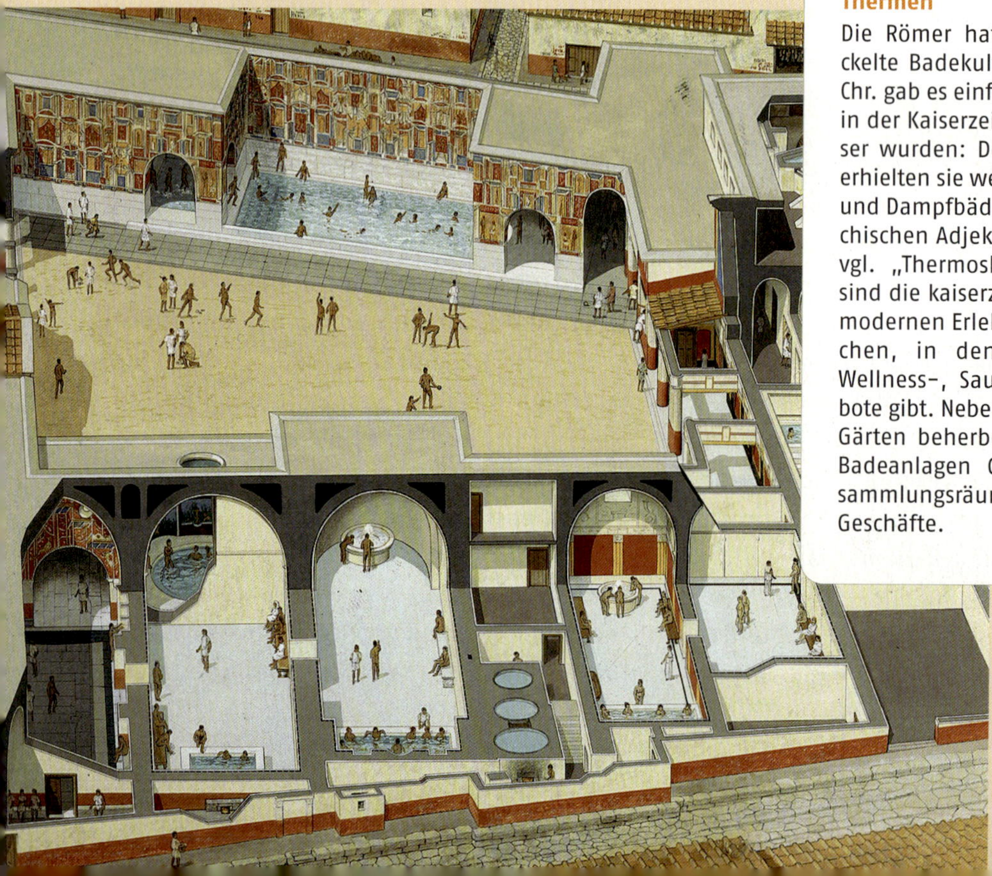

Thermen *fundamentum*

Die Römer hatten eine hochentwickelte Badekultur: Seit dem 2. Jh. v. Chr. gab es einfache Bäder für alle, die in der Kaiserzeit zunehmend luxuriöser wurden: Den Namen „Thermen" erhielten sie wegen ihrer Warmbecken und Dampfbäder – nach dem altgriechischen Adjektiv thermós („warm", vgl. „Thermoskanne"). Am ehesten sind die kaiserzeitlichen Thermen mit modernen Erlebnisbädern zu vergleichen, in denen es verschiedene Wellness-, Sauna- oder Sportangebote gibt. Neben Schwimmbecken und Gärten beherbergten manche dieser Badeanlagen Gymnastik- und Versammlungsräume, Bibliotheken und Geschäfte.

1 **Zwei Komödienschauspieler. Terrakottafiguren von der griechischen Insel Lemnos. 1. Jh. v. Chr. Paris, Musée du Louvre.**
2 **Rekonstruktion der Stabianer Thermen in Pompeji. 1. Jh. n. Chr.**
3 **Kämpfende Gladiatoren. Römisches Relief. 2. Jh. n. Chr. Rom, Museo Nazionale delle Terme.**
4 **Alexander von Wagner: Das Wagenrennen. 19. Jh. Manchester, Art Gallery.**

3

Theater und Amphitheater

fundamentum

Theaterstücke wurden bei den Römern zunächst unter freiem Himmel auf holzgezimmerten Bühnen gespielt. Die Schauspieler der Trauerspiele (Tragödien) und lustigen Stücke (Komödien) waren Sklaven oder Freigelassene, denn für frei geborene Römer galt es als unpassend, sich auf einer Bühne zur Schau zu stellen. Es spielten nur Männer – auch die Frauenrollen, was dadurch ermöglicht wurde, dass die Schauspieler Masken trugen.
Im Amphitheater wurden Gladiatorenkämpfe oder Tierhetzen ausgetragen. Auch die ersten Amphitheater bestanden aus Holztribünen, die rund um den Kampfplatz, die sog. Arena, gebaut waren und schnell wieder abgebaut werden konnten. Das bedeutendste Amphitheater aus Stein, das Kolosseum, erbauten die Kaiser Vespasian und Titus in den Jahren 72–80 n. Chr. in Rom.

Seinen Namen erhielt es, weil in unmittelbarer Nähe eine Kolossalstatue des Sonnengottes stand. Kolossal ist auch das Fassungsvermögen dieses Amphitheaters: 50.000 Zuschauer fanden darin Platz, so viele, wie heute in ein Bundesligastadion passen.

Circus Maximus und Naumachie

fundamentum

Der Circus Maximus war eine riesige Rennbahn in Rom, auf der Wettrennen von Pferdegespannen stattfanden. Vieles ist mit heutigen Autorennen vergleichbar: Die Fans, die Fahnen mit den Farben ihres jeweiligen Lieblingsrennstalls schwenkten, die Spannung vor dem Start, bevor die Pferde aus den Boxen gelassen wurden, und die mitunter lebensgefährlichen Überholmanöver der Wagenlenker an den Wendemarken. Übrigens leitet sich unser Begriff „Zirkus“ vom Circus Maximus her.
Das griechische Wort Naumachie heißt „Seeschlacht“ und bezeichnet darüber hinaus auch die dafür gebaute Stätte, ein künstlich angelegtes Seebecken. Dabei kämpften meist Kriegsgefangene oder verurteilte Verbrecher in zwei Flotten gegeneinander.

4

43

E

1. Hic vir est miles. Ille vir est eius servus.
2. Haec turba militem salutat.
3. Hoc factum militem delectat.
4. Videsne hunc virum et hanc turbam?
5. Turba virtutem huius militis laudat:
6. „Hostes huic viro resistere non potuerunt.
7. Cum hoc viro semper vincemus."
8. Miles: „Verba horum hominum me movent.
9. Hi viri, hae mulieres, haec verba me delectant."
10. Servus: „Illa turba dominum meum laudat.
11. Sed illud bellum crudele fuit."

Ü

a) Buchstabensalat! Bilde mit folgenden Buchstaben so viele Formen von hic und ille wie möglich. Mehrfachverwendung ist erlaubt.

R · A · U · B · O · S · C · H · L · E · I · M

b) Gegensätze. Übersetze treffend:
1. Haec puella nobilis (vornehm) est, ille puer miser est. 2. Huius pater senator est, illius pater servus. 3. Haec ludit, ille in agris laborat. 4. Hanc magister docet, illi dominus imperat.

c) Wähle die passende(n) Form(en) von hic oder ille aus und bestimme Kasus, Numerus und Genus:
1. (hic, hunc, horum) nuntium 2. (huius, huic, hōc) marito 3. (illa, illae, illā) signa 4. (illam, illorum, illarum) rem 5. (hunc, hōc, hoc) verbum 6. (huius, hae, has) manūs 7. (illi, illae, illius) copiae 8. (huic, hi, huius) gladii 9. (hunc, hanc, hoc) honorem

d) Was für ein Theater! Wer ist mit den Formen von hic und ille jeweils gemeint?
1. In scaena (Bühne) et miles et servus stant: Ille imperat et hic paret. 2. Illius vultus superbus est, huius miser. 3. Subito ille huic dicit: „Ecce, ibi magna urbs est. 4. Illam temptabo et capiam. Da mihi arma!" 5. Sed hic illi dicit: „Illam urbem temptare et capere non potes, domine." 6. Miles: „Tace, serve! Ego miles fortis sum, ego illam urbem et illos hostes vincam." 7. Servus: „Sed te hoc facere non oportet: Illa enim urbs patria est tua."

I

Die römische Komödie

In den römischen Komödien, also Theaterstücken mit lustigem Inhalt, gab es feste Rollentypen, wie den listigen Sklaven, den strengen Vater, den verliebten jungen Mann, das verführte Mädchen, den angeberischen Soldaten usw. Ort der Handlung war meist Athen. Komödien unterhielten die Zuschauer, indem sie eine verkehrte Welt darstellten, etwa wenn pfiffige Sklaven ihre Herren an der Nase herumführten. Zur Zeit des berühmten Komödiendichters Plautus (254 – 184 v. Chr.) wurde noch auf Holzbühnen gespielt.

Zwei Theatermasken. Mosaik aus der Villa Hadriana in Tivoli. 2. Jh. n. Chr. Rom, Musei Capitolini.

So ein Angeber!

T

Der römische Dichter Plautus hat eine berühmte Komödie über einen angeberischen Soldaten geschrieben. Der Diener des Soldaten stellt ihn dem Theaterpublikum vor …

Servus: „Hic vir dominus meus est. Semper se et facta sua laudat. Etiam ego hunc virum laudo. Huic enim gratiam habeo, quod mihi semper pecuniam et cibos bonos dat. Audite huius verba!"

Miles: „Videte hos umeros meos! Quis umquam tam fortes umeros vidit? His umeris meis omnes hostes superabo. Sed ubi est servus? Vocem illius audivi – ubi est ille?"

Servus: „Stat apud virum fortem, qui etiam Martem deum superat."

Miles: „Nonne ego sine copiis cunctos hostes vici? Ne Mars quidem me superat."

Servus: „Hoc tibi dico: Etiam discipuli de audacia et gloria tua legunt semperque legent. Tenesne memoria te in India[1] his manibus tuis elephantum[2] superavisse?"

Miles: „Pah! Facile fuit illud monstrum occidere."

Servus: „Neque mirum est te apud feminas multum valere. (augenzwinkernd ins Publikum deutend:) Illae feminae, quas ibi vides, tecum vivere volunt. Formam tuam laudant."

Miles: „Haec iam scio. Sed nunc duc me ad tabernas! Hac enim hora vinum dulce bibere volo. Etiam te hodie vinum bibere sinam."

[1] India: *vgl. Fw.*
[2] elephantus: *vgl. Fw.*

V

a) 1. Gib die Angebergeschichten des Soldaten der Reihe nach an. 2. Beschreibe das Auftreten des Dieners. Warum verhält er sich so? 3. Begründe die Verwendung der Demonstrativpronomina hic und ille. Beachte eine treffende Wiedergabe der Formen von ille.

b) 1. Hic locus pulcher est, ille locus mihi non placet. 2. Haec femina in foro cibos vendit, illa femina templum adit. 3. Hoc monumentum novum, illud antiquum est. 4. Huic viro magnum donum, illi ne parvum quidem dedi.

c) Vokabeltheater. Stellt euch möglichst viele der neuen Lernwörter gegenseitig vor, indem ihr sie pantomimisch darstellt.

d) Plautus – ein beliebter Theaterdichter in Rom
1. Romani fabulas Plauti et legebant et in theatro (vgl. Fw.) libenter spectabant. 2. Facile erat fabulas huius viri amare. 3. Etiam fabulam de illo milite superbo, qui formam suam laudabat, diu memoria tenebant. 4. Cum Romani Plautum in via vel in taberna aspexerant, clamabant: „Ecce hunc virum clarum! 5. Quis umquam nos tam pulchris fabulis delectavit?"

E

1. Servus: „Iuppiter deus sapiens est.
2. Minerva dea sapiens est.
3. Eorum consilium sapiens est.
4. Sed homines sapientes non sunt.
5. Nam consilia sapientia non capiunt:
6. Dominus meus in taberna vinum vetus et carum (vina vetera et cara) bibit. Di magni!
7. Is dives non est, quamquam multas res (multa) habet.
8. Ego cum domino sapienti et divite vivere volo.
9. Quam bene vivunt servi sapientium et divitum!“

Ü

a) Falsch! Korrigiere die Aussagen zum Deklinationsschema von sapiens:
1. Die Form sapiens kommt dreimal vor.
2. Die Form sapientibus kommt häufiger vor als sapienti. 3. Im Akkusativ Plural gibt es eine Form. 4. Die Form sapientis kommt viermal vor.

b) Dekliniere:
1. servus sapiens 2. oppidum vetus 3. dea sapiens 4. mercator dives 5. res vetus

c) Bilde die passende(n) Form(en) des Adjektivs:
hominem (sapiens) - hominum (dives) - hominum (sapiens) - provincias (dives) - tabernae (vetus) - consilio (sapiens) - civibus (dives) - armorum (vetus) - viro (dives) - verbum (sapiens) - regem (dives)

d) Kurz und knapp. Beschreibe die Veränderung und verwandle die weiteren Sätze in gleicher Weise. Übersetze dann:

Homines divites video. → Divites video.
Res veteres amo. → Vetera amo.

1. Hominibus sapientibus credo. 2. Multas res desidero. 3. Homines mortuos fleo.

e) Theater in der Bibliothek
1. In bibliotheca (!) vetere sapientes sedent. 2. Fabulas Graecorum sapientium libenter legunt. 3. Sed etiam fabulae Romanae apud illos viros veteres in honore sunt. 4. Veteres enim fabulas Plauti (Plautus) et Terentii (Terenz) saepe legunt. 5. Rident, cum Plautus de stultis narrat, et gaudent, quia Terentius verba sapientia scripsit.

I

Ein typischer Thermenbesuch

Bei einem Thermenbesuch legte der Römer im Umkleideraum (apodyterium) seine Kleider ab und betätigte sich auf dem Sportplatz (palaestra). Dann betrat er das Warmbad (caldarium). Dort hielt er sich sitzend im Warmwasserbecken auf. Um wieder abzukühlen, begab er sich über den Raum mittlerer Temperatur (tepidarium) in das Kaltwasserbad (frigidarium) und wenn vorhanden – in das Freischwimmbad (piscina). Zum Schluss ölte man sich zur Körperpflege ein. Den Eintritt zu den Thermen konnte sich übrigens jedermann leisten.

Thermen – Erlebnisbäder der Antike

T

Der Stadtrömer Marcellinus hat seinen Freund Septimius aus der entfernten Provinz Noricum – dort hatten sich die beiden vor vielen Jahren im Militärdienst kennengelernt – nach Rom eingeladen, um ihm die Sehenswürdigkeiten der Großstadt am Tiber zu zeigen.

Septimius gaudet: „Ego felix sum, quia mihi Romam ostendis. Quam pulchrum est hoc aedificium! Vir dives, ut puto, hoc pulchro aedificio gaudet. Solum homines honesti et divites tanta aedificia habent.“
Marcellinus: „Thermae sunt. Huius aedificii auctor Caesar fuit. Is architectum[1] diligentem delegit, qui has thermas aedificavit. Thermae cunctis civibus patent – et pauperibus et divitibus. Multis Romanis mos vetus est ante cenam thermas adire. Veni mecum! Intus tibi omnia ostendam.“

Marcellinus zeigt seinem Freund die kaiserliche Pracht der weitläufigen Badeanlagen.

Marcellinus: „Ecce haec! Videsne felices, qui in alveis[2] variis se delectant? Nonnulli in tectis thermarum iacent: Ibi sole gaudent. Et vide has tabernas: Hic mercatores multa vendunt. Caesar etiam viris sapientibus donum dedit: Sapientibus licet in hac bibliotheca[3] libros veterum auctorum legere.“
Septimius: „Nunc scio te felicem esse. Nam sors hominum felicium est in urbe tam pulchra habitare!“

[1] architectus: *vgl. Fw.*

[2] alveus Wasserbecken

[3] bibliothēca: *vgl. Fw.*

Das Heizsystem der Bäder (hypocaustum) war perfekt ausgeklügelt: In den Hohlräumen unter den Fußböden wurde die Luft von außen durch Öfen erhitzt, die Sklaven mit Holz beheizten. Die Wärme stieg auch in Hohlziegeln in den Raumwänden auf.

a) 1. Zähle die in T aufgeführten Attraktionen antiker Thermen auf und vergleiche sie mit modernen Erlebnisbädern. 2. Warum machte der Kaiser die Thermen dem Volk zum Geschenk?

b) Passe die Adjektive an und übersetze:
1. monumenta (vetus) 2. turba hominum (pauper) 3. servae (diligens) 4. uxor (felix) 5. consilium (felix) 6. cum viro (sapiens)

c) 1. Divites multa habent. 2. Hoc dico, illud taceo. 3. Cuncti bona petunt. 4. Mala nos terrent. 5. Bonos laudamus, malos ab iniuria prohibemus.

V

d) Ein schönes Geburtstagsgeschenk
1. Quam felix fuit hic dies! 2. Amicus enim mihi librum de Roma vetere donavit. 3. Intus tabulae sunt, quae templa, fora, thermas urbis ostendunt. 4. Etiam nonnullas tabulas virorum divitum et sapientium in hoc libro inveniebam. 5. Auctor diligens haec omnia scripsit. 6. Nam et de Romanis divitibus et de pauperibus multa narrat.

E

1. Marcellinus Septimium per vias ducit.
   Septimius a Marcellino per vias ducitur.
2. Septimius: „Ducisne me ad thermas?"
   Marcellinus: „Hodie a me ad bestias duceris."
3. Septimius: „Nunc scio: Ad amphitheatrum ducor."
4. In amphitheatro Marcellinus et Septimius amicos vident. Sed Marcellinus et Septimius ab iis non videntur.
5. Septimius: „Ab amicis non videmur."
6. Marcellinus: „Audite, amici! Vos a nobis vocamini."
7. Sed verba eius ab amicis audiri non possunt. Nam populus clamat.
8. Amici non animadvertunt se a Marcellino vocari.

Ü

a) Eine kleine Vorübung. Verwandle im Deutschen die folgenden Verbformen ins Passiv:
1. ich führe 2. du rufst 3. wir holen
4. sie sehen 5. er ermahnt 6. ihr bereitet vor

b) Setze die Formen ins Passiv und übersetze:
vocat - moveo - audimus - traho - aperiunt - mittunt - capitis - confirmas - petit - servo - arcessis - monetis - laudare - agere

c) Ein Gladiator schmückt seinen Helm mit einem sprechenden Federbusch. Welche Formen kannst du bilden?

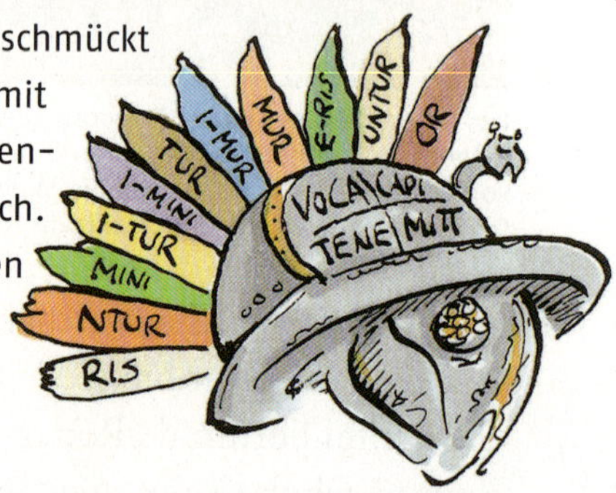

d) Verwandle die Sätze nach dem Muster ins Passiv:

1. Marcellinus amicos vocat.
2. Marcellinus ruft die Freunde.
3. Die Freunde werden von Marcellinus gerufen.
4. Amici a Marcellino vocantur.

1. Septimius amicam videt. 2. Omnes gladiatorem salutant. 3. Tu me non audis.

e) Großvater sieht und hört nicht mehr gut.
1. Marcellinus avo suo id narrat, quod in amphitheatro agitur: 2. „Nunc porta aperitur." 3. Avus: „Quid? Nuntiusne portatur ...?" 4. Marcellinus: „Ecce, equus a leone temptatur." 5. Avus: „Tune a leone temptaris ...?" 6. Marcellinus ridet et magna voce dicit: „Non ego temptor, sed equus temptatur!" 7. Avus: „Bene!"

I

Tierhetzen

Bei Tierhetzen (venationes) traten Tiere gegen Tiere oder gegen Menschen an. Bedeutende römische Feldherrn und Kaiser veranstalteten Tierhetzen in großem Umfang. Der Feldherr Pompejus etwa ließ in einer venatio 20 Elefanten, 600 Löwen und 410 Leoparden töten. Die Tiere wollten oft nicht gegeneinander kämpfen; deshalb wurden sie aneinandergekettet oder mit Stacheln und Peitschen angetrieben. Daneben zeigte man aber auch seltene Tiere, die wie bei einer Tierschau in der Arena vorgeführt wurden.

Ein Kampftag in der Arena – der Vormittag

T

Marcellinus nimmt seinen Gast auch mit in das Amphitheatrum Flavium. Das riesige Rund ist schon am Morgen bis auf den letzten Platz besetzt und die Zuschauer warten voller Vorfreude auf den Beginn der Spiele. Nur Septimius scheint bedrückt …

Marcellinus: „Cur taces, amice? Nonne tibi haec omnia placent?" Septimius: „Clamore atque turba maxime torqueor. Nonne tu quoque multitudine hominum moveris?"

Ein Trompetensignal lässt den eingeschüchterten Septimius zusammenfahren.

Marcellinus: „Equidem hac re non iam sollicitor, quia saepe in amphitheatro fui. Nunc ludi incipiunt. Ecce! Portae paulatim aperiuntur: Ex hac porta ingens elephantus[1] adducitur; ex illa porta magnus taurus[2] a viris fortibus in arenam trahitur. Vide! Illa monstra pugnare non cessant. Ecce! Elephantus celeri impetu tauri temptatur – et laeditur! Animadvertisne elephantum magno dolore torqueri?" Septimius: „Vos Romanos his ludis crudelibus delectari non probo. Nonne conspectu huius bestiae miserae movemini ac turbamini?" Marcellinus: „Hoc conspectu non iam movemur, quia saepe haec vidimus. Ecce! Nunc elephantus in taurum currit – taurus dentibus[3] ingentibus elephanti laeditur. Vide! Taurus cadit – nunc in arena iacet. Quam pulchra fuit illa pugna!"

[1] elephantus: *vgl. Fw.*
[2] taurus Stier
[3] dēns, dentis Zahn

Marcellinus bemerkt in seiner Begeisterung nicht, dass Septimius seinen Platz längst verlassen hat und durch die jubelnden Zuschauerreihen zum Ausgang geeilt ist …

Verschiffung eines Elefanten von Alexandria nach Italien. Römisches Mosaik. 4. Jh. n. Chr. Sizilien, Piazza Armerina.

a) 1. Stelle fest, welche Satzarten die beiden Sprecher jeweils verwenden. Versuche aus deinem Befund Rückschlüsse auf die Haltung beider zum Geschehen in der Arena zu ziehen. 2. Was versteht Marcellinus in Z. 14 unter pugna pulchra? Wie könnte Septimius dagegen argumentieren?

V

b) Übersetze nach dem folgenden Muster:
Terra movetur. (Die Erde wird bewegt.)
→ Die Erde bewegt sich.
1. Arena paulatim completur. 2. Gladiatores armis ornantur. 3. Nunc portae moventur et aperiuntur. 4. Gladiatores ad leones vertuntur. 5. Metus gladiatorum ostenditur. 6. Omnis quoque turba nunc terretur (!).

c) Lob und Kritik im Amphitheater:
1. Cum imperator ludos spectat, populus conspectu eius sollicitatur. 2. Tum variae voces audiuntur: 3. „Salve, imperator! Te laudare non cessamus, quia ingentibus beneficiis tuis delectamur." 4. Sed imperator vocibus quoque turpibus turbatur atque laeditur: 5. „Scire debes, imperator, non cuncta consilia tua a nobis probari."

46

E

1. Viri bestias in arenam ducebant.
   Bestiae a viris in arenam ducebantur.
2. Marcellinus: „Pugnis bestiarum nos omnes delectabamur."
3. Septimius: „Vos delectabamini, ego terrebar."
4. Marcellinus: „Tu terrebaris. Tamen audi id, quod postea agebatur!"

Ü

a) Ein Löwe hat folgende Passivformen zerbissen. Füge sie wieder zusammen und übersetze sie:

1. vide - ntur - ba
2. mur - ba - ama
3. ba - mitte - r
4. e - mini - audi - ba
5. tur - e - capi - ba
6. ris - ba - mone

b) Bilde Formen nach dem folgenden Muster:

Präs. Aktiv	Impf. Aktiv	Impf. Passiv
1. augent	augebant	augebantur

2. temptat 3. delectamus 4. confirmatis 5. accuso 6. trahunt 7. dat 8. terreo 9. deducimus 10. aperiunt 11. aspicit

c) Einige Buchstaben sind vom Sand der Arena verdeckt worden. Vervollständige die Wörter zu Passivformen:

1. audiebamu…, laudaba…tur, traheb…r
2. videbam…n…, ducebat……, vocaba……s
3. exerceba………r, salutabam………

d) Der Großvater von Marcellinus erinnert sich an frühere Besuche im Amphitheater, nickt aber immer wieder ein. Ergänze und übersetze:

1. „Porta aperieba ... 2. Bestiae educeb ... 3. Elephantus (!) a multis viris duce ... 4. Etiam leones in arenam mitt ... 5. Nos sollicita ... 6. Equi laed ... 7. Populus delecta ... 8. Ego metu move ..."

e) Ein Löwe, der nicht kämpfen wollte

1. A servis multae bestiae in arenam ducebantur – etiam leo ingens. 2. Magna voce eius omnes terrebantur. 3. Paulo post is leo, qui ab omnibus timebatur, media in arena iacuit, nihil fecit, omnes vultu superbo aspexit. 4. Mox ab aliis bestiis temptabatur; sed leo solum clamore se defendebat. 5. Illae a leone neque laedebantur neque interficiebantur. 6. Sed boni mores leonis a populo non laudabantur.

f) Ist das auch deine Erfahrung?

1. Non omnia possumus omnes.
2. Videre nostra mala non possumus.

I

Hinrichtungen in der Arena

Hatten die Zuschauer am Vormittag mit den Tierhetzen den Sieg des Menschen über die wilde Natur gesehen, so sollten die öffentlichen Tötungen von Schwerverbrechern in der Mittagspause zeigen, dass die Gerechtigkeit über das Böse siegt und der Staat sich um die Sicherheit seiner Bürger kümmert. Dabei konnten Verbrecher verbrannt, von wilden Tieren zerrissen oder zu Tode gefoltert werden: Die Schwere der Strafe sollte der Schwere des Verbrechens entsprechen und mögliche weitere Täter abschrecken.

Ein Kampftag in der Arena – der Nachmittag

T

Der ehemalige Gladiator Velox, inzwischen ein alter Mann und Besitzer eines bescheidenen Töpferladens in Ostia, erzählt seiner neugierigen Enkeltochter Perenna, wie zu seiner aktiven Zeit Kampftage im Kolosseum abliefen.

Velox: „Post pugnam bestiarum venatores[1] arenam intrabant. Ii gladiis et telis contra leones, ursos[2], elephantos[3] pugnabant. Quam multae bestiae tum interficiebantur! Etiam scelerati in arenam ducebantur. Illi sciebant supplicium crudele sibi instare: Saepe sine armis bestiis obiciebantur."
Perenna puella: „Nonne fortunā hominum infelicium movebaris?"
Velox: „Hi omnes morte digni erant; flagitia enim fecerant. Mortem igitur eorum spectabamus. Sed nunc audi de ceteris pugnis! Semper nos omnes pompa[4] gladiatorum excitabamur! Deinde, ut erat mos, prima pugna gladiatorum populo indicabatur. Tum gladiatores pugnam inibant. Diu bene se tegebant; tamen multi laedebantur. Victores voluntatem populi exspectabant. Iterum atque iterum clamor hominum audiebatur: ‚Iugula! Iugula!'[5] Denique, ut mos in ludis est, a Caesare signum dabatur: Profecto is, qui in arena iacebat, ferro interficiebatur." Perenna: „Hoc credere vix possum. Nonne vos his pugnis crudelibus perterrebamini?"

[1] vēnātor Tierkämpfer
[2] ursus Bär
[3] elephantus: *vgl. Fw.*
[4] pompa Einzug
[5] iugulā! Stich ihn ab!

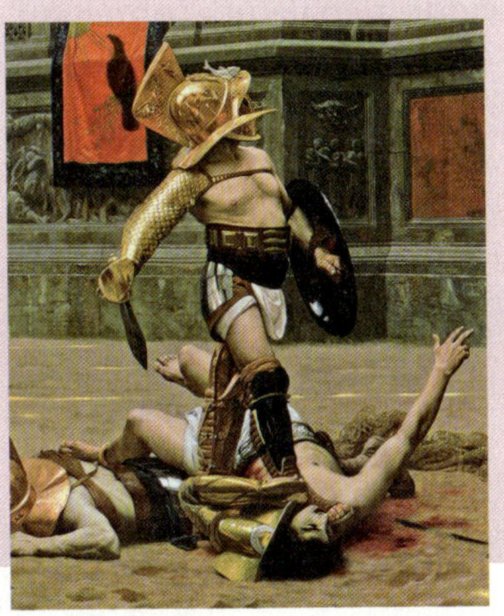

Jean-Léon Gérôme: Pollice verso (Details). 1872. Phoenix (Arizona), Phoenix Art Museum.

V

a) 1. Ordne folgende Begriffe den Äußerungen beider Sprecher zu: Mitgefühl – Sensationsgier – Entsetzen – Schaulust – Gnadenlosigkeit – Erstaunen – Abgebrühtheit. 2. Versuche, aus 45 und 46 T den Ablauf eines typischen Tages im Amphitheater zu rekonstruieren.

b) Vokabelduell
Sage mit einem Partner abwechselnd die neuen Lernwörter – lateinisch und deutsch – auf. Wer weiß mehr und hat das letzte Wort?

c) Androklus und der Löwe
1. Imperator Androclum servum in arena bestiis obiecit, etsi is supplicio dignus non erat. 2. Sed imperator putavit eum sceleratum esse. 3. Diu servus infelix in arena stabat. 4. Denique leo ingens arenam intravit. 5. Cuncti conspectu leonis excitabantur et perterrebantur. 6. Leo iterum atque iterum viro instabat, is telo se contra bestiam tegere temptabat ...
Informiere dich, wie die Geschichte ausgeht.

Das Kolosseum – das achte Weltwunder

T

Prima luce Romani ad amphitheatrum properant. Nam hodie amphitheatrum novum aperitur, quod a Caesare aedificabatur. Homines magnitudine aedificii moventur. Voces variae audiuntur: „Quam altum et magnum est!" „Hoc amphitheatrum Caesar populo Romano donavit." „Semper potestas populi Romani magnis aedificiis demonstrabatur." „Magnitudine aedificii cuncta monumenta aliorum populorum superantur, etiam pyramides Aegyptiae[1]." Postquam multitudo hominum amphitheatrum intravit, omnes ludos exspectant. Subito autem sonus mirus auditur: Servi, qui sub arena latent, machinis[2] ingentibus solum[3] arenae aperiunt. Media in arena multae arbores[4] surgunt. Eo conspectu omnes delectantur atque moventur. Tum autem multae bestiae per scalas[5] in arenam aguntur. Iterum multae voces turbae audiuntur: „Ecce, ibi bestiae sunt!" „Nondum tales bestias vidi! Quam mirae sunt!" „Felices sumus! Nam alii homines tali conspectu numquam delectabantur!" Tum autem bestiae ex arena aguntur; nam servi solum arenae removent[6]; deinde arena aqua completur.

[1] pӯramidēs Aegyptiae Pyramiden in Ägypten
[2] māchina Maschine
[3] solum Boden
[4] arbor, arboris *f* Baum
[5] scālae, scālārum *f* Treppe, Rampe
[6] removēre entfernen, ausbauen

Rekonstruktion des Kolosseums. Über Aufzüge und Treppen konnten Tiere, Bäume und Bühnenaufbauten in die Arena gebracht werden.

V

a) Welche unterschiedlichen Aspekte des „Wunderwerks" Amphitheater werden im Text angesprochen? Berücksichtige bei der Beantwortung der Frage auch die Abbildung und die jeweils vorherrschenden Wortfelder.

b) Von antiken Autoren wird das Amphitheater häufig als „achtes Weltwunder" dargestellt. Informiere dich über die anderen sieben Weltwunder der Antike. Welche anderen berühmten Gebäude kennst du, die man zu den „Weltwundern" zählen könnte?

XV *plus*

Ü

a) Auch Nashörner sah man in der Arena. Was aber heißt „Nashorn“ auf Lateinisch? Löse dazu das Rätsel, bei dem du Formen von hic bilden musst. Die römische Zahl gibt an, welcher Buchstabe aus dem Wort zu wählen ist.

1.	Gen. Pl. *m*	III.
2.	Abl. Sg. *n*	I.
3.	Nom. Pl. *m*	II.
4.	Akk. Sg. *f*	III.
5.	Akk. Sg. *n*	II.
6.	Dat. Sg. *m*	IV.
7.	Akk. Pl. *n*	III.
8.	Gen. Pl. *f*	III.
9.	Abl. Sg. *n*	II.
10.	Abl. Pl. *f*	III.

Und auch dieses Tier war zu sehen. Bilde die Formen von ille.

1.	„c“	
2.	Nom. Pl. *n*	IV.
3.	Akk. Sg. *f*	V.
4.	Nom. Pl. *f*	V.
5.	Gen. Pl. *m*	III.
6.	Gen. Sg. *f*	V.
7.	Dat. Pl. *n*	V.

b) Bilde die passende Form und übersetze:
1. Omnes amphitheatrum (vetus) petunt. 2. Cives (pauper et dives) amphitheatrum intrant. 3. Gladiatores populum (felix) salutant. 4. Gladiatores in arena (ingens) pugnant. 5. Pugna viris (sapiens) non placet.

c) Interview mit einem wortkargen Gladiator:
Quid in arena facis? - Multa. - Quid amas: clamorem populi, dona mulierum, verba Caesaris? - Omnia. - Quis te non timet? - Fortis. - Quid te delectat? - Bona. - Quid speras? - Magna.

d) Bilde zu jeder Form auf dem Schild die entsprechende Form des Passivs und übersetze diese.

e) Vermeide bei der Übersetzung Passivformen:
1. Prima luce gladiatores in castris excitantur. 2. Tum gladiatores armis exercentur. 3. Postea turba gladiatorum in arena ostenditur. 4. Multi homines non animadvertunt gladiatores quoque terreri. 5. Gladiatores saepe e periculo servari non possunt.

f) Verwandle jeweils in einen AcI und übersetze:
Populus videt: 1. Portae aperiuntur. 2. Bestiae pugnant. 3. Leo vincitur.

g) Von welchen lateinischen Wörtern lassen sich diese Fremdwörter herleiten und was bedeuten sie?
1. feminin 2. turbulent 3. lädiert

h) Englische Touristen betrachten ein antikes Mosaik. Versuche ihren Kommentar zu verstehen, indem du die fettgedruckten Wörter auf die zu Grunde liegenden lateinischen Vokabeln zurückführst:
„How **exciting**! An elephant is fighting with **lions**.“ – „The **poor** elephant! He's in big **trouble**.“ – „It's **cruel**, but the **Roman people** loved it.“

Geheimnisvolle Nachbarn – Rom und die Etrusker

1

2

In den folgenden Lektionen erlebt ihr zusammen mit der zwölfjährigen Larisa eine spannende Kriminalgeschichte, die in Etrurien, einem geheimnisvollen Land in Mittelitalien spielt – besser bekannt vielleicht unter dem heutigen Namen Toskana. Es ist benannt nach seinen Ureinwohnern, den Tusci (Etruskern).

Geschichte *fundamentum*

Das Volk der Etrusker herrschte lange über große Teile Italiens und hat mit Tarquinius Priscus, Servius Tullius und Tarquinius Superbus drei der sieben Könige Roms hervorgebracht. Bis heute weiß man nicht genau, woher dieses geheimnisumwobene Volk eigentlich stammt.
Es gab keinen etruskischen Gesamtstaat, sondern einzelne Stadtstaaten, von denen sich die wichtigsten Städte zu einem Zwölferbund zusammenschlossen. Tonangebend in der etruskischen Gesellschaft war die Schicht der Adligen. Im Unterschied zu den Verhältnissen in Rom hatten die Frauen die gleichen Rechte wie die Männer.
Die Glanzzeit Etruriens war die Zeit vom 7. bis zum 5. Jh. v. Chr. Allmählich aber geriet Etrurien unter den Einfluss der mächtiger werdenden Römer, bis es im 1. Jh. v. Chr. in den römischen Staatsverband eingegliedert und das Lateinische anstelle des Etruskischen Amtssprache wurde.

3

1 **Der lituus, ein bronzener Krummstab, wurde von etruskischen Priestern und Würdenträgern bei rituellen Handlung verwendet. Um 580 v. Chr. Rom, Museo Nazionale di Villa Giulia.**

2 **Die sog. Chimäre von Arezzo: ein Fabelwesen aus Löwe, Ziege und Schlange. Etruskische Bronze aus dem 5./4. Jh. v. Chr. Florenz, Museo Archeologico.**

3 **Etruskische Nekropole bei Orvieto. 6./5. v. Chr.**

4 **Etruskisches Modell einer Schafsleber mit einer genauen Einteilung der verschiedenen Sphären und Deutungsbereiche. 3. Jh. v. Chr. Piacenza, Museo Civico.**

5 **Terrakotta-Sarkophag eines etruskischen Ehepaares aus Caere (Cerveteri). Um 510 v. Chr. Paris, Musée du Louvre.**

6 **Etruskische Grabkammer. Die Wandmalerei stellt den Eingang zur Unterwelt dar. 530–520 v. Chr. Tarquinia, Tomba degli Auguri.**

4

Religion und Kunst

Nach etruskischer Vorstellung standen die Götter in ständigem Kontakt mit der Menschenwelt. Den Willen der Götter zu erkennen war das Hauptanliegen der etruskischen Religion, eine Aufgabe, die von Priestern übernommen wurde. Sie deuteten die Zukunft aus den Eingeweiden von Opfertieren oder aus der Beobachtung von Blitzen. Dargelegt war das Wissen um die Wahrsagekunst in streng gehüteten und geheim gehaltenen Büchern.

Die Etrusker pflegten einen aufwändigen Totenkult, den man noch heute in sog. Totenstädten (Nekropolen) besichtigen kann: Man baute den Verstorbenen hausähnliche Gräber. Sie wurden mit fein gearbeiteten Kunstgegenständen und schönen Wandmalereien ausgestattet, die bis heute in ihrer Farbenpracht erhalten sind.

Etruskisches bei den Römern

Von den benachbarten Etruskern übernahmen die Römer die Schrift, wohl auch das Zahlensystem und die Sitte, einen Vor- und Nachnamen zu tragen. Auch das römische Atriumhaus hatte seine Wurzeln in Etrurien. Außerdem übernahmen die Römer die äußeren Herrschaftsabzeichen für Konsuln und Triumphatoren von den Etruskern: den Purpurmantel, das Rutenbündel (fasces) und den Amtssessel von Würdenträgern (sella curulis). Möglicherweise gehen auch die Gladiatorenspiele auf bewaffnete Zweikämpfe anlässlich etruskischer Totenbegräbnisse zurück.

6

5

E

1. Corpus huius viri pulchrum est.
2. Hic vir forma corporis gaudet.
3. Corpore pulchro multos viros superare vult.
4. Corpora pulchra etiam a Romanis laudabantur.
5. Hic vir temporibus antiquis vivebat.
6. Hic vir fur erat, qui magnum scelus fecit.
7. Nomen huius viri (et nomina ceterorum furum) nondum scimus.
8. Hic vir auctor criminis mali erat.

Ü

a) Bilde die in Klammern angegebene Form:
crimen (Abl. Sg.), tempus (Akk. Pl.), nomen (Nom. Pl.), corpus (Dat. Pl.), tempus (Abl. Pl.), corpus (Akk. Sg.), scelus (Gen. Pl.), crimen (Gen. Sg.), corpus (Dat. Sg.), scelus (Akk. Pl.)

b) Nominativ oder Akkusativ?
Entscheide und übersetze:
1. Fures scelera faciunt. 2. Quis scelera eorum non timet? 3. Nam scelera eorum turpia sunt. 4. Crimen est pecuniam aliorum hominum petere et capere. 5. Fures tenebras exspectant; tum dicunt: „Hoc tempus desideravimus. 6. Tempus est portam aperire et villam intrare.“ 7. Cives nomina furum scire volunt: 8. „Quis nomina eorum dicere potest?“

c) Früher war alles besser
1. Pater filio dicit: „Temporibus antiquis viri fortes erant. 2. Adhuc nomina eorum scimus. 3. Hercules corpore forti magnas bestias vicit. 4. Aeneas patrem et filium eo tempore servavit, quo Graeci urbem deleverunt. 5. Romulus et Remus cum furibus pugnaverunt, quia comites eorum sceleribus terrebantur.“ 6. Filius: „Dic mihi, pater: Tune quoque vir fortis es, cuius nomen omnes sciunt?“ 7. Pater: „... Nondum.“

d) Diebe hinterlassen Trümmer. Setze die Brocken zu richtigen Wortformen zusammen:

I

Ein Blick in die Zukunft

Auch die Menschen der Antike wollten gerne wissen, was die Zukunft bringt. Dazu deuteten sie Naturerscheinungen wie Blitze oder den Flug der Vögel, und sie untersuchten die Eingeweide der Opfertiere, vor allem die Leber. Für die Deutung des Vogelfluges waren die Auguren (augures) zuständig, für die Eingeweideschau die haruspices. Die Römer selbst hatten diese Techniken von den Etruskern (Tusci oder Etrusci) übernommen, die bis zum 3. Jh. v. Chr. die stärkste Kraft in Mittelitalien waren.

Ein Diebstahl mit Folgen

T

Die folgende Geschichte spielt um das Jahr 40 n. Chr. im Hause des Opferpriesters Velthurius in Rom, der einer alten etruskischen Familie entstammt. Er besitzt zwei Sklaven und hat eine zwölfjährige Tochter, Larisa. Eines Morgens, als alles noch schläft, tönen Klagerufe durch das Haus des Priesters.

„O di magni!“ Velthurius haruspex[1] clamat. „Tale flagitium, tale scelus! De tali scelere nondum audivi! Id genus sceleris novum est! Semper putaveram nos a deis tegi!“ Statim Larisa, filia haruspicis, pedibus celeribus venit. „Quid accidit, pater? Cur clamas, cur de scelere narras? Nullum sceleratum videre possum; nullum vulnus in te aspicio, pater!“ Velthurius: „O Larisa! Vulnus mihi non in corpore est, sed in pectore! Fur in domo nostra fuit! Fur malus librum haruspicum rapuit! Nonne furem vidisti, qui librum rapuit?“ Larisa negat. Velthurius: „Nullum furem vidi, nullum nomen scio. Sed scio furem in hanc domum nostram venisse. Temporibus antiquis patres nostri tale scelus non viderunt. O tempora, o mores! Nova quidem tempora crimina nova creant.“

[1] haruspex, icis *m* Opferpriester, Zeichendeuter

Etruskische Bronzestatuette eines Haruspex.
Um 300 v. Chr. Rom, Museo Nazionale di Villa Giulia.

V

a) 1. Welche Wörter aus T passen zu einer Kriminalgeschichte? 2. Inwiefern unterstreicht der Satzbau das Entsetzen des Opferpriesters?

b) Füge die in Klammern stehenden Substantive im passenden Kasus und Numerus ein. Übersetze, was Larisas Mutter ihrer Nachbarin erzählt hat:
1. „Genus talis (crimen) novum est.
2. Visne huic (scelus) (nomen) novum dare?
3. Nostra (tempus) iam multa (scelus) viderunt. 4. In nonnullis (pectus) hominum animus malus latet.“

c) Vokabeldetektive. Welche neuen Lernwörter haben sich in den folgenden Wortformen versteckt? Manchmal musst du einen Buchstaben zweimal verwenden, z.B.: voluntas → vulnus.
1. pugnare 2. aspicere 3. impetus
4. monumentum 5. donamus 6. pulchros
Überlegt euch ähnliche Rätselwörter zu Vokabeln der vorangegangenen Lektionen.

d) Auch damals ...
1. Iam antiquis temporibus multa genera scelerum acciderunt. 2. Scelerati pedibus celeribus in domos civium bonorum veniebant et ornamenta rapiebant. 3. Vulneribus torquebant corpora miserorum, quorum nomina nesciebant. 4. Postea autem crimina sua negabant.

48

E

1. Velthurius: „Amici me de libro mox rogabunt. Mox ab amicis de libro nostro rogabor.
2. Et tu, Larisa, rogaberis.
3. Nostra familia rogabitur; etiam servi de libro rogabuntur.
4. Quando liber noster invenietur?
5. Quid, si liber noster a furibus laedētur?
6. Tum ego non iam ad sacra vocabor, non iam arcessar."

Ü

a) Gestohlen! Ergänze die fehlenden Buchstaben, sodass Futurformen entstehen:
vocab_ntur, tempta_imini, pet_r, delig_m_r, dele__tur, relinqu_ntu_, audi_r_s, mone__tur, libera__r, ger___ur, educ___ni, aper___tur

b) Setze ins Futur und übersetze dann:
1. laudatur, amantur, moneor, donamur
2. omittuntur, munitur, deducimini, audiris
3. defenderis, capimini, appetor, tenemur

c) Unterscheide und übersetze:
1. liberatur - liberabitur - liberabit
2. mittam - mittar - mittor
3. audiuntur - audientur - audient

d) Velthurius malt sich aus, was passieren wird. Verwandle seine Gedanken nach folgendem Muster ins Passiv. Übersetze jeweils beide Sätze:

Senatores Larisam rogabunt.
Larisa a senatoribus rogabitur.

1. Fures librum vendent. 2. Fures numquam comprehendemus. 3. Omnes me accusabunt. 4. Omnes nos ridebunt.

e) Fromme Diebe
1. „Primo villae pulchrae a nobis quaerentur." 2. „Mox invenientur." 3. „Tum una deligetur." 4. „Nocte eam petemus; sic neque a domino neque a servis videbimur." 5. „Etiam tacebimus; sic non audiemur." 6. „Porta sine sonis aperietur." 7. „Servus, si nos animadverterit, comprehendetur et tenebitur." 8. „Deinde omnia ornamenta aurea a nobis rapientur." 9. „Villam relinquemus et Mercurio sacra faciemus, qui non solum nuntius deorum, sed etiam deus furum est."

f) Ein Buchstabe macht den Unterschied:
1. Omnia tempus habet.
2. Omnia tempus habent.

I

Bücher bei den Etruskern
Die Lehre der Opferpriester wurde schriftlich festgehalten. Diese Aufzeichnungen waren aber nur Eingeweihten zugänglich. Die heiligen Bücher der Etrusker waren auf Leinwand geschrieben und wurden so gefaltet, dass man größere Ausschnitte lesen konnte und nicht mühsam rollen musste wie bei den Buchrollen aus Papyrus, die leicht brachen. Teile eines solchen Leinenbuches mit Opferanweisungen sind noch erhalten, weil damit später eine ägyptische Mumie eingewickelt wurde. Dieser Band ist das älteste erhaltene Buch Europas.

Ein Buch und seine Geheimnisse

T

Der verzweifelte Vater erklärt seiner Tochter den Inhalt des geraubten Buches: Es enthält Gebete, Vorschriften für die Opfer und geheime Angaben über die Teile der Leber, die bei der Leberschau günstige oder ungünstige Vorzeichen geben.

Larisa: „Quid accidet, nisi librum sanctum mox invenerimus?“

Velthurius: „Senatus haruspices[1] reprehendet; senatores clamabunt. Ego a senatu non iam de rebus futuris rogabor; nos sacerdotes non iam rogabimur. In honore non iam erimus. Nomen honestum domus nostrae ridebitur. Tu quoque, infelix filia, rideberis; vos omnes – tu, mater, servi – a ceteris civibus ridebimini. Puto nos servari non posse. Sine libro nostro nulla iam hostia deis praebebitur. Dei carmina sancta non iam audient; nam ea carmina sine libro nostro non iam cantabuntur. Ita res publica in periculum veniet et peribit.“

Larisa: „Res publica? Cur id times, pater?“

Velthurius: „Sine certis verbis et carminibus idoneis preces nostrae a deis non iam audientur. Dei sacra repellent; atque dona, quae eis tribuimus, non iam accipientur; ne sanguis quidem hostiarum ab eis accipietur. Haruspices hostias non iam interficient, sanguinem hostiarum non iam fundent. Itaque ego a senatu reprehendar et ex urbe pellar. Denique nos cum omni gente ex urbe pellemur. Periimus!“

[1] haruspex, icis *m* Opferpriester, Zeichendeuter

Der Haruspex ist völlig aufgelöst; auch seine Gattin kann ihn nicht trösten, als sie hinzukommt. Doch die kluge Larisa weiß Rat: Da gibt es doch den Haussklaven Fidus, den „Treuen“ – der müsste doch etwas gehört haben! Schnell läuft sie los, um ihn zu wecken.

Der etruskische Unterweltsdämon Phersu. Wandmalerei aus einer Grabkammer des 6. Jh.s v. Chr. Tarquinia, Tomba degli Auguri.

V

a) 1. Warum überwiegt in den Sätzen des Opferpriesters das Futur Passiv? 2. Welche Auswirkung hätte der Verlust des Buches für den Staat haben können?

b) Ängste des Opferpriesters. Ergänze das Verb im Futur Passiv und übersetze:
1. Sine illo libro nullum carmen sanctum (cantare). 2. Preces nostrae a deis non iam (audire). 3. Sine auxilio deorum Roma ab hostibus mox (vincere). 4. Nos, sacerdotes infelices, a senatu ex urbe (pellere).

c) Auch Politiker haben Ängste. Vor einer wichtigen Rede hat ein Senator einen Albtraum:
1. Nisi verba certa et sancta invenero, in senatu ridebor et reprehendar. 2. Gens nostra honesta ab omnibus ridebitur. 3. Carmina mala contra me cantabuntur. 4. A senatoribus sacerdotibusque non iam salutabor. 5. Ad sacra non iam arcessar. Infelix ero. Perii!

E

1. Cum Velthurio uxor et una filia et duo servi in villa habitabant.
2. Tres homines liberi cum duobus servis ibi habitabant.
3. Velthurius iam duodecim annos in urbe vivebat.
4. Velthurius sic credebat: „Caelum, terra, mare deis parent.
5. Dei omnes terras et omnia maria tenent.
6. Dei domini terrarum et marium, hominum et animalium sunt.
7. Dei homines et animalia, naves et tecta servant.“

Ü

a) Rechnungen

Duo et duo sunt quattuor. - Quattuor et quattuor sunt octo. - Duo et octo sunt decem. - Duo et tria sunt quinque. - Tria et quattuor sunt septem. - Duo et quattuor sunt sex. - Quattuor et quinque sunt novem.

b) Bringe die folgenden Zahlwörter von 11 bis 20 in die richtige Reihenfolge:

c) Ein seltsames Lebewesen schwimmt im Meer: ein Octopus (Achtfüßler). Welche Formen von mare und animal lassen sich mit Hilfe der acht Beine bilden? Die Buchstaben dürfen mehrfach verwendet werden.

d) Welches Tier ist jeweils gemeint?

1. Hoc animal ubique (überall) vivere potest. Magna multitudo horum animalium in Nilo (Nil) fluvio vivit. Diu haec animalia in aqua maris vel fluvii manent et alia animalia exspectant, quae subito petunt, capiunt, in mare trahunt. His animalibus crudelibus corpora ingentia et mira sunt.

2. Constat Graecos hoc animal iam laudavisse. In mari vivit et saepe comes navium est. Vox huius animalis omnes delectat. Hoc animal celere per mare properat et semper ridet. Huic animali ingenium acre est.

I

Rom – Hauptstadt ohne Seehafen

Das mächtige Rom hatte nur einen Flusshafen am Tiber. Die Versorgung mit Getreide und anderen wichtigen Gütern musste deshalb über den Seehafen Ostia (ōstium lat. Eingang, Mündung) – etwa 25 km westlich von Rom – gesichert werden. Die Waren aus den Provinzen kamen auf Segelschiffen nach Ostia und wurden dort in leichte Transportkähne umgeladen. Diese Kähne gelangten dann auf dem Tiber bis nach Rom. Wahrzeichen von Ostia war der große Leuchtturm. Handelsgesellschaften aus dem ganzen Mittelmeerraum hatten in der Stadt ihre Niederlassungen. Ihre Grundmauern und die berühmten Fußbodenmosaiken sind dort noch zu sehen.

Ein Zeuge berichtet

T

Mit Mühe gelingt es Larisa, den Sklaven Fidus wachzurütteln. Sie bringt ihn zu ihrem Vater Velthurius. Doch Fidus wirkt wie betäubt.

Velthurius servum manibus capit: „Nihilne audivisti, Fide?“ Fidus: „Au-, au-, audivi.“ Velthurius: „Quin me excitavisti? Quot viri fuerunt? Dic mihi numerum: Unus an duo?“ Fidus: „Clamor me excitaverat! Subito tres viros vidi. Omnes pallia[1] nigra gesserunt. Eos rogavi: ‚Quid vultis?‘, cum post me sonos pedum audivi. Au, au! Nunc caput mihi dolet, domine!“

[1] pallium Mantel

Er zeigt auf eine Beule an seinem Hinterkopf. Rasch holt Larisa einen nassen Lappen, um Fidus den Kopf zu kühlen. Da macht sie im Staub auf dem Fußboden eine Entdeckung:

„Vide, pater! Video multa vestigia[2]: octo, decem, duodecim varios pedes! Non quattuor vel quinque, sed sex scelerati fuerunt!“ Velthurius: „Etiam si septem vel viginti fures fuerunt: Liber meus deest!“

[2] vestīgium Fußspur

Als sich Fidus die Beule gekühlt hat, kann er sich plötzlich erinnern:

„Unus e viris dixerat: ‚Omittite arcam[3]! Tantam arcam ne animalia quidem fortia portare possunt. Nos eam trans[4] moenia trahere non possumus; capite librum solum! Tandem ad mare currere volumus! Ibi tuti erimus.‘“ Velthurius: „Puto eos ad portum fugisse.“ Larisa: „Hoc certum est. Quin nave celeri portum petimus? Ad turrim novam Rufus amicus vivit; de turri omnia videt.“

[3] arca Truhe

[4] trāns *Präp. m. Akk* über

Larisa und Fidus eilen zum Tiber, wo Velthurius ein kleines Ruderboot liegen hat; Velthurius selbst bleibt in Rom.

Schifffahrtsszene auf einem römischen Sarkophag. Rechts ist der berühmte Leuchtturm von Ostia zu sehen. 3. Jh. n. Chr. Kopenhagen, Ny Carlsberg Glyptothek.

V

a) 1. In welchem Zusammenhang gebraucht Larisa so viele Zahlen? 2. Inwiefern verhält sich Larisa in dieser Szene wie ein Kriminalkommissar?

b) Was Larisa in der Hafenstadt Ostia alles sah! Bilde die passenden Formen im Akkusativ und lies lateinisch vor: Vidi ...
I (turris), II (basilica), III (ludus), VIII (templum), X (navis), XII (insulae), XX (animal)

c) Die sechs Gangster beraten sich:
1. „Nisi cauti (vorsichtig) erimus, familia sacerdotis excitabitur. 2. Si servum in capite violaverimus, nihil iam narrare poterit. 3. Post moenia non iam ut animalia capi poterimus. 4. In portu turris nobis lucem dabit. 5. Non cessabimus, sed nave per mare fugiemus.“

Brot und Spiele

T

Manchmal wurden die Zuschauer bei Spielen mit Geschenken geradezu überhäuft: Zur Abkühlung wurden sie mit parfümiertem Wasser besprengt, aus Netzen fielen Obst, Kuchen, kostbare Speisen oder Gutscheine auf sie herab. In den Pausen verteilten Sklaven Brot, Wein und kleine Imbisse. Der Text beschreibt die Stimmung unter den Zuschauern:

Iam prima luce turba amphitheatrum complet. Homines gaudent: „Pugnis delectabimur et imperator nobis multa alia beneficia dabit: Vela[1] nobis umbram praebebunt, et aqua, cibi varii, vina vetera a servis portabuntur. His rebus omnes gaudebimus, nam omnes uno tempore cum imperatore cenabimus. Tum etiam sortes in turbam mittentur. Beatus erit, a quo talis sors comprehendetur, nam is ab imperatore servos, villam vel aliud praemium accipiet." Omnes gaudent, clamant et imperatori gratiam habent. Unus autem spectaculum[2] non probat et de pugnis veteribus narrat: „Spectacula antiquis temporibus ab Etruscis[3] inveniebantur. Apud illos captivi damnati[4] ad sepulcra[5] ducebantur. Ibi inter se[6] pugnabant. Ii, qui superabantur, statim a sacerdote interficiebantur, nam illis sacris dei delectabantur, ut Etrusci existimabant. Nostra autem spectacula non deis, sed imperatori placent, qui nobis ea spectacula praebet. Nam putat eos homines, qui gaudent et spectaculis delectantur, iniurias imperatoris non animadvertere."

[1] vēlum Sonnensegel

[2] spectāculum Schauspiel

[3] Etrūscī *m Pl.* die Etrusker

[4] damnātus verurteilt

[5] sepulcrum Grab

[6] inter sē gegeneinander

Etruskische Wandmalerei in der Tomba degli Auguri. 530–520 v. Chr. Zwei Ringer mit einem Schiedsrichter, die um Preisgefäße ringen; rechts der Unterweltsdämon Phersu, der einen Hund auf einen Verurteilten hetzt, dem eine Kapuze über den Kopf gezogen wurde. Manche Forscher halten dies für den Vorläufer des Gladiatorenkampfs.

V

a) In dem Text kommen Anhänger und Kritiker der Gladiatorenkämpfe zu Wort. Versuche anhand sprachlicher Merkmale (Tempora, Wortfelder, Satzbau o.Ä.) zu erkennen, wo die Anhänger und wo die Kritiker sprechen.

b) Was haltet ihr von den römischen Massenvergnügungen, besonders den Gladiatorenkämpfen? Berücksichtigt in eurer Diskussion auch die moderne „Unterhaltungsindustrie" und „Spaßgesellschaft".

XVI *plus*

a) Ein Dieb hat alle Formen von tempus und crimen gestohlen. Einige hat er wieder verloren. Welche befinden sich noch im Sack?

temporis temporibus crimine crimina

b) Welche Buchstaben gehören in die dunkelblauen Felder, damit alle Formen von mare vorhanden sind?

			M	A	R	E
		M	A	R	I	■
	M	A	R	■	U	M
M	A	R	I	B	U	■
		M	■	R	■	

c) Ersetze die Zahlen durch Zahlwörter:
III et IV sunt VII. - V et VII sunt XII. - IV et VI sunt X. - II et V sunt VII. - II et III et V et X sunt XX.

d) Seemannsgarn
1. „Ego omnes terras omniaque maria vidi, amici. 2. Etiam animal crudele aspexi, quod duas naves delevit et decem vel viginti homines interfecit. 3. Tum navem nostram temptavit, di magni, et statim quattuor viros e nave tuta in mare altum traxit.
4. Nos omnes timebamus, cum subito ante oculos nostros insula mira e mari surrexit.
5. Vix hanc terram intraveramus, cum insula moveri coepit et tamquam navis nos per mare in patriam portavit."

e) Larisa hat einen (etwas zu jungen) Verehrer:
1. Te amo, Larisa. Etiamne ego a te amor?
2. Tu a me amabaris, amaris, amaberis.
3. Nisi a te amabor, tristis ero. 4. Semper dicam nullam puellam a me magis amari quam te. 5. Sed etiam mater, pater, canis (Hund) meus a me amantur. 6. Etiamne a te canis meus amabitur?

f) Wähle das passende Relativpronomen aus und übersetze:
1. Fidus fures, (quos / qui / quem) librum rapuerunt, vidit. 2. Velthurius, (cuius / quem / quorum) librum fures rapuerunt, tristis est. 3. Larisa, (quae / cui / quod) ingenium acre est, vestigia (Fußspuren) invenit.

g) Die italienischen, französischen und spanischen Zahlwörter ähneln den lateinischen sehr. Auf den Flaggen stehen sie ungeordnet. Bringe sie mit Hilfe des Lateinischen in die richtige Reihenfolge.

uno sei tre | otto quattro dieci nove | cinque sette due

deux sept dix | cinq trois un six | neuf huit quatre

cuatro diez uno
seis tres cinco ocho
dos nueve siete

h) Englische Zahlen sind einfach – übersetze sie ins Lateinische und sortiere anschließend die lateinischen Zahlen von eins bis zehn:
two, four, eight, five, three, seven, six, nine, ten, one

50

E

1. Velthurius semper luce solis excitabatur:
Sed hac nocte sonis miris excitatus est.
2. Larisa clamore patris excitata est.
3. Voce Velthurii villa completa est.
4. Etiam ab uxore Velthurii clamor auditus est.
5. Velthurius: „Violatus et deletus sum."
6. Uxor: „A quo violatus es, vir?"
7. Velthurius: „A fure nos omnes violati sumus.
8. Hodie omnes sacerdotes a furibus violati sunt.
9. Omnes sciunt nos a furibus violatos esse."

Ü

a) Gedächtnislücken. Fidus kann sich an einige Buchstaben der PPP-Formen nicht mehr erinnern. Ergänze sie:
aud[?]tus, indic[?]ta, compl[?]tum, turb[?]ti, orn[?]tus, del[?]ta

b) Bearbeite die Infinitive nach dem folgenden Muster und übersetze die Sätze:
Fidus (excitare) → Fidus excitatus est.

1. Velthurius (turbare). 2. Verba tristia (audire). 3. Sacerdotes (sollicitare). 4. Auxilium (nuntiare). 5. Larisa a patre (laudare). 6. Liber e villa (portare). 7. Sonus (audire). 8. Portae (delere). 9. Voces (audire). 10. Navis (occupare). 11. Nihil (audire). 12. Fidus (temptare). 13. Familia (turbare).

c) Prudens – ein kluger Papagei im Haus des Velthurius. Er wiederholt Sätze, verwandelt sie aber ins Passiv. Übernimm seine Rolle:

1. Fidus: „Scelerati me audiverunt."
Prudens: „Ego a sceleratis ..."
2. Larisa: „Fures me sollicitaverunt."
Prudens: „Ego a furibus ..."
3. Velthurius: „Fures nos turbaverunt."
Prudens: „Nos ..."
4. Velthurius: „Scelerati te temptaverunt."
Prudens: „Tu ..."
5. Fidus: „Fures etiam vos temptaverunt."
Prudens: „Etiam vos ..."
6. Velthurius: „Fures nos deleverunt."
Prudens: „Nos ..."

d) Gaius Cornelius Rufus – Importe aller Art
1. Velthurius a Larisa rogatus est: „Quis est ille Rufus?" 2. Velthurius: „Quia a te rogatus sum, respondere volo. 3. Rufus mercator dives est: Viginti naves ab eo aedificatae sunt, quas in multa maria eduxit. 4. E variis terris a Rufo res carae et mirae in Italiam portatae sunt. 5. His rebus Romani semper delectati sunt.
6. Etiam bestiae ab hoc viro importatae (!) sunt: Equi, leones et ... psittaci (Papageien)."

Auf der Spur

T

Mit einem Ruderboot fahren Fidus und Larisa den Tiber hinab und kommen im Morgengrauen in Ostia an, während Velthurius in Rom bleiben muss. Lange klopfen die beiden bei Rufus an die Tür; da sein Schlafzimmer im ersten Stock liegt, wird er nicht sofort wach.

Paulatim Rufus excitatus est. Tum Larisa ei totam fabulam narravit. Postquam fabula narrata est, Rufus ira completus est: „Tale flagitium in urbe Roma nondum auditum est. Certe fures mox capientur; tum damnabuntur." Larisa: „Id speramus! Narra tandem! Quid hic accidit?" Rufus: „Prima luce vocibus complurium virorum excitatus sum, qui ad portum venerant. Postquam ad fenestram properavi, eos aspexi: Erant circiter quinque vel sex viri; unus ex iis servus erat. Pallia[1] nigra gerebant; speciem sceleratorum praebebant. Unus cistellam[2] secum gessit. Audivi eos navem in portu petivisse; eorum fugam bene paratam esse puto. Servus autem in urbe remansit."

[1] pallium Mantel

[2] cistella Kistchen

Als er hierauf nichts mehr bemerkte, so erzählt Rufus, habe er sich wieder schlafen gelegt.

Postquam omnia narrata sunt, Larisa: „Certe illi viri fuerunt, a quibus tu, Fide, heri violatus es. Puto ab iis etiam nomen patris paene violatum esse. Sed haec res ad finem nondum venit! Fugam sceleratorum impediemus; poena eis certa est. Nam leges nostrae tale flagitium non concedunt, iudices nostri sceleratos damnabunt."

Das bekräftigt auch Rufus. Er rät, die Polizei zu rufen, ohne die man kein Verbrechen verfolgen könne. Außerdem sei der Polizeichef Lucius sein Freund. Larisa und Fidus stimmen zu.

Kopf eines etruskischen Kriegers. Bemalter Ton. 6. Jh. v. Chr. Rom, Museo Etrusco di Villa Giulia.

a) Mit welchen Substantiven und Adjektiven beschreibt Rufus die sechs Diebe? Wo mischt sich in seinen Bericht eine Wertung?

b) Setze Formen im Perfekt Passiv ein und übersetze:
1. Fidus: „Ego vulnere malo a fure (wurde verletzt)." 2. Fabula Fidi a Larisa (wurde gehört). 3. Sed nomina sceleratorum a Fido non (wurden angezeigt). 4. Constat honorem Velthurii scelere (vernichtet wurde).

V

c) Aus dem Polizeitagebuch von Ostia:
1. Heri res mira Rufo narrata est. 2. Illa re Rufus paene ira completus est. 3. Complures viri – circiter sex erant – nocte in portum venerunt. 4. Tota autem species eorum certe turpis erat. 5. Illi viri servum ebrium (betrunken) reliquerunt.

51

E

1. Rufus Larisam monuit. Larisa a Rufo monita est.
2. Larisa et Rufus periculis territi non sunt.
3. Rufus Lucium arcessivit et ab eo auxilium petivit.
4. Lucius a Rufo arcessītus est.
   A Lucio auxilium petītum est.
5. Rufus prima hora diei fures viderat.
6. Tertia hora Larisa ad portum venit;
   quarta hora Lucius tandem aderat.

Ü

a) Debstahl! Be deser Aufgabe fehlt en bestmmter Buchstabe. Welcher? Korrgere und übersetze:
Serv terrt sunt; nam magna voce domn arcesst sunt.

b) Zeitverschiebung.
Verwandle ins Perfekt und übersetze:
1. Rufus vocibus terretur. 2. Lucius et comites arcessuntur. 3. Viri a Lucio monentur. 4. Tabernae a viris petuntur. 5. Viri unum e furibus inveniunt; tum Lucius arcessitur.

c) Bilde Sätze nach folgendem Muster:
„Tu monitus es." → „Ego monitus non sum."

1. „Ego arcessita sum." → „Tu ..." 2. „Vos territi estis." → „Nos ..." 3. „Hoc petitum est." → „Illud ..." 4. „Nos monitae sumus." → „Vos ..." 5. „Tu territa es." → „Ego ..."

d) Zehn Verdächtige
Primus fugere vult. - Secundus flet. - Tertius resistit. - Quartus ad caelum spectat. - Quintus ad terram spectat. - Sextus ridet. - Septimus clamat. - Octavus tacet. - Nonus arma capit. - Decimus alios accusat.

e) Fünf Tage im Leben des Polizisten Lucius
1. Primo die a Lucio forum petitum est: Ibi Lucius mercatores convenit et pretia omnium rerum probavit. 2. Secundo die in thermas arcessitus est, quia populus fures timebat. 3. Tertio die duo viri a Lucio moniti sunt, qui carris celeribus tamquam in Circo Maximo per vias properaverant. 4. Quarto die vidit equos a liberis in campo territos esse; itaque hi a Lucio moniti sunt. 5. Quinto die Lucius in tabernam arcessitus est et sceleratum comprehendit; crudeli vultu eius etiam Lucius territus est.

I

Polizei und Feuerwehr

Für die Gewährleistung der öffentlichen Ordnung – auch für die Ausrichtung von Spielen, den Bau und die Instandhaltung von öffentlichen Straßen und Gebäuden – waren bestimmte Beamte, die Ädilen (aediles), zuständig. Kaiser Augustus richtete nach einem großen Brand in Rom Spezialeinheiten ein, die für die Brandbekämpfung zuständig waren. Daneben konnten sie auch für andere Aufgaben – wie für die öffentliche Sicherheit – eingesetzt werden. Die Grundmauern des Dienstgebäudes dieser vigiles (Wächter) in Ostia sind erhalten.

Der Sklave packt aus

T

Kaum hat Rufus die Stadtpolizei herbeigerufen, finden die Wächter den besagten Sklaven weintrunken in einer Nische des Theaters von Ostia liegen. Rufus holt für Lucius, den obersten Stadtpolizisten, einen Kübel kaltes Wasser herbei.

Iam vigiles[1] armati aderant. Rufus Lucio hamam[2] praebuit. Lucius, postquam hama ei data est, servum aquā excitavit. A Lucio servus monitus est: „Surge, scelerate!“ Servus autem conspectu vigilum armatorum territus est nihilque respondit. Nunc Lucius clamavit: „Narra tandem! Quemadmodum huc venisti? Quis te huc duxit? A quo arcessitus es? Quis te hic reliquit? Cui servis, scelerate? Dic mihi nomina sociorum tuorum! Quo librum portaverunt?“ Quia servus tacebat, Lucius umeros servi cepit: „Dic mihi: Quid quaesivistis? Dic, scelerate, nisi occidi vis! Quid a vobis quaesitum est?“ Postquam a servo iterum responsum[3] petitum est, is rem aperuit: „Nomen mihi Rapax est. Dominus meus Arruns est. Is est dux ceterorum. Secundus et tertius sociorum Spurinna et Caecina sunt; nomina quarti et quinti viri nescio. Equidem puto eos omnes Etruscos esse, quia multa verba Etrusca audivi.“

[1] vigil, vigilis *m* Wächter, Polizist
[2] hama Eimer
[3] respōnsum Antwort

Blick vom Theater auf die Hauptstraße von Ostia.

V

a) 1. Spiele Kriminalkommissar: Was verrät Rapax, welche Fragen des Lucius übergeht er? 2. Was lässt sich aus seinen Antworten schließen?

b) Setze ins Imperfekt und übersetze:
1. A dominis servi saepe moniti sunt. 2. Saepe a servis miseris etiam auxilium dominarum quaesitum est. 3. Precibus uxorum clementia (Milde) dominorum petita est.

c) Kennst du den römischen Kalender?
1. Tempore regum primus mensis (Monat) **Martius** erat. 2. Secundus mensis **Aprilis** vocabatur, quartus **Iunius**. 3. Post mortem Iulii Caesaris (Julius Cäsar) quintus mensis **Iulius** vocatus est. 4. A nomine imperatoris Augusti (Kaiser Augustus) sextus mensis **Augustus** vocatus est. 5. Quis nomina septimi, octavi, noni, decimi mensis scit?

52

E

1. Fidus et Larisa a Rufo ad theatrum (!) ducti sunt.
2. Ibi Rapax captus est.
3. Fidus tantum illa nocte sceleratos vidit; a Fido tantum scelerati visi sunt.
4. Postquam Rapax comprehensus est, nuntius a Lucio in urbem missus est.

Ü

a) In der Aufregung ist alles durcheinandergeraten. Ordne die Buchstaben und übersetze:
1. Nuntii ad Lucium SIMIS sunt. 2. Larisa ad theatrum (!) TADUC est. 3. Servus ibi SUSIV est. 4. Multi scelerati a Lucio iam SEIPENCHROM sunt. 5. Non omnes fures TAPIC sunt.

b) Bestimme die Formen und übersetze:
1. mittis - misisti - missus es - missae estis
2. ducit - duxit - ducti sumus - ducta sum
3. videor - vidi - visi sunt - visum est
4. capiunt - cepimus - captus sum - capti estis 5. comprehendo - comprehendistis - comprehensi estis - comprehensa sunt

c) Setze ins Perfekt Passiv:
1. mittis 2. duxerat 3. capiemus
4. comprehendunt 5. video

d) Gewusst wie!

Sapiens omnia sua secum portat.

e) Ein von Lucius geschickter Bote überbringt Velthurius folgende Nachricht. In der Eile hat Lucius aber Wörter abgekürzt. Schreibe den Text in voller Länge auf und übersetze:

S., AMICE!
UNUS E FU. CAPT. E. / SERVUS E. / NOMEN EI RAPAX E. / CETERI A NOBIS N. VIS. S. / N. COMPREHEN. S. / ARRUNS EOS DUC. / ETIAM IS CAPT. N. E. / RUFUS ET FIDUS C. LARISA AD EUM MIS. S. / LARISA PUELLA FORT. E. / V.!

f) „thu, zal, ci ...“
1. A deis venti celeres missi sunt, quibus navis in mare ducta est. 2. Mox portus urbis Etruscae visus est. 3. Larisa et Rufus et Fidus navem reliquerunt et a duobus comitibus in urbem ducti sunt. 4. In viis verba mira audita, sed – a Larisa – comprehensa non sunt. 5. Hoc autem statim comprehensum est: Puer parvus quinque digitos (Finger) manus suae spectavit et clamavit: „thu, zal, ci ... huth ... mach.“

I

Weiterleben der Etrusker

Das etruskische Caere (heute it. Cerveteri) war bis ins 3. Jh. v. Chr. eine bedeutende Etruskerstadt. Noch heute kann man die Totenstadt (Nekropole) mit Dutzenden von runden Grabhügeln und Grabhäusern besichtigen, die aus dem vulkanischen Tuffstein herausgehauen sind. Die reichen Etrusker richteten dort ihren Verstorbenen komfortable Ruhestätten ein. Die Kenntnis der etruskischen Kultur, vor allem die Beherrschung ihrer Schrift und Sprache, ging nach einer kurzen Wiederbelebung durch Kaiser Claudius (41–54 n. Chr.) unter. Forschern unserer Zeit ist es gelungen, die etruskischen Inschriften und Texte zu lesen und einen Teil zu verstehen. Jetzt weiß man auch: Ein nördlicher Stamm der Etrusker hat sich am Südrand der Alpen bei Verona niedergelassen, die Raeti (Räter). Auf deren Alphabet gehen die Runenzeichen der Germanen zurück.

Ein schnelles Ende

T

Die Freunde beschließen, mit einem schnellen Segelboot von Ostia nach Caere zu gelangen. Lucius stellt ihnen zwei Wächter ab. Zu fünft fahren sie nach Caere. Im Hafen steigen sie in einen Pferdewagen um, denn Caere selbst liegt noch eine Stunde weiter landeinwärts.

Postquam Rapax servus a Rufo captus est, carrus ad oppidum tractus est; amici a vigilibus[1] statim ad aedilem[2] ducti sunt. Ab eo audiverunt Arruntem eiusque socios Caeretanos[3] esse, sed diu in urbe non iam visos esse. Aedilis narravit: „Primo illi viri a civibus risi sunt, quia litteris Etruscis scribebant. Ab aliis civibus reprehensi sunt, quod undique in necropolim[4] veterem conveniebant. Ante paucos dies fugerunt."

Rufus und Larisa vermuten, dass die Verbrecher sich in der Gräberstadt versteckt haben könnten. Mit weiteren Polizisten machen sie sich zur Nekropole auf. Vor einem der ältesten Gräber bleiben sie stehen, denn im Sand zeigen sich frische Spuren. Das Eingangstor ist verschlossen.

Postquam ad portam ventum est, vigiles statim per vim inierunt: Ibi non quinque, sed decem viros invenerunt, qui e libro Etrusco carmina recitabant. Magnus clamor undique factus est. Quamquam scelerati se defendebant, victi sunt: Alii eorum interfecti, alii laesi, alii comprehensi et in carcerem[5] coniecti sunt. Sic liber sanctus studio Larisae inventus est; statim ad Velthurium nuntius felix missus est.

[1] vigil, vigilis *m* Wächter, Polizist
[2] aedīlis, is *m* Ädil (hoher Polizeibeamter)
[3] Caeretānus Caeretaner, Bewohner der Stadt Caere
[4] necropolis, is Nekropole, Gräberstadt
[5] carcer, carceris Gefängnis

Das Verhör der Banditen ergab: Die Zehn gehörten einem radikalen Geheimbund an, der für die Einrichtung einer unabhängigen etruskischen Provinz kämpfte. Sie wollten mit dem Diebstahl des Buches die römischen Opfer zum Erliegen bringen und den Staat schwächen.

Die etruskische Nekropole von Caere (Cerveteri).

V

a) Ein rasches Ende! Erzähle im Telegrammstil den Inhalt der ersten Sätze im Präsens:
Beispiel: Rapax capitur. - Ad oppidum ... - Ad aedilem (Ädil) ... - Viri a civibus ... -
Welche Informationen gehen dabei verloren?

b) Setze ins Perfekt und übersetze:
1. Fures primo non comprehenduntur. 2. Post nonnullos autem dies fures vi capiuntur. 3. Duo scelerati interficiuntur, tres laeduntur. 4. Tum liber sanctus invenitur et ad Velthurium mittitur.

c) Übersetzer gesucht!
1. Apud fures litterae Etruscae inventae sunt. 2. Eae iudici Romano recitatae sunt. 3. Sed is linguam Etruscam nesciebat, quia paene tota lingua iam perierat. 4. Itaque viri sapientes undique ad iudicem ducti sunt. 5. Ii paucas tantum litteras in linguam Latinam (!) verterunt. 6. Deinde coniecerunt fures coniuratos (Verschwörer) esse.

Das geheime Wissen der Etrusker

T

Immer schon wollte Larisa wissen, was genau in dem gestohlenen Buch steht und warum es für ihren Vater so wichtig ist. Da sie sich sicher ist, dass ihr Vater ihr das nie sagen würde, fragt sie Fidus:

Fidus: „Antea reges nostri magnae parti Italiae imperabant, quia Romani nos nondum vicerant. Sed sacerdotes nostri, quamquam a Romanis superati sumus, saepe rogati sunt, cum Romani res adversas timebant. Nam sacerdotes nostri res futuras sciunt. Tria sunt signa, quibus res futurae aperiri possunt."

Diese drei Dinge, so Fidus, seien die Leber der Opfertiere, der Flug der Vögel und die Blitze.

Larisa rogat: „Sed quis res futuras scire potest?" Respondet Fidus: „Dei, qui omnia sciunt, res quoque futuras sciunt. Et dei nobis res futuras his signis, de quibus dixi, indicant. Is, a quo signa deorum comprehensa sunt, voluntatem deorum scit. Vide eos sacerdotes, qui fulmina[1] servant: Ab iis caelum, ut iecur[2] hostiarum, in sedecim partes dividitur[3], quarum aliae felices, aliae infelices sunt. Si fulmen e regione felici exiit, signum felix est, si e regione alia, signum infelix vel dubium[4] est. Sic voluntatem deorum conicere possumus, si a Romanis rogamur."

[1] fulmen, fulminis *n* Blitz

[2] iecur *n* Leber

[3] dīvidere (auf)teilen

[4] dubius zweifelhaft, unsicher

Vel Saties, ein reicher Etrusker, versucht durch die Deutung des Vogelfluges den Ausgang einer Schlacht gegen die Römer vorherzusehen. Etruskische Wandmalerei aus der Tomba François in Vulci. Um 315 v. Chr. Rom, Villa Albani.

V

a) 1. Welche Wort- oder Sachfelder kommen in dem Text vor? Um welches „Geheimwissen" der Etrusker geht es hier wohl?
2. Erinnere dich: Welche göttlichen Zeichen waren bei der Gründungssage Roms wichtig?

b) Schon immer haben die Menschen versucht, die Zukunft vorauszusagen. Stellt andere „Methoden" vor, mit denen man früher versuchte, den Willen der Götter und die Zukunft zu bestimmen. Welche „Methoden" aus der heutigen Zeit kennst du?

XVII *plus*

a) Blitzeinschlag! Alles ist durcheinander geraten. Ordne zu und übersetze:

damn	ta es
del	sae estis
vi	eti sunt
cap	ita est
terr	ati sumus

b) Ein etruskischer Priester berichtet ganz aufgeregt, was er am Himmel gesehen hat:
1. „Signum a deis datum est. 2. Primo soni miri a me auditi sunt. 3. Tum viginti cycni (Schwäne) a me visi sunt. 4. Multitudine eorum territus sum. 5. Numquam tanta multitudo ab hominibus visa est. 6. Nonne a deis moniti sumus?“

c) Setze den Bericht des Priesters aus b) nach folgendem Muster ins Aktiv:
Signum a deis datum est. → Dei signum dederunt.

d) Vergangenheit oder Zukunft? Entscheide, ob Imperfekt oder Futur I vorliegt, und übersetze:
1. Dei a sacerdotibus rogabantur. 2. Signum a deis dabitur. 3. Hostiae deis praebebuntur. 4. Dei sacris delectabuntur. 5. Carmina cantabantur. 6. Auxilium deorum a sacerdotibus petebatur. 7. „Vos, di magni, sacris certe movebimini. 8. Nos beneficiis vestris servabimur.“

e) Nur für Eingeweihte. Bilde die jeweils in Klammern angegebene Form:
1. servare (1. Pl. Perf. Passiv *f*) 2. ornare (3. Pl. Perf. Passiv *n*) 3. monere (2. Sg. Perf. Passiv *m*) 4. monere (2. Sg. Impf. Passiv) 5. arcessere (2. Pl. Perf. Passiv *m*) 6. facere (3. Sg. Perf. Passiv *n*) 7. facere (1. Pl. Perf. Aktiv) 8. audire (3. Pl. Perf. Passiv *f*)

Ü

f) Gib an, welche Veränderung vorgenommen wurde, um den jeweils nächsten Schritt zu erreichen. Beachte: Es gibt jeweils nur eine Veränderung; entweder ändert sich der Kasus, der Numerus oder das Genus:
1. hi → hos → hunc → hanc → huic 2. ille → illo → illā → illis → illae 3. harum → hae → his → hāc → hōc 4. illud → illius → illorum → illa → illos 5. hanc → hoc → hoc → haec → hi

g) Bilde die jeweils passende(n) Form(en) des Adjektivs:
virum (sapiens) - mores (vetus) - sacerdotibus (diligens) - libri (vetus) - templo (ingens) - hominum (felix) - verba (sapiens) - turbae (ingens) - civitatis (dives)

h) Welche Wörter, die aus dem Lateinischen stammen, kannst du im folgenden Krimitext entdecken? Was bedeuten sie?

„… Mehrere Indizien deuteten darauf hin, dass sich die Diebe in der alten Villa komplett versammelt hatten. Der korpulente Kriminalbeamte Felix Fuchs blickte durch das Fenster und gab dann seiner Partnerin Beate Berger das Signal zur Festnahme. Die Kriminellen behaupteten zwar, sie seien nur zusammengekommen, um etwas vollkommen Legales zu tun, nämlich Memory zu spielen, aber ihre Beute verriet sie: Im Schrank versteckt fand Fuchs die wertvolle Partitur von Wolfgang Amadeus Mozart …“

Menschen und Götter – die Welt der Mythen

1

Mit Herkules, Äneas, Romulus und Remus sind dir bereits einige mythische Gestalten Roms und Griechenlands begegnet. In den folgenden Lektionen werden Geschichten im Mittelpunkt stehen, die das Verhältnis der Menschen zu den Göttern betreffen. Nach der Lektüre dieser Geschichten wirst du Redewendungen wie „Tantalusqualen" oder „Sisyphusarbeit" erklären können, und auch, warum der Kontinent, auf dem wir leben, Europa heißt.

2

fundamentum

Wie ist der Mythos entstanden?

Der Mythos versuchte, die Welt zu erklären – zu einer Zeit, in der es noch keine Wissenschaft gab. So wurde in einfachen Geschichten erläutert, wie Tiere, Pflanzen und Menschen, aber auch Götter und Weltall entstanden sind. Auch Naturgewalten, wie z.B. Blitze, versucht der Mythos zu erklären: So glaubten die Menschen des Altertums, Zeus schleudere Blitze zur Bestrafung auf die Erde hinab. Viele Mythen beschäftigen sich darüber hinaus mit Erfahrungen, die im Leben aller Menschen auftreten, z.B. mit Leid und Unglück. Insofern lernte man aus ihnen, wie man sich verhalten sollte, ließ sich aber auch vor manchen Handlungen warnen.

3

4

1 **Michael Ayrton: Minotaur Waking. 1972. Hampshire, Southampton City Art Gallery.**

2 **Der Titan Atlas. 1937. Statue von Lee Lawrie vor dem Rockefeller Center, New York.**

3 **Prometheus erschafft den Menschen. Römisches Schmuckstück. Wien, Kunsthistorisches Museum.**

4 **Europa und der Stier. Rückseite der griechischen Zwei-Euro-Münze.**

5 **Jean-Auguste-Dominique Ingres: Ödipus und die Sphinx. 1808. Paris, Musée du Louvre.**

6 **Die Titanen Atlas und Prometheus. Griechische Vasenmalerei. Rom, Vatikanische Museen.**

7 **Prometheus. 1934. Brunnenstatue von Paul Manship vor dem Rockefeller Center in New York.**

5

Wie deutet man Mythen?

fundamentum

Warum mythische Erzählungen auch heute noch beliebt sind, lässt sich am Beispiel der Sage von Prometheus darstellen: Die Griechen glaubten, dass der Göttersohn Prometheus die Menschen aus Lehm erschaffen hatte und ihnen stets als Helfer zur Seite stand, was Zeus nicht gefiel. Eines Tages raubte Prometheus das Feuer aus dem Himmel, um den Menschen das Leben zu erleichtern. Damit aber hatte er gegen ein Verbot des Zeus verstoßen, der ihn zur Strafe an einen Felsen im Kaukasusgebirge (vgl. Karte im hinteren Buchdeckel) kettete. Täglich flog ein Adler herbei, der mit seinem spitzen Schnabel dem Prometheus die Leber aushackte – die aber in jeder Nacht wieder nachwuchs.

Dieser Mythos wird auf verschiedene Weise gedeutet: Die einen sehen Prometheus als Vorbild, weil er den Mut hatte, gegen den Willen eines tyrannischen Herrschers aufzubegehren und Schwächeren zu helfen. Andere dagegen sehen in Prometheus den frechen Rebellen, der gesetzte Grenzen eigenmächtig überschritt und dafür zu Recht bestraft wurde.

6

Auch wenn das Leben der heutigen Menschen in hohem Maße vom naturwissenschaftlichen Denken bestimmt ist, sind die alten Geschichten von Göttern und Helden doch nicht ganz aus unserer Welt verdrängt worden. Wir greifen noch immer auf mythische Bilder und Geschichten zurück, um Dinge anschaulich und verständlich zu beschreiben: Denkt nur an selbstverständlich gebrauchte Begriffe wie „Trojaner" (für ein in den Computer eingeschleustes Ausspähprogramm) oder die sprichwörtlichen „Herkuleskräfte".

7

53

E

1. Scelerati, quia a civibus risi erant, fugerunt et se condiderunt.
2. Rapax servus, qui a Rufo captus erat, a vigilibus (Polizisten) comprehensus est.
3. Si ceteri scelerati comprehensi erunt, etiam liber invenietur.

Ü

a) Forme nach folgendem Muster um:
Präs. → Perf., Impf. → Plusqpf., Fut. I → Fut. II.

1. Nuntii mittebantur. 2. Servus reprehenditur. 3. In urbem ducimur. 4. Liber invenietur. 5. A patre moneris. 6. Clamore terrebaris.

b) Verwandle in die entsprechende Form des Passivs und übersetze dann:

1. accusaverant 2. fecerunt 3. invēnit 4. audiverat 5. terrebis 6. traxerunt

c) Ordne die Verbformen der e-Konjugation bzw. der kons. Konjugation zu und bringe sie in die Reihenfolge Präs. - Impf. - Fut. I - Perf. - Plusqpf. - Fut. II:

laeduntur - territus est - ridebamini - trahentur - petitum erat - visi erant - missi erunt - moneor - habebitur - comprehensus es - obiciebatur - monitus ero

d) Formenstaffel:
Perf. → Pass. → Präs. → Plusqpf. → Akt. → Impf.

impedit | capiunt | portas

e) Verbinde jeweils einen Nebensatz mit einem passenden Hauptsatz und übersetze:

Hauptsätze

1. Servus nomina aperuit, ...
2. Servus, ..., in oppido erravit.
3. ..., nihil respondit.
4. Rufus, ..., de scelere furum narravit.

Nebensätze

a) qui a viris in portum ductus erat
b) postquam servus comprehensus est
c) qui a compluribus viris excitatus erat
d) quia a Lucio vi laesus erat

f) Nach getaner Arbeit ist gut ruhen.
Gaudebo, ... 1. si labor factus erit. 2. si officia recte facta erunt. 3. si omnia pericula superata erunt.

I

Europa und Phönizien

Das phönizische Alphabet ist die Grundlage des griechischen und damit auch des lateinischen Alphabets. Das Zeichen für den ersten Buchstaben des Alphabets, unser A, das griechische Alpha und das phönizische Aleph, ist nichts anderes als das stark vereinfachte Bild eines Stierkopfes. Dass die phönizische Kultur die griechische bzw. europäische Kultur beeinflusst hat, spiegelt sich in der Sage um die phönizische Königstochter Europa, die von Jupiter entführt wurde.

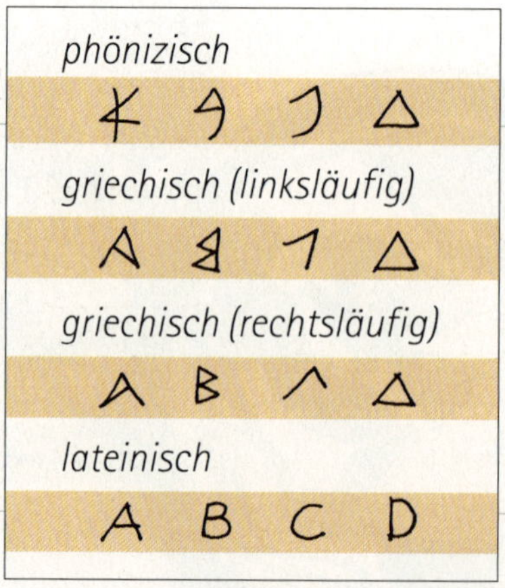

Europa und der Stier

T

Jupiter hatte sich in die schöne phönizische Königstochter Europa verliebt. Mit einem Trick gelang es ihm, das ahnungslose Mädchen zu entführen. Eine Freundin Europas, die Augenzeugin des Geschehens war, überbrachte schließlich Europas Vater die traurige Nachricht:

„Rex, audi de calamitate filiae tuae: Europa a me ad litus ducta erat. Nam ab aliis virginibus ad ludos vocatae eramus. Ibi subito taurus in conspectum nostrum venit et in arena consedit. Numquam taurus tam praeclarus a nobis spectatus erat. Itaque Europa illum manibus tetigit. Vix in tergo bestiae consederat, cum ab animali iam in aquam portata est. Europa perterrita est; certe secum cogitavit: ‚Cum in mare altum tracta ero, pater certe cura gravi torquebitur.' Denique clamare coepit: ‚Redi ad litus, taure!' Vox virginis, quae timore ingenti completa erat, adhuc a nobis animadversa est. Sed amicae adesse non potuimus." Postquam haec omnia a patre accepta sunt, statim fratres Europae in multas terras missi sunt. At puella inventa non est. Taurus enim eam in Cretam deduxerat. Ibi Europa animadvertit se a Iove raptam esse; is formam mutaverat, quia amore captus erat.

Die Entführung der Europa. Römisches Mosaik. 3. Jh. n. Chr. Kos, Haus der Europa.

Später gebar Europa dem höchsten Gott drei Söhne. Minos, einer der Söhne, wurde König von Kreta. Nach seiner Mutter Europa wurde schließlich unser Erdteil benannt.

V

a) 1. Erkläre Jupiters List und beurteile sein Handeln. 2. Wie reagiert Europa in T, Z. 4–11? 3. Beschreibe die Bildelemente, auch im Vergleich zu T.

b) Vokabelraub.
Schreibt alle neuen Lernwörter – lateinisch und deutsch – auf Karten. Eine(r) von euch nimmt eine Karte fort und legt die restlichen aus. Wer als Erste(r) merkt, welche Vokabel fehlt, darf die nächste Karte „rauben". Setzt euch für das Spiel in Fünfergruppen zusammen.

c) Europa denkt an ihre Entführung zurück:
1. In patriam redire non potui. 2. Certe pater miser calamitate mea perterritus erat. 3. Fratres ira gravi completi erant et mater magno timore turbata erat. 4. Etiam amicae flagitio crudeli sollicitatae erant, nam dolo deducta eram. 5. Cur Iuppiter amore captus erat, cur in taurum praeclarum mutatus erat, cur ego tergum animalis tetigeram?

d) Quod licet Iovi, non licet bovi (einem Ochsen).
Was ist damit gemeint?

E

1. Europa taurum fortem tetigit.
   Europa taurum corporis ingentis tetigit.
2. Ille taurus corpore ingenti erat.
3. Europa, postquam a tauro deducta est, non iam bono animo erat.

Ü

a) Nur gute Eigenschaften? Übersetze:
1. animal magni corporis 2. puer summae virtutis 3. filius magni ingenii 4. pugna multorum dierum 5. puella septem annorum 6. donum parvi pretii

b) Jung und schön
Ergänze die fehlenden Endungen im angegebenen Kasus und übersetze:
1. Titus, qui erat vir virtut[?] clar[?] (Gen.), Iuliam amavit. Titus ei multas res magn[?] preti[?] (Gen.) donavit. Iulia autem hunc virum quadraginta (40) ann[?] (Gen.) non amavit. 2. Iulia Publium iuvenem amavit. Nam Publius erat iuvenis vult[?] laet[?] (Abl.) et voc[?] clar[?] (Abl.) et corpor[?] pulchr[?] (Abl.). 3. Quamquam Publius Iuliae amicae res parv[?] preti[?] (Gen.) praebuit, ea semper bon[?] anim[?] (Abl.) erat.

c) Erkläre das folgende Sprichwort:
Tempora mutantur et nos mutamur in illis.

d) Warnung oder Aufmunterung?
Numquam periculum sine periculo vincitur.

e) Telefonauskunft
Ordne den Passivformen die richtige Telefonnummer aus der Tabelle zu, z.B. excitantur – 661:
capti eramus - monebaris - auditur - missi estis - ducentur - excitor - mittebatur - ductus erat - moniti sumus - monitus eras - audiebamini - excitatus sum - missa erat

1 ich	2 du	3 er (sie, es)
4 wir	5 ihr	6 sie
1 fassen	2 schicken	3 hören
4 führen	5 ermahnen	6 wecken
1 Präsens	2 Imperfekt	3 Futur I
4 Perfekt	5 Plusquamperfekt	

I

Prometheus – Schöpfer und Helfer der Menschen
Der Göttersohn Prometheus formte die ersten Menschen nach seinem Ebenbild aus Lehm. Minerva hauchte ihnen Leben und Verstand ein. Die Götter verlangten nun von den Menschen Opfer und Anbetung. Da erdachte Prometheus eine List: Aus einem geschlachteten Opferstier machte er zwei Haufen, einen größeren aus den Knochen und Innereien und einen kleineren aus dem Fleisch, die er beide mit Stierhaut umhüllte. Jupiter wählte den größeren; den Menschen blieb so das wertvollere Fleisch des Tieres. Als der Betrug herauskam, wurde Jupiter zornig und versagte den Sterblichen das lebenswichtige Feuer. Deshalb holte Prometheus das Feuer in einem hohlen Schilfrohr vom Himmel zurück und brachte es den Menschen.

Ein Ende der Qualen

T

Herkules hatte im Auftrag von König Eurystheus schon viele Heldentaten vollbracht, z.B. hatte er den Nemeischen Löwen, die Stymphalischen Vögel und die Hydra von Lerna getötet. Als Eurystheus ihm auftrug, die Äpfel der Hesperiden zu stehlen, wollte Herkules den klugen Prometheus um Rat fragen. Zu diesem Zweck eilte er zum Kaukasusgebirge.

Hercules in Caucasum[1] venit. Sed quid ibi vidit? Prometheus, vir summae virtutis, in vincula datus erat. Itaque hunc virum interrogavit: „Cur talis poena tibi statuta est, infelix?“
Prometheus respondit: „Vita mortalium, qui a me creati erant, plena laborum erat; nam Iuppiter eis ignem, rem magni pretii, negaverat. Itaque mihi placuit mortalibus adesse; illam rem necessariam eis donare constitui. Postquam ignem e caelo rapui et in tecta mortalium portavi, ii bono animo fuerunt. Me laudabant et contendebant me magna virtute esse. Sed Iuppiter ira acri fuit, quia ignis raptus erat. Itaque ab eo captus et deductus et in vinculis relictus sum. Iterum atque iterum me temptat aquila[2], quae est magna vi; ea iecur[3] meum laedit. Quis umquam eius modi poena tortus est?“ Hoc supplicio gravi Hercules denique motus est: Aquilam crudelem telo interfecit virumque praeclarum a vinculis liberavit.

[1] Caucasus der Kaukasus (Gebirgszug an der Grenze zu Asien)
[2] aquila Adler
[3] iecur *n* Leber

Herkules befreit Prometheus. Griechische Vasenmalerei. Um 610 v. Chr. Athen, Nationalmuseum.

a) 1. Erstelle ein Tempusprofil zu Prometheus' Antwort und ziehe Rückschlüsse daraus. 2. Welche Eigenschaften werden Prometheus in T zugeschrieben? 3. Wie zeigt sich Prometheus als Wohltäter der Menschen? Begründe, warum diese Hilfeleistung wichtig für die Menschen ist.

V

b) Herkules' Heldentaten
Setze passend ein und übersetze: summae virtutis, parvo corpore, magni animi

1. Conicimus Herculem non [?] fuisse; nam multos mortales magnitudine corporis superavit. 2. Hercules fortis bestias ingentes superavit; itaque homines virum [?] laudabant. 3. Quis nescit Herculem virum [?] fuisse?

c) Als Prometheus Herkules erblickte, dachte er:
1. Quam diu plenus curarum gravium fui! 2. Sed nunc bono animo sum; nam Hercules, ille vir magna vi corporis, me e calamitate servabit. 3. Postquam iter (Reise) complurium dierum fecit, me miserum animadvertit et precibus meis motus est. 4. Ei placebit mihi auxilium necessarium dare: Mihi libertatem donabit, e vinculis me liberabit. 5. Doloribus non iam torquebor.

55

E

1. Homines a Prometheo creati sunt. Sed igne carebant.
   Homines, postquam a Prometheo creati sunt, igne carebant.
   Homines a Prometheo creati igne carebant.
2. Itaque Prometheus ignem e caelo rapuit et hominibus donavit.
   Itaque Prometheus ignem e caelo raptum hominibus donavit.
3. Iuppiter eo dolo motus poenam crudelem in Prometheum constituit.
4. Aquila (Adler) crudelis Prometheum in vincula datum laesit.
5. Hercules verbis Promethei motus virum miserum e vinculis liberavit.
6. Hercules Prometheum a Iove in vincula datum (tamen) liberavit.

Ü

a) Gib das PPP an:
1. arcessere 2. movere 3. tangere
4. deducere 5. mittere 6. invenire

b) Verbinde die Partizipien sinnvoll mit einem Substantiv und übersetze wörtlich:

raptum tractum constitutae laesae
comprehensi aedificatam leges
navem manus carrum ignem fures

c) Lies **M** 3 auf S. 169 und analysiere die folgenden Sätze entsprechend. Übersetze dann die ganzen Sätze:
1. Europa a tauro pulchro rapta flevit.
2. Amicae Europae a tauro deductae adesse non poterant. 3. Europa a Iove amata non gaudebat, sed patriam desiderabat.

d) Forme die Sätze um, indem du den farbig gedruckten Satz als Partizipialkonstruktion in den anderen Satz einfügst; übersetze dann:
Bsp.: Rapax servus a Lucio comprehensus est. Rapax servus tandem nomina sociorum dixit. → Rapax servus a Lucio comprehensus tandem nomina sociorum dixit. (temporal)

1. Taurus Europam deducere voluit. Taurus amore captus est. (temporal)
2. Iuppiter Europam rapuit. Europa magno timore mota erat. (konzessiv)
3. Amici patri adfuerunt. Pater hoc scelere territus est. (kausal)
4. Amici filiam non invenerunt. Filia in Cretam deducta erat. (kausal)

Kretische Silbermünze.
Um 350 v. Chr. Wien, Kunsthistorisches Museum.

I

Dädalus und Ikarus

Die Künste des athenischen Erfinders und Baumeisters Dädalus waren weithin bekannt. Als aber sein Neffe Talus zu ihm in die Lehre geschickt wurde, stellte sich der Junge als so klug heraus, dass Dädalus ihn aus Neid vom Felsen der Akropolis hinunterstieß. Daraufhin wurde er verbannt und fand Zuflucht auf der Insel Kreta, wo er auf Befehl des Königs Minos ein Labyrinth errichtete, aus dessen verwinkelten Gängen niemand zum Ausgang fand. Dort wurde Minos' Stiefsohn, das stierköpfige Ungeheuer Minotaurus, gefangen gehalten.

Flugpioniere

T

Dädalus lebte seit einigen Jahren mit seinem Sohn Ikarus auf Kreta. Da König Minos auf die Künste des Dädalus nicht verzichten wollte, verbot er ihm, die Insel zu verlassen. Aber Dädalus wusste einen Ausweg. Nach vielen Vorbereitungen war der Tag der Flucht gekommen.

Prima luce Daedalus Icarum e somno excitavit et filio amato dixit: „Surge statim, Icare! Alae[1] ad fugam paratae sunt, quae diu in tecto conditae erant." Sine mora pater filio alas ad fugam paratas praebuit; tum imperavit: „Cape alas, quas e pennis[2] et cera[3] feci." Statim Icarus alas e pennis et cera factas cepit. Tum filius laetitia completus respondit: „Pater, nemo nos a fuga prohibebit. Nemo nos retinebit ut captivos. Nunc per caelum latum in patriam desideratam volare possumus."

Daedalus autem timore et curis sollicitatus filium monuit, priusquam alas movere et volare coeperunt: „Vita pericula solis! Vita pericula undarum! Vita mare ventis motum! Vola per aerem media via[4]!" Tandem Daedalus et Icarus spe adducti fugam inierunt et per aerem volaverunt. Sed filius consiliis patris monitus tamen non paruit et summa audacia caelum altum appetivit. Itaque perniciem vitare non potuit. Nam sol ceram solvit alasque delevit. Sic puer miser in mare ventis vehementibus motum cecidit.

[1] āla Flügel

[2] penna Feder

[3] cēra Wachs

[4] mediā viā auf einer mittleren Bahn

Nachdem der Sturm sich gelegt hatte, konnte Dädalus den Leichnam seines Sohnes am Strand einer Insel bergen, die fortan „Ikaria" genannt wurde.

Frederic Lord Leighton: Dädalus und Ikarus. Um 1869. The Faringdon Collection.

a) 1. Welche Gefühle bewegen Vater und Sohn vor der Flucht? 2. Vor welchen Gefahren warnt Dädalus Ikarus? Überlege, welche weiteren Gefahren auftauchen können. 3. Informiere dich auf S. 58 f. über die minoische Kultur.

V

b) Zu viel Talent bei Talus?
Setze die passende PPP-Form ein und übersetze:
vocato - conditum - missum - adductus

1. Daedalus Talum a sorore [?] res varias docuit. 2. Sed quia discipulus mox magistrum ingenio superavit, Daedalus ira vehementi [?] Talum interfecit. 3. Tum per multas urbes erravit, sed nemo ei auxilium dedit. 4. Denique Daedalo a rege Cretae insulae [?] placuit hanc insulam adire. 5. Ibi labyrinthum (!) Minotauro (Minotaurus) aedificavit. 6. Mortales autem Minotaurum in labyrintho [?] timuerunt.

KRETA
UND DIE MINOISCHE KULTUR

1

Die Insel Kreta gilt als Wiege der europäischen Kultur: Der Göttervater Zeus soll dort in einer Höhle des Ida-Gebirges geboren worden sein, und die von Zeus nach Kreta entführte phönizische Königstochter Europa soll dem ganzen Erdteil seinen Namen gegeben haben. Der kretische Sagenkreis um König Minos und den Minotaurus und um Dädalus und Ikarus spiegelt geschichtliche Ereignisse aus längst vergangenen Jahrtausenden wider.

2

3

DIE MINOISCHE KULTUR

Der sagenhafte König Minos, der als Sohn des Zeus und der Europa galt, gab der sog. „minoischen" Kultur auf Kreta den Namen. Sie gilt als die erste Hochkultur auf europäischem Boden: Wir wissen von prächtigen Palastbauten, die als Verwaltungszentren und Orte religiöser Rituale dienten. Die Minoer waren schriftkundig, brachten herausragende Künstler und Architekten hervor und beherrschten in ihrer Blütezeit das Mittelmeer. Sie trieben aber nicht nur regen Seehandel, sondern gründeten auch Siedlungen auf anderen Inseln. Von solchen Siedlungen aus beeinflusste die kretische Kultur und Religion das griechische Festland. Sogar das später mächtige Athen musste zeitweise Steuern an Kreta zahlen.

4

In der kretischen Gesellschaft spielten Göttinnen und Priesterinnen eine wichtige Rolle, sodass viele Forscher annahmen, auf Kreta hätten Frauen eine herrschende Stellung innegehabt.

Der Stier hat auf Kreta eine besondere Bedeutung, wenn man z.B. an das aus Mensch und Stier bestehende Mischwesen des Minotaurus denkt oder an die zahlreichen Darstellungen, die den sog. „Stiersprung" zeigen: Dabei rannte ein junger Mann auf einen Stier zu und übersprang ihn. Durch diese Mutprobe wurde er in die Welt der Erwachsenen aufgenommen.

5

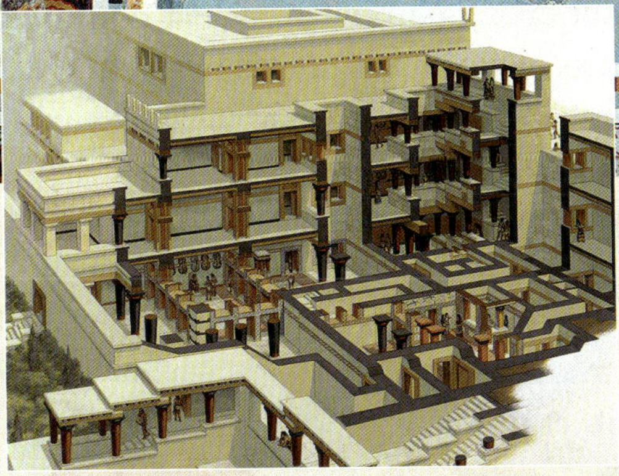

6

Das berühmte Labyrinth

Der Sage nach soll Dädalus im Auftrag des Königs Minos ein Labyrinth, einen Irrgarten, für den Minotaurus erbaut haben. Ob es einen wahren Kern dieser Sage gibt, weiß man nicht: Manche Forscher sagen, bei dem Labyrinth handle es sich um eine Umschreibung für den berühmten Palast von Knossos, in dessen zahllosen Räumen man sich habe verlaufen können. Gestützt wird diese These dadurch, dass man an den Wänden dieses Palastes viele Abbildungen von Doppeläxten gefunden hat, die man „labrys" nannte. Labyrinth hieße dann „Haus der Axt". Diese Deutung ist aber umstritten. So behaupten andere Forscher, das Labyrinth sei eine weitverzweigte Höhle auf Kreta.

7

Der Untergang der minoischen Kultur

Um 1700 v. Chr. wurden die Paläste auf Kreta durch ein Erdbeben zerstört, danach aber noch prächtiger wiederaufgebaut. Eine zweite Zerstörungswelle wird für etwa 1450 v. Chr. angenommen. Daraufhin seien der Handel und Wohlstand Kretas deutlich zurückgegangen, woraus eine große Unzufriedenheit der Kreter gegenüber ihren Herrschern erwuchs. Schließlich übernahmen Bewohner des griechischen Festlands, die sog. Mykener, die Macht auf Kreta; die minoische Vorherrschaft war zu Ende gegangen. Die Mykener ihrerseits wurden um 1200 v. Chr. selbst Opfer von Angriffen der sog. Seevölker; damit ging ein weitreichender Verlust an Kultur und staatlicher Ordnung einher. Es begannen die „dunklen Jahrhunderte", aus denen keinerlei schriftliche Zeugnisse mehr überliefert sind.

1 **Rhyton (Gefäß zum Ausgießen des Opfertrankes) in Form eines Stierkopfes. Um 1500 v. Chr. Heraklion, Archäologisches Museum.**
2 **Delfinfresko im Thronsaal der Königin. Palast von Knossos.**
3 **Goldene minoische Doppelaxt. 17./16. Jh. v. Chr. Heraklion, Archäologisches Museum.**
4 **Minoische Schlangenpriesterin. Bemalte Fayence aus der Schatzkammer des Palastes von Knossos. Um 1700 v. Chr. Heraklion, Archäologisches Museum.**
5 **Stierspielakrobaten. Minoisches Fresko aus Knossos. Um 1550 v. Chr. Athen, Archäologisches Nationalmuseum.**
6 **Rekonstruktion des minoischen Palastes von Knossos.**
7 **Die Ruinen des Palastes von Knossos heute.**

Proserpina – eine Königin für die Unterwelt

T

Proserpina war die schöne Tochter der Göttin Ceres, die sich um den Ackerbau und die Früchte der Erde sorgte.

Pluto, rex mortuorum, quia uxorem quaesivit, imperium suum reliquit et ad lucem venit. Cum Siciliam adiit, Proserpinam vidit, filiam deae Cereris[1], puellam praeclarae formae, quae flores[2] quaerebat et cum comitibus ludis delectabatur. Pluto, cum eam vidit, statim amore captus est. Sed in silva latebat et sibi dixit: „Numquam puella mortalis me amabit, si ab ea animadversus ero. Vultus meus omnes puellas terret; imperium meum, quamquam ingentis magnitudinis est, triste plenumque timoris est.“ Itaque Pluto amore captus eam rapuit, quia puellam verbis moveri non posse putabat. Proserpina a Plutone deducta plena timoris erat, quod a viro crudeli, quem nescivit, comprehendebatur. Matrem suam et amicas vocavit, sed Pluto equos nigros incitavit[3] et puellam vi raptam sub terram deducere studebat.

Doch es gab eine Zeugin: Die Quellnymphe Kyane saß an ihrer Quelle, als Pluto mit Proserpina in seinem Wagen vorbeiraste.

Cum ad fontem Cyanes[4] venerunt, Pluto sceptrum[5] suum in terram misit. Statim terra patuit. Ita Proserpinam comprehensam in eam regionem traxit, quam mortales intrare non possunt.

[1] Cerēs, Cereris *f* Ceres
[2] flōs, flōris Blume
[3] incitāre antreiben
[4] Cyanē (Gen. Cyanēs) *f* die Quellnymphe Kyane
[5] scēptrum Zepter

Gianlorenzo Bernini: Der Raub der Proserpina. Um 1622. Rom, Galleria Borghese.

V

a) Welche der folgenden Aussagen findest du in T, welche nicht?
- Pluto liebte die Insel Sizilien.
- Pluto war bei den Frauen beliebt.
- Pluto raubte Proserpina.
- Proserpina rief nach ihrer Mutter und ihren Freundinnen.

b) 1. Charakterisiere die Hauptpersonen des Textes, Pluto und Proserpina. Berücksichtige dabei, was sie tun (Prädikate) und wie sie beschrieben werden (Adjektive). 2. Vergleiche deine Ergebnisse mit den Informationen, die ein Lexikon zu diesen Namen bietet.

c) 1. Die meisten „Handlungen“ Proserpinas werden durch passive Verbformen, fast alle Handlungen Plutos durch aktive Verbformen ausgedrückt. Belege dies am Text und erkläre, was dadurch deutlich wird. 2. An zwei Stellen wird das Verhalten Plutos durch Passivformen dargestellt. Wieso sind gerade diese Stellen für die Handlung wichtig?

XVIII *plus*

a) Bestimme das jeweilige Tempus:
moniti erant - quaesivero - arcessam - petiveram - reprehendent - tractus eris - vincimini - viderat - aderat - redierant - tetigero - relicta erat - interrogat

b) Weise die jeweils richtige Übersetzung zu (z.B. „10 Y") und sortiere die falschen Übersetzungen aus:
1. res eius modi 2. plenus timoris 3. metu captus 4. homo ingentis corporis 5. ira motus 6. res parvi pretii 7. Is homo ira acri fuit. 8. amore capta 9. homo magni ingenii

A die gefangene Liebe **B** voller Angst **C** Dieser Mensch handelt aus Zorn. **D** ein großer Mensch mit Begabung **E** derartige Angelegenheiten **F** Ich vertausche diese Dinge. **G** ein hoch begabter Mensch **H** aus Angst **I** von Liebe ergriffen **J** eine kleine wertvolle Sache **K** ein Mensch mit gewaltigem Körper **L** Dieser Mensch war sehr zornig. **M** eine Sache von geringem Wert **N** aus Zorn

c) Dädalus enthüllt seinen Plan.
Übersetze und gib dabei die Partizipialkonstruktionen mit Adverbialsätzen wieder:

1. Alas (Flügel) diu conditas nunc tibi praebeo. 2. Magna spe adductus per aerem volabis. 3. Periculis solis undarumque territi tamen sine mora in patriam redibimus.
4. Tandem nobis licebit patriam diu desideratam petere.

d) Stelle möglichst viele Vokabeln zum Thema „Strafe und Leiden" aus den Lernwörtern der letzten drei Lektionen zu einem Sachfeld zusammen.

e) Wer knackt das „PC"?
Lies **M** 3 auf S. 169 und analysiere die folgenden Sätze entsprechend.
1. Icarus alas (Flügel) a patre paratas spectavit.
2. Alis ad fugam paratis pater et filius insulam reliquerunt. 3. Icarus summa audacia motus in patriam redire non potuit.
4. Filius enim consiliis patris timore sollicitati non paruit.

f) Aller guten Dinge sind vier: zwei Personen, ein Ort, ein Tier! Verbinde jeweils vier Begriffe und erkläre deren Zusammenhang:

Jupiter
Europa
Pluto
Prometheus
Proserpina
Ikarus
Dädalus
Herkules

Sizilien
Kreta
Kaukasus
Kreta

g) Auf welche lateinischen Verben lassen sich die folgenden Fremdwörter zurückführen? Nenne jeweils den Infinitiv Präsens Aktiv:
1. Missionar 2. Traktor 3. Diktat 4. Aspekt
5. Vision 6. Appetit 7. Demonstrant

56

E

1. Daedalus et Icarus regem Cretae insulae fugere constituerant.
2. Daedalus ipse omnia ad fugam paravit.
3. Icarus a patre ipso alas (Flügel) accepit.
4. Alae Icaro ipsi placuerunt.
5. Pater monuit: „Vita pericula ipsius solis!“
6. Pater et filius, dum per aerem volant, aves (Vögel) ipsas terruerunt.
7. Daedalus regem Cretae tyrannum (!) dicebat (appellabat).
8. Ille enim Daedalum captivum fecerat.
9. Homines Daedalum eiusque filium aves putaverunt.
10. Daedalus et filius ab hominibus aves ducti sunt.

Ü

a) Dekliniere ipse, ipsa, ipsum jeweils zusammen mit einem Substantiv:
carmen - mos - regio - manus - res

b) Staffellauf mit Substantiven und Pronomina:

ea femina | iudex ipse | causa ipsa | illud verbum | hoc flagitium

Nom. Pl. → Akk. → Sg. → Gen. → Dat. → Pl.

c) Ersetze das Pronomen is durch die entsprechende Form des Pronomens ipse. Beachte die veränderte Wortstellung:
1. id officium 2. ei populo 3. eas puellas 4. iis rebus 5. ea matre 6. ii senatores

d) Ergänze und übersetze treffend im Satz:
ipse - ipsi - ipsam - ipsa - ipsos - ipsius

1. Te [?] semper laudas, Claudia. 2. Ego [?] ea omnia feci. 3. Ea re [?] sollicitor. 4. Amicae [?] consilia mea credo. 5. Consiliis matris [?] non pares. 6. Amicos [?] reliquisti.

e) Freunde ...
1. Multos pueros amicos appello. 2. Magister meus discipulos amicos facit. 3. Consilia amici boni semper beneficia puto.
... und Feinde: 4. Homines, qui nos verbis laedunt, turpes ducimus. 5. Eos, qui patriam armis temptant, hostes putamus. 6. Ii, qui iniuriam faciunt, scelerati appellantur.

I

Latona und ihre Kinder

Die Göttin Latona war eine Geliebte Jupiters. Mit ihr zeugte er die Zwillinge Diana und Apollon. Seine eifersüchtige Frau Juno versuchte, die Geburt zu verhindern, denn es war vorhergesagt, dass die Kinder der Latona mächtiger sein würden als Junos Kinder. Juno verpflichtete daher die Erde durch einen Eid, der schwangeren Latona keinen Ort für die Geburt zur Verfügung zu stellen. Daraufhin ließ der Meeresgott Neptun die schwimmende Insel Delos aus dem Wasser auftauchen, wohin Merkur Latona auf Befehl Jupiters brachte. Unter einer Palme gebar sie schließlich die göttlichen Zwillinge.

Göttlicher Zorn

T

Als in der griechischen Stadt Theben für Latona und ihre beiden göttlichen Kinder Apollo und Diana ein Kult eingerichtet wurde, regte sich in Thebens Königin Niobe der Neid.

Mulieres Thebanae[1] Latonam sacris coluerunt. Nam sacerdos Iovis ipse eas ad haec sacra adduxerat. At Nioba sacra reprehendit. Itaque ipsa mulieres his verbis a sacris prohibuit: „Cur Latonae sacra facitis? Cur mihi ipsi ara non est? Tantalum ipsum, cui licet cum superis cenare, patrem appello. Omnes me felicem dicunt; me ipsam felicem puto, quia mihi septem filii et septem filiae sunt. Latona autem mater duorum tantum liberorum nominatur. Cur illam magnam deam aestimatis?" Talibus verbis laesa Latona liberos suos monuit: „Nemini – ne potenti quidem – deos superare licet. Me omnes colunt, mihi multi sacra faciunt. Equidem a Iove lecta sum liberosque praeclaros ei peperi. Nioba autem me ridet, quia se ipsam potentem ducit. Itaque vobis impero: Este crudeles in illam! Vindicate graviter[2] in illam mulierem superbam eamque infelicem reddite!" Profecto hoc ipso die omnes liberi Niobae nefariae ab Apolline et Diana interfecti sunt.

[1] Thēbānus thebanisch

[2] graviter *Adv.* hart

Nachdem auch ihr letztes Kind gestorben war, wurde Niobe in ihrem Schmerz zu Stein, wie der Dichter Ovid erzählt.

Der Tod der Niobiden. Römisches Sarkophagrelief. 140/150 n. Chr. München, Glyptothek.

V

a) 1. Erschließe vor der Übersetzung aus T, Z. 3–7, worauf Niobe stolz ist. 2. Wie verhält sich die Königin gegenüber der Göttin? 3. Welcher Moment des in T erzählten Mythos ist auf dem römischen Sarkophag festgehalten?

b) Welche der für ipse gelernten deutschen Bedeutungen passen jeweils bei den in T vorkommenden Formen dieses Pronomens? Suche weitere Stellen in T, wo eine Form von ipse ergänzt werden könnte.

c) Ergänze die korrekte Form und übersetze: 1. Omnesne Daedalum virum sapientem aestimantur / aestimant? 2. A paucis Daedalus vir superbus putatur / putat. 3. Prometheus ab Hercule vir felix redditus est / reddidit. 4. Quis Tantalum regem potentem nominat / nominatur? 5. Nonnulli deos sceleratos ducebant / ducebantur.

d) 1. Apollo: „Nioba ipsa matrem nostram risit. 2. Itaque ira nos movit; ergo nos ipsi poenam gravem constituimus. 3. Ego ipse filios mulieris nefariae interficiam, tu autem, soror cara, graviter (hart) in filias eius vindicabis. 4. Una hora omnes liberi, quos Nioba peperit, e vita cedent."

E

1. Daedalus per aerem volans filium suum monet.
2. Pater filio per aerem volanti viam ostendit.
3. Daedalus filium per aerem volantem monet.
4. Rex Cretae patrem et filium per aerem volantes aspicit.
5. Daedalus et Icarus per aerem volantes fugere volebant.
6. Icarus patri non parens in mare cecidit.
7. Pater filio auxilium petenti adesse non potuit.

Ü

a) Schreibe die Formen des Partizip Präsens heraus und bilde jeweils den Infinitiv Präsens Aktiv:
aspiciens - ingentem - amittentem - sapienti - conicientes - carminis - facientis - muniens communes - aperientes - vehemens - legens

b) Ordne die Wendungen mit Partizip richtig in die Sätze ein und übersetze dann:
A potestatem deorum sciens (konzessiv)
B corpus ingens et pulchrum ostendens (modal) **C** auxilium amicarum petentem (konzessiv) **D** media in turba puellarum iacenti (kausal) **E** ignem e caelo rapiens (modal) **F** per aerem volantis (temporal)

1. Taurus ... Europam deducere voluit. 2. Europa tauro ... mox credidit. 3. Taurus Europam ... per mare portavit. 4. Laetitia Icari ... magna fuit. 5. Prometheus ... hominibus adfuit. 6. Nioba ... Latonam verbis superbis risit.

c) Übersetze und beachte dabei das Zeitverhältnis und die jeweils angegebene(n) Sinnrichtung(en) der Partizipien:
1. Magistri multa docentes cives delectant. (modal) 2. Magistri nova docentes a civibus laudantur. (kausal) 3. Discipuli libenter studentes a magistro laudantur. (kausal) 4. Liberi e periculo servati amicis gratiam habuerunt. (kausal, temporal) 5. Liberi verbis patris moniti non paruerunt. (konzessiv)

Merkur, Orpheus und Eurydike. Relief aus dem 5. Jh. v. Chr. Neapel, Museo Nazionale Archeologico.

I

Die Unterwelt

Nach dem Glauben der Griechen kamen die Menschen nach dem Tod in die Unterwelt. Dort lebten sie als Schatten weiter und gingen denselben Beschäftigungen nach wie im Leben. Eine Rückkehr zur Oberwelt war nicht möglich, da ein dreiköpfiges Ungeheuer, der Höllenhund Zerberus, am Eingang zur Unterwelt Wache hielt.

Ein verbotener Blick

Der thrakische Sänger Orpheus, der mit seinem Gesang Bäume und Steine bewegen und sogar wilde Tiere zähmen konnte, hatte sich in Eurydike verliebt. Die schöne junge Frau erwiderte seine Gefühle – und die beiden heirateten. Aber das junge Eheglück währte nicht lange.

Eurydica amore capta Orpheo nupserat. Sed maritus amans non diu beatus erat. Nam uxor in campo serpentem[1] pede tangens interfecta est. Orpheus hunc nuntium tristem accipiens paene desperavit. Eurydicam enim toto pectore desiderabat. Mox autem marito coniugem desideranti placuit in Tartarum descendere. Cantans enim voce dulci Orpheus non solum mortales, sed etiam deos commovere potuit. In Tartaro Plutonem adiit hoc carmen cantans: „O rex umbrarum, superi sortem acerbam mihi tribuerunt. Tu autem redde mihi coniugem!“
Profecto Pluto carmen illius audiens Mercurium iussit Eurydicam e tenebris educere. Simul Orpheum monens hanc condicionem dedit: „Te ad lucem solis redeuntem veto oculos ad uxorem vertere.“
Ea condicio ab Orpheo accepta[2] est.

So machte sich der Götterbote mit Orpheus und Eurydike auf den Weg zur Oberwelt. Wie vereinbart ging Eurydike schweigend hinter ihrem Ehemann.

At Orpheus uxorem non iam animadvertens ad eam respexit. Et statim Mercurius Eurydicam ad umbras reduxit. Orpheus veniam petens deos Tartari non iam flexit; uxorem iterum perdiderat.

[1] serpēns, ntis Schlange

[2] accipere *hier:* akzeptieren

a) 1. Wieso hält Orpheus beim Rückweg die Bedingung Plutos nicht ein? 2. Glück und Trauer: Erstelle aus T je ein Sachfeld zu diesen gegensätzlichen Erfahrungen.

b) Ordne passend zu und übersetze:

vocem dulcem animadvertenti

ad illum convenientes

coniugem desiderans | carmina audientia

1. Orpheus ... in Tartarum descendit et Plutonem, deum acerbum, flectere temptavit. 2. Carmina illius bestias ... commoverunt. 3. Itaque animalia ... ad illum properare temptabant. 4. Plutoni quoque ... carmina Orphei placuerunt.

c) Orpheus' Tod

Übersetze und gib die PPA-Formen, wo möglich, mit Adverbialsätzen wieder:

1. Orpheus coniugem desiderans vitam tristem egit. 2. Homines voce viri carmina pulchra cantantis commovebantur. 3. Itaque multae mulieres vocem Orphei audientes nubere ei volebant, sed is omnes mulieres a se reppulit. 4. Denique nonnullae feminae eum perdiderunt iram non iam retinentes.

58

E

1. Orpheus carmina dulcia cantans homines et bestias delectabat.
2. Orpheus amore motus in Tartarum descendit.
3. Orpheus oculos ad uxorem vertens iram Plutonis excitavit.

Ü

a) Suche alle Partizipialformen heraus und sortiere diese nach PPA- und PPP-Formen:
vetitum - calamitatum - redditi - rapientes - aestas - aperientes - motum - tactum - respecta - sacerdotem - supplicium

b) Übersetze und achte dabei auf eine möglichst geschickte Wiedergabe der Partizipien:
1. Daedalus et Icarus patriam petentes insulam per aerem reliquerunt. 2. Icarus laetitia commotus magna voce clamavit: 3. „Alis (ala: Flügel) a patre inventis per caelum volo.“ 4. Icarus et alae sole deletae in mare ceciderunt.

Darbringung eines Totenopfers. Griechisches Salbgefäß. Um 440 v. Chr. Athen, Archäologisches Nationalmuseum.

c) Verbinde die Sätze, indem du den farbig gedruckten Satz als Partizipialkonstruktion in den anderen Satz einfügst. Übersetze dann:

Odysseus (Ulixes, -is), der sich auf der Insel der Phäaken (Phaeaces, -um) aufhält, will nach Hause:

1. Ulixes dolo saepe servatus est.
   Ulixes insulam Phaeacum petivit.
2. Ulixes auxilio Phaeacum gaudebat.
   Ulixes tamen non diu in eorum insula mansit.
3. Ulixes a Phaeacibus in patriam missus est.
   Ulixes uxorem et filium desideravit.

Zu Hause angekommen sieht Odysseus, dass junge Männer seine Frau Penelope bedrängen:

4. „Iuvenes in villa vitam laetam agunt.“
   „Iuvenes e tecto meo pellam.“
5. „Ego villam intrabo.“
   „Iuvenes me non animadvertent.“
6. Tum Ulixes cum filio iuvenes superavit.
   Iuvenes virtutem suam verbis superbis laudabant.

I

Sisyphus

Bei den Griechen wurde das Begräbnis oder die Verbrennung eines Toten festlich mit einem Leichenschmaus begangen. Dabei wurden den Toten Speisen und Getränke geopfert. Dieses Opfer wurde an den Gräbern der Toten wiederholt, um die Erinnerung an sie wachzuhalten. Sisyphus, der schlaue und überhebliche König von Korinth, hatte im Sterben seiner Frau eingeschärft, diese Opfer für ihn zu unterlassen. So hoffte er, unter dem Vorwand, seine Frau an die notwendigen Opfer erinnern zu müssen, auf die Erde zurückkehren zu dürfen.

Die Götter kann man nicht betrügen

T

Als Orpheus im Tartarus sang, hörte sogar Sisyphus für eine kurze Weile auf, seine ewig währende Strafe zu verrichten. Dieser musste in der Unterwelt büßen, weil er ein heimliches Liebesabenteuer des Jupiter verhindert hatte.

Sisyphus. Griechische Vasenmalerei aus Apulien. Um 330 v. Chr. München, Antikensammlung.

Iuppiter ira motus Mortem[1] iussit Sisyphum ad inferos deducere. Sed Sisyphus vitam amans Mortem fefellit eamque in vincula dedit. Brevi autem Mors a Marte deo liberata Sisyphum tandem in Tartarum deduxit. Sed ille ne apud inferos quidem de salute desperavit. Immo spe commotus dolum invenit et Plutonem ipsum, qui inferos regit, his verbis pressit atque obsecravit: „Coniugem convenire eamque monere volo; nam ea sacra mortuis debita nondum fecit.“ Profecto Pluto dolum non animadvertens Sisypho inferos relinquere concessit; is enim promiserat se redire velle. Fidem autem datam non servavit; sed Mortem ridens apud mortales vitam laetam egit. Itaque Mors Sisyphum resistentem iterum in Tartarum traxit. Nunc Sisyphus effugere non iam potuit. Immo ingens poena ab inferis delecta est: Sisyphus semper saxum in montem volvere debet. Cum autem ad summum montem venit, saxum revolvitur[2] – et a Sisypho iterum in montem volvitur. Sic laborem inanem facit.

[1] Mors, Mortis *f* Mors (der Tod als Person)

[2] revolvitur er (sie, es) rollt zurück

V

a) 1. Stelle vor der Übersetzung anhand von Schlüsselwörtern in T, Z. 1–10, Vermutungen über die Handlung an. 2. Was versteht man heute unter einer Sisyphus-Arbeit? Informiere dich in einem Sagenbuch über andere Strafen in der Unterwelt.

b) Orpheus in der Unterwelt
Wähle die korrekte Partizipform aus und übersetze, wo möglich, mit Adverbialsatz, Präpositionalausdruck und Beiordnung:

1. Orpheus magno timore moto / movens / motus tamen in Tartarum descendit. 2. Plutonem adiit haec dicentia / dicens / dicentis: 3. „Te non adii, quia Sisyphum magnis laboribus prementem / pressum / pressus videre volo. 4. Uxorem a me amatam / amans / amato ex inferis reducere volo.“

c) Übe die neuen Vokabeln, indem du sie so aussprichst, wie es zur jeweiligen Bedeutung passt: Sprich z.B. fallere wie ein hinterlistiger Betrüger.

d) Keine Zeit für Mythen
1. Senator honestus a servis salutatus villam intravit. 2. Brevi Marcus filius patrem adiens rogavit: 3. „Tune mihi hodie fabulas de inferis narrare vis? Hoc promisisti.“ 4. Senator ea verba audiens risit, tum filio respondit: 5. „Amicus me in foro exspectat, fidem servare debeo.“

Proserpina – der Kompromiss zwischen Pluto und Ceres

T

Das plötzliche und rätselhafte Verschwinden ihrer geliebten Tochter Proserpina stürzt Ceres, die Göttin des Ackerbaus, in Verzweiflung …

Frederic Lord Leighton: Die Rückkehr der Proserpina. Um 1891. Leeds, City Art Gallery.

Ceres autem, mater Proserpinae, filiam suam desiderans omnes regiones terrae adibat. Sed quamquam dies noctesque quaerebat, invenire eam non poterat. Ipsa per terram errans neque agros neque flores[1] curabat; itaque agri iacebant[2] floribusque terra carebat. Postquam ad oram Siciliae venit fontemque Cyanes[3] adiit, a Cyane omnia audivit, quae nympha[4] viderat. Ceres his rebus territa magnisque curis commota ad caelum rediit et a Iove fratre auxilium petivit.

[1] flōs, flōris Blume
[2] iacēre *hier:* brachliegen
[3] Cyanē (Gen. Cyanēs) *f* die Quellnymphe Kyane
[4] nympha Nymphe

Jupiter musste zwischen seinem Bruder Pluto und seiner Schwester Ceres entscheiden. Er pries die Vorzüge Plutos, gestand Ceres aber zu, Proserpina wieder auf die Oberwelt mitzunehmen, wenn sie im Totenreich noch keine Nahrung zu sich genommen habe.

Ceres laeta ad inferos descendit et Plutoni resistenti imperat: „Redde mihi Proserpinam a te retentam! Nam Iuppiter ipse, frater noster et rex deorum, eam mecum ad lucem redire concessit.“ Proserpina autem se cibos iam cepisse et se ipsam Plutonem maritum amare narrat. Tum Iuppiter iterum arcessitus haec constituit: Tempus anni ex aequo dividit[5]: hieme[6] Proserpinam in Tartaro, aestate autem apud matrem in terris vivere iubet.

[5] ex aequō dīvidere gleichmäßig teilen
[6] hiems, hiemis *f* Winter

V

a) Versuche, schon vor der Übersetzung eine Inhaltsangabe der Geschichte zu erstellen. Achte dabei auf die Handlungsträger (Subjekte), ihre Handlungen (Verbformen, speziell die Prädikate) und auf das Tempusprofil. Die Subjekte zeigen dir, wer handelt, die Verbformen, was die Subjekte tun, und das Tempusprofil gibt an, in welcher zeitlichen Reihenfolge die Handlungen passieren und wo der Höhepunkt der Erzählung liegt.

b) Der Mythos von Ceres und Proserpina ist sehr alt und stammt aus einer Zeit, in der die Menschen den Wechsel der Jahreszeiten wissenschaftlich noch nicht erklären konnten. Sammelt weitere Beispiele für Mythen, die unverständliche Naturphänomene „erklären“.

c) Versucht, das Verhältnis der Personen zueinander, wie es in Z. 16–22 deutlich wird, in einem „Standbild“ darzustellen.

XIX *plus*

a) Nenne jeweils das lateinische Gegenteil:
1. amittere 2. beatus 3. reprehendere 4. res secundae 5. lux 6. sperare 7. servitus 8. scire 9. pulcher

b) Wähle die passende Bedeutung für die Verben aus und übersetze:
1. agrum colere – deos colere – corpus colere
2. carmen novum parere – filium parere
3. libertatem vindicare – in sceleratos vindicare – iniuriam vindicare
4. civitatem perdere – tempus perdere – vocem perdere
5. saxa volvere – multa secum volvere

c) Bemühe dich bei der Übersetzung um eine treffende Wiedergabe des Pronomens ipse:
1. Latona ipsa a mulieribus sacris colebatur. 2. Mulieres auxilio Latonae ipsius saepe a periculis servabantur. 3. Nioba autem se ipsam laudabat. 4. Latonam deam verbis violabat; hac ipsa re dea excitata est. 5. Eo ipso tempore Latona ira commota est.

d) Latein – ein Rätsel?
Vervollständige das Kreuzworträtsel mit weiteren Vokabeln und Formen aus den letzten drei Lektionen. Erstellt in Gruppen entsprechende Rätsel zu anderen Wortschätzen und legt sie euch gegenseitig zur Lösung vor.

1► ich entkomme
2► bedrängen
3▼ Glaube, *Abl. Sg.*

							3▼	
							F	
	1►	E	F	F	U	G	I	O
							D	
2►	P	R	E	M	E	R	E	

e) Bearbeite eine der folgenden Aufgaben:

Schwierigkeitsgrad 1: Unten stehen drei lateinische Sätze, die jeweils ein Participium coniunctum enthalten, sowie wörtliche Übersetzungen dieser Sätze. Finde jeweils zwei weitere, grammatisch korrekte und sinnvolle Übersetzungen des PC, z.B. als Relativ- oder Adverbialsatz:

1. Orpheus Eurydicam amatam desiderabat. → Orpheus vermisste seine geliebte Eurydike. 2. Pluto Orpheo voce dulci cantanti condicionem dedit. → Pluto stellte dem mit schöner Stimme singenden Orpheus eine Bedingung. 3. Orpheus eam condicionem sciens tamen ad uxorem respexit. → Der diese Bedingung kennende Orpheus schaute sich trotzdem zu seiner Ehefrau um.

Sir Edward John Pointer: Orpheus und Eurydike. 1862. Privatsammlung.

Schwierigkeitsgrad 2: Ergänze die fehlenden Endungen und übersetze. Entscheide, welche Übersetzungsmöglichkeit am besten passt:

1. Prometheus ignem a caelo rapt[?] ad homines portavit. 2. Nam vita hominum a Prometheo creat[?] misera erat. 3. Denique Hercules Prometheum in vincula dat[?] liberavit.

Rom in Gefahr – die Zeit der Republik

1

2

Du hast bereits von der Gründung und der Ausdehnung Roms gehört und auch davon, dass seit Romulus zunächst Könige über die Stadt herrschten. In den folgenden Lektionen wirst du erfahren, wie es nach der Königszeit weiterging. Du wirst von den Bedrohungen lesen, mit denen sich die junge römische Republik auseinanderzusetzen hatte – sowohl im Inneren als auch durch Feinde von außen.

3

Die Ständekämpfe

fundamentum

In der römischen Republik lag die Macht bei den Patriziern. Die einfachen Leute, die Plebejer, standen zu diesen in einem sog. Klientelverhältnis: Die Patrizier waren als Patrone (Schutzherren) verpflichtet, die sozial Schwachen zu schützen und zu unterstützen. Im Gegenzug waren die Plebejer als Klienten (Schutzbefohlene) den Patriziern zu Dienst und Treue verpflichtet. Weil die Patrizier den Plebejern kaum Rechte zugestehen wollten, kam es zu den sog. Ständekämpfen, d.h. zur Auseinandersetzung zwischen dem Stand der Patrizier und dem Stand der Plebejer. Bevorzugtes Mittel der Plebejer war der Streik, also die Weigerung, in den Krieg zu ziehen. Damit erreichten sie zum Beispiel, dass auf dem Forum Romanum Bronzetafeln aufgestellt wurden, auf denen für alle nachlesbar Gesetze eingraviert waren, die die Macht der Patrizier einschränkten (sog. Zwölftafelgesetze).

Römische Expansion in Italien

fundamentum

Der nach den Ständekämpfen hergestellte innere Frieden war die Voraussetzung dafür, dass Rom sein Herrschaftsgebiet in Italien beständig erweitern konnte. Durch Siege über die Nachbarstämme der Latiner und Sabiner und zuletzt über die von Griechen besiedelten Städte Unteritaliens breiteten die Römer ihre Herrschaft über ganz Italien aus. Durch den Bau eines riesigen Straßensystems kontrollierte Rom das unterworfene Italien.

1 Der Hera-Tempel von Paestum (griech. Poseidonia) ist ein bedeutendes Zeugnis griechischer Kultur in Italien. Die von Griechen im 7. Jh. v. Chr. gegründete Stadt geriet – wie viele andere Griechenstädte in Italien – im 3. Jh. v. Chr. unter römische Herrschaft.

2 Jupiter steht in einem Streitwagen, der von der Siegesgöttn Victoria gelenkt wird. Römische Silbermünze. Um 235 v. Chr. London, British Museum.

3 Die Via Appia, die „Königin der Straßen", wurde ab 312 v. Chr. als militärische Aufmarschlinie von Rom nach Capua erbaut. Im 2. Jh. v. Chr. wurde sie bis Brundisium verlängert.

4 Rekonstruktion des Kriegshafens von Karthago: Hafenanlage mit Docks, durch Wehranlagen von der Seeseite her nicht einsehbar.

5 Der Kampf zwischen Rom und Karthago um die Vorherrschaft im Mittelmeerraum.

6 Innenbild einer kampanischen Schale. 3. Jh. v. Chr. Rom, Museo Etrusco di Villa Giulia.

Rom und Karthago

fundamentum

Roms Aufstieg machte den Zusammenstoß mit Karthago, der nordafrikanischen See- und Handelsmacht, unvermeidlich. Die Insel Sizilien wurde zum Streitfall, denn dort überkreuzten sich karthagische und römische Interessen. Aus kleineren Gefechten wurde der sog. 1. Punische Krieg (264–241 v. Chr.), in dessen Verlauf Rom eine eigene Flotte baute und damit schließlich Karthago besiegte. Nachdem die Karthager Sizilien an Rom verloren hatten, richteten sie ihr Interesse auf Spanien. Die Römer einigten sich mit den Karthagern auf den spanischen Fluss Ebro als Grenze zwischen den beiden Großmächten. Als der karthagische Feldherr Hannibal diese Grenze überschritt und mit afrikanischen Kriegselefanten die Alpen in Richtung Italien überquerte, löste das den sog. 2. Punischen Krieg aus (218–201 v. Chr.). Nach schweren Niederlagen der Römer im eigenen Land bezwang der römische Feldherr Scipio 202 v. Chr. das karthagische Heer auf afrikanischem Boden. Danach musste Karthago sämtliche außerafrikanischen Besitzungen an die Römer abgeben. Rom war damit zur bedeutendsten Macht des Mittelmeerraumes aufgestiegen.

4

6

5

59

E

1. Sisyphus poenam deorum effugere non poterat.
2. Ab omnibus auxilium petivit; sed nemo eum iuvare voluit.
3. Pluto deus inferis ut rex praeerat.
4. Apud inferos nemo sceleratis parcebat. Scelerati ibi omni auxilio carebant.
5. Poenam deorum Sisyphus non providerat.
6. Ille saluti suae non providerat (consuluerat).
7. Nefario enim modo in deos consuluerat.

Ü

a) Ein Verb sucht seinen Zwilling.
Stelle die Verben zusammen, die sich in ihrer deutschen Bedeutung sehr ähneln:
fugere - regere - providere m. Dat. - effugere - iuvare - praeesse - consulere m. Dat. - adesse

b) Wähle das Objekt im richtigen Kasus aus. Übersetze dann:
1. Antiquis temporibus reges (civitati / civitatem) Romanorum praeerant. 2. Tarquinius Superbus (cives / civibus) non pepercit; itaque (irae / iram) populi effugere non potuit. Urbem relinquere debuit. 3. Senatores (saluti / salutem) Romanorum providerunt; cives putabant senatores (populo / populum) iuvare posse. 4. Homines numquam (rebus adversis / res adversas) providere possunt. 5. Ante bella Romani (deis / deos) consuluerunt. 6. Romani credebant deos (hominibus / homines) consulere.

c) Entscheidung über Krieg und Frieden
1. Senatus populo praeerat. Constat senatum in curia consilia habuisse et civibus consuluisse. 2. Senatores deos consuluerunt, cum eis placuit bellum parare. 3. Tum sacrum fecerunt, quia existimabant deos victoriam (Sieg) parare posse. 4. Post victoriam imperator deis gratiam habuit, quia putavit deos milites in pugna iuvisse. 5. In regionibus occupatis homines miseri a militibus Romanis pressi servitutem effugere non poterant, libertate carebant.

h) Was bedeuten die folgenden Rechtsgrundsätze?
1. Nulla poena sine lege.
2. Nemo iudex in causa sua.
3. Vim vi repellere licet.
4. Nemo tenetur se ipsum accusare.

I

Verarmung in Rom

Nach der Vertreibung der etruskischen Könige (510/509 v. Chr.) musste sich die junge römische Republik in Kämpfen mit ihren Nachbarn behaupten. Die Hauptlast des Krieges trugen die Plebejer: Sie mussten Kriegsdienst leisten, konnten deshalb oft ihre Felder nicht mehr bestellen und verschuldeten sich bei den Patriziern. Wer dann die Zinsen nicht mehr zahlen konnte, verlor seine Freiheit und musste als Knecht bei den Adligen seine Schulden abarbeiten. Hatte ein „Schuldknecht" (nexus) Familie, so war diese so lange nicht versorgt, bis der Vater aus der Schuldknechtschaft wieder entlassen war – falls er überhaupt zurückkehrte.

Vom Befehlshaber zum Schuldknecht

T

Die Schuldknechte (vgl. I) waren den Adligen schutzlos ausgeliefert; die Senatoren wurden ihrem Ehrennamen „patres“ nicht gerecht. Von der Zuspitzung dieser Situation im Jahre 494 v. Chr. berichtet uns der Geschichtsschreiber Livius:

[1] sē prōiēcit er stürzte
[2] barba et capillī Bart und Haare
[3] nexus Schuldknecht
[4] crēditor Gläubiger

Ante oculos omnium senex se in forum proiecit[1]. Vestis eius turpis erat; barba et capilli[2] neglecti ei magis speciem bestiae quam hominis dabant. Iterum atque iterum senex clamabat: „Servate me! Iuvate me!“ Nonnulli cives circum illum stantes ex eo quaerebant: „Quid est, homo? Quid tibi accidit?“

Ille autem respondit: „In servitutem cecidi! Hoc nemo providit. Antea civis liber eram. In bello multis manibus militum praefui. Dum pro vobis bellum gero, agros meos colere non iam potui. Nunc nexus[3] sum; creditores[4] mihi non parcunt, eos effugere non iam possum. Crudeli et nefario modo in me consulunt. Servate me!“

At plebs ira commota clamavit: „Quis umquam hoc vidit? Illi misero consulere debemus!“ Cives condicione misera senis moti senatores hoc iusserunt: „Patres, providete pauperibus! Parcite plebi!“

Tandem plebs patribus persuasit: Senex ceterique nexi liberati sunt, mox tribuni plebis creati sunt.

Das neu geschaffene Amt der Volkstribunen diente dem Schutz der Plebejer vor mutwilligen Übergriffen des Adels. Die zehn Volkstribunen wurden die höchsten Vertreter der Plebs und waren für die Dauer ihrer Amtszeit unverletzlich (sacrosancti).

Die römische Silbermünze erinnert an das Recht des römischen Bürgers, vor der Volksversammlung gegen Todesurteile Berufung einzulegen (provocare). Um 104 v. Chr. London, British Museum.

a) 1. Beschreibe das Äußere des alten Mannes.
2. Untersuche und verallgemeinere seine Aussagen (Z. 6–10): Wie konnten freie Römer in die Schuldknechtschaft geraten?

b) Setze die passenden Verben ein und übersetze:
consulebat - effugerunt - iuvit - parcebat - persuasit - praeerant - providebant

1. Diu reges Etrusci Romanis [?]. 2. Reges autem non plebi Romanae, sed Etruscis divitibus [?]. 3. Etiam septimus rex, Tarquinius Superbus, plebi non [?]. 4. Civibus liberis rex crudelis non [?]. 5. Tum plebem nemo [?]. 6. Vim regum pauci [?]. 7. Brutus civibus [?] eos in servitute vivere.

V

c) Ein weiser Mann rät den Konsuln:
1. „Semper populo praeesse debetis. 2. Iuvate et curate plebem! Consulite saluti civium! 3. Parcite senibus auxilium petentibus, qui sibi ipsis providere non possunt! 4. Fugite crimina! Persuadete senatui salutem civium neglegi non oportere!“

60

E

1. Salus omnium plebi Romanae curae erat.
2. Pauci autem patres pauperibus auxilio veniebant.
3. Id plebs patribus crimini dedit.
4. Itaque plebs patres monuit:
   „Adeste civibus! Providete omnibus civibus!
   Parcite flentibus! Iuvate laborantes!“

Ü

a) Aus zwei mach eins.
Setze die Ausdrücke richtig ein und übersetze:
curae - auxilio - crimini - venit - dant - est

1. Salus filiarum filiorumque patri et matri semper ... 2. Quid iudices sceleratis ... ? 3. Plebs seni misero et pauperi ...

b) Stelle die Sätze ähnlichen Inhalts zusammen:

1. Salus familiae domino curae erat.
2. Mercatores viro auxilio veniebant.
3. Dominus servo dolum crimini dedit.
4. Viri sceleratum in vincula dederunt.
5. Deus amore captus est.
6. Servus senatori semper fidem servavit.

A. Vir dixit servum filium fefellisse.
B. Pater familiae providebat.
C. Viri seni aderant.
D. Species puellae Iovem movit.
E. Fur in carcerem (Gefängnis) coniectus est.
F. Iuvenis semper dominum iuvit.

c) Ratschläge für einen Feldherrn? Setze das Partizip im passenden Kasus ein und übersetze:
1. Audi (die Bittenden)! 2. Neglege voces (der Schreienden)! 3. Parce (die Besiegten)!

d) Ein verzweifelter alter Mann kommt auf das Forum ...
1. In foro plebs flentem vidit. 2. Homines corpus vulneraque flentis spectabant. 3. Tum turba doloribus laborantem iuvare voluit. 4. Desperantem rogavit et fabulam tristem infelicis audivit. 5. Verbis auxilium petentis credidit.

Giovanni Silvagni: Der Abschied des Coriolan (Detail). 1826. Rom, Accademia Nazionale di San Luca.

I

Coriolan – ein Römer stellt sich gegen seine Stadt

Ein erbitterter Gegner der Plebs und der Volkstribunen, die deren Interessen vertraten, war Gnäus Marcius Coriolanus; deshalb wurde er 492 v. Chr. aus Rom vertrieben und ging zu den benachbarten Volskern ins Exil. Als kurz darauf ein Konflikt zwischen den Volskern und den Römern ausbrach, wählten ihn die Volsker zu ihrem Heerführer. Coriolan zog mit dem Volskerheer vor die Stadt. Die Senatoren wollten verhandeln, doch Coriolan lehnte ab. Die Lage der Römer schien ausweglos: Zum ersten Mal hatte sich ein gebürtiger römischer Patrizier gegen seine eigene Vaterstadt gewandt! Als alles verloren schien, schlug die Stunde der römischen Frauen. Der römische Geschichtsschreiber Livius erzählt uns von ihrem Vorgehen.

Am Ende siegen die Frauen

T

In ihrer Verzweiflung kam eine große Zahl römischer Mütter zu Coriolans Mutter Veturia und zu seiner Gattin Volumnia. Sie richteten beschwörende Worte an die beiden adeligen Frauen:

„Summo in periculo sumus! Salus liberorum nobis omnibus curae est. Coriolanus vobis, matri coniugique, certe parcet. Sed quid accidet nobis? Num nos deserere vultis, amicae? Venite nobis auxilio! Nisi nobis auxilio veneritis, id vobis crimini dabimus. Urbi reique publicae magno usui esse potestis: Ite ad Coriolanum, qui castra ad urbem posuit. Vos res magnas efficere potestis, vos calamitatem avertere potestis.“

Gerbrand van den Eeckhout: Veturia bittet ihren Sohn, die Heimat zu verschonen. 1674. Privatsammlung.

Die Römerinnen überredeten Volumnia, mit ihren zwei kleinen Kindern, ihrer Schwiegermutter Veturia und weiteren Frauen ins Lager der Feinde zu gehen. Sie wurden zum Zelt des Feldherrn vorgelassen. Als sich Coriolan erhob, um seine Mutter zu begrüßen, wies diese ihn schroff zurück:

„Tune hanc terram delere vis, quae te peperit? Num perniciei esse vis mihi et patriae, quae te aluit? Nonne tum, cum in conspectum urbis venisti, cogitavisti intra moenia matrem, uxorem, liberos esse? Hoc audi et disce, fili[1]: Ego, mulier libera, te in patria libera peperi; in servitutem me non duces.“ Coriolanus matrem audivit – sed roganti non respondit. Tandem irae matris cessit; lacrimae flentium virum fregerunt: Complexum[2] uxoris liberorumque accepit, priusquam copias Volscorum[3] ab urbe deduxit.

[1] filī: *Vok. zu* fīlius

[2] complexus, ūs *m* Umarmung

[3] Volscī, ōrum die Volsker

V

a) 1. Wie versuchen die Frauen, Coriolans Mutter und seine Gattin zur Mithilfe zu bewegen? 2. Mit welchen Argumenten will die Mutter ihren Sohn beeinflussen (Z. 12–16)? Berücksichtige auch die sprachliche Gestaltung dieser Passage (z.B. Satzarten, Schlüsselwörter). 3. Vergleiche die Haltung der Frauen auf dem Bild mit dem zweiten Abschnitt von T.

b) Vokabelgeschichte. Beginne (auf Deutsch) eine Geschichte zu erzählen. Binde in diese Geschichte eine neue Lernvokabel (auf Lateinisch) ein. Wer die Bedeutung weiß, darf die Geschichte in gleicher Weise fortsetzen.

c) Die Mutter Volumnia schärft ihren Kindern auf dem Weg zu deren Vater Coriolan ein:
1. „Cur vos peperi atque alui? Pater vester miseros et flentes certe neglegет; ridentes et fortes videre vult. 2. Lacrimae nobis usui non erunt. 3. Amore patrem flectere debemus. 4. Vos urbi nostrae auxilio venire, vos perniciem avertere potestis. Vos salutem urbis efficietis.“

61

Dies wollte Volumnia ihrem Mann Coriolan sagen:

E

1. „Cur tu, Romane, Romanos temptas? Idem sol et te et nos iuvat.
2. Lux eiusdem solis te et patriam Romam iuvat.
3. Eadem terra te et me aluit.
4. Nunc tot mulieres ad te venerunt, quot in urbe sunt.
5. Eae tantum efficere possunt, quantum tu non exspectavisti.
6. Eadem vis in nobis est quae in vobis, viri."

Ü

a) Zerrissener Papyrus. Füge die Blätter wieder zusammen, indem du die jeweils richtige Form von idem zum Substantiv hinzufügst:

eiusdem – easdem – vestibus
eandem – regionis – eidem
aedificia – seni – eodem
eisdem – dominas – matrem
nomen – idem – eadem
cum imperatore

b) Ersetze durch die entsprechende Form von idem:
eius - ipsas - eum - ipse - eis - eorum - ipsius - ipsa

c) Gleiches Essen für alle.
Füge idem in der richtigen Form hinzu:
1. Familia cenat. Omnes [?] cibis delectantur. 2. Pater subito rogat: „Quis cenam paravit?" 3. Mater: „Lydus; cena semper ab [?] servo paratur. 4. Heri vinum tibi placuit. Itaque hodie [?] vinum bibimus." 5. Filia parva: „Et ego semper [?] hora sub [?] tecto [?] cenam cum [?] fratribus ceno." Omnes rident.

d) Ergänze richtig:
1. Videsne tot homines in vicis urbis, [?] ego video? 2. Temporibus antiquis nulla urbs [?] erat quanta Roma. 3. Capitolium non tam magnum est [?] Palatium. 4. Unus annus [?] dies habet quot noctes.

I

Die Gallier bedrohen Rom

Hundert Jahre später hatte sich Rom gefestigt, da drohte von Norden eine neue Gefahr, die Gallier (Kelten). Das heutige Frankreich war ihr Kerngebiet gewesen; im 5. Jh. v. Chr. begannen einzelne Stämme auszuwandern. Sie setzten sich zunächst in der Ebene des Flusses Po in Oberitalien fest, drangen dann nach Süden vor und vernichteten 387 v. Chr. am Fluss Allia ein römisches Heer. Mit ihrem Anführer Brennus stießen die Gallier bis nach Rom vor. Sie drangen ohne Widerstand in die von den Bewohnern verlassene Stadt ein, plünderten und legten Brände. Die jüngeren Mitglieder des Senats und ein kleines Häuflein Bewaffneter hatten sich auf den Burgberg, das Kapitol, zurückgezogen. Roms Schicksal stand auf Messers Schneide.

Wer rettet das Kapitol?

T

Nur der steile Fels des Kapitols schützte die Zurückgebliebenen noch vor dem Ansturm der Feinde. Dorthin führte ein Bergpfad, den der mutige junge Römer Pontius Cominus kannte; er sollte als Bote die Senatoren dazu bringen, den Feldherrn Camillus zum Diktator zu ernennen. Also schlich er sich an den Fels heran.

Cominus saxum ascendit[1] neque ab hostibus visus est. Idem iuvenis hominibus in arce desperantibus spem dedit eosque iussit: „Desinite desperare! Camillus auxilio vobis veniet!“ Nocte iuvenis eādem viā Capitolium reliquit, quā venerat. Sed luce solis Galli vestigia iuvenis animadverterunt. Itaque nocte idem saxum ascenderunt. Omnia summo cum silentio fecerunt, dum custodes arcis dormiunt[2]. Alios autem custodes Galli non fefellerunt: anseres Capitolinos[3], qui Iunonis sacri erant; iidem subito tantum clamorem fecerunt, quantum arx nondum audiverat. Tali clamore excitati milites Romani hostes animadvertunt, arma capiunt, Gallos in saxo haerentes caedunt vel de saxo pellunt: Tot Galli eodem die ceciderunt, quot ne totus quidem exercitus Romanus uno proelio interficere potuerat. Profecto autem Galli tali ab hoste victi erant, qualem non exspectaverant: ab anseribus. Nam ii eādem vi fuerant qua homines fortes.

[1] ascendere hinaufsteigen

[2] dormīre schlafen

[3] ānserēs Capitōlīnī *m Pl.* die kapitolinischen Gänse

Nun ließen die Gallier ab. Sie waren aber nur zum Abzug bereit, falls ihnen die Römer tausend Pfund Gold zahlten. Beim Abwiegen benutzten die Gallier falsche Gewichte. Als die Römer protestierten, legte der Gallierführer Brennus zusätzlich sein Schwert auf die Waage und schleuderte ihnen die Worte „Vae victis!“ (Wehe den Besiegten!) entgegen, die bei den Römern ein Sprichwort wurden.

Die Kapitolinischen Gänse vor dem Tempel der Iuno Moneta. Römisches Relief. 2. Jh. n. Chr. Ostia, Museo Ostiense.

a) 1. Stelle vor der Übersetzung die Prädikate und Objekte aus T (Z. 1–6) zusammen, die das Verhalten des Römers und der Gallier beschreiben. Welchen Fortgang der Handlung erwartest du? 2. Was drückt das Präsens in Z. 10 f. aus?

b) Setze das richtige Pronomen ein und übersetze:
1. (Ille / Ipse / Idem) Pontius Cominus iuvenis fortis et diligens erat: 2. (Ipso / Eodem / Tali) die Capitolium reliquit, (eo / quo / quali) venerat. 3. (Iidem / Tales / Tot) Romani, qui antea timuerant, nunc arma capiunt. 4. Etiam patres Romani (illi / ipsi / iidem) arma ceperunt. 5. Patres Romani saepe dicebant: „(Quot / Illos) servos habes, (eosdem / tot) hostes.“

V

c) Brennus ließ sich seinen Abzug teuer bezahlen:
1. „Idem vobis nunc accidit, quod omnibus victis accidit. 2. Tot ornamenta aurea date, quot habetis! 3. Si nos fefelleritis, exercitum in novum proelium vocabo. 4. Tantum erit pretium libertatis, quantum ego volo. 5. Vae (wehe) victis!“

Der Streit zwischen dem Magen und den Gliedern

T

Aus der Zeit der Ständekämpfe wird berichtet, dass 494 v. Chr. die zornige Plebs auf den „Heiligen Berg" auswanderte und den Kriegsdienst verweigerte. Menenius Agrippa (Konsul 503 v. Chr.) sollte die Plebejer im Auftrag des Senats zur Rückkehr bewegen.

Plebs et senatores saepe certabant[1]. Senatores enim saluti plebis non consulebant. Iis pauperes multas iniurias crimini dabant. Itaque consilium ceperunt senatores deserere, urbem Romam relinquere, ad montem Sacrum exire. Senatores autem viderunt urbem sine auxilio plebis ab hostibus defendi non posse. Magno timore commoti Menenium Agrippam ad plebem miserunt. Is vir in castris plebis hanc fabulam narravit: „Antiquis temporibus membra[2] cum ventre[3] certabant. Membra enim putaverunt se semper ventri providere, ventrem autem medio in corpore sedentem aliorum labore ali. Itaque ventrem accusaverunt: ‚Venter non tale officium praestat, quale nos praestamus. Itaque saluti ventris non iam consulemus. Pedes corpus non iam movebunt, manus cibos neque capient neque ori praebebunt; dentes[4] eos non iam manducabunt.[5] Ita ventrem superabimus!' At paulo post senserunt non solum ventrem, sed etiam se ipsos non iam valere. Ita ventrem non solum ali, sed officio suo alia membra alere didicerunt."

[1] certāre streiten
[2] membrum Glied, Körperteil
[3] venter, ventris *m* Bauch, Magen
[4] dēns, dentis Zahn
[5] manducāre zerkauen

Agrippa verglich die Situation im Körper mit der im Staat; dadurch sahen die Plebejer angeblich ein, dass ihr Streik unberechtigt war, und sie brachen ihn ab. Umgekehrt machten die Patrizier der Plebs Zugeständnisse, um die größten Ungerechtigkeiten zu lindern.

August Eisenmenger:
Menenius Agrippa erzählt den Plebejern die Geschichte vom Magen und den Gliedern. 19. Jh. Wien, Parlament.

V

a) Formuliere die „Lehre" oder „Moral" der beispielhaften Erzählung.

b) Verfasse selbst eine Erzählung oder Fabel zu diesem Thema. Welche „Hauptdarsteller" wählst du? Überlege, ob der Magen nach unserem modernen medizinischen Wissen geeignet ist.

c) Entwirf eine „Rede des Magens", mit der er sich gegen die Vorwürfe verteidigt.

d) Untersuche die Erzählung genauer. Achte dabei vor allem auf die folgenden Aspekte:
1. Vergleiche die Beschreibung des Geschehens (Z. 1–7) und die Erzählung des Agrippa (Z. 7–17). Zeige, dass in beiden Teilen die gleichen Schlüsselbegriffe vorkommen.
2. An welchen Stellen schleichen sich in die medizinische Erzählung des Agrippa politische Fachausdrücke ein? Welche davon passen, welche nicht?

e) Die „Fabel vom Magen und den Gliedern" ist in der Weltliteratur immer wieder aufgegriffen worden. Die wohl bekannteste Version dieses Stoffes findet sich in einem Brief des Apostels Paulus (1 Kor. 12, 20–26, m. A.):
1. Vergleiche die Erzählung des Menenius Agrippa mit der des Paulus.
2. Suche mit Hilfe eines Lexikons, des Internets oder anderer Hilfsmittel nach weiteren Versionen des Stoffes.

„Nun gibt es zwar viele Körperteile, aber nur einen Körper. Das Auge kann zur Hand nicht sagen: „Ich brauche dich nicht." Auch der Kopf kann zu den Füßen nicht sagen: „Ich brauche euch nicht." Nein! Gerade auf die Körperteile, die unbedeutender zu sein scheinen, kommt es an. Gott hat den Körper zusammengefügt, damit der Körper nicht von einer Grenze durchzogen wird, sondern die Glieder sich gemeinsam umeinander kümmern. Und wenn ein Körperteil leidet, leiden alle anderen mit."

Ü

a) Wähle die richtige deutsche Bedeutung bei der Übersetzung von ponere:
1. Postquam magister liberis fabulam recitavit, librum in mensa posuit. 2. Statuae imperatorum clarorum saepe in foro ponebantur. 3. Puer donum parvum ante portam puellae posuit.

b) Erkläre die folgenden Redewendungen:
1. Aliud est dicere, aliud facere.
2. Quot capita, tot sententiae (Meinungen).
3. Qualis mater, talis filia.
4. Qualis vita, finis ita.

c) Vokabelkampf.
Bildet zwei Gruppen. Ein(e) Schüler(in) der Gruppe A fragt eine(n) Schüler(in) aus der Gruppe B eine Vokabel aus den letzten drei Lektionen ab und dann umgekehrt. Wer alles richtig gemacht hat, holt für die eigene Gruppe einen Punkt. Die Paare wechseln; jeder kommt nur einmal dran.

d) Welche lateinischen Wörter erkennst du in den markierten Fremd- und Lehnwörtern?
1. Der **Küster** zog sich beim Herabsteigen vom **Turm** eine **Fraktur** zu. Jetzt kann er nur aus dem **Fenster** schauen. **Proviant** wird ihm täglich gebracht. 2. Ein Schüler kommt in den **Silentium**raum und sagt: „Ich bin schon ganz **senil**! Wo ist denn meine **Weste**? Ich suche sie schon so lange."

e) Bearbeite eine der folgenden Aufgaben:

Schwierigkeitsgrad 1
Die folgenden lateinischen Sätze sind in modernes Deutsch übersetzt. Ordne richtig zu:

1. Cui bono? 2. Hoc mihi curae non est. 3. Hoc mihi perniciei est. 4. Ea vestis tibi magno ornamento est. 5. Auxilio tibi veniam.

A Dieses Kleid steht dir hervorragend. **B** Wer hat etwas davon? **C** Das ist mir völlig gleichgültig. **D** Ich werde dir unter die Arme greifen. **E** Das ist mein Ende.

Schwierigkeitsgrad 2
Fülle die Lücken richtig und übersetze:
1. Omnes homines pericul[?] providere volunt. 2. Tamen omni[?] pericul[?] effugere non possumus. 3. Nam nos homines ingeni[?] deorum caremus.

E

1. Veturia Coriolanum filium reprehendit:
„Ira me movet. Felix non iam sum.
Felix essem, si tu hostis Romae non esses.
2. Si animum tuum mutare possem, nihil aliud vellem.
3. Nisi bellum gereres, te amaremus.“
4. Coriolanus: „Si copias deducerem, socii me riderent.“
5. Veturia: „Nisi hostes a te contra Romam ducerentur,
a Romanis non timereris.“

Ü

a) Verwandle im Deutschen die folgenden Verbformen in Konjunktivformen, z.B. „er war“ → „er wäre“. Wo die Konjunktivform mit der Indikativform identisch ist, musst du mit „würde“ umschreiben, z.B. „er lachte“ → „er würde lachen“:

1. sie hatte 2. er konnte 3. sie arbeiteten
4. wir lernten 5. ihr spieltet 6. wir sangen
7. ich sprach 8. du warst 9. ich las

b) Bilde jeweils die entsprechende Konjunktivform:
1. eram 2. poteras 3. volebat 4. dubitabam
5. rogabas 6. properabatis 7. parebant
8. occidebat 9. scribebas 10. effugiebamus

c) Bedenkenswert
1. Qualis dominus, talis et servus.
2. Tantum scimus, quantum memoria tenemus.

d) Faule Ausreden
1. A: „Quin studes?“ B: „Libenter studerem, si librum meum invenire possem.“
2. A: „Cur mihi hodie non adestis?“
B: „Tibi adessemus, nisi amicas in foro conveniremus.“ 3. A: „Cur servi agros non colunt?“ B: „Agros colerent, si equum carrumque haberent.“

e) Träume und Wünsche.
Übersetze: 1. Si dives essem, ... → non iam in ludo essem. → pater meus non iam laboraret. → cum amicis regiones novas spectarem. → mater et soror in magna villa viverent. → me amaretis, quia vobis multa dona darem.
2. Si tandem haec omnia facere et sic vivere possem, felix essem! 3. Et tu? Quid tu faceres? Disceresne in ludo? Legeresne librum? Quem in foro convenires? Exerceresne corpus?

I

Rom und Karthago
Nach dem Abzug der Gallier erholte sich die Stadt. Im Mittelmeerraum wurden die Karthager (auch Punier genannt) zum größten Widersacher der Römer: Ihre Hauptstadt war das nordafrikanische Karthago (beim heutigen Tunis). Durch ihre Handelsbeziehungen waren sie zu einer einflussreichen Seemacht im Mittelmeer aufgestiegen. In den drei sog. Punischen Kriegen gelang es den Römern, Karthago niederzuringen. Während des Zweiten Punischen Krieges (218–201 v. Chr.) geriet Rom in größte Bedrängnis, weil die Karthager einen überragenden Feldherrn hatten: Hannibal, den Sohn des Heerführers Hamilkar Barkas.

Ein kindlicher Schwur

T

Hannibals Weg zeichnete sich schon in seiner Kindheit ab: Eines Tages soll ihn sein Vater Hamilkar mit geheimnisvoll ernster Miene zum Heiligtum des höchsten punischen Gottes ans Meer geführt haben:

Iam Hamilcar, pater Hannibalis, plenus erat odii in Romanos. Itaque Hannibalem ad aram Iovis adduxit. Manu dextera Italiam ostendens dixit: „Vide, puer: Trans mare apertum Italia iacet. Nisi Romani hostes tam potentes essent, nos felices essemus. Et ego felix essem; beatam tutamque vitam vivere possem. Laeto pectore sine curis vivere vellem. Sed a Romanis e Sicilia pulsus sum. Itaque ii mihi odio sunt. Tange hanc aram et iura!" His verbis odium Hannibalis auctum est. Itaque dextera aram tetigit iurans: „Di immortales, hoc vobis iuro: Numquam in amicitia ero cum Romanis; ii mihi semper odio erunt." Ad patrem versus haec verba addidit: „O pater, ego nisi puer essem, non hic remanerem, sed in Italiam irem et cum Romanis pugnarem. Ibi Romani a me vincerentur, patria autem nostra ab hoste liberaretur. A Romanis non iam rideremur. Statim tecum contra Romanos contendere cupio!"

Jacopo Amigoni: Der Eid des Hannibal. 18. Jh. Privatsammlung.

Dies schwor Hannibal schon mit neun Jahren. Daraufhin nahm ihn Hamilkar auf seine Feldzüge mit. Mit 25 Jahren wurde er Kommandeur der Karthager in Spanien, eroberte die mit Rom verbündete Stadt Sagunt und entfachte so den Zweiten Punischen Krieg.

V

a) 1. Informiere dich in einem Lexikon über das Leben Hannibals. 2. Antworte in kurzen lateinischen Sätzen: Ubi erat patria Hamilcaris patris filiique? Cur Romani Hamilcari odio erant? Ubi Hannibal iuravit?

b) Auch Publius Cornelius Scipio, der 202 v. Chr. Hannibal besiegte, hatte als Junge seine Träume:
1. Scipio: „Sine hostibus Italia felix esset. 2. Nisi Carthago esset, sine metu trans mare ire possemus. 3. Nobis semper frumentum esset. 4. Cum amicis in campo currerem 5. Carthaginem vincere vellem, nisi parvus essem."

c) 1. Romani Hannibali odio erant:
2. „O pater, si Romanos amarem, filius tuus non essem. 3. Numquam amicitiam cum hostibus facerem. 4. Si vir essem, ipse navibus trans mare apertum irem et Italiam peterem. 5. Romanos vincerem eosque ex Italia pellerem." 6. Tum ad deos immortales versus addidit: „Hoc cupio. Hoc iuro."

63

E

1. Hannibal felix non erat; nam Romani hostes erant.
   Hannibal felix fuisset, nisi Romani hostes fuissent.
2. Hannibal si potuisset, iam antea Italiam petivisset.
3. Statim in Italiam isset, cum Romanis bellum gessisset eosque vicisset.
4. Romani ab Hannibale postea victi non essent, nisi puer a patre excitatus et monitus esset.

Ü

a) Bilde jeweils die entsprechende Form im Plusquamperfekt:

1. accusaretis 2. peteret 3. parcerent
4. iuberem 5. cantares 6. crederemus

b) Träume. Ein alter Römer denkt nach.

Vervollständige sinnvoll:

1. Si imperator fuissem ...
2. Nisi servi me iuvissent ...
3. Si dives fuissem ...

c) Überlegungen Hannibals:

1. „Milites! Nisi tam fortes fuissetis, numquam in Italiam venissemus. 2. Romani nos non iam timuissent, sed risissent. 3. Nisi virtus vestra a me animadversa esset, vos huc non duxissem. 4. Si a Romanis hic videremur, illi fugerent.“

c) Bilde sinnvolle Sätze und übersetze:

1. Nisi Hannibal socios Romanorum temptavisset
2. Nisi Hannibal imperator magna audacia esset
3. Nisi Hannibal puer ad aram iuravisset

A. Romani ei odio non fuissent.
B. exercitum in patriam hostium non duceret.
C. Romani iis auxilio non venissent.

I

Hannibal marschiert nach Italien

Nach der Eroberung der spanischen Stadt Sagunt, die mit den Römern verbündet war, machte sich Hannibal im Frühsommer 218 v. Chr. auf den Weg nach Italien. Er musste dazu mit seinen 50.000 Fußsoldaten, 9.000 Reitern und 37 Elefanten über die Pyrenäen kommen, und sein Heer über die Rhône übersetzen. In den westlichen Alpentälern traf er auf gallische Bergstämme, die dem Heereszug große Verluste zufügten. Schwerer waren allerdings die Schäden, die das Heer durch Lawinen, Schnee und Eis erlitt. Die Alpen überquerte Hannibal wohl auf der Passhöhe beim Mont Cenis (in ca. 2.000 m Höhe), die eine weite Aussicht bot.

Die Karthager auf dem Gipfel

T

Auf der Passhöhe ließ Hannibal sein völlig erschöpftes Heer Halt machen. Nach dem Verlust vieler Männer und Elefanten machte er seinen Soldaten inmitten von Schnee und Eis Mut.

Agmen Poenorum postquam constitit, Hannibal orationem habuit: „Milites! Nos omnes eodem itinere, iisdem laboribus fessi[1] sumus. Non periimus, sed supersumus. Ne insidiae quidem Gallorum nos vicerunt. Sed bellum inceptum conficiemus. Vos nisi tam fortes fuissetis, numquam usque ad hunc locum venissemus. Ego ipse sine vobis hos labores subire neque voluissem neque potuissem. Alius exercitus numquam huc venisset, sed perisset. Romani autem si scirent nos cum tot elephantis[2] Alpes transisse, iam heri ad matres suas fugissent. Nisi a deis immortalibus defensi essemus, hostibus obiecti et ex Alpibus expulsi essemus; Italiam non vidissemus, non superfuissemus. Nunc autem Italia iam in conspectu est, campi lati sub pedibus iacent. Italia iam sub oculis est. Post unum aut duo proelia arcem et caput Italiae in manu et potestate tenebitis! Omittite ergo curas vestras!“ Sic Hannibal animos militum excitavit. Tum agmen procedere coepit.

[1] fessus müde

[2] elephantus: *vgl. Fw.*

Severino Baraldi: Hannibals Alpenübergang. 20. Jh. Privatsammlung.

a) 1. Untergliedere Hannibals Rede an die Soldaten in Sinnabschnitte. 2. Welcher Modus beherrscht die Rede und welchem Zweck dient er?

b) Erfinde auf Deutsch eine abenteuerliche Fantasiegeschichte, in die du möglichst viele neue Lernvokabeln auf Lateinisch einbindest.

c) Nach dem Alpenübergang schreibt ein Karthager nach Hause:
1. In illo itinere multas insidias hostium subiimus. 2. Postquam agmen usque ad summum montem processit, dux orationem habuit. 3. Nisi tot comites elephantique (!) perissent, exercitus laetitiae plenus fuisset. 4. Numquam autem Alpes transissemus, nisi ab Hannibale moniti essemus. 5. Nisi ab eo ducti essemus, desperavissemus; hostes nos vicissent, nemo superfuisset.

V

64

E

1. Hannibal saepe a deis auxilium petiverat.
   Hannibal a deis petiverat, ut exercitui suo adessent.
2. Hannibal milites suos monuit, ut procederent. Eos monuit, ne desperarent.
3. Timebat enim, ne milites desperarent. Periculum erat, ne a Romanis vincerentur.
4. Tum officium militum Romanorum erat hostem ab urbe prohibere.
5. Militum Romanorum erat Hannibalem ab urbe prohibere.
6. Hannibal enim militibus suis promiserat: „Mox tota Italia in manibus vestris erit!"
7. Mox tota paene Italia Hannibalis et Poenorum erat.

Punischer Kriegselefant. Terrakottastatue aus Pompeji. 1. Jh. v. Chr. Neapel, Museo Archeologico Nazionale.

Ü

a) Der Sekretär des Feldherrn erzählt, was er alles vor Marschbeginn erledigt hat.

1. „Imperatorem rogavi, ... → ut mihi de consiliis narraret. → ut deis sacrum faceret.
2. Servos monui, ... → ut prima luce equos probarent. → ut copiam frumenti pararent. → ne tela gladiosque in castris relinquerent.
3. Milites monui, ... → ne in proelio desperarent. → ut castra munirent."

b) Aufgaben und Pflichten.
Stelle passend zusammen und übersetze:

1. Consulis erat 2. Domini erat
3. Magistrorum est 4. Discipulorum est
5. Servarum erat 6. Imperatoris erat

A familiam cena delectare. **B** libros legere et linguas discere. **C** servis imperare. **D** populo consulere. **E** oratione virtutem militum augere. **F** liberos linguas docere.

Denke dir weitere „Pflichtsätze" aus.

c) Ne, ne: So viele Ängste!

1. Hannibal timebat, ne omnes elephantos (!) in Alpibus perderet. 2. Periculum erat, ne sine elephantis in Africam rediret.

d) Bitten und Ermahnungen

1. Amicae servum petiverunt, ut sibi adesset. 2. Magister pueros monuit, ut fabulam scriberent. 3. Mater filios monuit, ne magna voce clamarent. 4. Avus servam rogabat, ut nuntium ad forum mitteret.

I

Cannae – die schlimmste Niederlage Roms

Aus Hannibals Versprechen, nach ein oder zwei Schlachten werde man Rom in Händen haben, wurde nichts: In Italien kam es zu vier Schlachten, in denen er durch geschickte Kriegsführung und Listenreichtum vier römische Heere besiegte. Die größte Niederlage fügte er den Römern im Sommer 216 v. Chr. bei Cannae (Unteritalien) zu, wo diese zwei Heere mit etwa 70.000 Mann verloren. Als die ersten Nachrichten von dieser verheerenden Niederlage in Rom eintrafen, herrschten dort Entsetzen, Trauer und Angst.

Hannibal ante portas!

T

Die Nachricht von der Niederlage bei Cannae gelangte in Windeseile nach Rom.

Nuntiatum est Hannibalem vicisse, magnam partem militum Romanorum occisam esse. Statim urbs luctu et lacrimis completa est. Postremo senatus convenit. Iam ante curiam matronae[1] stabant mortem suorum timentes. Mulieres singulos senatores rogaverunt, ut militibus auxilio venirent; aliae ab iis petiverunt, ut eos milites, qui superfuerant, servarent; aliae oraverunt, ut familiis nomina mortuorum indicarentur. Senatores autem mulieres monuerunt, ne desperarent: „Mulieres! Iam alios hostes vicimus! Nondum omnia acta sunt!“

Quintus Fabius Maximus[2] autem timebat, ne senatores matronis auxilium negarent. Itaque in curia senatoribus imperavit, ut communi saluti providerent: „Meum officium est vos monere; consulis est rei publicae consulere; senatūs est omnibus adesse!“ Deinde postulavit, ut speculatores[3] ad reliquias exercituum mitterentur; nam eorum fortuna adhuc ignota erat.

Nunc tota paene Italia Hannibalis erat; praeda ingens victoris erat: equi, viri, argentum. Tum periculum erat, ne Roma quoque victoris esset. Sed postremo victoria non Poenorum, sed Romanorum erat.

[1] mātrōna Matrone, Ehefrau

[2] Fābius Māximus: bedeutender röm. Politiker

[3] speculātor Kundschafter

Anstatt Rom sofort anzugreifen, verteilte Hannibal die Kriegsbeute und zog plündernd durch Italien. Einer weiteren Schlacht wichen die Römer aus. Erst fünf Jahre später stieß Hannibal nach Rom vor – zu spät. Er hat die Tore der Stadt nie durchschritten.

Der Kopf des karthagischen Hauptgottes Baal Hammon, dem – ebenso wie seiner Gemahlin Tanit – auch Menschenopfer dargebracht wurden. Tripolis, Museum.

V

a) 1. Sammle aus T Substantive und Verben, die zum Sachfeld „Krieg“ gehören. 2. Fasse die unterschiedlichen Reaktionen der Menschen auf die Nachricht zusammen.

b) Befehle vor dem Abstieg. Ordne die Befehlssätze, die in Klammern stehen, im Satzgefüge unter:
1. Hannibal deos oravit, ... (Adeste militibus!) 2. Tum milites vulneribus confectos confirmavit, ... (Memoria tenete liberos!) 3. Dux elephantis (!) imperavit, ... (Surgite et transite montem!) 4. Postremo a militibus postulavit, ... (In Italiam procedite!)

c) Angriff der Bergstämme
1. Gentes ignotae agmen Poenorum temptabant. 2. Postremo a militibus postulaverunt, ne se defenderent; imperaverunt, ut milites argentum sibi darent. 3. Sed milites dicebant: „Argentum non nostrum est, sed Hannibalis et exercitūs. 4. Si ducem oravissetis, praemium vobis datum esset. 5. Nam imperatoris est praemia dare.“

Was wäre gewesen, wenn ...?

T

Nach der Schlacht bei Cannae hatte Hannibal die Chance, Rom zu erobern. Doch er nutzte sie nicht. Jahre später erinnert er sich vor allem an die Warnungen seines Reiterführers Maharbal:

„Post proelium Maharbal me monuit, ut statim ad Romam procederem et Capitolium caperem. Si eo tempore impetum in Romam ipsam fecissem, Romani urbem defendere non potuissent. Quia copiae Romanae victae erant, nemo militibus nostris restitisset. Si urbem occupavissem senatoresque captos mecum duxissem, omnes regiones et civitates Italiae ad copias meas perfugissent[1]. Totam Italiam in manibus tenuissem et id fecissem, quod antea iuraveram.

Tamen officium imperatoris bene praestiti; nam imperatoris est magna cum virtute bellum gerere: Equidem multos annos in Italia cum variis hostibus pugnavi. Sed Romam ipsam non petivi. Etiam nunc Romanis resistere possemus, si adhuc tot milites haberemus, quot Alpes transierant. Semper milites me monebant, ut senatum nostrum rogarem, ut milites amissos restitueret[2]. Sed scio senatum nostrum milites numquam restituisse. Itaque etiam nunc novos milites non mittet. Fortasse[3] Romanos numquam vincemus."

[1] perfugere überlaufen

[2] restituere ersetzen

[3] fortāsse *Adv.* vielleicht

Jacopo Ripanda: Hannibal in Italien. 16. Jh. Rom, Musei Capitolini.

V

a) Untersuche die im Text vorkommenden Modi und Tempora und versuche, daraus zu erschließen, welche unterschiedlichen Zeitabschnitte in Hannibals Rückblick vorkommen.

b) 1. Diskutiert darüber, ob Hannibal Recht hat: Hätte er eine Chance gehabt, Rom zu besiegen, wenn er es nach der Schlacht bei Cannae angegriffen hätte? 2. Die Frage „Was wäre gewesen, wenn ...?" war schon in der Antike sehr beliebt, da sie erlaubte, sich in der Fantasie alles Denkbare auszumalen. Kennst du aus der neueren Zeit oder vielleicht sogar aus deinem eigenen Leben ähnliche Situationen, in denen alles hätte anders verlaufen können? Wäre es wohl wirklich anders verlaufen?

a) Ordne richtig den Münzen zu und übersetze:

1. Salus tua mihi curae est. 2. Dominus scelus furibus crimini dedit. 3. Amici iuveni auxilio veniunt. 4. Villa erat Quinti. 5. Veturia, mulier magni animi, filium reprehendit. 6. Hannibal, vir summa virtute, Romanos temptabat. 7. Semper vitae discimus. 8. Gladius militi usui erat. 9. Elephanti (!) Poenorum erant. 10. Salus militum Hannibali curae erat. 11. Imperatoris erat militibus consulere. 12. Romanorum arx antiqua erat. 13. Illa nox Romanis perniciei fuisset, nisi animalia clamore suo civibus auxilio venissent.

b) Setze die folgenden Verbformen erst in den Konjunktiv Imperfekt, dann in den Konjunktiv Plusquamperfekt:
1. amat 2. vidisti 3. sum 4. iuvamus 5. consuluerat 6. praeeratis 7. transeunt 8. procedit 9. expellunt 10. paramus 11. sentiunt 12. ridebat 13. providet 14. ostendebatis 15. pellis 16. perit 17. iurabunt 18. sumus

c) Der Marsch der Soldaten in die Provinz.
Setze jeweils das passende Verb in der richtigen Perfektform ein:
adire - perire - abire - subire - transire

1. Milites e Roma [?]. 2. Exercitus magnos labores [?]. 3. Montes fluviosque [?]. 4. Multi milites [?]. 5. Tandem provinciam [?].

d) Bilde zu den folgenden Verbformen jeweils die entsprechende Passivform:
1. fecit 2. expulerant 3. prohibes 4. portabunt 5. reprehendistis 6. servabamus 7. tetigerunt

e) Setze eine korrekte Partizipform ein und übersetze:
1. Magister pueros (**studere**) laudavit. 2. Imperator litteras a nuntio e provincia (**mittere**) legit. 3. Serva praemio domini cenam (**laudare**) gaudet. 4. In urbibus a hostibus (**occupare**) timor civium magnus erat. 5. Servi militibus in castra (**redire**) cenam paraverunt. 6. Senex librum a furibus (**rapere**) desideravit.

f) Vokabelmalerei. Male an die Tafel ein Bild, das eine Lernvokabel aus den Lektionen 59–64 veranschaulicht. Die anderen haben drei Versuche, um die richtige Vokabel zu nennen.

g) Gegensätze ziehen sich an. Stelle sie zusammen.
Beispiel: silentium - clamor
senex - captivus - pauci - odium - servire - discere - docere - multi - amor - custos - iuvenis - imperare

h) Si tacuisses, philosophus (!) mansisses.

Wie ist dieser Spruch zu verstehen, wann könnte man ihn wohl verwenden?

Verfolgung und Bekehrung – die Anfänge des Christentums

1

Für uns in Europa ist die Vorstellung, dass es nur einen einzigen Gott gibt, heute selbstverständlich. Die Griechen und Römer glaubten dagegen, wie ihr wisst, an viele Götter. Als die Römer den christlichen Glauben kennenlernten, waren sie über die Vorstellung eines einzigen Gottes zwar erstaunt, duldeten dies aber wie die religiösen Anschauungen anderer Völker auch. Warum es dennoch zum Konflikt zwischen Römern und Christen kam und wie er letztlich ausging, wird Thema der folgenden Lektionen sein.

Die Anfänge des Christentums

Zunächst war das Christentum ein Kult, der auf Palästina beschränkt war. Der Apostel Paulus aber bemühte sich, Kontakte auch außerhalb dieses Gebiets zu knüpfen und christliche Gemeinden im griechischen Sprachraum zu gründen. Dazu unternahm er ausgedehnte Reisen nach Anatolien, Griechenland und Rom. Als sich die Christen weigerten, dem römischen Kaiser Opfer darzubringen, und ihre Gottesdienste zurückgezogen in Privathäusern abhielten, wuchs das Misstrauen der Römer. Gerüchte über die Christen verstärkten dieses Misstrauen. Zum Beispiel wurden die Worte der christlichen Abendmahlsfeier missverstanden: Man glaubte tatsächlich, die Christen würden Menschenfleisch essen und Menschenblut trinken. Als christliche Denker zudem die römische Religion mit ihren vielen Göttern angriffen, war das Maß voll: Die Römer schoben bei Seuchen, Naturkatastrophen und Bränden oft die Schuld auf die Christen, sodass es zu Ausschreitungen gegen diese kam.

2

3

1 Thronender Christus zwischen den Aposteln Petrus und Paulus. Byzantinisch-sizilianisches Mosaik. Um 1140. Palermo, Palazzo Reale.
2 Christogramm. Bronzekreuz aus Aquileia, Italien. Um 450 n. Chr. Wien, Kunsthistorisches Museum.
3 Orans (Betender). Frühchristliche Wandmalerei in der Katakombe an der Via Anapo. Um 250 n. Chr. Rom.
4 Blick in die unterirdischen Gänge der Calixtus-Katakomben in Rom. 3. Jh. n. Chr.
5 Christliche Symbole in der Priscilla-Katakombe in Rom. 3. Jh. n. Chr.
6 Der heilige Sebastian wird auf Befehl des römischen Kaisers Diokletian erschlagen. Fresko aus dem 15. Jh. Venanson, Chapelle Sainte-Claire.
7 Das letzte Abendmahl. Fresko aus dem 9. Jh. Göreme, Türkei.

4

Christenverfolgungen

fundamentum

Die erste große Christenverfolgung begann nach dem Brand Roms im Jahre 64 n. Chr. Kaiser Nero suchte Sündenböcke, um den Verdacht der Brandstiftung von sich selbst abzulenken. So ließ er Hunderte von Christen verhaften, foltern und umbringen. Möglicherweise kamen dabei auch die Apostel Petrus und Paulus ums Leben. Als sich (zu spät) herausstellte, dass die Christen unschuldig waren, suchten die Kaiser nach anderen Wegen, um die neue Religion einzudämmen. Im 3. Jh. n. Chr. kam es von staatlicher Seite erneut zu schweren Christenverfolgungen.

Das christliche Imperium

fundamentum

Die entscheidende Wende ging von Kaiser Konstantin aus. Er erließ 313 n. Chr. das Edikt von Mailand, das den Christen im Römischen Reich die freie Religionsausübung gestattete und ihren Glauben mit der römischen Religion gleichstellte. Die Christen waren mit dieser Gleichberechtigung nur für kurze Zeit zufrieden. Sie setzten allmählich ein Verbot aller anderen Religionen durch. Unter Kaiser Theodosius wurde das Christentum im Jahre 380 n. Chr. zur Staatsreligion erhoben.

5

6

7

65

E

1. Romanus quidam haec de temporibus antiquis narrat:
2. „Multi cives filium quendam Hamilcaris imperatoris timebant.
3. Quidam eius virtutem laudabant."
4. Odium Hannibalis in Romanos tantum erat, ut totam Italiam occupare vellet.
5. Itaque cum militibus magnum iter subiit, ut Romam appeteret.
6. In summo monte Alpium orationem habuit, ne milites pericula timerent.

Ü

a) Verbinde jeweils mit der passenden Form von quidam:
exercitum - custodum - agmina - consulibus - vestigiis - arcis - crimina - milites (!) - templum

b) Was passt zusammen? Verbinde die Hauptsätze mit den passenden Gliedsätzen und übersetze dann:

1. Pauci milites tam fortes erant,
2. Hannibal in tergo elephanti (!) sedens usque ad urbem procedere voluit,
3. In summo monte milites constiterunt,
4. Elephanti (!) auxilio missi sunt,
5. Postremo in Alpibus pericula tanta erant,

A. ne milites in montibus perirent.
B. ut corpora curarent.
C. ut periculis non commoverentur.
D. ut nonnulli procedere non iam vellent.
E. ut Romanos terreret.

c) Göttliche Hilfe gegen Hannibal

1. Quinto et decimo anno belli tanta erat calamitas civitatis Romanae, ut quidam de salute desperarent. 2. Itaque senatus precibus populi motus senatores quosdam ad oraculum Delphicum (zum Orakel von Delphi) misit, ut sacerdotem Apollinis dei consulerent. 3. Sacerdos iussit saxum quoddam nigrum in urbem Romam portari ibique in templo novo coli. 4. Id saxum, quod antiquis temporibus de caelo ceciderat, Graeci simulacrum (Abbild) deae, quam „Magnam Matrem" appellaverunt, putabant.
5. Romani verbis sacerdotis adducti illi deae templum in Palatio monte aedificaverunt.
6. Paulo post ibi illud saxum posuerunt, ne consilium Apollinis neglegeretur. 7. Hoc facto animus Romanorum ita auctus est, ut Hannibal denique vinceretur.

Götter, Kulte, Religionen

Da die Römer ursprünglich ein Volk von Bauern waren, sahen sie vor allem Naturerscheinungen als göttliche Mächte an und verehrten Fruchtbarkeitsgötter. Als sie später Bekanntschaft mit den Etruskern und Griechen machten, bekamen ihre Götter Menschengestalt, sodass sie auch auf Kultbildern dargestellt werden konnten. Typisch für die Römer war ihre Offenheit gegenüber den Göttervorstellungen anderer Völker. Ihren Ausdruck fand diese Offenheit einerseits darin, dass man vor allem in Krisenzeiten neue Kulte einrichtete, um sich zusätzlich auch des Schutzes fremder Götter zu versichern. Andererseits zeigte man sich in den Provinzen tolerant gegenüber den dort verehrten nationalen Gottheiten und Religionen, solange diese nicht eine Gefährdung des Imperium Romanum darstellten.

Eine entscheidende Wende

T

Der jüdische König Agrippa I. war am römischen Kaiserhof erzogen worden. Später herrschte er im Auftrag Roms bis 44 n. Chr. über die Juden. Obwohl Judäa römische Provinz war, durften die Einwohner ihre jüdische Religion beibehalten. Diese wiederum hatten große Vorbehalte gegenüber dem neu entstehenden Christentum. Ein Beispiel dafür war das Wirken eines jüdischen Mannes namens Saulus, des späteren Apostels Paulus. Dieser berichtet dem Agrippa über sein früheres Verhalten gegenüber den Christen – und über ein einschneidendes Erlebnis:

„Certe tibi, Agrippa, quidam e nuntiis tuis de iuventute mea narraverunt: A iuventute enim omnes leges, quae a nostris scriptae ac traditae sunt, ingenti quodam studio servabam. Cunctos, qui adversus religionem Iudaeam agebant, in vincula dare studebam. Itaque primo Hierosolymis[1] quosdam Christianos comprehendi.
Deinde cum quibusdam comitibus Damascum[2] perrexi, ut etiam ibi multa contra Christianos facerem. At subito in via tam clara lux de caelo nos circúmdedit, ut omnes in terram caderemus. Et ecce! Magnam quandam vocem audio rogantem: ‚Saule, Saule, cur me torques?' Ego autem ita perterritus sum, ut respondere primo non possem. Tandem dixi: ‚Quis es, Domine? Quid facere me iubes?' Ab eo autem responsum est: ‚Iesus Nazarenus sum. Te vocavi, ne pergeres me meosque opprimere. Te vocavi, ut te mitterem ad omnes gentes, ut aperirentur eorum aures et oculi, ne in tenebris manerent.' His verbis adductus vitam meam converti."

[1] Hierosolymīs in Jerusalem
[2] Damascum nach Damaskus

Fra Angelico: Schmuckinitiale aus einem Messbuch des 15. Jh.s. Um 1430. Florenz, Museo di San Marco o Museo dell'Angelico.

V

a) 1. Wie wird in T deutlich, dass es sich bei der Erscheinung des Lichtes und der Frage an Saulus (Z. 10) um den inhaltlichen Höhepunkt handelt? 2. Vergleiche T und das Bild: Welche Übereinstimmungen bzw. Unterschiede fallen dir auf?

b) Stelle möglichst viele Vokabeln zum Thema „Religion" aus den alten und neuen Lernwörtern zu einem Sachfeld zusammen.

c) Flucht aus Damaskus
1. Quamquam Saulus se ad fidem Christianam converterat, Christiani quidam eum timuerunt dicentes: 2. „Nonne ille ad urbem Damascum perrexerat, ut nos opprimeret?" 3. Quibusdam viris Iudaeis Saulus tanto odio erat, ut eum perdere studerent. 4. Itaque portas moenium servabant, ne ille fugeret. 5. Tamen Christiani Saulum in sporta (Korb) conditum ex urbe portaverunt.

66

E

Bevor Saulus zu Paulus wurde, kritisierte er heftig die Christen und ihre Gebräuche:

1. „Iste deus vester mortem effugere non potuit.
2. Itaque istam religionem Christianam stultam aestimo.
3. Nomen istius viri mihi odio est."

Außerdem erfahren wir über die Apostel Petrus und Paulus Folgendes:

4. Paulus iam puer leges Iudaeorum sciebat.
5. Petrus primus Iudaeos de Iesu Nazareno docebat; Paulus autem primus alias gentes docebat.
6. Postquam Petrus et Paulus a militibus Romanis capti sunt, mortem fortes exspectabant.

Ü

a) Formenstaffel
istam → Pl. → *m* → Dat. → Sg. → Abl. → *n* → Pl. → Gen. → *f* → Sg. → Akk. → Pl.

b) Setze die passende Form von iste ein und übersetze dann:
1. Primo Saulus [?] religionem novam neglexit. 2. [?] Iesum Nazarenum reprehendebat. 3. [?] viro Nazareno non credidit. 4. De verbis et factis [?] Sauli mox multum tradebatur. 5. Postremo Paulus [?] odium in Christianos non iam probabat.

c) Was hat Bestand?
Vox audita perit, littera scripta manet.

d) Lydia an Claudia
Lydia begleitet ihren Vater, den Purpurhändler Aurelius, nach Jerusalem. Vieles ist dort ganz anders als in Rom. Sie schreibt ihrer Freundin Claudia einen Brief:

1. Postquam in illam urbem veni, magnis monumentis commovebar. 2. Laeta ibi praeclara monumenta spectabam. 3. Ante portas magni templi multos pueros laetos vidi, qui quosdam libros sacros legebant. 4. Audivi Iudaeos iam iuvenes omnes leges dei memoria tenere. 5. Et senes vidi, qui curis liberi templum reliquerunt, quamquam tristes inierant.

I

Die ersten Christen

Durch die Missionstätigkeit des Paulus und anderer Apostel hatte das Christentum schnell großen Zulauf gefunden. Viele Leute aber, vor allem die Gebildeten, lehnten das Christentum ab: Einer, der am Kreuz hilflos gestorben war, konnte kein Erlöser sein! Andere machten sich gar nicht erst die Mühe, sich näher mit den Christen, diesen Sonderlingen, zu beschäftigen. Sie waren einfach „anders" und deshalb von vorneherein verdächtig. So malte man sich die kultischen Zusammenkünfte der Christen in den schauerlichsten Farben aus.

Außenseiter Christen

T

Im 2. Jh. n. Chr. erklärt ein gewisser Caecilius seinem Gesprächspartner, warum er sich nie im Leben vorstellen könnte, Christ zu sein:

„Fama mira de Christianis ad aures nostras pervenit. Turpes quasdam res de istis Christianis comperi. Invitus haec audivi: Nocte isti homines frequentes locum quendam petunt. Ibi latent et laeti cibos nefarios accipiunt. Nam sacerdotes eorum paulo ante quosdam liberos occiderunt, ut omnes Christiani sanguinem eorum communes biberent. Immo Christiani iam pueri discunt eum sanguinem sanctum esse. Sed ista disciplina[1] Christiana falsa est; religio est nulla. Cur enim isti nulla templa habent, signa nulla, nullas aras? Cur isti hominem quendam sceleratum, qui iuvenis in cruce necatus est, ut deum colunt? Furore commoti credunt istum Christum non mortuum esse, sed de mortuis surrexisse[2] atque vitam aeternam accepisse. Itaque et ipsi mortem non metuunt, sed placidi exspectant. Quis istorum furorem comprehendere potest?"

Spottkreuz. Graffito in einer Wachstube des Kaiserpalastes auf dem Palatin in Rom. 3. Jh. n. Chr. Die griechische Schrift bedeutet: „Alexamenos betet seinen Gott an."

[1] disciplīna Lehre

[2] dē mortuīs surgere von den Toten auferstehen

V

a) 1. Unterteile T in Sinnabschnitte. Orientiere dich dabei an den Satzarten und Konjunktionen. 2. Warum spricht Caecilius von isti Christiani (Z. 3), isti homines (Z. 4)? 3. Im Vergleich zu ihrer Religion erschien den Römern das Christentum als Gottlosigkeit. Finde in T Gründe für diese Einschätzung.

b) Denke beim Übersetzen an das Prädikativum: 1. Hannibal iam puer dixit se hostem Romanorum esse. 2. Hannibal laetus illa verba dixit. 3. Q. Fabius Maximus consul senatum oratione acri commovit. 4. Poeni frequentes urbem Romam petiverunt.

c) Vokabelausstellung. Malt zu jedem neuen Lernwort ein Bild, das seinen Inhalt veranschaulicht, und trefft eine Auswahl für eine Ausstellung in der Klasse.

d) Zweifel an der alten Religion
1. Romanus quidam: „Nos Romani iam pueri res miras de deis miris comperimus. 2. Cur nos frequentes signa Iovis colimus, qui Iunonem, coniugem suam, saepe fefellit multaque flagitia fecit? 3. Quis istum Plutonem deum putat, qui umbris atque inferis sceleratis tristis imperare debet? 4. Nonne stultum est ista credere?"

67

E

1. Christiani saepe crimina hominum malorum audiebant.
2. Ii mortem non metuebant; metus mortis eos non commovebat.
3. Quamquam in periculo erant, deo suo fidem servabant.
4. Res falsae de Christianis narrabantur,
   · quia (quod) ceteri homines eorum religionem nesciebant.
   · cum nuntii falsi ad aures hominum pervenissent.
5. Nonnulli autem amore Christi capti sunt,
   ubi primum res a Iesu Nazareno factas compererunt.

Ü

a) Irrläufer! Welche Formen sind kein Genitiv?
sceleratis - hostium - sacerdotum - tristis - argentum - coniugis - multitudini - frequentis - luctus

b) Überlege, ob ein Genitivus subiectivus oder ein Genitivus obiectivus vorliegt. Zweimal kannst du beides antreffen. Finde jeweils eine passende Übersetzung, wenn möglich so, dass du *ein* deutsches Wort bildest. Beispiel: clamor liberorum → Genitivus subiectivus → Kindergeschrei

1. amor patris 2. spes victoriae 3. metus pueri 4. metus mortis 5. periculum vitae

c) 1. Woher stammt der Aufruf?

Ora et labora!

2. Noch eine Anweisung:

Facere docet philosophia (!), non dicere.

d) Lydia an Claudia
Leider ist Lydias Briefbote in ein Gewitter geraten. Stelle die Sätze wieder her, indem du die folgenden Subjunktionen einsetzt:
ubi - dum - quamquam - cum - quia

1. [?] Iesus Nazarenus occisus est, quidam apostoli (vgl. Fw.) verba et facta eius tradiderunt. 2. [?] nonnulli Christiani divites sunt, tamen superbi non sunt. 3. [?] Iesus Nazarenus pauperibus salutem promiserat, servae et servi magnam spem in illa religione nova posuerunt. 4. [?] omnes apostoli iam mortui essent, quidam viri creati sunt, ut pagis (pagus: Gemeinde) praeessent. 5. Saepe Christiani furorem hominum malorum timebant, [?] conveniunt.

I

Christenverfolgungen

Das Fremde wird in der Gefahr zum Feind: Diese Erfahrung mussten in der Antike auch die Christen machen. Außenseiter wurden oft zum Sündenbock, wenn unerklärliche Dinge (wie Brände, Missernten oder Erdbeben) eintraten. Bei den Christen kam hinzu, dass sie sich weigerten, dem Kaiser und den Staatsgöttern zu opfern. Damit galten sie als Staatsfeinde. Ihnen drohte die Hinrichtung. Den Verfolgungen unter den Kaisern Decius, Valerian und Diokletian (284–305) fielen besonders viele Christen zum Opfer. Man nennt sie „Märtyrer" (Blutzeugen): ein Begriff, der auch heute in den aktuellen Nachrichten immer wieder vorkommt.

Tod im Namen des Glaubens?

T

Was treibt Menschen dazu, für den eigenen Glauben zu sterben? Sind diese Märtyrer Extremisten, Helden oder Vorbilder? Bekannt ist das Schicksal des Christen Sebastian zur Zeit des Kaisers Diokletian:

Diocletianus curā imperii commotus hoc consilium cepit: „Auxilio deorum gloriam antiquam imperii restituam. Sed dei nos non iuvabunt, dum quidam cives cultum eorum neglegent. Itaque necesse est in Christianos vi animadvertere."

Ubi (primum) Diocletianus Christianos in vincula dari iussit, Sebastianus, quamquam praefectus praetorio[1] erat, occulte captivos adiit, ut eis diceret: „O fortes milites Christi, deponite metum! Dimittite curam vitae! Sustinete omnes poenas – spe salutis aeternae impulsi!"

Diocletianus autem, cum per delatores[2] omnia comperisset, eum accusavit: „His rebus a te gestis commoveor. Ego tibi semper honores tribui, cum tu rem communem cum istis Christianis faceres. Te interfici iubebo, nisi deis sacra feceris."

Ei Sebastianus placidus respondit: „Cum alii periculum vitae timerent, Christianus metu mortis numquam territus est. Priusquam hic dies praeterierit, vitam aeternam accipiam." Diocletianus protinus Sebastianum necari iussit.

[1] praefectus praetōriō Befehlshaber der kaiserlichen Leibgarde

[2] dēlātor Verräter

Gerard von Honthorst: Der heilige Sebastian. Um 1620. London, National Gallery.

V

a) 1. Finde zu jedem Absatz von T eine eigene Überschrift. 2. Hältst du Sebastians Verhalten (Z. 5–7) für richtig? Begründe deine Entscheidung. 3. Woher schöpft Sebastian seinen Mut? Nenne die betreffenden Wortverbindungen. 4. Informiere dich – z.B. unter www.heiligenlexikon.de –, wie Sebastian ums Leben kam.

b) Genitivus subiectivus und / oder obiectivus? Die Umformulierung macht alles klar. Ergänze das Fehlende sinnvoll:
1. amor dei → a) Deu■ nos ama■. b) Nos deu■ amam■s. 2. cultus dei → Deu■ colere debem■■. 3. cura matris → a) Nos mat■■■ cura■us. b) Mat■■ nos cura■.

c) Das Martyrium – Abschreckung oder Werbung?
1. Sebastianus Diocletiano: „Necesse non est in Christianos animadvertere, quia cultus dei nostri tibi perniciei non est. 2. Etsi nos damnaveris, torseris, cruce necaveris, neque odium tui sentiemus neque spem salutis deponemus. 3. Immo morte mea victoria nobis tribuetur. 4. Nam magnus numerus hominum, ubi mortem nostram aspexerit, ad fidem dei nostri convertetur."

Hilfe für den Mitmenschen

T

Der Römer Caecilius trifft seinen alten Freund Renatus, der sich für den christlichen Glauben entschieden hat. Zum Zeichen seiner Bekehrung hat er sogar seinen früheren Namen abgelegt und den neuen Namen Renatus („der Wiedergeborene") angenommen:

Caecilius: „Cur Christianus es? Iuppiter, Mars et ceteri dei magnum imperium nobis dederunt. Vos Christiani autem religionem antiquam neglegitis, vos sacra non facitis, vos nullos esse deos putatis."
Renatus: „Sed isti dei vobis facta crudelia imperabant, ut potestatem acciperetis. Quia auxilio deorum – ut putatis – tot gentes vicistis, imperium vestrum praemium scelerum nominari potest. Christus autem nos iubet ceteros homines amore, non vi superare. Audi fabulam, quam Christus ipse narravit, ut suos doceret:
Homo quidam descendebat ab Hierosolymis[1] in Iericho[2] et oppressus est a sceleratis. Pecunia rapta eum reliquerunt ut mortuum. Accidit autem, ut sacerdos quidam descenderet eadem via, qui vidit eum et praeteriit. Et Levita[3] eum videns praeteriit. Samaritanus[4] autem quidam iter faciens, ubi primum eum vidit, adiit et misericordia[5] commotus portavit eum in tabernam et ibi imperavit, ut vulnera eius curarentur. Dic mihi, Caecili: Quis recte fecit?"
Caecilius respondet: „Is, qui fecit misericordiam." Et Renatus: „Itaque Christus nobis imperavit, ut eadem faceremus."

[1] Hierosolyma, ōrum *n* Jerusalem
[2] Ierichō *indekl.* Jericho
[3] Lēvīta Levit (Tempeldiener)
[4] Samarītānus Samaritaner
[5] misericordia Mitleid

Paula Modersohn-Becker (1876–1907): Der barmherzige Samariter. Bremen, Ludwig-Roselius-Haus der Böttcherstraße.

V

a) Die Samaritaner wurden von den Juden als Fremde und Andersgläubige betrachtet, weil sie den israelitischen Glauben anders auslegten. Damit waren sie in einer ähnlichen Lage wie die frühen Christen. Versuche aus diesem Zusammenhang zu erklären, was Renatus gerade an diesem Gleichnis Jesu so fasziniert.

b) Mit welchen Argumenten versucht Caecilius zu begründen, dass er weiterhin an die römischen Götter glaubt? Warum ist Renatus Christ geworden?

c) Ist Caecilius am Ende des Gesprächs von Renatus „bekehrt" worden? Begründet eure Meinung.

Ü

a) Bearbeite eine der folgenden Aufgaben:

Schwierigkeitsgrad 1

Entscheide, ob es sich bei dem folgenden Ausdruck um einen Genitivus subiectivus oder Genitivus obiectivus handelt:

1. timor hostium: die Furcht vor den Feinden 2. amor dei: die Liebe Gottes 3. cultus agri: das Bestellen (Pflege) des Feldes 4. potestas civium: Macht über die Bürger

Schwierigkeitsgrad 2

Übersetze die folgenden lateinischen Ausdrücke und entscheide, ob es sich um einen Genitivus subiectivus oder obiectivus oder um beides handeln kann:

1. nuntius perniciei 2. spes salutis 3. odium Romanorum 4. memoria beneficiorum

Schwierigkeitsgrad 3

Gib den Inhalt des kurzen lateinischen Satzes durch einen Ausdruck mit Genitiv wieder, z.B.: matrem amo → amor matris

1. (Amico) pecuniam dono. 2. (Milites) victoriam sperant. 3. Hostes Romanis odio sunt. (zwei Lösungen!) 4. Gloriam et honorem amamus.

b) Wer hat hier vor wem Angst?
Übersetze und überlege, in welcher Situation deine Wiedergabe stimmt:

1. metus maris 2. metus bestiarum 3. metus hostium 4. metus fratris 5. metus populi 6. metus tui

c) Aus eins mach zwei: Übersetze nach dem folgenden Muster: Todesangst → metus mortis

1. Bruderliebe 2. Siegeshoffnung 3. Heimatliebe 4. Tageslicht

d) Wir lesen in der lateinischen Bibel:
Apostelgeschichte 4, 32 und 34 (vereinfacht)

32 Christianis autem erat anima (Seele) una. Nemo eas res, quas possidebat (besaß), suas esse dicebat, sed erant illis omnes res communes. 34 Nemo pauper erat apud illos; ii enim, qui agros aut domus possidebant, vendebant omnia et ponebant pretia ante pedes apostolorum.

Welche der folgenden Informationen findest du im lateinischen Text?

1. Alle Christen wollten arm sein. 2. Die Gläubigen in den Christengemeinden waren ein Herz und eine Seele. 3. Die Reichen brachten den Aposteln Geld, damit diese ein sorgenfreies Leben führen konnten. 4. Manche reiche Christen verkauften sogar ihre Besitztümer, um andere unterstützen zu können.

e) Der Kontext ist wichtig.
Übersetze treffend:

1. Consul vocem perdidit. 2. Filius tempus perdidit. 3. Scelerati rem publicam perdere temptabant.

f) Auf welche lateinischen Verben lassen sich die folgenden Fremdwörter zurückführen? Nenne jeweils den Infinitiv Präsens Aktiv:

1. Tangente 2. Motivation 3. Kultur 4. Relikt 5. Audienz 6. Respekt

g) Kannst du die Sentenzen zum Thema „Liebe“ erklären?

1. Nemo in amore videt.
2. Ubi amor, ibi oculus.
3. Si vis amari, ama!

68

E

1. Postquam equi arcessiti sunt, Saulus Damascum urbem petivit.
   Equis arcessitis Saulus Damascum urbem petivit.
2. Dum Saulus ad urbem pervenit, subito lux mira in caelo fuit.
   Saulo ad urbem perveniente subito lux mira in caelo fuit.
3. Cum equi territi essent, Saulus in terram cecidit.
   Equis territis Saulus in terram cecidit.

Ü

a) Suche die Ablative heraus:
traditis - volentis - crucis - deleto - regio - numero - gesta - corpora - lucibus

b) Von welchen Verben sind die folgenden Partizipien im Ablativ gebildet?
ineunte - defendentibus - iuvante - parto - volantibus - confecto - instante - circumdata

c) Erweitere die gelb unterlegten Sätze durch einen passenden Ablativus absolutus aus der grün unterlegten Spalte und übersetze dann:

1. Deo iuvante
2. Consulibus curiam intrantibus
3. Matre nos iterum atque iterum monente

A. numquam officia neglegebamus.
B. Christiani metu mortis non terrebantur.
C. omnes senatores tacebant.

d) Lydia an Claudia
Lydia zieht es in die Nähe des Tempelbezirks von Jerusalem. Hier herrscht größte Unruhe, weil Paulus angeblich auch Nichtjuden erlaubt hat, den jüdischen Tempel zu betreten.

1. **Paulo adeunte** quosdam Iudaeos clamare audivimus: „Auxilio venite! **Isto viro res falsas docente** leges veteres convertuntur!" 2. **Magna turba ante templum conveniente** milites Paulum comprehenderunt. 3. Paulus autem dixit: „Audite verba mea: **Multis Christianis a me oppressis** Dominus ipse me impulit, ut omnibus gentibus de religione nova narrarem. 4. Omnibus, qui verba dei audire volunt, portae templi patent." 5. **Turba istis verbis impulsa** unus e sacerdotibus magna voce postulavit: „Interficite Paulum!"

I

Kaiser Konstantin der Große

Mit Konstantin dem Großen (ca. 280–337) wendete sich das Blatt für die Christen. Ihre Religion wurde im sog. Toleranzedikt von Mailand (313) mit den übrigen Religionen gleichgestellt. Die Zeit der Christenverfolgung im römischen Reich war damit vorbei. Konstantin unterstützte die Christen, indem er ihnen z.B. enteigneten Besitz zurückgab und sie monumentale Kirchen errichten ließ. Doch diese neue Unterstützung hatte auch ihren Preis: Der Kaiser sah sich nun als eigentliches Oberhaupt der Kirche und griff persönlich in kirchliche Angelegenheiten ein. 330 n. Chr. benannte Konstantin die am Bosporus gelegene Stadt Byzanz in Konstantinopel um und machte sie zur neuen christlichen Hauptstadt des Reiches.

Sieg im Zeichen des Kreuzes

T

Im Jahre 312 n. Chr. gab es im Westen des römischen Reiches zwei Kaiser: Konstantin, der in Trier residierte, und seinen Widersacher Maxentius, der in Rom angeblich eine grausame Herrschaft ausübte. Konstantin berichtet uns Folgendes:

„Consilium cepi vere vel aestate Italiam petere Romamque liberare. Itaque milites conscripsi, vere ineunte Alpes transii, multa oppida Italiae cepi. Aestate exeunte iam ante moenia Romae castra collocavi. Statim pericula novi: Urbs bene tecta erat. Multis militibus urbem defendentibus Maxentius pugnam non metuebat. Magnā fiduciā sui proelium iniit. Sed subito condiciones belli omnino conversae sunt: Quodam die e tabernaculo[1] exeo. Et ecce: Conspicio in caelo et signum crucis et haec verba: ‚Hoc signo vinces.‘
Statim copias convocari iussi. Copiis convocatis militibus imperavi, ut scuta[2] signo crucis ornarent. Omnes paruerunt. Scutis ornatis proelium iniimus. Proelio inito hostes procedunt summaque vi pugnant. Sed nostri eis viam claudunt pontemque Milvium[3] delent. Ponte autem deleto hostes fugere non iam possunt. Multi in Tiberim ruunt, inter eos etiam iste Maxentius. Bello tandem confecto Romam intravi.“

[1] tabernāculum Zelt

[2] scūtum Schild

[3] pōns Milvius Milvische Brücke (im Norden von Rom)

Silbermedaillon mit dem Porträt Kaiser Konstantins. Um 315 n. Chr. Am Helmbusch des Kaisers ist das Christusmonogramm zu sehen. München, Staatliche Münzsammlung.

a) 1. Gliedere Konstantins Bericht in einzelne Erzählschritte. Wodurch versucht er, seinem Bericht Tempo und Spannung zu verleihen? 2. Erstellt zu Konstantin ein Schaubild, das veranschaulicht, warum er schon kurz nach seinem Tod „der Große" genannt wurde.

V

b) Unterscheide bei der Übersetzung genau zwischen PPA und PPP:

1. Maxentio senatores convocante nemo curiam petere dubitat. 2. Imperator senatu convocato hanc orationem habet: 3. „Constantino milites conscribente nos quoque agere debemus. 4. Ego non solum milites conscribam, sed etiam aras novas collocabo deisque sacra faciam. 5. Aris collocatis sacrisque factis in urbe tuti erimus.“

c) Das Toleranzedikt von Mailand

1. Christianis convocatis sacerdos laetus haec dixit: 2. „Comperite ea, quae Constantinus, imperator noster, Mediolani (in Mailand) consilio convocato constituit! 3. Cunctis civibus omnino nunc licet eam religionem, quam volunt, deligere. 4. Neminem metuere oportet, si deum suum colit. 5. Etiam libri sancti nobis reddentur. 6. His redditis nobis iterum licebit sacra deo facere.“

69

E

1. Constantinus victoria gaudet:
„Armis signo crucis ornatis vicimus.
2. Auxilio dei promisso virtus militum excitata est.
3. Militibus Maxentii magna virtute pugnantibus exercitus meus vicit."

Ü

a) Umzug nach Konstantinopel!
Packe die folgenden lateinischen und deutschen Subjunktionen, Präpositionen und Adverbien in die passenden Sinnrichtungskoffer.

als, cum (!), weil, trotz, quamquam, deshalb, dum, post, obwohl, während, danach, da (!), nachdem, trotzdem, währenddessen, wegen, nach, ante, propter, itaque, tamen

b) Übersetze mit Präpositionalausdruck:
1. ponte ruente 2. militibus dimissis 3. Alpibus superatis 4. itinere confecto 5. hostibus expulsis

c) Übersetze die folgenden Präpositionalausdrücke mit Ablativus absolutus ins Lateinische:
1. mit Unterstützung der Mutter 2. unter Konstantins Führung 3. nach Zerstörung der Brücke 4. wegen der Freude der Soldaten 5. trotz der Tränen (des Weinens) der Freunde

d) Lydia an Claudia
Nun ist Lydia mit ihrem Vater in Korinth gelandet. In dieser Stadt scheint es alles zu geben: Reichtum, Armut, Verbrechen – und auch eine Christengemeinde.

1. **Nave in portum perveniente** multitudo et mercatorum divitum et sceleratorum malorum et philosophorum (!) mirorum nos circumdedit. 2. **Portu relicto** forum praeteriimus; tandem villam Quinti amici, qui nunc vitam Christianam agit, petivimus. 3. Certe scire cupis: Quemadmodum Christiani vivunt? Haec in villa Quinti vidi: 4. **Servis labores sustinentibus** tamen libenter domino parent. 5. **Hominibus pauperibus cibum petentibus** Quintus familiam monet: „Facite id, quod Iesus Christus postulavit: Tribuite pauperibus magnam partem pecuniae vestrae!"

I

Der heilige Bonifatius
Nach der sog. „konstantinischen Wende" wurde das Christentum schon bald zur Staatsreligion. So konnte der christliche Glaube auch im übrigen Europa schnell Fuß fassen. Doch wurde Mitteleuropa zunächst nicht von Rom aus, sondern von Mönchen missioniert, die von den britischen Inseln kamen. Der bedeutendste dieser Missionare war Winfrid-Bonifatius (geb. 670), der „Apostel der Deutschen". Dieser wirkte z.B. in Bayern, in Hessen und bei den Friesen. 738 wurde er vom Papst zum Gesandten (nuntius) für das gesamte Frankenreich ernannt und war maßgeblich an der Gründung der Bistümer von Regensburg, Passau, Salzburg, Freising, Würzburg, Eichstätt und Erfurt beteiligt.

Bonifatius wagt ein Gottesurteil

T

Kurz nach dem Märtyrertod des Bonifatius erhält der Mainzer Mönch Willibald von seinem Abt den Auftrag, Leben und Sterben des berühmten Erzbischofs und Missionars für die Nachwelt aufzuschreiben. Da Willibald Bonifatius aber nicht selbst kannte, muss er nun Wigbert, einen der Gefährten des Bonifatius, „interviewen“:

Willibald: „Ut certe scis, o Wigbert frater, me oportet res gestas Bonifatii cognoscere. His rebus cognitis ego libellum de vita eius conscribam. Sed pauca adhuc comperi.“ Wigbert: „Narrabo tibi de maximo facto, quod Bonifatius deo iuvante in regione Hessorum[1] fecit: Nonnullis Hessis iam baptizatis[2] alii adhuc magnas arbores et fontes antiquos colebant. Ea re nuntiata Bonifatius mihi dixit: ‚Omnibus ostendam deum Christianorum plus valere quam ista numina Germanorum. Nam illam arborem claram, quam Germani arborem Iovis[3] appellant, caedere decrevi.‘ Undique consilio Bonifatii cognito ad illam arborem ventum est. Multi Germani arma gerunt vultibusque saevis nos terrent. Periculo mortis instante Bonifatius tamen arborem caedere incipit. Et ecce: Nullo resistente arbor statim ruit.“ Willibald: „Hoc credere vix possum! Quid porro[4]?“ Wigbert: „Deo gratias! Omnes Hessi praesentes subito nomen dei veri laudabant – nullo monente, nullo cogente.“

[1] Hessī die Hessen

[2] baptizāre taufen

[3] Iuppiter *hier:* der germanische Gott Donar

[4] porrō *Adv.* weiter

Alois Diernberger: St. Bonifatius lässt die Donareiche fällen. 1878. Pfarrkirche St. Martin, Westenhofen bei Schliersee.

a) 1. Wo ist in T indirekt die Rede von einem „Gottesurteil“? 2. Die Tat des Bonifatius hat Bewunderer gefunden, aber auch Kritiker. Suche Gründe für beide Haltungen. 3. Informiere dich über die germanischen Ursprünge unserer Wochentage.

b) Chamäleon Abl. abs.: Wie muss der gleiche Abl. abs. jeweils übersetzt werden?
Periculo liberis instante → 1. ... pater casu (zufällig) deerat. 2. ... pater statim auxilio venit. 3. ... pater auxilio venire cessavit. 4. ... pater ipse ab aliis servabatur. 5. ... pater laetus esse omnino non potest.

V

c) Der Apostel der Deutschen
1. Rebus gestis Bonifatii cognitis Germani quidam ad religionem novam se verterunt. 2. Religione autem Christiana multum valente nonnulli adhuc credebant numina in arboribus praesentia esse. 3. Ea re nuntiata Bonifatius nullo cogente decrevit illas gentes saevas adire. 4. Bonifatio ibi occiso tamen religio Christiana mox plus valebat quam numina vetera.

E

1. Deo ducente Bonifatius Germanos docebat.
   Deo duce Bonifatius Germanos docebat.
2. Germanis resistentibus Bonifatius arborem Iovis cecidit.
   Germanis invitis Bonifatius arborem Iovis cecidit.
3. Bonifatio auctore etiam reges Germanorum ad religionem novam se verterunt.

Ü

a) Verbinde die Sätze nach dem Beispiel und übersetze:
Magister intrat. Disciplui clamare desinunt.
→ Magistro intrante discipuli clamare desinunt.

1. **Hannibal dux erat.**
   Milites Alpes transierunt.
2. **Sebastianus mortuus erat.**
   Multi ad religionem novam se verterunt.
3. **Diocletianus imperator erat.**
   Christiani accusati sunt.

Beispiel: Me *nesciente*

1. Amicis [?]

2. Me et amicis deum [?]

3. Me in domo [?]

4. Certe uno e fratribus [?]

herbarium deletum est.

b) Irgendjemand hat den Kräutergarten (herbarium) des Klosters verwüstet. Der Gärtner sucht nun den Schuldigen unter den Mitbrüdern. Er bekommt nur noch den Klosterschüler Thomas zu fassen. Thomas ringt um Ausreden. Hilf ihm.
Setze die folgenden Wörter so ein, dass je ein Ablativus absolutus entsteht, der die Umstände, die zu dem Unglück geführt haben könnten, erklärt:
auctore - studente - orantibus - invitis

c) Der heilige Bonifatius erzählt aus seinem Leben:
1. Me puero viri sapientes de religione nova narrabant. 2. Tum deo auctore multi iuvenes vitam veterem deposuerunt, ut in monasterio (im Kloster) viverent. 3. Patre invito ego quoque consilium cepi, ut vitam in monasterio agerem. 4. Deo auctore homines adibam, ut eos de religione Christiana docerem.

I

Christen und Muslime

Zur Zeit Kaiser Karls des Großen (742–814) war eine neue Herausforderung für das Christentum entstanden: Gut 100 Jahre nach dem Tod des Propheten Mohammed (632) hatten arabische Muslime ein Reich erobert, das sich von Spanien bis nach Indien erstreckte. Dagegen wirkte das Frankenreich wie ein Kleinstaat. Kein Wunder, dass man sich in der Millionenstadt Bagdad für das Reich Karls, dessen Lieblingspfalz Aachen vielleicht 1.000 Einwohner zählte, nicht sehr interessierte. So schrieb der Geograf Ibn Hawqal im 10. Jh., das Frankenland sei eine gute Quelle für Sklaven, mehr gebe es darüber nicht zu sagen. Trotz aller Unterschiede in Glauben und Kultur lebte man zu dieser Zeit noch in einem friedlichen Miteinander.

Ein „Riesengeschenk" für Karl den Großen

T

In der noch von Karl dem Großen eingerichteten Pfalzschule (schola Palatina) verbreiten sich Gerüchte, am Rhein habe man die Knochen eines riesigen Tieres entdeckt. Die Schüler des Rhabanus unterhalten sich aufgeregt über diesen Fund.

Rhabanus: „Tacete, discipuli! Cur me praesente clamorem facitis?" Discipuli: „Ignosce nobis, domine! Sed nonne de ossibus[1] nuper inventis audivisti? Certe illa ossa signa dei sunt." Rhabanus: „Hui, stulti estis! Nihil vobis doctum est! Desinite me invito talia dicere! Illa ossa signa amicitiae et pacis sunt. Nam Carolo Magno imperatore legati Francorum multis cum donis ad Aaron[2], regem Persarum, missi sunt. Ii Carolo auctore regem petiverunt, ut Christianis liceret sepulcrum Iesu[3] adire." Discipuli: „Certe iste rex barbarorum diabolo[4] auctore id negavit!" Rhabanus: „Immo, Aaron id libenter concessit. Et ipse legatos cum munere miro ad imperatorem misit. Hoc munus Carolus laetus accepit: ingentem elephantum[5] nomine ‚Abul Abbas'." Discipuli: „Censesne ossa illius elephanti fuisse?" Rhabanus: „Sic censeo. Carolus enim elephantum saepe secum duxit, ut potestatem suam demonstraret. Abul Abbas autem in itinere quodam periit – rege adhuc vivo."

[1] os, ossis *n* Knochen
[2] Aaron Harun al-Rashid (Kalif 786–809)
[3] sepulcrum Iēsū das Grab Jesu (in dem von Muslimen eroberten Jerusalem)
[4] diabolus Teufel
[5] elephantus: *vgl. Fw.*

Julius Köckert: Harun al-Rashid empfängt die Gesandtschaft Karls des Großen. 1864. München, Stiftung Maximilianeum.

V

a) 1. Der angeblich weiße Abul Abbas wurde zu einem Symbol für Toleranz zwischen den Religionen. Mit welchen Worten umschreibt Rhabanus den modernen Begriff „Toleranz"? 2. An welcher Stelle von T zeigen sich Vorurteile gegen Fremde und Andersgläubige? 3. Weshalb war Karl wohl so erfreut über dieses Geschenk?

b) Karl der Große schreibt an seine Bischöfe.
1. „Carolus, deo auctore rex Francorum, vos salutat. 2. Ignoscite mihi, sed hoc scribere me oportet: 3. Sacerdotes vestri litteras scribunt orationesque habent ut barbari – me praesente! 4. Immo sacerdos quidam nuper baptizavit (hat getauft) non ‚in nomine patris et filii ...', sed ‚in nomine patria et filia ...'! 5. Hoc ergo munus vestrum erit: 6. Me vivo ludos novos condite magistrosque idoneos deligite, qui sacerdotes docere sciunt! Pax vobiscum!"

So muss man beten!

T

Die engsten Kontakte zwischen Islam und Christentum gab es während der Kreuzzüge. Nachdem die Christen Jerusalem 1099 erobert hatten, entwickelte sich dort sogar ein relativ friedliches Nebeneinander von Christentum und Islam. Die folgende Episode wurde von dem syrischen Ritter und Diplomaten Usâma ibn Munquidh um 1180 n. Chr. aufgezeichnet und ist typisch für die Mischung von Misstrauen, Zusammenarbeit und Respekt, die das Verhältnis zwischen den Religionen bestimmte:

Hierosolymis[1] a Christianis occupatis nobis tamen deum nostrum colere licebat. Itaque saepe ecclesiam maiorem[2] petebam. Ibi equites[3] Christiani, amici mei, mihi sacellum[4] praebuerant. Hoc in sacello deum meum orabam. Quodam autem die locum sacrum adibam, cum subito miles quidam Christianus intravit, me vidit orantem, me comprehendit et vultu acri iussit: „Homo turpis, verte os tuum ad orientem[5]!" Ore meo vi ad orientem verso clamavit: „Sic orare debes!" Milite clamante nonnulli equites Christiani, qui clamorem audiverant, mihi auxilio venerunt petentes, ut homini acerbo ignoscerem.

[1] Hierosolyma, ōrum *Pl.* Jerusalem
[2] ecclēsia māior Hauptkirche, Dom
[3] eques, equitis *m* Ritter
[4] sacellum kleine Seitenkapelle
[5] oriēns, orientis Osten

Sie erklären dem völlig überraschten Usâma, dass nach christlichem Brauch der Gläubige beim Gebet gewöhnlich nach Osten schaut, in die Richtung des Sonnenaufgangs, während er sich nach Mekka, also fast genau nach Süden, gewandt habe.

Isto homine deducto deum colere studui, sed miles furore commotus equites superavit, me iterum comprehendit magna voce clamans: „Verte os tuum ad orientem, turpis!" Equites redibant, militem ceperunt et tandem in vincula dederunt. Iterum veniam petebant dicentes: „Ille homo heri ex Europa huc venit. Nondum vidit homines, qui orantes os ad orientem non vertunt." Furore vultuque hominis territus ecclesiam maiorem reliqui.

Festzug zum Ende des Ramadan.
Arabische Buchmalerei zu den Dichtungen des Abu Muhammed el-Kasim Hariri. 13. Jh. Paris, Bibliothèque Nationale.

V

a) Versuche, vor der Übersetzung durch mehrmaliges aufmerksames Lesen oder Hören des Textes seinen Inhalt zu erschließen. Präge dir dazu zunächst die vielen unbekannten Namen und Vokabeln ein und achte dann auf die Textmerkmale, die dir bereits bekannt sind, z.B. Wort- und Sachfelder, Tempusprofil, Orts- und Personennamen.

b) 1. Zeige das komplizierte Verhältnis Usâmas zu seiner christlichen Umgebung auf: Was tadelt er an den Christen, was lobt er? Wie verhalten sich umgekehrt die Christen ihm gegenüber?
2. Informiert euch über die Einstellung von Angehörigen verschiedener Religionen zueinander. Welche aktuellen Probleme kennt ihr?

XXIII plus

a) Wähle jeweils das passende Pronomen aus. Übersetze dann:
1. Imperator Christianis obicit **se** / **eos** Romam perdidisse: 2. „Constat **hos** / **istos** Christianos sceleratos esse. 3. Nonne **ille** / **idem** auctor **istius** / **cuiusdam** religionis homo sceleratus et morte dignus fuit?“

b) Lydia berichtet von ihrer Reise nach Kleinasien:
1. Urbe Roma relicta portum petivimus. 2. Periculis maris me perterrentibus primo in patriam redire volui. 3. Delphinis (!) nos delectantibus mare non amavi. 4. Ventis nocte nos turbantibus portum tutum urbis desiderabam. 5. Patre duce tandem villam amici invenimus.

c) Überprüfe die verschiedenen Bedeutungen von cum bei der Übersetzung der folgenden Aussage und überlege, wie sich ihr Sinn ändert. Welchem Inhalt kannst du zustimmen?
Cum Christiani aliis multa beneficia tribuissent, multi homines mores suos mutaverunt.

d) Wenn Sätze unübersichtlich werden …

Multis militibus per urbem currentibus Lydia sensit se magno in periculo esse.

A. Dass der Satz mit einem Ablativus absolutus beginnt, ist dir sicher aufgefallen. Übersetze ihn zunächst nicht.
B. Übersetze den Hauptsatz:
„… Lydia sensit se magno in periculo esse.“
C. Nun stelle dir folgende Frage: Mit welcher Information könnte der Ablativus absolutus den Inhalt des Satzes erweitern? Häufig kannst du mit *wann?* oder *warum?* der Sache näher kommen. Übersetze entsprechend: *als* oder *weil*.

Verfahre nun ähnlich mit dem folgenden Satz:

Cibo a servis parato Lydia cum amicis, quos diu non viderat, cenavit.

e) Da Karl der Große ein großer Förderer der Wissenschaft war, ist jeweils nur eine Alternative sinnvoll:
1. Carolo Magno (**invito** / **rege** / **mortuo**) homines sapientes in fines Francorum convenerunt. 2. Rege enim (**duce** / **invito** / **praesente**) multi Franci litteras neglexerant. 3. Itaque rege (**auctore** / **duce** / **invito**) novi ludi conditi magistrique idonei arcessiti sunt. 4. Carolo (**mortuo** / **barbaro** / **vivo**) multi Franci litteras amare et colere coeperunt.

f) Römisch und Germanisch

lunedì – martedì – mercoledì – giovedì – venerdì

Welche Götter stecken in diesen italienischen Wochentagen? Wähle aus der folgenden Liste aus: Jupiter, Saturn, Venus, Merkur, Vesta, Luna, Diana, Pluto, Mars, Vulcanus.

Ziu – Donar – Freya

So lauten die Namen von drei Gottheiten, die bei den Germanen verehrt wurden. Überlege, wie diese germanischen Götter mit den deutschen Wochentagen zusammenhängen könnten.

g) Und noch einmal Italienisch:
In Italien heißt der Samstag *sabato* und der Sonntag *domenica*. Welche beiden Religionen haben diese Begriffe geprägt?

h) Ein guter Rat:
Aliis ignosce multa, tibi nihil!

Limes und Lehnwort – die Römer bei uns

1

3

2

Wir gebrauchen oft deutsche Wörter, von denen wir gar nicht mehr wissen, dass sie römischen Ursprungs sind, wie zum Beispiel Wein, Speicher, Ziegel und viele mehr. Tatsächlich gehen diese Begriffe auf die lateinischen Wörter vinum, spicarium und tegula zurück. Wie kommt es dazu? Die Römer waren bei der Errichtung ihres Weltreichs auch in das Land unserer Vorfahren, der Germanen, vorgedrungen und haben bis heute außer den sog. Lehnwörtern viel hinterlassen, was an sie erinnert.

fundamentum

Römer und Germanen – ein besonderes Verhältnis

Als der berühmte römische Feldherr Cäsar im 1. Jh. v. Chr. Krieg in Gallien führte, kam er auch mit germanischen Stämmen in Konflikt, beließ es aber bei Abschreckungsmaßnahmen. Das Gebiet links des Rheins war römisches Herrschaftsgebiet geworden. Allerdings respektierten die Germanen diese natürliche Grenze nicht ohne weiteres: Öfter überschritten sie den Rhein und lieferten sich Gefechte mit dem römischen Heer. Die größte Niederlage erlebten die Römer 9 n. Chr., als drei Legionen des Feldherrn Quinctilius Varus in der sog. Schlacht im Teutoburger Wald von Germanen in einen Hinterhalt gelockt und niedergemetzelt wurden. Nach dieser Niederlage ließen die Römer endgültig den Plan fallen, Germanien zu erobern und zur Provinz zu machen.

4

2

1 Römischer Reitersoldat mit Paradehelm und Gesichtsmaske. Limesmuseum Aalen, Römertage 2008.

2 Römische Lanzen- und Geschossspitzen. Fundort: Kalkriese bei Osnabrück (Niedersachsen). Museum Kalkriese.

3 Rekonstruktion eines römischen Wachturms am Obergermanisch-Rätischen Limes bei Rainau-Schwabsberg (Baden-Württemberg).

4 Das rekonstruierte Kohortenkastell Saalburg im Taunus. Um 135 n. Chr. ersetzte dieses Steinkastell ein Holz-Erde-Kastell aus dem 1. Jh. n. Chr. Um 260 n. Chr. wurde das Kastell zerstört und verlassen.

5 Der Grundriss des Limeskastells bei Welzheim (Baden-Württemberg) am Obergermanisch-Rätischen Limes.

6 Der Straßenverlauf in der Altstadt von Regensburg lässt noch erahnen, dass ihre Keimzelle einst ein Römerlager war. Die Mauern des Legionslagers Castra Regina (540 x 450 m) waren aus Quadersteinen und hatten vier Tore und 30 Wehrtürme.

7 Der Familiengrabstein des Rheinschiffers Blussus aus Mainz-Weisenau (Rheinland-Pfalz). Um 40 n. Chr. Mainz, Landesmuseum. Blussus und seine Frau Menimane tragen einheimische keltische Tracht (Kapuzenmantel). Ihr Sohn hat den römischen Namen Primus und trägt römische Haartracht.

7

Der Limes

fundamentum

Die bereits eroberten Gebiete mussten gesichert werden. Die Römer bauten deshalb ein Befestigungssystem, das eine Grenzlinie zwischen den römisch kontrollierten Provinzen und den Gebieten außerhalb des Imperium Romanum zog, den sog. Limes. Anfangs bestand er nur aus geflochtenen Zäunen, an denen in größeren Abständen Beobachtungstürme aus Holz errichtet wurden, später ersetzte man die Zäune durch Holzpalisaden. Schließlich errichtete man an einigen besonders gefährdeten Abschnitten des Limes sogar Steinmauern, in die Wachtürme integriert waren. Die Besatzung dieser Türme hatte die Aufgabe, mögliche Germaneneinfälle durch Rauchzeichen an die Kastelle (Militärlager) zu melden, die wenige Kilometer rückwärtig auf eigenem Gebiet lagen. In diesem Fall rückten sofort Truppen an die Grenze vor. Entlang des 550 km langen Limes gab es aber auch Handel zwischen Germanen und Römern. Auf der römisch kontrollierten Seite des Limes profitierte die einheimische Bevölkerung von der fortgeschrittenen römischen Zivilisation: So brachten die Römer etwa den Weinanbau nach Germanien, sie bauten Straßen, Häuser und Städte, und nicht zuletzt sorgte die Kaufkraft der hier stationierten Soldaten für zunehmenden Wohlstand.

5

Römerstädte in Deutschland

fundamentum

Die Römerstädte in Deutschland entstanden oft aus ehemaligen Militärlagern, wie z.B. Regensburg (Castra Regina), Augsburg (Augusta Vindelicorum), Mainz (Mogontiacum), Trier (Augusta Treverorum), Bonn (Bonna), Köln (Colonia Claudia Ara Agrippinensium) und Xanten (Colonia Ulpia Traiana). Die Städte, die auf die Anlage von Kastellen zurückgehen, haben einen quadratischen Grundriss. Durchquert werden sie von zwei Hauptstraßen, die sich rechtwinklig kreuzen. Dadurch entstehen vier Viertel, in deren Mitte das Forum liegt.

6

71

E

1. Miles timore motus amicum rogat: Quid vides? – Amicus: Homines.
2. Miles: Quos homines vides? – Amicus: Barbaros.
3. Miles: Portantne arma? – Amicus: Arma non video.
4. Miles: Nonne nos temptant? – Amicus: Ita est.
5. Amicus: Num adhuc times? – Miles: Non iam timeo.
6. Amicus: Bene. – Miles: Sed ... multi(ne) an pauci barbari sunt?

Ü

a) Ein römischer Grenzsoldat befragt einen Passanten. Übernehmt die Rollen: Einer wählt eine Frage aus und übersetzt sie, der andere übersetzt die passende Antwort.

Quis es?	Mox.
Unde venis?	Apud amicos.
Quo is?	Dona.
Ubi habitabis?	In oppidum
Quando redibis?	Romanum.
Cur in provinciam	Germanus.
venis?	Amicos adire volo.
Quid tecum portas?	E silva.

b) Der Grenzsoldat fragt genauer nach.
Ergänze die Formen von qui, quae, quod und übersetze dann:
1. [?] nomen tuum est? 2. E [?] vico venis? 3. [?] res tecum portas? 4. In [?] regionem is? 5. In [?] oppido habitabis? 6. [?] comites habes? 7. [?] die redibis?

c) Übersetze und unterscheide, indem du Situationen findest, in denen die Fragen jeweils gestellt werden könnten:
1. Tune hoc fecisti? - Num hoc fecisti? - Nonne hoc fecisti? 2. Num hunc virum scitis? - Nonne hunc virum scitis? - Scitisne hunc virum? 3. Nonne intrabimus? - Intrabimusne? - Num intrabimus?

d) Germane (1,80 m) trifft Römer (1,40 m):
1. Germanus magna voce clamavit: „Salve, vir parve! Dic mihi: Ubi est forum vestrum?“ 2. Romanus parva voce: „Dddduo sunt. Ppppparvumne an mmmmagnum forum petis?“ 3. Germanus: „Magnum! Nam omnia magna amo. Scisne mercatorem, qui ibi magnos equos vendit?“ 4. Romanus: „Nnnnescio. Ppppossumne abire?“ 5. Germanus: „Quid est? Cur times? Magnumne corpus an magna vox mea te terret?“ 6. Romanus: „Eeeerras, amice! Non ttttimeo, sed aaaalgeo (ich friere).“

I

Rom wird Weltmacht

Der Dichter Vergil behauptet in seiner *Äneis*, Jupiter selbst habe die Römer beauftragt, die Welt zu erobern und ein „Reich ohne Grenzen“ zu errichten. Vergils Worte enthalten gleichsam eine religiöse Rechtfertigung für die Eroberungen, die Rom im Laufe der Zeit zum caput mundi, zur Hauptstadt der Welt, machten. Dabei kann man folgende Phasen unterscheiden: Eroberung Latiums (5./4. Jh. v. Chr.), Angliederung von Teilen Mittel- und Süditaliens (4./3. Jh. v. Chr.), Eroberung Siziliens, Spaniens, Nordafrikas, Griechenlands und Kleinasiens (3./2. Jh. v. Chr.), Erweiterung des Reichsgebiets um Gallien und Ägypten (1. Jh. v. Chr.), Übergriffe auf Germanien, Britannien, Rumänien und Persien (1. Jh. n. Chr.). Unter Kaiser Trajan (98–117) hatte das Imperium Romanum seine größte Ausdehnung.

Imperium sine fine?

Das folgende Gespräch findet statt im römischen Bonna (Bonn), an der Grenze zwischen der Provinz Niedergermanien und dem freien Germanien. Dort begegnen sich um das Jahr 100 n. Chr. der römische Grenzsoldat Marcus und der Germane Marbod, der aus der Germania libera in die römische Provinz Germanien kommt, um dort Felle zu verkaufen.

Marcus: „Consiste, barbare! Unde venis? Quas res portas in Germaniam, provinciam nostram?“ Marbod: „Quidnam audio? Dixistine ‚Germaniam nostram‘? Nonne Germania, quae verbis tuis ‚vestra‘ est, per multa saecula terra nostra fuit? An contendis Germanos quoque hanc regionem – ut vos – corripuisse?“ Marcus: „Augusto auctore huc pervenimus. Nunc domini sumus.“ Marbod: „Num credis vos – libertate nostra rapta – dominos bonos duci? Equidem hoc non intellego: Quare vos toti orbi imperare vultis? Qui finis imperio vestro erit?“ Marcus: „Superis ipsis placuit, ut Romani imperarent alienisque nationibus pacem donarent. Imperium sine fine nobis dederunt. Antea Germani inter se usque bella gesserunt – nunc auctoritate Romanorum inter eos pax est. Antea singulae nationes suae tantum saluti consuluerunt – nunc Romani saluti omnium nationum provident; nunc omnes nationes pacis commoda obtinent. Visne veram humanitatem discere an vivere ut bestia? Utrum hoc an illud?“

Römische Legionäre überfallen ein gegnerisches Dorf. Detail vom Reliefband der Trajanssäule. 2. Jh. n. Chr. Rom, Trajansforum.

a) 1. Gib den Inhalt des Gesprächs in knappen Worten wieder. In welchem Verhältnis stehen die Sprecher zueinander? Achte auf die Pronomina und die Verbformen sowie häufig vorkommende Wort- und Sachfelder. 2. Welches Bild hat Marcus als Römer von sich selbst, welches von den Germanen? Berücksichtige vor allem Z. 20 f. 3. Die Außenpolitik der Römer nennt man heute Imperialismus. Informiere dich darüber, was dieser Begriff bedeutet.

b) Wer war's?

1. Quis primus in eam orbis partem, quae postea „America“ appellata est, pervenit? Quis intellexerat se ibi terram adhuc ignotam invenire posse? 2. Nonne eius nomen audivisti? 3. Quare is maximum illud iter fecit et vitam placidam, quae in patria usque agebat, neglexit? 4. Utrum cultum alienarum gentium cognoscere an solum aurum (Gold) argentumque quaerere cupivit? 5. Qui populus eam regionem primus corripuit et per multa saecula obtinuit?

DER LIMES

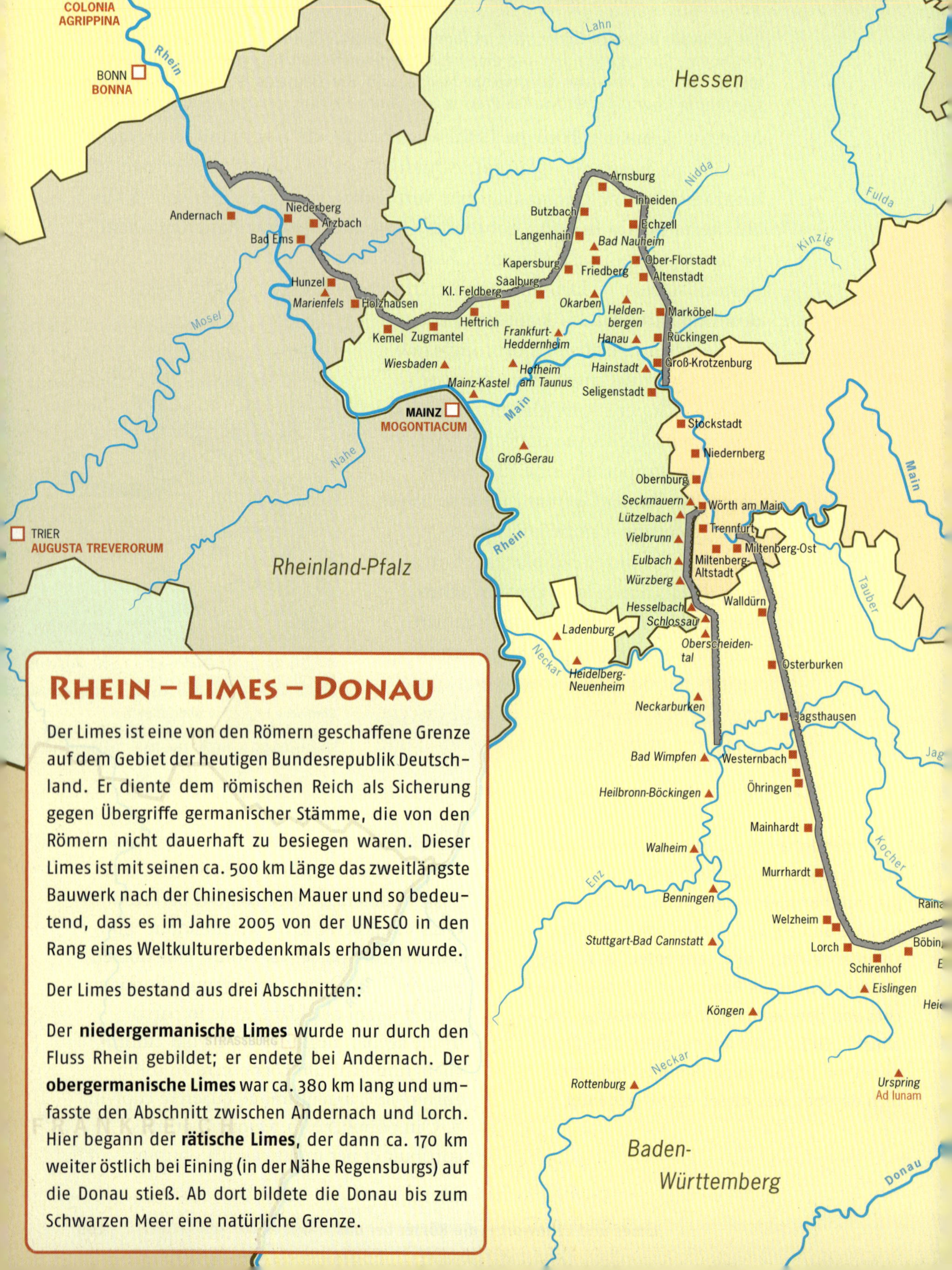

RHEIN – LIMES – DONAU

Der Limes ist eine von den Römern geschaffene Grenze auf dem Gebiet der heutigen Bundesrepublik Deutschland. Er diente dem römischen Reich als Sicherung gegen Übergriffe germanischer Stämme, die von den Römern nicht dauerhaft zu besiegen waren. Dieser Limes ist mit seinen ca. 500 km Länge das zweitlängste Bauwerk nach der Chinesischen Mauer und so bedeutend, dass es im Jahre 2005 von der UNESCO in den Rang eines Weltkulturerbedenkmals erhoben wurde.

Der Limes bestand aus drei Abschnitten:

Der **niedergermanische Limes** wurde nur durch den Fluss Rhein gebildet; er endete bei Andernach. Der **obergermanische Limes** war ca. 380 km lang und umfasste den Abschnitt zwischen Andernach und Lorch. Hier begann der **rätische Limes**, der dann ca. 170 km weiter östlich bei Eining (in der Nähe Regensburgs) auf die Donau stieß. Ab dort bildete die Donau bis zum Schwarzen Meer eine natürliche Grenze.

Gebäude am Limes

Hinter dem Limes befanden sich im Abstand von etwa 15 km sog. **Kastelle**, d.h. Militärlager mit Eingreiftruppen, die bei Bedrohung der Grenze schnell vorrücken konnten. Alarmiert wurden sie durch Feuerzeichen oder Hornsignale der Posten, die auf den **Wachtürmen** des Limes stationiert waren. Diese Türme standen in Blickabstand (ca. 400–800 m) zueinander. Der Limes war nicht gänzlich undurchlässig; es gab **Übergänge**, an denen Waren zwischen dem Imperium Romanum und dem Germanengebiet getauscht wurden. So hatte der Limes als gewaltiges Machtsymbol der Römer auch die Funktion der Kontrolle über den Handel mit den Germanen. Trafen Menschen des Mittelalters auf Reste der einst gewaltigen Anlagen, nannten sie diese „Teufelsmauer", weil sie sich deren Entstehung nicht erklären konnten und „Teufelswerk" dahinter vermuteten. Heute liegen die meisten Abschnitte des Limes unter der Erde.

Auf der Karte sind die lateinischen Bezeichnungen einiger Legionslager und Kastelle verzeichnet. Recherchiert im Internet anhand der modernen Ortsnamen weitere Namen von Limeskastellen. Stellt zu diesen Kastellen Informationen (Texte und Bilder) zusammen und gestaltet damit eine Ausstellung.

72

E In consilio Germanorum:

1. Postulamus, ut Romani patriam nostram relinquant.
2. Hodie verbis petimus, ne hostis in Germania maneat.
3. Sed mox vi petemus, ut abeat.
4. Pugnabimus, ut e patria nostra expellatur.
5. Di magni, vos oramus, ut nobis auxilio veniatis.
6. Vos oramus, ut nos liberetis.
7. Cum libertatem amemus, servire non possumus.
8. Cum fortes simus et liberi esse velimus, arma capiemus.

Ü

a) Suche alle Formen des Konj. Präs. heraus:
1. laudant, mittant, petant, desiderat, demonstrat, dicamus, trahamur, ducar
2. mones, depones, temptes, prememur, exspectemus, damnemini, dent, debes
3. sinet, sine, sint, sunt, si, sis, sim, simul

b) Ergänze die durch den Querbalken des Grenzzauns verdeckten Buchstaben so, dass Formen des Konjunktiv Präsens entstehen.

c) Bilde die Formen im Konjunktiv Präsens:
venire → 2. Sg. Akt. | aspicere → 3. Pl. Akt. | circumdare → 3. Sg. Pass. | clamare → 1. Pl. Akt. | videre → 1. Sg. Akt. | perire → 2. Pl. | adesse → 2. Sg. | posse → 1. Sg. | velle → 3. Pl. | defendere → 3. Sg. Pass.

d) Eine Drohung an die Römer. Aber etliche Verbformen sind falsch verwendet. Bestimme die Art des Fehlers, korrigiere ihn und übersetze den Text.
1. Romani, vos rogamus, ut haec verba **legitis** et consilium sapiens **capitis**. 2. Cum multa castra Romana in Germania **sunt**, tamen petimus, ut ea **relinquitis**. 3. Multae enim gentes bellum parant, ut omnes Germani ab imperio Romano **liberantur**. 4. Oramus, ut dei vos **monent** et vobis **imperant**, ut e patria nostra **exitis** et in patriam vestram **reditis**.

I

Armeedienst und Bürgerrecht

Zunächst gab es in Rom eine Wehrpflicht, die von jedem römischen Bürger verlangte, im Kriegsfall zu den Waffen zu greifen. Später schuf man eine Berufsarmee (um 100 v. Chr.). Ab der Kaiserzeit (letztes Drittel des 1. Jh.s v. Chr.) interessierten sich immer weniger Römer für den Armeedienst. Deshalb rekrutierte man Soldaten in den eroberten Gebieten; diese traten nur allzu gerne in die Armee der Besatzer ein, weil damit ein handfester Vorteil verbunden war: Nach 25-jähriger Dienstzeit erhielten die Soldaten das römische Bürgerrecht für sich und ihre Nachkommen. Dieses Recht erlaubte es unter anderem, an Wahlen teilzunehmen und selbst in ein Amt gewählt zu werden.

Warum geht ein Barbar zur römischen Armee?

T

An einem anderen Streckenabschnitt der römisch-germanischen Grenze schreibt zur gleichen Zeit Mogetissa einen Brief an seine Frau Verecunda und seine Tochter Matrulla. Mogetissa und seine Einheit sind in Biriciana (heute Weißenburg) stationiert. Seit Tagen sind sie in Kämpfe mit einfallenden Barbarenstämmen verwickelt.

Mogetissa Verecundae et Matrullae suae salutem dicit[1]. Iam multos dies contra barbaros pugnamus neque tamen vicimus. Labores tanti sunt, ut paene desperemus. Iterum atque iterum verba patris mihi in mentem veniunt, qui, cum a familia abirem, dixit: „Tune profecto in exercitu Romano pugnare vis? Cur nos prodere et barbarus contra barbaros contendere vis?“ Heri tribunus nos convocavit: „Cum quiescere velitis, cum vires deficiant, tamen hoc cogitate: Salus civium in manibus vestris est. Militum enim est cives ab hostibus defendere, cum civium sit militibus providere eosque omnibus rebus necessariis alere. Proinde barbaros prohibete, ne fines provinciae transeant omniaque exstinguant.“ Mirum est: Barbarus cives Romanos ab aliis barbaris defendo. Sed, quamvis multos labores sustineam, tamen haec omnia sponte mea facio. Mox enim mihi dabitur praemium, quod praestat cunctis praemiis: civitas. Tum vobis posterisque nostris item civitas erit. Valete!

[1] salūtem dīcit *m. Dat.* er (sie, es) grüßt

Bronzenes Militärdiplom des Bojers Mogetissa nach 25-jährigem Militärdienst in einer römischen Reitereinheit. 30. Juni 107 n. Chr. München, Prähistorische Staatssammlung.

a) 1. Wie verstehen die in T vorkommenden Figuren jeweils den Begriff barbarus? 2. In Z. 11 gebraucht Mogetissa das Wort mirum. Erkläre, warum er seine Situation so einschätzt.
3. Schlüpfe in die Rolle des Vaters und überlege dir Gründe für seine Vorwürfe.

V

b) Bilde Satzgefüge. Setze dabei die passende Subjunktion, ut oder ne, ein.
1. Prohibeor: Finem transeo. Comiti adsum. 2. Te oro: Usque mihi ades. Statim abis. Hominem laedis. 3. Postulo: Ludus incipit. Amicus ad me venit. 4. Pater nos rogat: Amicitiam nostram restituimus. Pericula subimus. 5. Imperamus: E domo fugitis. Libros bonos legitis. Amicos semper iuvatis. 6. Oro: Vires mihi desunt.

c) Disziplin im römischen Heer (340 v. Chr.)
1. Torquatus imperator exercitum contra hostes ducit. Sed filius eius, cum gloriam cupiat, sponte sua aliis quiescentibus e castris exit. 2. Deinde cum hostibus pugnat, ut ceteris militibus praestet et posteris exemplum (Beispiel) virtutis sit. 3. At Torquatus filium suum, quamvis victoriam eius laudet, ferro exstingui iubet, ut alios milites prohibeat, ne item imperium neglegant.

73

E

1. Quamvis tribunus milites moneat, multi hodie quiescere volunt.
   Quamvis tribunus eos heri monuerit, hodie quiescere volunt.
2. Cum vires defecerint, milites pugnare non iam possunt.
3. Miles: „Quiesco, cum magnos labores sustinuerim.
4. Etiam pugnam timeo, cum saepe violatus sim.“

Ü

a) Buchstabensuppe. Ordne die Buchstaben so an, dass Formen des Konjunktiv Perfekt entstehen:

mis-
fug-
timu-
i-
didic-

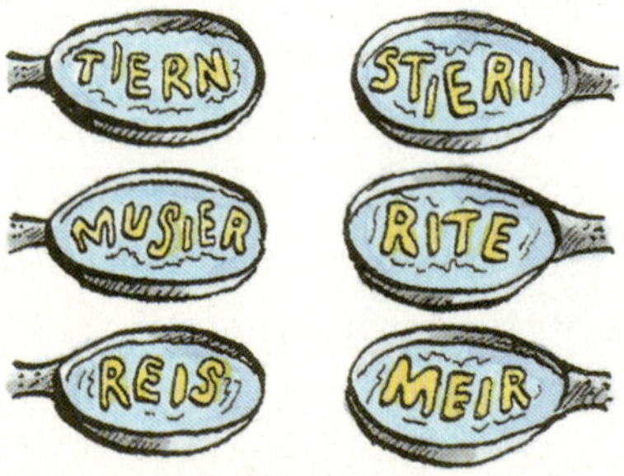

b) Variatio delectat – Abwechslung macht Freude. Bilde den Konjunktiv Perfekt, indem du für jede Form das angegebene Verb verwendest:

	Aktiv	Passiv
1. Sg.	(narrare)	(accusare)
2. Sg.	(aperire)	(alere)
3. Sg.	(sentire)	(ducere)
1. Pl.	(currere)	(prodere)
2. Pl.	(videre)	(movere)
3. Pl.	(ostendere)	(convertere)

c) Aus Aktiv wird Passiv.
Verwandle nach dem Muster und übersetze:
1. cum dux exercitum monuerit ... → cum exercitus a duce monitus sit ... 2. cum Romani hostem vicerint ... 3. quamvis civitatem defenderim ...

d) Verräter
1. „Tres milites in vinculis sunt, cum hostibus adfuerint.“ 2. „Di magni! Cur victoriam hostium petunt, quamvis pro patria nostra pugnaverint?“ 3. „Germani sunt. Semper dixi: ‚Illi viri nos prodent, cum patriam eorum occupaverimus eosque oppresserimus ac amicos eorum occiderimus.‘“ 4. „Quamvis multos Germanos in castris nostris convenerim, neminem hostem puto.“ 5. „... cum te fefellerint.“ 6. „Certe vera dicis – sed ... nonne avus tuus erat Gallus?“

I

Römische Technik
Die römische Ingenieurskunst war sehr hoch entwickelt. Vermessungstechniker waren in der Lage, Straßen so anzulegen, dass sie die natürlichen Gegebenheiten des Geländes optimal nutzten und – oft über viele hundert Kilometer – schnurgerade zum Ziel führten. Römische Bergleute legten Tunnel so perfekt an, dass man sich heute noch fragen muss, wie dies ohne GPS und Lasermessgerät möglich war. Die Trinkwasserversorgung der Städte sicherten aufwändige Wasserleitungs- und Zisternensysteme, die das kostbare Gut über große Distanzen in die Ballungsgebiete leiteten – z.B. in das römische Köln aus 150 km Entfernung –, dort speicherten bzw. in die einzelnen Stadtviertel verteilten.

Ein gigantisches Bauwerk

T

Ein Offizier namens Lucius, der nach Biriciana versetzt worden ist, erzählt Mogetissa von seinen Dienstjahren im Legionslager Bonna (Bonn). Er berichtet auch von einer Reise in die Hauptstadt der Provinz Niedergermanien, Colonia Agrippinensis (Köln). Die Stadt verfügte über eine der aufwändigsten Fernwasserleitungen des römischen Reiches.

Lucius: „Romani multa et utilia aedificia faciunt, quibus artem suam demonstrant. Non dubitamus, quin hanc artem ab Etruscis didicerimus, quin Etrusci magistri nostri fuerint. Ab iis arcus[1] aedificare didicimus." Mogetissa: „Ingenium Etruscorum, quamvis architectura[2] ab iis inventa sit, me non movet. Narra tandem de Colonia, cum de eius magnitudine iam multa audiverim."

Lucius: „Hoc bene scis: Ruri facile est fontem adire. Sed in urbe difficile est tot milibus hominum aquam praebere, cum fontes absunt. Itaque aquaeductu[3] aqua in urbem ducitur.

In urbe Colonia autem miraculum[4] aspexi. Audi! Coloniam peto, cum iam diu hunc aquaeductum videre cupiverim. Et monstrum quasi aspicio: Ille aquaeductus centum milia passuum[5] longus est! Quodam loco paene trecenti[6] arcus locati sunt! Nemo dubitat, quin ille omnibus aquaeductibus imperii praestet. Vides: Romani arte sua naturam ipsam superant."

[1] arcus, arcūs *m* Bogen
[2] architectūra Baukunst
[3] aquaeductus, ūs *m* Wasserleitung
[4] mīrāculum Wunder
[5] mīlia passuum Meile (1,5 km)
[6] trēcentī, ae, a dreihundert

Reste eines römischen Aquädukts bei Mechernich in der Eifel. Die Eifelwasserleitung wurde im 2. Jh. n. Chr. zur Versorgung der Stadt Köln erbaut.

a) 1. Nenne die Motive der Römer, technische Großbauten wie Aquädukte zu errichten. Belege deine Beobachtungen aus dem Text.
2. Recherchiert, wo es noch heute Reste von römischen Aquädukten gibt. Gestaltet eine Ausstellung mit euren Ergebnissen.

b) Bilde jeweils die richtige Verbform im Gliedsatz. Beachte die Vorzeitigkeit.
1. Ira impulsus sum, cum mihi auxilio non (venis). 2. Non dubito, quin amico adesse (vis). 3. Pater, cum (comperit) me negotia mea neglegere, me reprehendit. 4. Non dubito, quin vos (iuvat) fabulam spectare.

V

c) Umweltzerstörung in der Antike
1. Cum praeclarae artes Romanorum semper laudatae sint, tamen apertum est eos quasi contra naturam egisse. 2. Romani enim, cum maxima copia materiae (Holz) ad multas res necessaria esset, multa milia arborum ceciderunt. 3. Postremo toto in imperio maximae silvae omnino deletae sunt.

Die Varusschlacht

T

Im Jahre 9 n. Chr. werden drei römische Legionen unter ihrem Befehlshaber Publius Quinctilius Varus von Germanen vernichtend geschlagen. Anführer der Germanen ist der cheruskische Fürstensohn Arminius, der als Offizier im römischen Heer gedient hat. Nach der Niederlage des Varus herrschen in Rom Angst und Entsetzen. Man fürchtet sogar, dass sich die Germanen mit den Galliern verbünden und Rom angreifen könnten. Einer der wenigen Überlebenden berichtet, wie es zu der Katastrophe gekommen ist:

„P. Quinctilius Varus contendit, ut toti Germaniae imperaret. Sed nonnullae nationes amore libertatis ita commotae sunt, ut contra nos coniurarent[1]. Tum Arminius se amicum sociumque Romanorum esse dicens Varum fefellit eumque adduxit, ut difficiles regiones Germaniae adiret. O quam stultus est imperator gloriae tantum serviens! Nonne scivit barbaros numquam fidem servare?
Regionem Germaniae intravimus, quae silvarum montiumque plena est. Saltus[2] alti fluviique lati agmen impediunt. Ventis vehementibus et frequentibus nimbis[3] timor etiam augetur. Eae res, quae nobis perniciem parant, Germanis magno sunt usui: Cum vias sciant, nocte in silvis latent, ut prima luce subito cum ingenti clamore impetum in nos faciant.

[1] coniūrāre sich verschwören

[2] saltus, ūs *m* Schlucht

[3] nimbus Regenguss

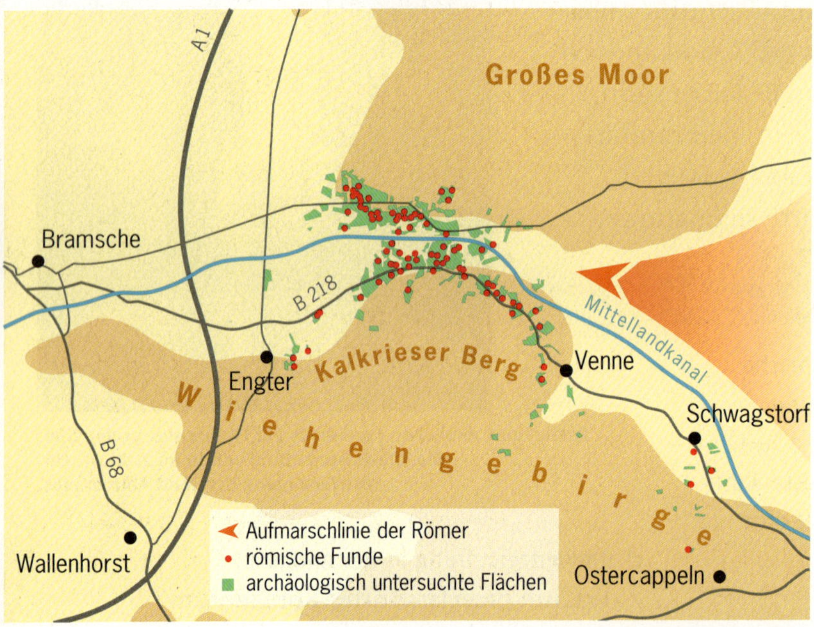

Kartierung der Funde im Untersuchungsgebiet in der Kalkrieser-Niewedder Senke. Die römischen Fundstellen sind über ein Areal von mehr als 30 km² verteilt.

Bei dem heutigen Dorf Kalkriese ist zwischen den Hängen des Wiehengebirges im Süden und einem Moor im Norden nur ein schmaler Durchgang, der wie ein Trichter nach hinten immer enger wird. An der engsten Stelle haben die Germanen einen rund 400 m langen, 2 m hohen und 4 m breiten Wall errichtet, hinter dem ihre Krieger stehen. Als die Germanen die hinteren Legionen angreifen, drängen diese in ihrer Panik die vor ihnen Flüchtenden in diesen Trichter hinein, genau auf den Wall der Germanen zu:

Cum subito undique clamorem audimus, perterriti sumus. Quid facere possumus – fugere an pugnantes vitam nostram servare? Quia prohibemur a fuga, procedimus. Et Varus dux nos iterum atque iterum procedere iubet, cum dolum Germanorum non cognoverit. Ita exercitus noster in insidias cucurrit et paene totus exstinctus est."

Nach dreitägigem Kampf sind fast alle Römer tot, nur wenige können entkommen, die meisten Gefangenen werden von den Germanen getötet. Varus stürzt sich selbst in sein Schwert, als er die Ausweglosigkeit der Lage erkennt.
An dem von den Germanen errichteten Wall fanden die heftigsten Kämpfe statt. Hier werden noch heute von Archäologen die meisten Waffenteile und Knochenstücke gefunden. Durch die chemische Analyse von Bodenproben lässt sich auch nachweisen, dass hier viele Leichen lange lagen und schließlich verwesten.

Rekonstruktion des germanischen Walls mit Durchlässen. Museum Kalkriese, Archäologischer Park.

a) Suche Überschriften für die drei Absätze des Textes. Dabei können dir die im Text vorkommenden Eigennamen, Wortfelder oder die verwendeten Tempora eine Hilfe geben.

b) Richtig oder falsch?
Sortiere nach einem konzentrierten Durchlesen von T die falschen Aussagen aus:
- Varus war mit einem Teil Germaniens zufrieden.
- Varus ließ sich von Arminius täuschen.
- Die Römer kamen mit den geografischen Gegebenheiten in Germanien gut zurecht.
- Das römische Heer geriet in einen Hinterhalt.

c) An welchen Indizien kann man erkennen, dass der Bericht über die Schlacht den Erzähler immer noch stark bewegt? An welchen Stellen des Textes sind seine Emotionen besonders deutlich erkennbar?

V

d) Nach römischen Quellen ereignete sich die Katastrophe im saltus Teutoburgensis („Teutoburger Wald"), doch bis heute ist nicht sicher geklärt, wo genau die Schlacht stattfand. Mehr als hundert Orte erheben den Anspruch, Schauplatz der Varusschlacht gewesen zu sein. Derzeit spricht vieles für den Ort Kalkriese bei Osnabrück.
Ihr findet in der Bibliothek, im Geschichtsbuch oder im Internet eine Fülle von Informationen über die Varusschlacht. Sammelt diese und stellt auf Plakaten oder durch Referate die verschiedenen Theorien über die Ursache, den Ort und den Ablauf der Varusschlacht vor.

ANTIKE FUNDSTÜCKE ERZÄHLEN EINE GESCHICHTE

Neben den überlieferten Texten können die Archäologen auch antike Fundstücke untersuchen, um Informationen über ein historisches Ereignis zu gewinnen. Durch solche Quellen kann das Bild, das die Texte bieten, oft ergänzt werden. Wie man solche Quellen interpretieren und welche zusätzlichen Informationen man aus ihnen gewinnen kann, erfährst du an einigen Fundstücken, die zur Varusschlacht gehören.

INSCHRIFTEN

Durch den Grabstein des Caelius, der bei Xanten gefunden wurde, kennen wir einen Gefallenen der Varusschlacht namentlich. Abgebildet auf diesem Stein ist Caelius, ein Offizier der 18. Legion, der hier als Hauptmann der 1. Kohorte bezeichnet ist. Neben ihm sind seine Freigelassenen zu sehen, die offenbar mit ihm umkamen. Ihre Leichen blieben verschollen, es handelt sich also um ein leeres Grab.

Lateinische Inschriften sind schwer zu lesen, weil es in ihnen zwischen den Wörtern keinen Zwischenraum gibt, weil Teile der Inschrift häufig zerstört sind (die ergänzten Buchstaben sind hier durch [ ] angedeutet), und weil außerdem aus Platzgründen viele Abkürzungen verwendet werden (die zu ergänzenden Buchstaben sind hier in hellerer Schrift angegeben); die senkrechten Striche geben das Zeilenende an. Der vollständige lateinische Text der Inschrift lautet:

Marco Caelio Titi filio Lemonia tribu Bononia | I ordinis legionis XIIX annorum LIIIS | [oc]cidit bello Variano; ossa | [libertorum i]nferre licebit. Publius Caelius Titi filius | Lemonia tribu frater fecit.

Die Namen der Freigelassenen:

Marcus Caelius | Marci libertus | Privatus

Marcus Caelius | Marci libertus | Thiaminus

Deutsche Übersetzung:

„Für Marcus Caelius, Sohn des Titus von der Tribus Lemonia, aus Bononia (Bologna), Hauptmann der 1. Kohorte der 18. Legion; mit $53\frac{1}{2}$ Jahren ist er im Krieg des Varus gefallen; (auch) die Gebeine (der Freigelassenen) dürfen (hier) bestattet werden. Publius Caelius, Sohn des Titus von der Tribus Lemonia, sein Bruder, hat (das Grabmal) errichten (lassen)."

Unter den Bildnissen der beiden Freigelassenen:

„Marcus Caelius Privatus, Freigelassener des Marcus. – Marcus Caelius Thiaminus, Freigelassener des Marcus."

STUMME ZEUGEN

Seit 1987 graben Archäologen bei Kalkriese, einem kleinen Dorf nördlich von Osnabrück. Vor allem die große Zahl von militärischen Gegenständen und Waffen, die man bislang dort gefunden hat, deutet darauf hin, dass an diesem Ort eine große Schlacht stattfand. Daneben wurden vor allem Münzen entdeckt, mit denen die Soldaten bezahlt wurden. Da sich die Münzen sehr genau datieren lassen – einige tragen die Inschrift VAR(us) und keine ist später als 10 n. Chr. geprägt worden –, muss es sich um eine Schlacht gehandelt haben, die kurz vor 10 n. Chr. stattfand und bei der viele Römer starben.

Unter den Fundstücken ist auch die abgebildete Glocke, die unter einem Maultierskelett lag. Sie gehörte also zu diesem Maultier, das die schweren Ausrüstungsgegenstände römischer Soldaten trug und das im Kampf ebenfalls getötet wurde. In diese Glocke war abgerissenes Gras gestopft worden, wahrscheinlich deshalb, weil die Römer nachts versucht hatten, aus der germanischen Falle zu fliehen. Dabei sollte sie das Läuten der Glocke nicht verraten. Aus den Überresten des Grases konnte man bestimmen, dass es im Herbst abgerissen worden war. Das passt zu den Angaben in den schriftlichen Quellen, die übereinstimmend aussagen, dass die Varusschlacht im Herbst des Jahres 9 n. Chr. stattgefunden hat.

Außerdem wurden die Überreste des Walls gefunden, der von den Germanen errichtet worden war (Abb. S. 117). Er war ca. 400 m lang, 4 m breit und 2 m hoch, war aus Erde, Sand, teilweise auch Steinen errichtet und mit Rasenstücken belegt. In Abständen von ca. 15 m gab es Durchgänge im Wall, durch die die Germanen schnelle Angriffe starten und sich dann wieder zurückziehen konnten. Besonders viele Knochenfunde in der Nähe des Walls zeigen, dass hier die heftigsten Kämpfe stattgefunden haben.

---

a) Beschreibe den Grabstein. Beantworte dazu folgende Fragen: Wie wirken Caelius und seine Freigelassenen? Welche Details kannst du erkennen? Wie lassen sich diese Details deuten?

b) Sucht in eurer Umgebung nach lateinischen Inschriften oder Grabsteinen (z.B. in Kirchen, alten Gebäuden, auf Friedhöfen oder in Museen). Sammelt die gefundenen Inschriften und versucht sie zu übersetzen.

c) Versucht, durch den Vergleich von XXIV **T** mit den archäologischen Zeugnissen ein möglichst genaues Bild der geschilderten Ereignisse zu gewinnen. Auch wenn sich die Archäologen in diesen Fragen nicht einig sind, vielleicht sogar niemals einig werden, solltet ihr keine Angst haben, eure eigenen Meinungen zu äußern: Wie verlief die Schlacht, hatten die Römer eine Chance zu entkommen, hätte Varus die Falle bemerken müssen, passen die „stummen Zeugnisse" zu dem, was ihr aus dem Text erfahren habt?

d) Vielleicht habt ihr ein Museum in eurer Nähe, in dem archäologische Fundstücke aus römischer Zeit ausgestellt sind. Bereitet zusammen mit eurer Lehrerin oder eurem Lehrer eine Exkursion in ein solches Museum vor. Informiert euch zuvor im Internet, was ihr dort sehen könnt.

74

E

1. Romanus: „Quid tecum portas?“
Germanus: „Semper interrogas, quid mecum portem:
2. Heri interrogavisti, quid portarem, et hodie idem interrogas.
3. Semper arbores porto. Nunc me interrogabis, aliasne res portem.“
4. Romanus: „Ita est. Dic, utrum solum arborem an etiam alias res portes!“
5. Germanus: „Di magni! Nescio, cur illi viro oculos dederitis.“
6. Romanus: „Nonne audivisti, quid te interrogavissem? Responde!“

Ü

a) Verwandle dem Beispiel entsprechend alle direkten Fragen in indirekte, ordne sie sinnvoll den Hauptsätzen zu und übersetze dann:
1. Romanus Germanum interrogat, cur semper arbores portet. 2. Puella interrogat, 3. Vir vino turbatus rogat, 4. Magister scire vult, 5. Miles ex alieno quaerit, 6. Sacerdos interrogat, 7. Imperator e tribunis quaerit, 8. Discipulus nescit

A. Cur semper arbores portas?
B. Quis hoc fecit?
C. Acceperuntne dei sacra?
D. Quid hodie didici?
E. Quando amicus redit?
F. Quis sum et ubi sum?
G. Vincere possumus an non?
H. Hostisne an amicus es?

b) Verwandle die unter a) gebildeten Sätze erneut, indem du sie nach dem folgenden Muster in die Vergangenheit setzt. Übersetze dann erneut:
Romanus Germanum interroga**t**, cur semper arbores port**et**. → Romanus Germanum interroga**vit**, cur semper arbores port**aret**.

c) Worum geht es eigentlich?
1. „Quid est, amici?“ - „Postquam ille me interrogavit, cur se interrogarem, ego interrogavi, cur ille hoc interrogaret.“
2. „Vera non dicis. Ego te non interrogavi, cur tu me interrogares, sed tu me interrogavisti, cur ego te interrogarem, quamvis te non interrogavissem.“ 3. „Tacete, amici! Non intellego, de qua re pugnetis.“
4. „Bono animo es, amice! Neque nos intellegimus, de qua re pugnemus.“

I

Steuern – damals und heute
Heutzutage kümmern sich Finanzbeamte darum, dass jeder Bürger seine Steuern an den Staat ordnungsgemäß abführt. Bei den Römern funktionierte das Steuersystem anders. Ein Beispiel: Heutzutage beaufsichtigen Zollbeamte die Bezahlung der Einfuhrsteuer, wenn Waren in ein Land importiert werden. Der römische Staat beschäftigte keine solchen Beamten, vielmehr wurde im Vorjahr geschätzt, wie hoch die Steuereinnahmen einer bestimmten Zollstation im nächsten Jahr ausfallen dürften. Diesen Betrag bezahlte ein Zöllner (portitor) der Regierung im Voraus – und musste nun das Geld wieder hereinbringen, indem er selbst den Zoll (portorium) kassierte. Dieser Zöllner handelte damit als freier Unternehmer; er konnte – als „Steuerpächter“ – auch weit mehr einnehmen, als er dem Staat im Voraus bezahlt hatte.

„Big business“ am Limes

T

Der Zöllner Publius treibt an verschiedenen Grenzübergängen der römisch-germanischen Grenze die ihm zustehenden Steuern ein. Es gibt aber seit längerem Schwierigkeiten mit den römischen Grenzsoldaten. Daher reist er in das Legionslager nach Mogontiacum (Mainz), um beim Legionskommandeur Silius vorstellig zu werden.

Cum Publius Mogontiacum[1] pervenisset, servus Silii ex eo quaesivit, cur venisset et quid vellet. Publius autem Silium ipsum adiit: „Salve! Tune scis, cur huc perrexerim et quid poscam? Milites tui, qui nihil agere debent nisi ad finem stare puellasque Germanas spectare, me impediunt, ne negotia agam. Saepe enim evenit, ut mercatores improbi contendant se portorium[2] solvere non posse. Quoniam milites tui mihi non adsunt, scire cupio, quo modo portorium parare possim. Profecto ab omnibus aes poscere debeo; nam ego ipse magnā pecuniā portorium ab imperatore emi. Nunc incertum est, num portorium emptum a mercatoribus accipiam. Nisi pecuniam imperatori datam recuperabo[3], ipse maximum aes alienum faciam. Tu quoque scis, quam necesse sit vectigalia[4] ab omnibus exigi. His vectigalibus viae restituuntur, munitiones aedificantur, civibus ludi eduntur – et stipendia[5] militum solvuntur! Inde comperire volo, mihine adesse velis. Dic mihi, utrum milites tuos moneas, ut auxilio mihi veniant, an sinas nos omnes pecuniam perdere!“

[1] Mogontiăcum nach Mainz
[2] portōrium Zoll
[3] recuperāre wiederbekommen
[4] vectīgal, vectīgālis *n* Steuer
[5] stīpendium Sold

Ein Steuerpächter bei der Arbeit. Römisches Relief. 2./3. Jh. n. Chr. Trier, Rheinisches Landesmuseum.

a) 1. Erschließe das Sachfeld, um das Publius' Gedanken kreisen, und sammle die in diesem Zusammenhang vorkommenden Wendungen. 2. Auch im Evangelium spielen Zöllner eine Rolle (z.B. Mt 9, 9–13, Lk 5, 27–32). Schlage an den genannten Stellen nach und erkläre ihren Sinn. 3. Darf man beim Steuernzahlen schummeln? Diskutiert diese Frage und berücksichtigt dabei die Sichtweise eines Steuerpächters.

V

b) Im Jahre 1527:
Kaiser Karl V. verkauft Venezuela (Venetiola).
1. Carolus maximum aes alienum fecit, ut a ducibus Germaniae imperator crearetur. 2. Magna igitur in calamitate fuit, cum creditor (Geldgeber) id aes, quo Carolus fidem ducum emerat, posceret. 3. Imperator enim nescivit, quo modo aes exactum redderet. 4. Inde Carolus, quoniam in America (!) regionibus divitibus imperabat, Venetiolam creditori pro pecunia tradidit. 5. Multis viris improbis a creditore in Venetiolam missis rapinae (Raubzüge) crudeles ibi evenerunt. 6. Sic Carolus pecuniam debitam sanguine hominum solvit.

75

E

1. Publius: „Equum celerem emere cupio."
   Mercator: „Hic equus celeriter currit, domine."
2. Publius: „Suntne eius oculi acres?"
   Mercator: „Hic videt tam acriter quam tu et ego."
3. Publius: „Nisi currere vult, pellisne eum vehementer?"
4. Mercator: „Tibi clare dico: Hunc numquam pepuli.
5. Nam bonus equus est: Bene et libenter paret."

Ü

a) Welche Endung passt zum Adverb: -e, -er oder -iter?
infelic-, mal-, grav-, sapient-, long-, frequent-, ver-, fort-, turp-

b) Bilde Adverbien und übersetze die Ausdrücke:
1. (certus) scire 2. (dulcis) cantare 3. (felix) pugnare 4. (praeclarus) dicere 5. (beatus) vivere 6. (sapiens) agere 7. (placidus) movere 8. (fortis) defendere 9. (celer) invenire 10. (mirus) vincere

c) Adjektiv oder Adverb? Entscheide und übersetze:
1. Publius (celer / celeriter) Coloniam petit. 2. Prima luce ad urbem (claram / clare) pervenit. 3. Equum (celerem / celeriter) laudat: 4. „Hoc (bonum / bene) fecisti." 5. Primo equum (diligentem / diligenter) curat. 6. Tum amicum (celerem / celeriter) adit.

d) Die Römer hatten Recht.
1. In foro Publius virum a multis hominibus circumdatum vidit, qui de legibus Romanis sapienter dixit: 2. „Qui nullas leges habent, barbare vivunt; turpiter vivunt, qui malas habent. 3. Romanus autem populus omnibus aliis longe praestat, quia – ut certe scitis – non solum multas et bonas leges habet, sed etiam diligenter eas curat. 4. Haec autem summa lex est: NULLUM CRIMEN SINE LEGE. Id est: Nemo scelerate facit, nisi lex hoc factum vetuit."

I

Rechtsprechung in römischer Zeit

Für die Rechtsprechung waren in Rom die Prätoren als Richter zuständig. Ihnen kam daher eine wichtige Bedeutung zu, die man bereits äußerlich beim Prozess erkennen konnte. Während nämlich die Streitparteien stehen mussten, hatte der Prätor als gewählter Beamter das Recht, auf einem Richterstuhl zu sitzen. So war dieser Stuhl bereits ein Zeichen seiner Würde. In der Stadt Rom gab es zwei Prätoren, welche sich um zwei Gruppen von Prozessen kümmerten, den praetor urbanus und den praetor peregrinus. Dieser urteilte in Prozessen, in die Fremde verwickelt waren; jenem wurden die Streitfälle vorgelegt, die römische Bürger untereinander austrugen.

Kaiser Claudius auf einem Amtssessel, der sog. sella curulis.
Römischer Sesterz. 1. Jh. n. Chr. Berlin, Staatliche Museen.

Ein schwieriger Rechtsfall

T

Publius reist nach Köln, um mit dem Provinzstatthalter (praefectus) über einen neuen Steuerpachtvertrag zu verhandeln. Während er im Vorzimmer sitzt, plaudert er mit dem Sekretär (scrība) des Statthalters über die verschiedenen Probleme, die die Rechtspflege in der Provinz mit sich bringt. Publius bittet den Sekretär, von einem kniffligen Rechtsfall zu erzählen. Flavus, der germanische Sklave des Publius, hört interessiert zu.

Scriba: „Nonnulli homines in via pilam[1] iactaverunt. Unus ex illis, cum celeriter curreret, pilam acriter iactavit. Itaque manus tonsoris[2], qui prope servum radebat[3], pilā vehementer pulsa est. Tonsor ergo cultro[4] servum occidit. Hac calamitate aspecta undique auditus est clamor hominum. Alii dixerunt: ‚Hoc forte evenit! Nemo in culpa est.‘ Alii contenderunt omnes stulte egisse atque pariter in culpa esse. Tune clare dicere potes, quis horum trium nefarie egerit? Nonne ambo parum diligenter egerunt, et homo, qui pilam vehementer iactavit, et tonsor? An culpa est in servo? Nonne ille scire debuit se in periculo esse? Existimo illum minime in culpa esse. Equidem, si praetor essem, nescirem, quem damnarem.“

Flavus: „In patria quidem mea causa aliter ageretur. Nos magistratus, qui iudicant, non habemus, sed scelerati apud concilium[5] gentis accusantur. Tum ab omnibus poena pro facinore constituitur. In hac causa is, qui pilam iactavit, domino servi occisi aes solvere deberet.“

[1] pila Ball
[2] tōnsor Friseur
[3] rādere rasieren
[4] culter, cultrī Rasiermesser
[5] concilium Versammlung

Beim Friseur. Griechische Terrakottagruppe. 5. Jh. v. Chr. Berlin. Antikensammlung.

a) 1. Begründe die Meinung des Germanen Flavus (Z. 15–17). 2. Diskutiert in der Klasse, wer Schuld hat. 3. Versucht zu klären, wer nach dem bei uns geltenden Recht schuldig ist.

b) Bilde jeweils das Adverb und übersetze den Satz:
1. Nemo (aeternus) vivit. 2. Milites (turpis) fugiunt. 3. Navis (felix) in portum pervenit. 4. Avus fabulam (praeclarus) narravit.

V

c) Salomo, der weise Richter
1. Duae feminae, quae de puero parvo contendebant, Salomonem regem adierunt. 2. Haec iuravit puerum a se partum esse – illa pariter contendit se matrem eius esse. 3. Salomo servos iussit puerum scindere (zerschneiden), ut ambabus pars pueri esset. 4. Cum haec puerum scindi libenter concederet, illa vehementer flevit regemque obsecravit, ne id ageret: 5. „Hoc facinus, hanc culpam numquam sustinebo. Da filium meum isti!“ 6. Tum Salomo iudicavit: „Ea, quae mortem poposcit, minime mater vera est; nam puerum parum amat.“

76

E

1. Parvus: „Videte! Hic vir omnia ferre potest."
2. Magnus: „Hodie unum saxum fero, mox duo feram."
3. Populus: „Nonne magnas arbores fers?"
4. Parvus: „Ut vos parvas res fertis, ita hic arbores fert."
5. Populus: „Nos quoque magnas res saepe ferimus."
6. Parvus: „Sed ab hoc etiam silvae feruntur."
7. Populus: „Quod animal ab eo fertur?"
8. Parvus: „Equum iam tulit; nuper elephantus (!) ab eo latus est."

Ü

a) Ein ferre-Pfirsich. Suche alle Formen von ferre heraus und bestimme sie.

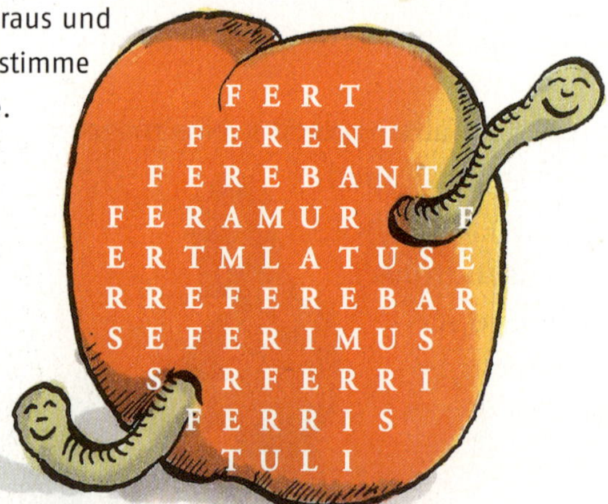

b) Aus Tragen wird Tragen. Verwandle alle Formen von portare in solche von ferre und übersetze:
1. „Quid portatis?" 2. „Multa portavimus, nunc nihil portamus." 3. „Omnia ad me celeriter portate!" 4. „Poscimus, ut etiam tu pauca portes." 5. „Vobiscum pauca portarem, nisi multa iam portavissem." 6. „Quidnam a te portatum est?" 7. „Tot res huc portaveram - sed ubi sunt?"

c) Erschließe mit Hilfe der anderen Verben die Bedeutung einiger Komposita von ferre:
1. convenire et conferre 2. inire et inferre 3. exire et efferre 4. reddere et referre 5. adducere et afferre 6. deducere et deferre

d) Im Amtszimmer des Statthalters (praefectus):
1. Postquam Publius consedit, servus vinum tulit. 2. Praefectus bibit et clamavit: „Serve! Vinum, quod tulisti, acerbum est. Celeriter fer novum!" 3. Vix servus vinum novum tulerat, cum praefectus iterum clamavit: 5. „Servi! Ferte novum! Dulce enim vinum non fero." 6. Nunc aliud vinum latum est. 7. Praefectus: „Baaah! Cur aquam tulistis?" 8. Bono tandem vino lato praefectus e Publio quaesivit, quid cuperet.

I

Wenn Pflanzen auf Wanderschaft gehen

Die Römer brachten nicht nur die Errungenschaften von Technik, Baukunst und Verwaltung in die entlegensten Winkel ihres riesigen Reiches; auf ihren Straßen und Handelswegen führten sie auch lebendige Dinge mit sich: Sie brachten ihre Gartenkultur und ihre Nutzpflanzen aus dem Mittelmeerraum in die Provinzen nördlich der Alpen. Römische Schriftsteller berichten, dass die Germanen schon in vorrömischer Zeit verschiedene Getreidesorten, Erbsen, Linsen und Möhren angebaut hatten. Mit den Römern fanden nun auch Obstbäume den Weg über die Alpen: Kirschen, Pflaumen, Aprikosen, Mandeln und – vor allem – die Weinrebe. Sogar erste Zierpflanzen – Rosen und Lilien – brachten die Römer in den kalten Norden.

Pfirsiche in Germanien

Publius hat mit dem Statthalter (praefectus) einen neuen Vertrag ausgehandelt, der ihm die Einnahme der Zölle entlang der römisch-germanischen Grenze auch für die kommenden Jahre sichert. Gut gelaunt verlässt er das Dienstgebäude des Statthalters.

T

In foro Publius mercatorem quendam eiusque servum poma[1] ferre vidit. Nesciens, qualia poma essent, dixit: „Quae poma fertis? Quo ea fertis?“ Responderunt: „Haec mala Persica[2] sunt. Ea ad praefectum afferimus.“ Publius: „Horum species mira et aliena est.“ Mercator: „Recte dicis. Haec poma a nostris differunt; cum his conferri non possunt. Amicus mihi rettulit Romanos ea ‚mala Persica‘ appellavisse, cum haec primum in Persia[3] cognovissent. Tum ab iis in Italiam illata sunt. Adhuc solum Persica, quae in Italia creverant, a me vendita sunt. Nunc autem, postquam arbores in Germaniam inferri iussi, agri etiam nostri Persica efferunt. Hoc anno primum Persica huius regionis offerre possum. Homines enim poma recentia praeferunt. Omnem pecuniam contuli, omnia pertuli, ut arbores sub caelo aspero Germaniae crescerent et poma ferrent. Sed nunc rem non iam differam. Ad praefectum detuli mea Persica bene crevisse. Nos iam exspectat!“

[1] pōmum Frucht

[2] (mālum) Persicum Pfirsich (persischer Apfel)

[3] Persia Persien

Stillleben mit Pfirsichen. Wandmalerei aus Herkulaneum. 1. Jh. n. Chr.

a) 1. Welche Details über Pfirsiche und Pfirsichzucht erfährst du im Text? 2. Ein römischer Historiker kritisierte die Verschwendungssucht seiner Landsleute mit folgenden Worten: „Für Leckerbissen durchsuchte man alles zu Lande und im Meer.“ Lässt sich diese Kritik auch auf T anwenden? 3. Sammelt Informationen zur Herkunft der folgenden, uns völlig geläufigen Pflanzen: Tomaten, Mais, Paprika, Tulpen, Orchideen. Gestaltet im Klassenzimmer eine Ausstellung, in der ihr eure Ergebnisse präsentiert.

b) Überlege, an welchen Stellen von T ferre bzw. dessen Komposita durch bedeutungsähnliche Verben dieser Wortfamilie ersetzt werden können; füge das passende Verb entsprechend ein.

V

c) Laura und Anna – ungleiche Schwestern

1. Ira Laurae recens fuit: Adhuc de avi verbis asperis cogitavit, qui eam cum Anna contulerat et sororem summis verbis extulerat. 2. Profecto avus Annam Laurae praetulit. 3. Sed cur Laurae tantum dolorem intulit? 4. Nonne vidit mores sororum differre? 5. Nonne scivit Lauram se ipsam obtulisse, cum ad eam relatum esset neminem avo adesse? 6. At Anna auxilium in aliud tempus distulit. 7. Tamen avus Laurae gratiam non habuit. Quae fuit causa?

Warum Varus verloren hat

T

Kurz nach der Varusschlacht beriet in Rom der Senat darüber, wie es zu der Katastrophe kommen konnte und wie es in Germanien weitergehen solle. Nachdem viele Senatoren dem Statthalter Varus die Schuld gegeben hatten, ergriff erneut ein Senator das Wort:

„Vos multa crimina Varo obtulistis. Iste enim superbe in Germanos vindicavit, bellum minime diligenter gessit, dolum Germanorum non cognovit. Sed priusquam Varum accusamus, nos quaerere oportet, utrum culpa in Varo solum sit an alii quoque accusari debeant. Primum igitur quaero, quae fuerit causa calamitatis nostrae. Equidem nos omnes pariter in culpa esse puto."

In seiner Rede verweist der Senator auch auf das, was der berühmte Feldherr C. Julius Cäsar über die Germanen geschrieben hat:

„Nam ante multos annos C. Iulius Caesar de moribus Germanorum narravit eosque barbaros appellavit. Nullas enim leges, nullam rem publicam, nullas litteras artesque eis esse dixit. Germani, ut refert Caesar, tales sunt, ut minime a bestiis differant. Itaque duces imperatoresque nostri, cum provinciam Germaniam adeunt, putant se nationes Germanas superare posse. Id autem eos fefellit. Nam omnes Germani fortiter pugnant, nonnulli etiam homines docti[1] sunt, quia diu cum Romanis vivebant.

Itaque non fortuna mala, non inertia[2] imperatoris, non dolo barbarorum, sed superbia[3] nostra victi sumus. Iterum atque iterum Germaniam in servitutem mittere studuimus. Nescio, cur hoc non intellegamus: Germania numquam vincetur!"

[1] doctus, a, um gebildet

[2] inertia Unfähigkeit

[3] superbia Hochmut

Römischer Sesterz. Unter einer Trophäe hockt links auf zwei gekreuzten Schilden eine trauernde Germanin. Rechts steht ein gefangener Germane in Hosentracht und Mantel, neben ihm ein Schild und ein Helm. Auf einem Baumstumpf ist die Trophäe aufgebaut: Sie besteht aus einem Mantel, Schilden, Lanzen und einem Hörnerhelm. 85 n. Chr. Berlin, Staatliche Museen, Münzkabinett.

V

a) Nutze die dir bereits bekannten Textmerkmale (Pronomina, Tempusprofil, Konnektoren, Wort- bzw. Sachfelder), um dir vor der Übersetzung einen Überblick über den Inhalt und den groben Aufbau des Textes zu verschaffen.

b) Welche der im Folgenden genannten Ursachen für die Niederlage werden in T genannt?
- Varus erkannte die List der Germanen nicht.
- Varus war allein an dem Unglück schuld.
- Die Germanen sind ein tapferes Volk.
- Die Niederlage war vom Schicksal verursacht.

c) Informiere dich über das Verhältnis der Römer zu den Germanen. Wann hatten sie erstmals miteinander Kontakt, welche weiteren Begegnungen gab es? Ist es den Römern jemals gelungen, Germanien zu erobern?

XXV *plus*

Der germanische Anführer Arminius wurde in Deutschland lange Zeit mit Hermann dem Cherusker gleichgesetzt. Bei Detmold im Teutoburger Wald, wo man den Ort der Schlacht vermutete, wurde 1875 von dem Bildhauer Joseph Ernst von Bandel das „Hermannsdenkmal" erbaut.

a) Was hat die Menschen an Hermann / Arminius so fasziniert? Berücksichtigt bei der Antwort auch die Postkarte aus dem Jahre 1909 und den Text des besonders in Norddeutschland bekannten Volkslieds „Als die Römer frech geworden".

b) Welche Ähnlichkeiten kannst du erkennen zwischen dem in Deutschland bekannten Arminius und den in Frankreich erfundenen Comicfiguren Asterix und Obelix? Achte auch auf den bekannten Einleitungssatz jedes Asterixbandes: „Wir befinden uns im Jahre 50 v. Chr. Ganz Gallien ist von den Römern besetzt. Ganz Gallien? Nein! ..."

„Als die Römer frech geworden..."

Als die Römer frech geworden,
Zogen sie nach Deutschlands Norden,
Vorne beim Trompetenschall
Ritt der Generalfeldmarschall,
Herr Quinctilius Varus.

Doch im Teutoburger Walde
Hu, wie pfiff der Wind so kalte;
Raben flogen durch die Luft
Und es war ein Moderduft
Wie von Blut und Leichen.

Plötzlich aus des Waldes Duster
Brachen krampfhaft die Cherusker;
Mit Gott für Fürst und Vaterland
Stürmten sie von Wut entbrannt
Gegen die Legionen.

Weh! das war ein großes Morden.
Sie erschlugen die Kohorten;
Nur die römische Reiterei
Rettete sich noch ins Frei',
Denn sie war zu Pferde.

O Quinctili, armer Feldherr!
Dachtest du, daß so die Welt wär?
Er geriet in einen Sumpf,
Verlor zwei Stiefel und einen Strumpf
Und blieb elend stecken.

Da sprach er voll Aergernussen
Zum Centurio Titiussen:
„Kamerade, zeuch dein Schwert hervor
Und von hinten mich durchbohr,
Da doch alles futsch ist."

Nur in Rom war man nicht heiter,
Sondern kaufte Trauerkleider.
Grade als beim Mittagmahl
Augustus saß im Kaisersaal,
Kam die Trauerbotschaft.

Erst blieb ihm vor jähem Schrecken
Ein Stück Pfau im Halse stecken,
Dann geriet er außer sich
Und schrie: „Varus, Fluch auf dich!
Redde Legiones!"

Text: Victor von Scheffel (1826–1886), Musik: Josef Gungl (1810–1899)

Hinweise zur Konzeption und zur Arbeit mit dem Wortschatz- und Grammatikteil

Der Wortschatz- und Grammatikteil enthält – übersichtlich und lernfreundlich aufbereitet – zu den einzelnen Lektionen die folgenden Bestandteile:

a) Wortschatz (W)

Dieser Teil bietet unter dem Stichwort **„Lernwörter“** alle in der Lektion neu zu lernenden Wörter und Wendungen, und zwar in der Reihenfolge, wie sie in T vorkommen.

Im **Graudruck** (eingerückt) stehen Wendungen, die als Lernhilfen zur Verdeutlichung grammatischer Eigenschaften und Bedeutungen dienen (z.B. ad basilicam properare beim Erstvorkommen der Präposition ad oder populis imperare beim Erstvorkommen von imperare).
Im **Graudruck** (bündig) erscheinen Wörter, die bereits gelernt sind und beim Nachtrag einzelner Formen oder Bedeutungen noch einmal angeführt werden (z.B. scribere, scribo bei der Einführung von scripsi).

Als Zusatzangebot erscheinen **„Wiederholungswörter“**, d.h. in T verwendete Vokabeln, deren Erlernen bereits einige Lektionen zurückliegt und die nun aufgefrischt werden sollten.
Die **Tabellen**, die mit einem ✳ gekennzeichnet sind, enthalten alle Wörter der Lektion, die den neuen Grammatikstoff repräsentieren; dabei erscheinen manche Vokabeln im **Blaudruck**: Diese werden im Text- und Übungsteil bereits auf der linken Hälfte der Doppelseite eingeführt, weil sie beispielhaft den neuen Grammatikstoff darbieten (z.B. rogare, parare, vocare, intrare bei der Einführung der a-Konjugation).

Methodische Möglichkeiten der Wortschatzarbeit:

- Erarbeitung der Vokabeln, die neuen Wortschatz repräsentieren (✳ **Blaudruck**), bei der Einführung der neuen Grammatik (E, Ü)
- Erarbeitung und ggf. Systematisierung der übrigen neuen Wörter bei der Behandlung von T
- ggf. Vertiefung und Einübung mittels der exemplarisch gebotenen Zusatzelemente (z.B. Illustrationen, Wortfamilien, Sachfelder) und geeigneter V-Übungen

b) Grammatik

Die grammatischen Erläuterungen sind einheitlich gegliedert nach Formenlehre (**F**) und Satzlehre (und / oder Semantik) (**S**).
Die Darbietung ist konsequent auf das für den Schüler Wichtige beschränkt, wobei Leseverstehen und Sprachreflexion als Hauptziele des Sprachunterrichts Auswahl und Umfang bestimmen.
Die sprachlichen Phänomene der Formenlehre werden in übersichtlichen Tabellen vorgeführt, die Stoffe der Satzlehre zumeist in induktiver Weise an Beispielsätzen erläutert. Diese Beispielsätze enthalten – soweit es der Stoff erlaubt – keine neuen Vokabeln, sodass die Grammatik vor der Behandlung des Lektionstextes besprochen werden kann.

c) Methodentraining (M)

Diese Teile schulen mit konkreten und praxisbezogenen Tipps reflektiertes und ökonomisches Lernen und Arbeiten. Sie zielen auf fachspezifische Methoden (z.B. Auflösen satzwertiger Konstruktionen) ebenso ab wie auf überfachliche Kompetenzen (z.B. individuelle Lernstrategien, Lernplanung, Methoden der Texterschließung).

Der Wortschatz- und Grammatikteil – Auf einen Blick

In T enthaltene **bekannte Wörter**, die hier aufgefrischt werden können

Neu zu lernende Wörter und Wendungen in der Reihenfolge von T

Graudruck (eingerückt): Wendungen zur Verdeutlichung grammatischer Eigenschaften und Bedeutungen

Graudruck (bündig): Wörter, zu denen Formen oder Bedeutungen nachgetragen werden

Zusammenfassung aller Repräsentanten des neuen Grammatikstoffs

Blaudruck: Beispielhafte Repräsentanten des neuen Grammatikstoffs auf der linken Seite der Lektion eingeführt

19

Wiederholungswörter

invenīre	finden, erfinden	iam	schon, bereits; nun
dubitāre	zweifeln; zögern	parvus	klein, gering
placēre	gefallen	dōnum	Geschenk

Lernwörter

facere, faciō	machen, tun, handeln	*Faktum, e. fact*
sacrum	Opfer, Heiligtum	*Sakrament*
sacrum facere	ein Opfer bringen, opfern	
autem *(nachgestellt)*	aber, andererseits	
Puerī autem tacent.	Die Jungen aber schweigen.	
dēscendere, dēscendō	herabsteigen	*e. to descend*
nōnne?	(etwa) nicht?	
magis	mehr	
quam	als, wie	
Quam pulchrum est templum!	Wie schön ist der Tempel!	
magis ... quam	mehr ... als	
capere, capiō	fassen, nehmen; erobern	*kapieren*
aspicere, aspiciō	erblicken, ansehen	*Aspekt*
quīn?	warum nicht?	
summus, a, um	der höchste, oberste	*Summe*

facere, faciō	machen, tun, handeln
capere, capiō	fassen, nehmen; erobern
aspicere, aspiciō	erblicken, ansehen

179

19

Verben: Konsonantische Konjugation (i-Erweiterung)

i-Erweiterung

	Singular		Plural	
Infinitiv	cape-re	*nehmen*		
1. Person	capi-ō	*ich nehme*	capi-mus	*wir nehmen*
2. Person	capi-s	*du nimmst*	capi-tis	*ihr nehmt*
3. Person	capi-t	*er (sie, es) nimmt*	capi-u-nt	*sie nehmen*
Imperativ	cape	*nimm!*	capi-te	*nehmt!*

Bei einigen Verben, die zur konsonantischen Konjugation gezählt werden, endet der Wortstamm auf ein kurzes -i-. Daher gleichen viele Formen denen der i-Konjugation.

Vor -r (z.B. im Infinitiv) und im Imperativ Singular steht statt des kurzen -i- ein kurzes -e-. Um die Verben mit i-Erweiterung zu erkennen, muss man zusätzlich zum Infinitiv die 1. Pers. Sg. wissen.

Texte erschließen: Wort- und Sachfelder beachten

Um – ggf. auch vor der Übersetzung – einen Text zu erschließen, genügt es oft, zu überprüfen, welche Wort- bzw. Sachfelder dieser enthält.

1. Ein **Wortfeld** wird gebildet von sinnverwandten Wörtern derselben Wortart.
   Beispiel: Wortfeld „reden, sprechen, sagen": vocare, respondere, rogare, monere

2. Ein **Sachfeld** wird gebildet von sinnverwandten Wörtern verschiedener Wortarten. (vgl. 11 M)
   Beispiel: Sachfeld „Lernen": discipulus, ludus, tabula, lingua, audire, scire, nescire, docere, laborare, rogare, probare, studere, laudare, scribere, ostendere
   Weitere Beispiele für Sachfelder: „Handel", „Politik", „Religion", „Leben in der Stadt", „Leben auf dem Land", „Reisen".

Die zu einem Wort- oder Sachfeld gehörenden Wörter können zwar unterschiedliche Bedeutungen haben, sie werden aber dadurch auf eine Bedeutung festgelegt, dass sie zusammen mit anderen Wörtern in einem bestimmten Kontext verwendet werden.

180

Formenlehre (F) und / oder Satzlehre (S)

Praktische **Tipps** zum Erwerb von fachlichen und überfachlichen **Methoden und Kompetenzen**

Auf den Grammatikseiten ist nur die Behandlung der Lernwörter (W), der Formenlehre (F) und der Satzlehre (S) obligatorisch. Die anderen Elemente – hier grün unterlegt – stellen ein Angebot dar, aus dem die Lehrkraft eine Auswahl nach entsprechenden methodischen und didaktischen Kriterien treffen wird.

41

W Wiederholungswörter

sentīre, sentiō, sēnsī	fühlen, meinen, wahrnehmen	rīdēre, rīdeō, rīsī	lachen, auslachen
pater, patris *m*	Vater	numquam	niemals
rogāre	bitten, fragen	tenēre	halten, festhalten, besitzen
petere, petō, petīvī	aufsuchen, (er)streben, bitten, verlangen	commūnis, e	gemeinsam, allgemein

Lernwörter

metus, metūs *m*	Angst	*s. miedo*
Tarquinius Superbus	Tarquinius Superbus *(letzter etruskischer König von Rom)*	
superbus, a, um	stolz, überheblich	
Brūtus	Lucius Junius Brutus *(Befreier Roms)*	
gemitus, gemitūs *m*	Seufzen, Traurigkeit	
portus, portūs *m*	Hafen	*Airport, e. port, i. porto*
pertinēre, pertineō ad *m. Akk.*	betreffen, gehören (zu), sich erstrecken (bis)	*per, tenēre*
Id ad deōs pertinet.	Das betrifft die Götter.	
Montēs ad castra pertinent.	Die Berge erstrecken sich (reichen) bis zum Lager.	
vultus, vultūs *m*	Gesicht, Gesichtsausdruck; *Pl.* Gesichtszüge	
manus, manūs *f*	Hand; Schar (von Bewaffneten)	*manuell*
tālis, e	derartig, ein solcher, so (beschaffen)	
laetus, a, um	froh; fruchtbar	*laetitia*
igitur *Adv.*	also, folglich	

metus, metūs *m*	Angst	gemitus, gemitūs *m*	Seufzen, Traurigkeit
vultus, vultūs *m*	Gesicht, Gesichtsausdruck; *Pl.* Gesichtszüge	manus, manūs *f*	Hand; Schar (von Bewaffneten)
		portus, portūs *m*	Hafen

Substantive: u-Deklination

Beispiel: **metus, metūs** *Angst*

u-Deklination	Singular	Plural
Nominativ	met-**us**	met-**ūs**
Genitiv	met-**ūs**	met-**uum**
Dativ	met-**uī**	met-**ibus**
Akkusativ	met-**um**	met-**ūs**
Ablativ	met-**ū**	met-**ibus**

Die Substantive der u-Deklination (4. Deklination) sind in der Regel **Maskulina**.
Ausnahme: manus, manūs ***f***.

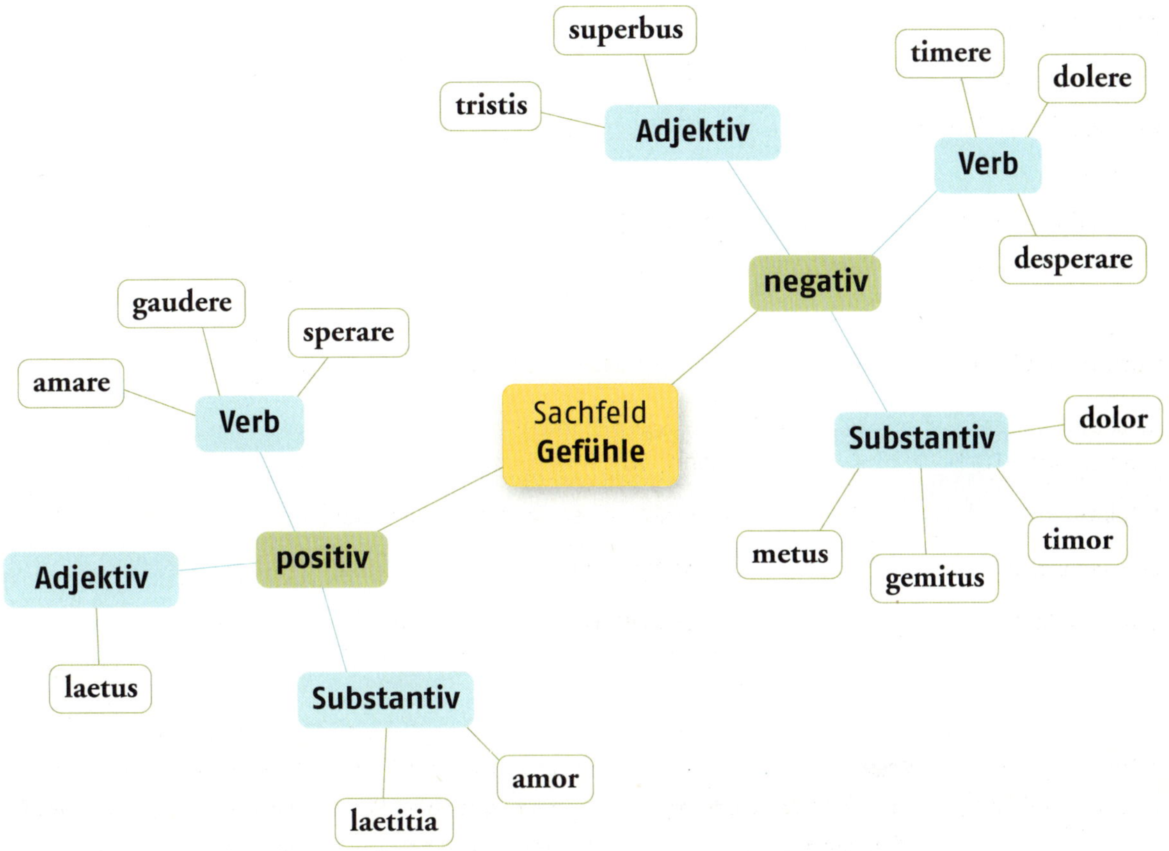

42

W Lernwörter

rēs, reī *f*	Angelegenheit, Ding, Sache	*reell, Realität, Rebus*
causa	Sache, Ursache, Grund; Prozess	*kausal*
medius, a, um mediā in turbā	der mittlere, in der Mitte (von) mitten in der Menge	*Medium, e. middle*
Lucrētia	Lukretia *(Heldin der röm. Frühgeschichte)*	
rēs pūblica	Staat	*Republik*
perniciēs, perniciēī *f*	Verderben, Vernichtung	
rēs adversae *f Pl.*	Unglück	
rēs futūrae *f Pl.*	Zukunft	*Futur*
rēs secundae *f Pl.*	Glück	
spēs, speī *f*	Erwartung, Hoffnung	*spērāre*
diēs, diēī *m*	Tag	*e. day, s. día*

✳

rēs, reī *f*	Angelegenheit, Ding, Sache	perniciēs, perniciēī *f*	Verderben, Vernichtung
spēs, speī *f*	Erwartung, Hoffnung	diēs, diēī *m*	Tag

F Substantive: e-Deklination

Beispiel: rēs, reī *Angelegenheit, Ding, Sache*

e-Deklination	Singular	Plural
Nominativ	r-ēs	r-ēs
Genitiv	r-eī	r-ērum
Dativ	r-eī	r-ēbus
Akkusativ	r-em	r-ēs
Ablativ	r-ē	r-ēbus

Die Substantive der e-Deklination (5. Deklination) sind in der Regel **Feminina**. Ausnahme: diēs, diēī ***m***.

Wiederholungswörter

W

dare, dō, dedī	geben	nōnne?	(etwa) nicht?
tam	so	vincere, vincō, vīcī	(be)siegen, übertreffen
fortis, e	kräftig, tapfer	audācia	Frechheit, Kühnheit
omnis, e	jeder, ganz; *Pl.* alle	mīrus, a, um	erstaunlich, sonderbar

Lernwörter

hic, haec, hoc	dieser, diese, dieses (hier); folgender	
Hunc mīlitem laudō.	Diesen Soldaten (hier) lobe ich.	
Mīles haec dīxit:	Der Soldat sagte Folgendes:	
In hāc cīvitāte libenter vīvō.	In diesem (unserem) Staat lebe ich gerne.	
umerus	Oberarm, Schulter	
umquam	jemals	
ille, illa, illud	jener, jene, jenes; der (dort); damalig, berühmt	
Ille vir est servus.	Jener Mann (der Mann dort) ist ein Sklave.	
Vōcem illīus audiō.	Ich höre die Stimme von jenem (seine Stimme).	
Illud bellum crūdēle fuit.	Der damalige (dieser berühmte) Krieg war grausam.	
Mārs, Mārtis *m*	Mars *(der römische Kriegsgott)*	
nē … quidem	nicht einmal	
nē Mārs quidem	nicht einmal Mars	
legere, legō, lēgī	lesen; auswählen	*Lektüre, Lektor, Lektion*
memoria	Erinnerung, Gedächtnis; Zeit	*Memoiren, Memory*
memoriā tenēre	im Gedächtnis behalten	
memoriā patrum	zur Zeit der Väter	
facilis, e	leicht (zu tun)	*facere, f./i. facile*
fēmina	Frau	*Femininum, feminin, f. femme*
fōrma	Form, Gestalt, Schönheit	*formen, Formel, e. form, f. forme*
taberna	Laden, Wirtshaus	*Taverne, i. taverna, s./p. taberna*
sinere, sinō, sīvī	(zu)lassen, erlauben	
Līberōs vīnum bibere nōn sinimus.	Wir lassen nicht zu (erlauben nicht), dass die Kinder Wein trinken. Wir lassen die Kinder keinen Wein trinken.	

F Demonstrativpronomina: hic, ille

hic, haec, hoc *dieser, diese, dieses*

	Singular			Plural		
	m	*f*	*n*	*m*	*f*	*n*
Nominativ	hic	haec	hoc	hī	hae	haec
Genitiv		huius		hōrum	hārum	hōrum
Dativ		huic			hīs	
Akkusativ	hunc	hanc	hoc	hōs	hās	haec
Ablativ	hōc	hāc	hōc		hīs	

ille, illa, illud *jener, jene, jenes*

	Singular			Plural		
	m	*f*	*n*	*m*	*f*	*n*
Nominativ	ille	illa	illud	illī	illae	illa
Genitiv		illīus		illōrum	illārum	illōrum
Dativ		illī			illīs	
Akkusativ	illum	illam	illud	illōs	illās	illa
Ablativ	illō	illā	illō		illīs	

S Demonstrativpronomina hic und ille: Verwendung

Das Demonstrativpronomen hic bezeichnet etwas, was sich in räumlicher oder zeitlicher Nähe des Sprechers befindet.
Das Demonstrativpronomen ille dagegen bezeichnet etwas, was sich in größerer Entfernung vom Sprecher befindet oder berühmt ist.

Romulus et Remus fratres erant. *Hic* in pugna cecidit, *ille* fratrem interfecit.

Romulus und Remus waren Brüder. *Dieser* (= Remus) fiel im Kampf, *jener* (= Romulus) tötete den Bruder.

Beziehen sich hic und ille auf einen vorausgehenden Satz, so bezieht sich hic auf das näherstehende, ille auf das weiter entfernte Wort.

Wörter wiederholen: vergessene Vokabeln sichern

Vielleicht hast du beim Übersetzen schon festgestellt, dass dir nicht mehr alle Vokabeln einfallen, die du vor längerer Zeit gelernt hast. Hier lässt sich auf zwei verschiedene Arten Abhilfe schaffen:

→ Einerseits solltest du die alten Vokabeln **systematisch** sichern, also kapitelweise wiederholen. Teile dir z.B. für die Tage bis zur nächsten Prüfungsarbeit die **Lektionen** so ein, dass du alle schaffst. Schreibe bei der Wiederholung die Wörter heraus – z.B. in ein eigens dafür angelegtes **Vokabelheft** –, die du nicht weißt, und übe sie gezielt. Ein Wiederholungsplan könnte so aussehen:

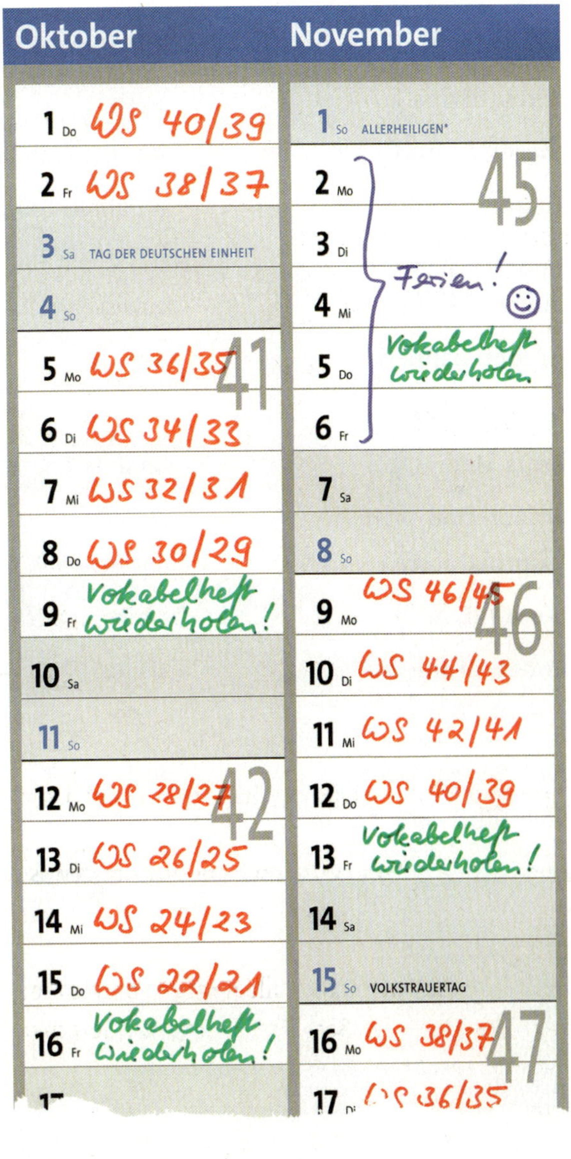

→ Eine zweite Möglichkeit, die du unbedingt nutzen solltest, ist die Sicherung von Vokabeln an der Stelle, an der du sie für die Übersetzung eines Textes brauchst. Wenn du nämlich den Textzusammenhang kennst, merkst du dir ein Wort leichter als isoliert.

Du solltest die in jedem Kapitel abgedruckten **Wiederholungswörter** nutzen. Dort finden sich wichtige Vokabeln von **T**, die vor längerer Zeit gelernt wurden.

Vor allem aber solltest du es dir zur Regel machen, jedes Wort, das du nachschlagen musst, in dein **Vokabelheft** zu notieren und zu lernen.

So füllt sich dein Vokabelheft im Laufe der Zeit mit „Problemwörtern“, die du gezielt üben kannst.

44

W Wiederholungswörter

ostendere, ostendō, ostendī	zeigen, erklären	dēligere, dēligō, dēlēgī	(aus)wählen
pulcher, chra, chrum	schön	cīvis, cīvis *m*	Bürger
aedificium	Gebäude	mōs, mōris *m*	Sitte, Brauch; *Pl.* Charakter
gaudēre *m. Abl.*	sich freuen über	adīre, adeō, adiī *m. Akk.*	herantreten (an), bitten, aufsuchen

Lernwörter

fēlīx, fēlīcis	erfolgreich, glückbringend, glücklich	*Felix, Felicitas, i. felice, s./p. feliz*
dīves, dīvitis	reich	
thermae, ārum *f Pl.*	warme Bäder, Thermen	*Thermometer, Thermosflasche, Therme*
auctor, auctōris *m*	Anführer, Gründer, Schriftsteller, Verfasser	*Autor, e. author, f. auteur, i. autore*
dīligēns, dīligentis	gewissenhaft, sorgfältig	*i./s./p. diligente*
pauper, pauperis	arm	*e. poor, f. pauvre, i. povero*
vetus, veteris	alt	*Veteran*
intus *Adv.*	im Inneren, innen	
omnia, ium *n Pl.* omnia posse	alles alles können	
nōnnūllī, ae, a	einige, manche	
multa, ōrum *n Pl.* multa scīre	viel(es) viel(es) wissen	
sapiēns, sapientis	klug, weise	*i./p. sapiente*
liber, librī *m*	Buch	*Libretto, f. livre, i./s. libro*
sors, sortis *f (Gen. Pl. -ium)*	Los, Orakelspruch, Schicksal	*Sorte, f. sort, i./p. sorte*

sapiēns, sapientis	klug, weise	fēlīx, fēlīcis	erfolgreich, glückbringend, glücklich
vetus, veteris	alt	dīligēns, dīligentis	gewissenhaft, sorgfältig
dīvēs, dīvitis	reich	pauper, pauperis	arm

Adjektive: 3. Deklination (einendige)

Beispiel: **sapiēns** *m*, **sapiēns** *f*, **sapiēns** *n* *klug, weise*

	Singular			Plural		
	m	*f*	*n*	*m*	*f*	*n*
Nominativ	sapiēns			sapient-**ēs**		sapient-**ia**
Genitiv	sapient-**is**			sapient-**ium**		
Dativ	sapient-**ī**			sapient-**ibus**		
Akkusativ	sapient-**em**		sapiēns	sapient-**ēs**		sapient-**ia**
Ablativ	sapient-**ī**			sapient-**ibus**		

Die einendigen Adjektive haben im Nominativ Singular nur eine Form für alle drei Genera.
Da der Wortstamm nicht an den Formen des Nominativ Singular zu erkennen ist, muss man den Genitiv Singular mitlernen, z.B. sapiēns, sapient-is bzw. dīves, dīvit-is.

Die übrigen Kasusendungen sind denen der dreiendigen Adjektive der 3. Deklination gleich.

Ausnahmen: Bei **dīves, pauper** und **vetus** entsprechen die folgenden Endungen denen der Substantive der 3. Deklination:

-e	Abl. Sg.
-a	Nom. / Akk. Pl. *n*
-um	Gen. Pl.

Adjektive: Substantivierung

Homines divites multas res habent.
Reiche Leute haben viele Dinge.

Divites multa habent.
Reiche Leute (Reiche) haben *viele Dinge (viel / vieles).*

Wie im Deutschen können im Lateinischen Adjektive substantiviert werden (z.B. dives *der Reiche, ein Reicher*).
Häufig werden Adjektive im **Neutrum Plural** substantiviert; im Deutschen bietet sich meist eine Übersetzung im Singular an (z.B. multa *viele Dinge, viel, vieles;* omnia *alle Dinge, alles*).

Sprachenvergleich

The rich *live in big houses.*

Substantivierte Adjektive gibt es zur Bezeichnung einer Gruppe von Menschen auch in der englischen Sprache:

the old, the poor, the rich, the sick, the young, the blind, the dead, the disabled, the strong

Divites in magnis villis vivunt.

45

W Wiederholungswörter

clāmor, ōris *m*	Geschrei, Lärm	celer, celeris, celere	schnell
torquēre, torqueō, torsī	drehen, quälen	dolor, ōris *m*	Schmerz
multitūdō, inis *f*	große Zahl, Menge	crūdēlis, e	grausam
addūcere, addūcō	heranführen, veranlassen	movēre, moveō, mōvī	bewegen, beeindrucken

Lernwörter

atque / ac	und, und auch	
quoque *(nachgestellt)* Ego quoque gaudeō.	auch Auch ich freue mich.	
equidem	(ich) allerdings, freilich	
sollicitāre, sollicitō	aufhetzen, beunruhigen, erregen	
incipere, incipiō, coepī (incēpī)	anfangen, beginnen	*capere*
ingēns, ingentis	gewaltig, ungeheuer	*i./s./p. ingente*
arēna	Sand, Kampfplatz	*Arena, f. arène, e./i./s./p. arena*
cessāre, cessō	zögern, rasten	*e. cease, f. cesser, i. cessare*
impetus, impetūs *m*	Angriff, Schwung	*petere*
laedere, laedō, laesī	beschädigen, verletzen, beleidigen	*lädieren*
cōnspectus, cōnspectūs *m*	Anblick, Blickfeld	*spectāre*
turbāre, turbō	durcheinanderbringen, stören	*turba, Trubel, e. trouble, f. troubler*
currere, currō, cucurrī	laufen, eilen	*Kurier, f. courir, i. correre, s./p. correr*

Verben: Passiv (Präsens)

voca-t *er (sie, es) ruft*	Aktiv
voca-**tur** *er (sie, es) wird gerufen*	**Passiv**

Die Passivformen des Präsens werden aus den gleichen Bauelementen wie die Aktivformen gebildet, nämlich aus
→ dem Präsensstamm und
→ der Personalendung.
Die Passivformen haben eigene Personalendungen.

a-Konjugation

Infinitiv	vocā-**rī**	*gerufen (zu) werden*

	Singular		Plural	
1. Person	voc-**or**	*ich werde gerufen*	vocā-**mur**	*wir werden gerufen*
2. Person	vocā-**ris**	*du wirst gerufen*	vocā-**minī**	*ihr werdet gerufen*
3. Person	vocā-**tur**	*er (sie, es) wird gerufen*	voca-**ntur**	*sie werden gerufen*

e-Konjugation

Infinitiv	monē-**rī**	*gemahnt (zu) werden*

	Singular		Plural	
1. Person	mone-**or**	*ich werde gemahnt*	monē-**mur**	*wir werden gemahnt*
2. Person	monē-**ris**	*du wirst gemahnt*	monē-**minī**	*ihr werdet gemahnt*
3. Person	monē-**tur**	*er (sie, es) wird gemahnt*	mone-**ntur**	*sie werden gemahnt*

i-Konjugation

Infinitiv	audī-**rī**	*gehört (zu) werden*

	Singular		Plural	
1. Person	audi-**or**	*ich werde gehört*	audī-**mur**	*wir werden gehört*
2. Person	audī-**ris**	*du wirst gehört*	audī-**minī**	*ihr werdet gehört*
3. Person	audī-**tur**	*er (sie, es) wird gehört*	audi-**u-ntur**	*sie werden gehört*

kons. Konjugation

Infinitiv	dūc-**ī**	*geführt (zu) werden*

	Singular		Plural	
1. Person	dūc-**or**	*ich werde geführt*	dūc-**i-mur**	*wir werden geführt*
2. Person	dūc-**e-ris**	*du wirst geführt*	dūc-**i-minī**	*ihr werdet geführt*
3. Person	dūc-**i-tur**	*er (sie, es) wird geführt*	dūc-**u-ntur**	*sie werden geführt*

(i-Erweiterung)

Infinitiv	cap-**ī**	*gefasst (zu) werden*

	Singular		Plural	
1. Person	capi-**or**	*ich werde gefasst*	capi-**mur**	*wir werden gefasst*
2. Person	cape-**ris**	*du wirst gefasst*	capi-**minī**	*ihr werdet gefasst*
3. Person	capi-**tur**	*er (sie, es) wird gefasst*	capi-**u-ntur**	*sie werden gefasst*

Die Endungen der Infinitive lauten in der a-, e-, und i-Konjugation **-rī** (z.B. vocā-rī), in der kons. Konjugation **-ī** (z.B. dūc-ī).

Verwendung des Passivs

S1

Amicus in amphitheatrum *ducitur.*

Der Freund *wird* ins Amphitheater *geführt.*

Neben den aktiven Verbformen, die angeben, was ein Subjekt tut, gibt es passive Formen, die angeben, dass jemand (oder etwas) eine Handlung „erleidet" (Passiv: „Leideform").
Als Oberbegriff für Aktiv und Passiv verwendet man die Bezeichnung **Genus verbi**.

Amicus *a Marcellino* in amphitheatrum *ducitur.*

Der Freund *wird von Marcellinus* ins Amphitheater *geführt.*

Die Person, von der eine Handlung ausgeführt wird, steht mit der Präposition **a / ab** im Ablativ (hier: a Marcellino).

Amicus *ludis* non *delectatur.*

Der Freund *wird durch die Spiele* nicht *erfreut.*

Sachverhalte und Ursachen für eine Handlung stehen dagegen im bloßen Ablativ.

Wiedergabe des Passivs

S2

Portae *aperiuntur.*

Die Tore *werden geöffnet.*
Die Tore *öffnen sich.*
Man öffnet die Tore.

Das lateinische Passiv muss nicht immer mit einem deutschen Passiv wiedergegeben werden. Oft bietet sich auch eine Übersetzung mit dem Pronomen ***sich*** (reflexive Wiedergabe) oder mit dem unpersönlichen ***man*** an.

AcI im Passiv (Präsens)

S3

Amicum ludis non delect*ari* scio.

Ich weiß, dass *der Freund* durch die Spiele nicht *erfreut wird.*

Der Infinitiv Passiv tritt häufig im AcI auf. Die Formen des **Infinitiv Präsens Passiv** bezeichnen – wie die Formen des Infinitiv Präsens Aktiv – die **Gleichzeitigkeit**.

46

W Wiederholungswörter

scelerātus	Verbrecher	indicāre	anzeigen, melden
fortūna	Schicksal, Glück	voluntās, ātis *f*	Wille, Absicht
mors, mortis *f*	Tod	ut	wie

Lernwörter

tēlum	(Angriffs-)Waffe, Geschoss	
contrā *Präp. m. Akk.*	gegen	*Kontrast, konträr*
contrā hostēs	gegen die Feinde	
supplicium	Strafe, Hinrichtung; flehentliches Bitten	
supplicium timēre	vor der Strafe Angst haben	
suppliciīs deōs movēre	durch flehentliches Bitten die Götter bewegen	
īnstāre, īnstō, īnstitī	bevorstehen, hart zusetzen	*in, stāre*
Perīculum īnstat.	Eine Gefahr steht bevor.	
hostibus īnstāre	den Feinden hart zusetzen	
obicere, obiciō, obiēcī	darbieten, vorwerfen	*Objekt*
scelerātum bēstiīs obicere	einen Verbrecher den wilden Tieren vorwerfen	
comitī iniūriam obicere	dem Gefährten ein Unrecht vorwerfen	
īnfēlīx, īnfēlīcis	unglücklich	*fēlīx, i. infelice*
dīgnus, a, um *(m. Abl.)*	wert, würdig (einer Sache)	
praemiō dīgnus	einer Belohnung würdig	
flāgitium	Schandtat, Gemeinheit	
excitāre, excitō	erregen, ermuntern, wecken	*e. excite / exciting, s./p. excitar*
deinde *Adv.*	dann, darauf	
tegere, tegō, tēxī	bedecken, schützen, verbergen	*tēctum*
iterum atque iterum	immer wieder	
dēnique *Adv.*	schließlich, zuletzt	
perterrēre, perterreō	sehr erschrecken, einschüchtern	*per, terrēre*

Verben: Passiv (Imperfekt)

a-Konjugation	Singular	Plural
1. Person	vocā-ba-r	vocā-bā-mur
2. Person	vocā-bā-ris	vocā-bā-minī
3. Person	vocā-bā-tur	vocā-ba-ntur

a-Konjugation	vocā-ba-r	*ich wurde gerufen*
e-Konjugation	monē-ba-r	*ich wurde gemahnt*
i-Konjugation	audi-ēba-r	*ich wurde gehört*
kons. Konjugation (i-Erweiterung)	duc-ēba-r capi-ēba-r	*ich wurde geführt* *ich wurde gefasst*

Die Formen des Imperfekt Passiv werden – wie die des Imperfekt Aktiv – mit dem Tempuszeichen -ba- bzw. -ēba- gebildet.

Wörter lernen: individuelle Lernstrategien entwickeln

Du hast bereits einige Erfahrung mit dem Erlernen neuer Vokabeln. Vielleicht erscheint es dir im zweiten Lernjahr aber besonders schwierig, dir neue Wörter einzuprägen, da du gleichzeitig die „vergessenen" aus dem ersten Lernjahr wiederholen musst. Deshalb wirst du im Folgenden noch einmal an Tipps zum Vokabellernen erinnert, die du aus Band 1 bereits kennst; auch neue Hinweise sollen dir helfen, die für dich passenden Strategien zu entwickeln. Mögliche Lernstrategien sind:

1. an Bekanntes anknüpfen:

→ Nutze die deutschen **Fremd-** und **Lehnwörter** oder die **Vokabeln anderer Sprachen**, die dir die dritte Wortschatzspalte bietet; hier ergeben sich – je weiter du im Lateinischen und Englischen fortgeschritten bist – immer mehr Parallelen. Das im Englischen häufig gebrauchte Adjektiv *exciting* z. B. leitet sich von excitare ab.

→ Auch die Anbindung an bereits gelernte Wörter derselben **Wortfamilie** wird dir zunehmend leichter fallen, da du immer mehr Vokabeln kennst. Ein tectum beispielsweise ist das „Ergebnis" von tegere.

→ Nutze auch dein Wissen über die **Wortbildung**. per-terrere bedeutet demnach *„durch* und *durch* **erschrecken**", also: *sehr erschrecken*.

→ Ein wichtiges Mittel bleiben fantasievolle **„Eselsbrücken"**, z. B. für supplicium: „eine *Suppe* essen zu müssen ist für mich eine *Strafe*, fast schon eine *Hinrichtung*; da hilft nur *flehentliches Bitten* ..." Weitere Beispiele findest du auf S. 149 und S. 178.

2. Gruppen bilden:

→ Gruppiere den Wortschatz nach **Wortarten**.

→ Ergänze **Sachfelder** um passende neu gelernte Wörter. Ein Beispiel findest du auf S. 133.

→ Erfinde – auf Deutsch – eine **Geschichte**, der du Wörter des neuen Wortschatzes zuordnest.

3. kreative Lernhilfen erstellen:

→ Sicher lassen sich ein paar neue Wörter mit deiner **Lernumgebung** verknüpfen. Beispielsweise könntest du eine Karte mit der Aufschrift libri an dein Bücherregal heften oder einen Zettel mit der Aufschrift intus in deine Schreibtischschublade legen.

→ Stelle möglichst viele der neuen Lernwörter mit Hilfe einer **Pantomime** dar.

→ Für einige Vokabeln lassen sich **Wortbilder** erstellen; gestalte damit deine Vokabelkarten oder dein Vokabelheft aus. arena könntest du z. B. hellbraun schreiben, bei telum einen Wurfspieß aufzeichnen, für infelix ein trauriges Gesicht skizzieren.

→ Gestalte, z. B. nach dem Vorbild von S. 140, eine **Zeichnung**, in die du möglichst viele der neuen Vokabeln eintragen kannst.

Jeder Lernende prägt sich Vokabeln anders ein. Wichtig ist, dass du die Strategien herausfindest, mit denen **du** dir Wörter möglichst schnell merken und möglichst dauerhaft behalten kannst.

47

Wiederholungswörter

W

dī! *Vok.*	(oh) Götter!	fūr, fūris *m*	Dieb
tālis, e	derartig, ein solcher, so (beschaffen)	malus, a, um	schlecht, schlimm
celer, celeris, celere	schnell	liber, librī *m*	Buch
aspicere, aspiciō, aspexī	erblicken, ansehen	creāre	erschaffen, wählen

Lernwörter

scelus, sceleris *n*	Verbrechen; Schurke	*scelerātus*
genus, generis *n*	Abstammung, Art, Geschlecht	*Genus*
pēs, pedis *m*	Fuß	*Pedal, Pedi-küre, Ex-pedition*
accidere, accidō, accidī	geschehen, sich ereignen	*ad, cadere, e./f. accident*
nūllus, a, um (*Gen.* **nūllīus**, *Dat.* **nūllī**)	kein	*Null*
vulnus, vulneris *n*	Wunde, (milit.) Verlust	
corpus, corporis *n*	Körper, Leichnam	*korpulent*
pectus, pectoris *n*	Brust, Herz	
domus, domūs *f* (*Abl. Sg.* **-ō**, *Gen. Pl.* **-ōrum**, *Akk. Pl.* **-ōs**)	Haus	*Dom, Domizil*
rapere, rapiō, rapuī	wegführen, rauben, wegreißen	
negāre, negō	leugnen, verneinen, verweigern	*negativ, Negation*
nōmen, nōminis *n*	Name	*Nomen, e. name, f. nom*
tempus, temporis *n*	(günstige) Zeit, Umstände	*Tempo, e. time / tense, f. temps, i./p. tempo, s. tiempo, r. timp*
crīmen, crīminis *n*	Verbrechen, Vorwurf, Beschuldigung	*kriminell, e./f./p. crime*

corpus, corporis *n*	Körper, Leichnam	genus, generis *n*	Abstammung, Art, Geschlecht
tempus, temporis *n*	(günstige) Zeit, Umstände	vulnus, vulneris *n*	Wunde, (milit.) Verlust
scelus, sceleris *n*	Verbrechen; Schurke	pectus, pectoris *n*	Brust, Herz
nōmen, nōminis *n*	Name		
crīmen, crīminis *n*	Verbrechen, Vorwurf, Beschuldigung		

F Substantive: 3. Deklination (Neutra)

Beispiel: **crīmen, crīminis** *n* *Verbrechen, Vorwurf, Beschuldigung*

3. Dekl. (-en)	Singular	Plural
Nominativ	crīmen	crīmin-**a**
Genitiv	crīmin-**is**	crīmin-**um**
Dativ	crīmin-**ī**	crīmin-**ibus**
Akkusativ	crīmen	crīmin-**a**
Ablativ	crīmin-**e**	crīmin-**ibus**

Die Substantive auf -en, inis sind **Neutra**. Daher haben sie im Nominativ und Akkusativ die gleichen Formen. Die übrigen Endungen sind die gleichen wie bei den Substantiven auf -or, ōris.

Beispiel: **corpus, corporis** *n* *Körper, Leichnam*

3. Dekl. (-us)	Singular	Plural
Nominativ	corpus	corpor-**a**
Genitiv	corpor-**is**	corpor-**um**
Dativ	corpor-**ī**	corpor-**ibus**
Akkusativ	corpus	corpor-**a**
Ablativ	corpor-**e**	corpor-**ibus**

Die Substantive auf -us, oris und -us, eris sind **Neutra**. Die Endungen sind die gleichen wie bei den Neutra auf -en, inis.

Wortfamilien

felix	**terrere**	ex**citare**
in**felix**	per**terrere**	solli**citare**
stare	**vuln**erare	**cad**ere
in**stare**	**vuln**us	ac**cid**ere
con**stare**		oc**cid**ere

48

Wiederholungswörter

W

invenīre, inveniō, invēnī	finden, erfinden	praebēre, praebeō	geben, hinhalten
nōn iam	nicht mehr	rēs pūblica	Staat
rēs futūrae *f Pl.*	Zukunft	accipere, accipiō, accēpī	erhalten, erfahren, annehmen
sine *Präp. m. Abl.*	ohne	nē ... quidem	nicht einmal

Lernwörter

sānctus, a, um	ehrwürdig, heilig	*St. (Sankt), e./f. saint, s. santo*
senātus, senātūs *m*	Senat, Senatsversammlung	*senātor*
reprehendere, reprehendō, reprehendī	schimpfen, kritisieren	
sacerdōs, sacerdōtis *m/f*	Priester(in)	*sacrum*
hostia	Opfertier, Schlachtopfer	*Hostie*
carmen, carminis *n*	Gedicht, Lied	
cantāre, cantō	singen, dichten	*Kantate, f. chanter, i. cantare*
perīre, pereō, periī	umkommen, zugrunde gehen	*per, īre*
certus, a, um	sicher, bestimmt	*certē / certō, Zerti-fikat, e./f. certain*
prex, precis *f*	Bitte, Gebet	*e. prayer, f. prière*
tribuere, tribuō, tribuī	schenken, zuteilen	*Tribut, At-tribut*
sanguis, sanguinis *m*	Blut	
fundere, fundō, fūdī	(aus)gießen, zerstreuen	*Fusion, In-fusion, Fondue*
gēns, gentis *f (Gen. Pl. -ium)*	Familienverband, Stamm, Volk	*genus, f. gens, i./s./p. gente*

„Eselsbrücken"

carmen → Meine Freundin Carmen kann viele **Lied**er und **Gedicht**e.

sanguis → Er sang so schauerlich, dass mir das **Blut** in den Adern gefror.

dives → Die wesentlichen Dinge des Lebens können auch **reich**e Leute nicht kaufen.

F Verben: Passiv (Futur I)

a-Konjugation	Singular	Plural
1. Person	vocā-**b-or**	vocā-**bi-mur**
2. Person	vocā-**be-ris**	vocā-**bi-minī**
3. Person	vocā-**bi-tur**	vocā-**bu-ntur**

i-Konjugation	Singular	Plural
1. Person	audi-**a-r**	audi-**ē-mur**
2. Person	audi-**ē-ris**	audi-**ē-minī**
3. Person	audi-**ē-tur**	audi-**e-ntur**

a-Konjugation	vocā-**b-or**	*ich werde gerufen werden*
e-Konjugation	monē-**b-or**	*ich werde gemahnt werden*
i-Konjugation	audi-**a-r**	*ich werde gehört werden*
kons. Konjugation (i-Erweiterung)	duc-**a-r** capi-**a-r**	*ich werde geführt werden* *ich werde gefasst werden*

Die Formen des Futur I Passiv werden mit den folgenden Tempuszeichen gebildet:

→ **a- und e-Konjugation:**

1. Pers. Sg.	**-b-**
2. Pers. Sg.	**-be-**
3. Pers. Pl.	**-bu-**
sonst	**-bi-**

→ **i- und kons. Konjugation:**

1. Pers. Sg.	**-a-**
sonst	**-e-**

49

Wiederholungswörter

W

quīn?	warum nicht?	pēs, pedis *m*	Fuß
excitāre	erregen, ermuntern, wecken	varius, a, um	bunt, verschieden, vielfältig
gerere, gerō, gessī	ausführen, führen, tragen	vel	oder
sonus	Ton, Klang, Geräusch	portus, portūs *m*	Hafen

Lernwörter

quot? Quot senātōrēs adsunt?	wie viel(e)? Wie viele Senatoren sind da?	
numerus	Zahl, Menge	*Nummer, e. number, s./p. número*
duo, duae, duo	zwei	*Duett, Duo*
trēs, trēs, tria	drei	*Tri-angel*
caput, capitis *n* Caput mihi dolet. Rōma caput imperiī est.	Kopf; Hauptstadt Der Kopf tut mir weh. Rom ist die Hauptstadt des Reiches.	*Kap, Kapitel, Kapitän*
octō *indekl.*	acht	*Okto-pus*
decem *indekl.*	zehn	
duodecim *indekl.*	zwölf	*duo, decem*
quattuor *indekl.*	vier	
quīnque *indekl.*	fünf	
septem *indekl.*	sieben	
vīgintī *indekl.*	zwanzig	
animal, animālis *n (Abl. Sg. -ī, Nom. / Akk. Pl. -ia, Gen. Pl. -ium)*	Lebewesen, Tier	*animalisch, e./f./s./p./r. animal*
moenia, moenium *n Pl.*	Mauern, Stadtmauern	*mūnīre*
mare, maris *n (Abl. Sg. -ī, Nom. / Akk. Pl. -ia, Gen. Pl. -ium)*	Meer	*Marine, f. mer, i./r. mare, s./p. mar*

Fortsetzung ⇢

fugere, fugiō, fūgī *(m. Akk.)*	fliehen (vor), meiden	*fuga*
ad portum fugere	zum Hafen fliehen	
perīculum fugere	vor der Gefahr fliehen, die Gefahr meiden	
nāvis, nāvis *f (Gen. Pl.* **-ium***)*	Schiff	*e. navy*
turris, turris *f (Akk. Sg.* **-im***, Abl. Sg.* **-ī***, Gen. Pl.* **-ium***)*	Turm	*e. tower, f. tour, i./s./p. torre*

mare, maris *n (Abl. Sg. -ī, Nom. / Akk. Pl. -ia, Gen. Pl. -ium)*	Meer
animal, animālis *n (Abl. Sg. -ī, Nom. / Akk. Pl. -ia, Gen. Pl. -ium)*	Lebewesen, Tier
nāvis, nāvis *f (Gen. Pl. -ium)*	Schiff
moenia, moenium *n Pl.*	Mauern, Stadtmauern
turris, turris *f (Akk. Sg. -im, Abl. Sg. -ī, Gen. Pl. -ium)*	Turm

F1 Substantive: 3. Deklination (i-Stämme)

Beispiel: **mare, maris** *n* *Meer*

3. Dekl. (-i-)	Singular	Plural
Nominativ	mare	mar-ia
Genitiv	mar-is	mar-ium
Dativ	mar-ī	mar-ibus
Akkusativ	mare	mar-ia
Ablativ	mar-ī	mar-ibus

Einige Neutra der 3. Deklination (z.B. mare, animal, moenia Pl.) weichen in den folgenden Kasusendungen von den bisher gelernten Neutra der 3. Deklination ab:

-ī	Abl. Sg.
-ia	Nom. / Akk. Pl.
-ium	Gen. Pl.

Da in diesen Endungen ein -i- auftritt, werden diese Substantive auch **i-Stämme** genannt.
Zu den i-Stämmen gehören auch einige wenige andere Substantive, bei denen neben der Endung -ī im Abl. Sg. und der Endung -ium im Genitiv Plural die Endung -im im Akk. Sg. auftreten kann (z.B. turr-im zu turris).

Grundzahlen 1–20

F2

1	I	ūnus, a, um
2	II	duo, duae, duo
3	III	trēs, tria
4	IV	quattuor
5	V	quīnque
6	VI	sex
7	VII	septem
8	VIII	octō
9	IX	novem
10	X	decem
11	XI	ūndecim
12	XII	duodecim
13	XIII	trēdecim
14	XIV	quattuordecim
15	XV	quīndecim
16	XVI	sēdecim
17	XVII	septendecim
18	XVIII	duodēvīgintī
19	XIX	ūndēvīgintī
20	XX	vīgintī

Deklination von unus, duo und tres

F3

	m	*f*	*n*	*m*	*f*	*n*
Nominativ	ūn-**us**	ūn-**a**	ūn-**um**	du-**o**	du-**ae**	du-**o**
Genitiv		ūn-**īus**		du-**ōrum**	du-**ārum**	du-**ōrum**
Dativ		ūn-**ī**		du-**ōbus**	du-**ābus**	du-**ōbus**
Akkusativ	ūn-**um**	ūn-**am**	ūn-**um**	du-**ō(s)**	du-**ās**	du-**o**
Ablativ	ūn-**ō**	ūn-**ā**	ūn-**ō**	du-**ōbus**	du-**ābus**	du-**ōbus**

	m	*f*	*n*
Nominativ	tr-**ēs**		tr-**ia**
Genitiv		tr-**ium**	
Dativ		tr-**ibus**	
Akkusativ	tr-**ēs**		tr-**ia**
Ablativ		tr-**ibus**	

50

W Wiederholungswörter

paulātim *Adv.*	allmählich	niger, gra, grum	schwarz, dunkel
fābula	Erzählung, Geschichte, Theaterstück	nōmen, nōminis *n*	Name
postquam *Subj.*	nachdem, als	violāre	verwunden, verletzen, entehren
prīmā lūce	bei Tagesanbruch	fīnis, fīnis *m*	Ende, Grenze, Ziel, Zweck; *Pl.* Gebiet

Lernwörter

tōtus, a, um *(Gen.* **tōtīus**, *Dat.* **tōtī***)*	ganz, gesamt	*total*
īra	Zorn, Wut	
damnāre, damnō *(m. Gen.)* fūrem crīminis damnāre	verurteilen (wegen) einen Dieb wegen eines Verbrechens verurteilen	
complūrēs, complūra	mehrere	
fenestra	Fenster	*f. fenêtre, i. finestra*
circiter *Adv.*	ungefähr	*circa*
speciēs, speciēī *f*	Anblick, Aussehen, Schein	*Spezies, speziell, spezifisch*
remanēre, remaneō, remānsī	(zurück)bleiben	*manēre, e. remain*
paene *Adv.*	fast	
impedīre, impediō	hindern, verhindern	
poena	Strafe	
lēx, lēgis *f*	Gesetz, Bedingung	*legal, legitim, i. legge*
iūdex, iūdicis *m*	Richter	*e. judge, f. juge, i. giudice*

Complures iuvenes (circiter septem) ad villam venerunt. Lydia enim serva in fenestra ostenditur. Cantant iuvenes: „Quam pulchra est species tua! Lex amoris lex nostra! Amor deus iudex noster est!“ Dominus autem ira completus est, quod labor servae paene impeditur. Clamat dominus: „Amorem non damno. Sed poenam vobis dabo, si totum diem ibi remanetis!“

In dieser kleinen Geschichte kommen alle neuen Lernwörter aus Lektion 50 vor. Versucht, zu anderen Lektionswortschätzen ähnliche „Kurzgeschichten“ zu schreiben!

Verben: Passiv (Perfekt)

Die Passivformen des Perfekts bestehen – wie auch im Deutschen – aus dem **Partizip Perfekt Passiv** (z.B. vocatus *gerufen*) und den **Präsensformen des Hilfsverbs** esse.

→ Partizip Perfekt Passiv (PPP)

a-Konjugation	vocā-**tus, a, um**	*gelobt*
e-Konjugation	dēlē-**tus, a, um**	*zerstört*
i-Konjugation	audī-**tus, a, um**	*gehört*

Das PPP wird dekliniert wie die Adjektive der a- und o-Deklination. Bei vielen Verben (vor allem mit v-Perfekt) wird das PPP gebildet, indem **-tus, a, um** an den Präsensstamm angefügt wird.

PPP-Formen, die nach dieser Regel gebildet sind, werden im Wortschatz nicht mehr eigens angeführt.

→ Perfekt Passiv

a-Konjugation

Infinitiv	vocā-**tum, am, um esse** vocā-**tōs, ās, a esse**	*gerufen worden (zu) sein*

	Singular	Plural
1. Person	vocā-**tus, a, um sum**	vocā-**tī, ae, a sumus**
2. Person	vocā-**tus, a, um es**	vocā-**tī, ae, a estis**
3. Person	vocā-**tus, a, um est**	vocā-**tī, ae, a sunt**

Verwendung des Perfekt Passiv

Im Passiv wird das Perfekt genauso verwendet wie im Aktiv (vgl. 25 S).

Hostes superati sunt.

Die Feinde wurden besiegt.
Die Feinde sind besiegt worden.
Die Feinde sind besiegt.

Das Perfekt wird im Deutschen in der Erzählung mit dem Präteritum wiedergegeben.

Manchmal kann das Perfekt Passiv auch einen Zustand oder ein Ergebnis bezeichnen. Dann fehlt im Deutschen der Zusatz „worden".

S2 AcI im Passiv (Perfekt)

Constat *hostes* superat*os esse*.

Es ist bekannt, dass *die Feinde besiegt (worden) sind.*

Die Formen des **Infinitiv Perfekt Passiv** bezeichnen im AcI – wie die Formen des Infinitiv Perfekt Aktiv – die Vorzeitigkeit.

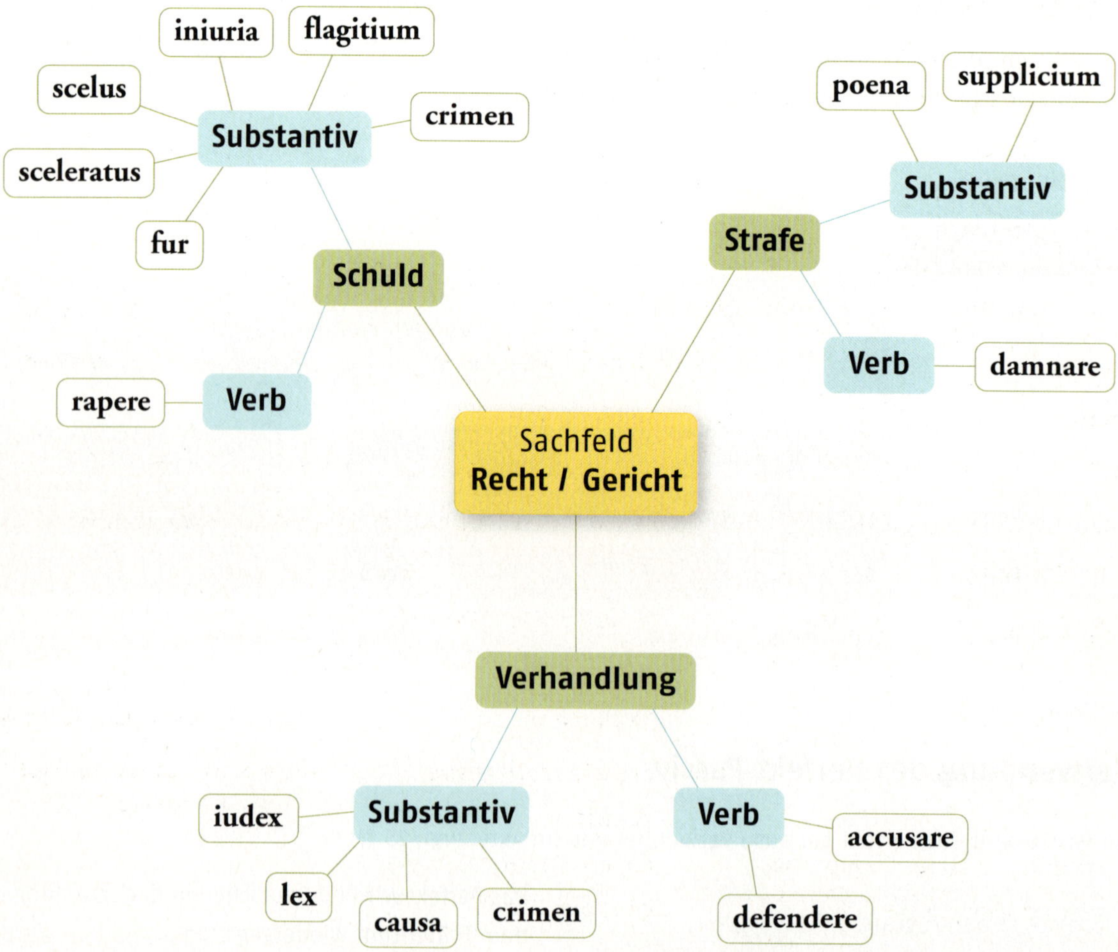

Wiederholungswörter

surgere, surgō, surrēxī	aufrichten; sich erheben, aufstehen	nisī *Subj.*	wenn nicht
nihil	nichts	cēterī, ae, a	die übrigen
portāre	bringen, tragen	nescīre	nicht wissen, nicht kennen, nicht verstehen
umerus	Schulter, Oberarm	putāre	glauben, meinen

Lernwörter

armātus, a, um	bewaffnet	*arma, Armee, Armada, e. army*
dare, dō, dedī, **datum**	geben	*Datum, Dativ*
monēre, moneō, monuī, **monitum**	mahnen, ermahnen	
terrēre, terreō, terruī, **territum**	erschrecken	
hūc *Adv.*	hierher	
arcessere, arcessō, arcessīvī, **arcessītum**	herbeirufen, holen	
servīre, serviō	dienen, Sklave sein	*servus, Server, Service, servieren*
socius	Gefährte, Verbündeter	*sozial*
quō?	wohin? wo?	
quaerere, quaerō, quaesīvī, **quaesītum**	erwerben wollen, suchen, fragen	*e./f. question, i. questione*
petere, petō, petīvī, **petītum**	aufsuchen, (er)streben, bitten, verlangen	*Petition*
dux, ducis *m/f*	Anführer(in)	*dūcere, e. duke, i. duce, s./p. duque*
secundus, a, um	der (die, das) zweite; günstig	*rēs secundae, Sekunde, sekundär, e. second, i. secondo*
secundum factum Herculis	die zweite Tat des Herkules	
ventus secundus	günstiger Wind	
tertius, a, um	der (die, das) dritte	*Terz, Terzett*
quārtus, a, um	der (die, das) vierte	*Quarte, Quartett*
quīntus, a, um	der (die, das) fünfte	*Quinte, Quintett*
Etrūscus, a, um	etruskisch; *Subst.* Etrusker	
ōs, ōris *n*	Gesicht, Mund	*oral*

monēre, moneō, monuī, monitum	mahnen, ermahnen
terrēre, terreō, terruī, territum	erschrecken
arcessere, arcessō, arcessīvī, arcessītum	herbeirufen, holen
petere, petō, petīvī, petītum	aufsuchen, (er)streben, bitten, verlangen
quaerere, quaerō, quaesīvī, quaesītum	erwerben wollen, suchen, fragen

F1 Verben: Stammformen

Bei vielen Verben wird das PPP unregelmäßig gebildet, d. h. der Wortstamm oder die Fugenstelle können lautlich verändert sein:

Inf. Präs.	Präsensstamm	Perfektstamm	PPP
monēre	monē-	monu-	monitum
petere	pet-	petīv-	petītum
quaerere	quaer-	quaesīv-	quaesītum

Bei diesen Verben muss man sich neben dem **Infinitiv Präsens**, der **1. Pers. Sg. Präs. Akt.** und der **1. Pers. Sg. Perf. Akt.** das **PPP** als vierte Form merken. Diese vier Formen heißen **Stammformen**. Sie sind die Grundlage für alle Formen, die von einem Verb gebildet werden können. Die unregelmäßigen Stammformen werden immer im Wortschatz angeführt, z.B.:

Inf. Präs.	1. Pers. Sg. Präs. Akt.	1. Pers. Sg. Perf. Akt.	PPP
quaerere	quaerō	quaesīvī	quaesītum

F2 Ordnungszahlen

1.	prīmus, a, um	der (die, das) erste
2.	secundus, a, um	der (die, das) zweite
3.	tertius, a, um	der (die, das) dritte
4.	quārtus, a, um	der (die, das) vierte
5.	quīntus, a, um	der (die, das) fünfte
6.	sextus, a, um	der (die, das) sechste
7.	septimus, a, um	der (die, das) siebte
8.	octāvus, a, um	der (die, das) achte
9.	nōnus, a, um	der (die, das) neunte
10.	decimus, a, um	der (die, das) zehnte

52

Wiederholungswörter

W

quod *Subj.*	weil; dass	quamquam *Subj.*	obwohl
vetus, veteris	alt	dēfendere, dēfendō, dēfendī *(ā m. Abl.)*	abwehren, verteidigen (vor / gegen)
ante *Präp. m. Akk.*	vor	sīc *Adv.*	so
fugere, fugiō, fūgī	fliehen (vor), meiden		

Lernwörter

capere, capiō, cēpī, **captum**	fassen, nehmen; erobern	*kapieren*
trahere, trahō, trāxī, **tractum**	schleppen, ziehen	*Traktor*
dūcere, dūcō, dūxī, **ductum**	führen, ziehen	*dux, Aquädukt*
vidēre, videō, vīdī, **vīsum**	sehen	*Visum, Vision*
rīdēre, rīdeō, rīsī, **rīsum**	lachen, auslachen	
littera	Buchstabe; *Pl.* Brief; Literatur, Wissenschaft	*e. letter, f. lettre, i. lettera*
reprehendere, reprehendō, reprehendī, **reprehēnsum**	schimpfen, kritisieren	
undique *Adv.*	von allen Seiten, von überallher	
paucī, ae, a	wenige	*f. peu, i./s. poco*
venīre, veniō, vēnī, **ventum**	kommen	
ventum est	man kam	
vīs *f (Akk.* **vim**, *Abl.* **vī***)*	Gewalt, Kraft, Menge	
recitāre, recitō	vortragen, vorlesen	*rezitieren*
facere, faciō, fēcī, **factum**	machen, tun, handeln	*factum, e. fact, i. fatto*
vincere, vincō, vīcī, **victum**	(be)siegen, übertreffen	*victor*
interficere, interficiō, interfēcī, **interfectum**	töten, vernichten	
alius ... alius	der eine ... der andere	
laedere, laedō, laesī, **laesum**	beschädigen, verletzen, beleidigen	
comprehendere, comprehendō, comprehendī, **comprehēnsum**	begreifen, ergreifen, festnehmen	*e. comprehend, f. comprendre*

Fortsetzung ⟶

W

conicere, coniciō, coniēcī, coniectum	(zusammen)werfen, folgern, vermuten	
invenīre, inveniō, invēnī, **inventum**	finden, erfinden	*Inventar, Inventur, e. invent*
mittere, mittō, mīsī, **missum**	(los)lassen, schicken, werfen	*Mission, e./f. mission*

F

Verben: Stammformen

Hier lernst du weitere Beispiele für die unregelmäßige Bildung wichtiger Stammformen:

Inf. Präs.	1. Pers. Präs. Aktiv	1. Pers. Perf. Aktiv	PPP
vidēre	videō	vīdī	**vīsum**
rīdēre	rīdeō	rīsī	**rīsum**
venīre	veniō	vēnī	**ventum**
invenīre	inveniō	invēnī	**inventum**
dūcere	dūcō	dūxī	**ductum**
comprehendere	comprehendō	comprehendī	**comprehēnsum**
reprehendere	reprehendō	reprehendī	**reprehēnsum**
mittere	mittō	mīsī	**missum**
trahere	trahō	trāxī	**tractum**
vincere	vincō	vīcī	**victum**
laedere	laedō	laesī	**laesum**
capere	capiō	cēpī	**captum**
facere	faciō	fēcī	**factum**
interficere	interficiō	interfēcī	**interfectum**
conicere	coniciō	coniēcī	**coniectum**
īre	eō	iī	**itum**

Wiederholungswörter

cōnspectus, ūs *m*	Anblick, Blickfeld	cūra	Pflege, Sorge
cum *Subj.*	als (plötzlich); (immer) wenn	vōx, vōcis *f*	Stimme, Äußerung, Laut
altus, a, um	hoch, tief	complēre, compleō, complēvī	anfüllen, auffüllen

Lernwörter

calamitās, calamitātis *f*	Schaden, Unglück	
Eurōpa	Europa *(die Tochter des phönizischen Königs Agenor)*	
lītus, lītoris *n*	Küste, Strand	*Lido, i. lido*
virgō, virginis *f*	Mädchen, Jungfrau	*e. virgin, i. vergine, s. virgen*
taurus	Stier	*Torero, s. toro*
cōnsīdere, cōnsīdō, cōnsēdī, cōnsessum	sich setzen, sich niederlassen	*sedēre*
praeclārus, a, um	großartig	*clārus*
tangere, tangō, tetigī, tāctum	berühren	*Kon-takt, Tangente*
tergum	Rücken	
perterrēre, perterreō, perterruī, **perterritum**	sehr erschrecken, einschüchtern	*per, terrēre*
gravis, e	schwer	
redīre, redeō, rediī, reditum	zurückgehen, zurückkehren	*īre*
animadvertere, animadvertō, animadvertī, **animadversum** *m. AcI / Akk.*	bemerken	*animus, ad, vertere*
accipere, accipiō, accēpī, **acceptum**	erhalten, erfahren, annehmen	*ad, capere, akzeptieren, e. accept*
at	aber, dagegen, jedoch	
dēdūcere, dēdūcō, **dēdūxī, dēductum**	wegführen, hinführen	*dē, dūcere*
rapere, rapiō, rapuī, **raptum**	wegführen, rauben, wegreißen	
mūtāre, mūtō	(ver)ändern, verwandeln	*Mutation, mutieren*
amōre capī	sich verlieben von Liebe ergriffen werden	*amor, capere*

F Verben: Passiv (Plusquamperfekt, Futur II)

→ **Plusquamperfekt Passiv**

	Singular	Plural
1. Person	vocā-tus, a, um eram	vocā-tī, ae, a erāmus
2. Person	vocā-tus, a, um erās	vocā-tī, ae, a erātis
3. Person	vocā-tus, a, um erat	vocā-tī, ae, a erant

→ **Futur II Passiv**

	Singular	Plural
1. Person	vocā-tus, a, um erō	vocā-tī, ae, a erimus
2. Person	vocā-tus, a, um eris	vocā-tī, ae, a eritis
3. Person	vocā-tus, a, um erit	vocā-tī, ae, a erunt

S1 Verwendung des Plusquamperfekt Passiv

Gaudebam, quod amici *servati erant.*

Ich freute mich, dass / weil meine Freunde *gerettet (worden) waren.*

Das Plusquamperfekt Passiv wird im Lateinischen genauso verwendet wie im Deutschen.

S2 Verwendung des Futur II Passiv

Si ab hostibus *victi erimus,* etiam urbs in periculo erit.

Wenn wir von den Feinden *besiegt werden (worden sind),* wird auch die Stadt in Gefahr sein.

Das Futur II Passiv wird wie das Futur II Aktiv im Deutschen in der Regel mit *Präsens* oder *Perfekt* wiedergegeben.

Wiederholungswörter

virtūs, virtūtis *f*	Tapferkeit, Tüchtigkeit, Leistung	ācer, ācris, ācre	energisch, heftig, scharf
contendere, contendō, contendī	sich anstrengen, kämpfen; eilen; behaupten	umquam *Adv.*	jemals
		līberāre	befreien, freilassen

Lernwörter

Promētheus, Promētheī	Prometheus *(Göttersohn, Schöpfer der Menschen)*	
vinculum	Band, Fessel; *Pl.* Gefängnis	*i. vincolo, s./p. vínculo*
in vincula dare	fesseln, in Fesseln legen, gefangen nehmen	
interrogāre, interrogō	fragen	*rogāre, Interrogativpronomen*
statuere, statuō, statuī, statūtum	aufstellen, beschließen, festsetzen	*Statut*
mortālis, e	sterblich; *Subst.* Mensch	*mors, Salto mortale*
plēnus, a, um *(m. Gen.)* plēnus timōris	voll (von / mit) voller Angst	
ignis, ignis *m*	Feuer	
placet *m. Dat.* mihi placet	es gefällt jdm., jd. beschließt es gefällt mir, ich beschließe	*placēre, „Plazet"*
cōnstituere, cōnstituō, cōnstituī, cōnstitūtum	festsetzen, beschließen	*statuere, Konstitution, e./f. constitution*
necessārius, a, um	notwendig	*e. necessary*
bonō animō esse	guten Mutes sein, zuversichtlich sein	
relinquere, relinquō, relīquī, **relictum**	verlassen, zurücklassen	*reliquiae, Relikt*
modus	Art, Weise; Maß	*modal, Mode, modifizieren, Modus, e./f. mode*
eius modī / eiusmodī	derartig, so beschaffen	
torquēre, torqueō, torsī, **tortum**	drehen; quälen	*Tortur, Torte*
movēre, moveō, mōvī, **mōtum**	bewegen, beeindrucken	*E-motion, Motor, Motiv, e. motion*

S1 Genitiv der Beschaffenheit

res *eius modi*

eine Sache *von dieser Art*
eine *derartige* Sache

res *magni pretii*

eine Sache *von großem Wert*
eine *wertvolle* Sache

taurus *ingentis corporis*

ein Stier *von / mit gewaltigem Körper*

Der Genitiv kann die Beschaffenheit eines Substantivs bezeichnen (Genitivus qualitatis). Er gehört meist als Attribut zu diesem Substantiv.

Romani *magnae virtutis* erant.

Die Römer waren *von großer Tapferkeit.*
Die Römer waren *sehr tapfer.*

Manchmal tritt der Genitiv der Beschaffenheit auch als Prädikatsnomen (bei esse) auf.

S2 Ablativ der Beschaffenheit

Taurus *ingenti corpore* erat.

Der Stier war *von gewaltigem Körper.*
Der Stier hatte *einen gewaltigen Körper.*

Iuppiter *ira acri* fuit.

Jupiter war *von heftigem Zorn.*
Jupiter war *sehr zornig.*

Der Ablativ der Beschaffenheit (Ablativus qualitatis) bezeichnet eine Eigenschaft. Bei Formen von esse ist er als Prädikatsnomen aufzufassen und bildet mit der Form von esse das Prädikat.

puella *magno ingenio*

ein Mädchen *von großer Begabung*
ein *sehr begabtes* Mädchen

Manchmal wird ein Ablativ der Beschaffenheit wie der Genitiv der Beschaffenheit auch attributiv verwendet.

55

Wiederholungswörter

W

fuga	Flucht	dēsīderāre	sich sehnen nach, vermissen
laetitia	Freude	sollicitāre	aufhetzen, beunruhigen, erregen
prohibēre *(ā m. Abl.)*	abhalten (von), hindern (an)	sōl, sōlis *m*	Sonne
captīvus	Kriegsgefangener	inīre, ineō, iniī	hineingehen (in), beginnen

Lernwörter

Daedalus	Dädalus *(berühmter Baumeister und Erfinder aus Athen)*	
Īcarus	Ikarus *(der Sohn des Dädalus)*	
somnus	Schlaf	
condere, condō, condidī, **conditum**	verwahren, verbergen; erbauen, gründen	
mora	Aufenthalt, Verzögerung	
nēmō, nēminis	niemand	
retinēre, retineō, retinuī, retentum	zurückhalten, festhalten, behalten	*tenēre, e. retain, f. retenir*
lātus, a, um	breit, ausgedehnt	
volāre, volō	fliegen, eilen	*Voliere, f. voler, i. volare, s. volar*
priusquam *Subj.* Aderam, priusquam vēnistī.	bevor, eher als Ich war da, bevor du gekommen bist. Ich war eher da, als du gekommen bist.	
vītāre, vītō	meiden, vermeiden	
unda	Welle, Gewässer	*i./s./p. onda*
āēr, āeris *m*	Luft	*Mal-aria, e./f. air, i. aria*
addūcere, addūcō, **addūxī, adductum**	heranführen, veranlassen	*ad, dūcere*
solvere, solvō, solvī, solūtum vincula solvere poenam solvere	lösen, auflösen; bezahlen die Fesseln lösen Strafe bezahlen, bestraft werden	*solvent, e./f. solution*
vehemēns, vehementis	energisch, heftig	*vehement*

S Verwendung des Partizip Perfekt Passiv (PPP)

→ Erscheinungsform

Europa timore *capta* clamavit.

Die von Angst *ergriffene Europa* schrie.

Das PPP (hier: capta) steht in KNG-Kongruenz zu einem Nomen (Substantiv, Eigenname oder Pronomen) des Satzes (hier: Europa). Wegen dieser Zugehörigkeit zu einem Nomen wird es als **Participium coniunctum** (verbundenes Partizip) bezeichnet.

Da das Partizip eine Verbform ist, können auch Objekte und / oder Adverbialien (hier: timore) davon abhängen. Diese werden in der Regel vom Partizip und vom Bezugswort „eingerahmt"; man nennt dies auch „geschlossene Wortstellung".

→ Das Participium coniunctum als satzwertige Konstruktion

Europa a Iove capta est.
Europa clamavit.

Europa wurde von Jupiter ergriffen.
Europa schrie.

Europa *a Iove* **capta** clamavit.

Die *von Jupiter* **ergriffene** Europa schrie.

Wie den AcI (vgl. 31 S) kann man auch das Participium coniunctum als einen eigenständigen Aussagesatz verstehen, der in einen anderen Satz eingefügt ist. Deshalb bezeichnet man das Participium coniunctum als **satzwertige Konstruktion**.

Prometheus ignem e caelo rapuit.

Prometheus ignem e caelo raptum hominibus donavit.

→ Satzgliedfunktion

Europa a Iove *capta* clamavit.

Die Partizipialkonstruktion a Iove capta kann als Attribut (zu Europa) oder Adverbiale (zu clamavit) aufgefasst werden. Daher gibt es manchmal mehrere Möglichkeiten der Wiedergabe:

→ Übersetzungsmöglichkeiten

		Europa a Iove **capta** clamavit.
als **Attribut**:	wörtlich	→ **Die** von Jupiter **ergriffene Europa** schrie. → **Europa,** von Jupiter **ergriffen,** schrie.
	mit Relativsatz	→ **Europa, die** von Jupiter **ergriffen worden war,** schrie.
als **Adverbiale**:	mit Adverbialsatz *weil, nachdem*	→ **Europa** schrie, **weil (nachdem) sie** von Jupiter **ergriffen worden war.**
		Iuppiter rapuit **Europam** timore **sollicitatam.**
	obwohl	→ Jupiter raubte **Europa, obwohl sie** von Furcht **beunruhigt (worden) war.**

Bei der Übersetzung mit einem Adverbialsatz passen oft die deutschen Subjunktionen *weil* oder *nachdem*. Manchmal erfordert der Sinn einen Adverbialsatz mit *obwohl*. Andere Sinnrichtungen treten nur sehr selten auf.
Bei der Übersetzung musst du prüfen, ob das Participium coniunctum als Adverbiale aufzufassen ist und wie ggf. die Sinnrichtung im jeweiligen Zusammenhang durch eine treffende deutsche Subjunktion deutlich gemacht werden kann.

Sinnrichtung	Subjunktion
temporal	nachdem, als
kausal	weil, da
konzessiv	obwohl

→ Zeitverhältnis

Das **PPP** zeigt an, dass das im Participium coniunctum ausgedrückte Geschehen vor dem des Prädikats stattgefunden hat. Es bezeichnet also die **Vorzeitigkeit** (Partizip der Vorzeitigkeit). Daher ist häufig eine Übersetzung mit *nachdem* möglich.

Beachte die **Grundregel** für das **Deutsche**: Bei Vorzeitigkeit zu einem Präsens oder Futur steht im Gliedsatz das Perfekt, bei Vorzeitigkeit zu einem Vergangenheitstempus steht im Gliedsatz das Plusquamperfekt.

M Übersetzen: Partizipien analysieren

Da Partizipien im Lateinischen sehr häufig vorkommen, sie aber nicht selten die Ursache von Fehlern in der Übersetzung sind, solltest du dir von Anfang an eine praktikable Methode zurechtlegen, mit der du Schritt für Schritt von der Analyse zu einer richtigen Übersetzung kommst.

1. Zunächst musst du erkennen, dass ein Satz ein PPP enthält.

Erkennungsmerkmale	Beispiel
a) Ein PPP hat **Endungen** wie ein Adjektiv der **a- und o-Deklination.**	vocatus, a, um; missus, a, um
b) Es lässt sich auf ein **Verb** zurückführen.	vocatus ← *vocare;* missus ← *mittere*
c) Entweder es endet auf **-tus, -ta, -tum** (regelmäßige Bildung) oder du kennst es als **vierte Form** einer **Stammformenreihe.**	voca-*tus,* voca-*ta,* voca-*tum* mittere, mitto, misi, *missum*

2. Unterscheide dann die beiden Funktionen, die ein PPP übernehmen kann.

Funktionen	Beispiel
a) Entweder es dient der **Zeitenbildung** (Perf. Passiv, Plusqpf. Passiv oder Futur II Passiv). **Erkennungsmerkmal:** Es kommt zusammen mit einer Form von esse vor. In diesem Fall kannst du einfach die entsprechende Verbform übersetzen.	Prometheus curis gravibus **motus erat**. Prometheus **war** von schweren Sorgen **bewegt (worden).** PPP mit esse → Zeitenbildung
b) Oder es kommt als Participium coniunctum („**PC**") in einer **Partizipialkonstruktion** vor. **Erkennungsmerkmale:** Es steht ohne esse; es hat ein Bezugswort, mit dem es in KNG-Kongruenz steht. In diesem Fall lohnt sich eine genauere Analyse.	Hercules **Prometheo** curis gravibus **moto** aderat. PPP ohne esse → PC

3. Analysiere das „**PC**“ auf folgende Weise. Übertrage dazu zunächst den Satz, der das „PC“ enthält, in dein Heft. Wenn du einige Übung hast, kannst du die Markierung auch in Gedanken vornehmen:

Analyse	Beispiel
a) Markiere zuerst das „PC“ und sein Bezugswort.	Hercules **Prometheo** curis gravibus **moto** aderat.
b) Isoliere dann durch Einklammern den Wortblock, der aus dem Partizip und den davon abhängigen Ergänzungen besteht. (Das Bezugswort bleibt außerhalb der Klammer.)	Hercules **Prometheo** (curis gravibus **moto**) aderat.
c) Übersetze den Satz ohne diesen Wortblock.	Herkules half Prometheus.
d) Übersetze den eingeklammerten Wortblock wörtlich und mit Relativsatz.	**wörtlich:** **dem** von schweren Sorgen **bewegten** (Prometheus) **Relativsatz:** (Prometheus), **der** von schweren Sorgen **bewegt (worden) war**
e) Überprüfe, ob du ihn sinnvoll mit einem Adverbialsatz wiedergeben kannst. (Das „PC“ kommt als Adverbiale am häufigsten vor.)	**Adverbialsatz:** **weil er** von schweren Sorgen **bewegt (worden) war**
f) Übersetze den ganzen Satz.	Weil Prometheus von schweren Sorgen bewegt (worden) war, half ihm Herkules.

Wenn das PPP bestimmter Verben mit dem Ablativ von Substantiven verbunden ist, die Gefühle ausdrücken, lässt es sich besonders leicht mit einem knappen Präpositionalausdruck wiedergeben. Häufig finden sich – in unterschiedlichen Kombinationen – die folgenden Wendungen:

amore	motus	aus Liebe
spe		aus Hoffnung
laetitia		aus Freude
ira	captus	aus Zorn
cura		aus Sorge
timore metu	adductus	aus Angst

ira	sollicitatus	aus Zorn
cura		aus Sorge
timore metu		aus Angst

56

W Wiederholungswörter

sacrum	Opfer, Heiligtum	līberī, ōrum *m Pl.*	Kinder
licet	es ist erlaubt, es ist möglich	ille, illa, illud	jener, jene, jenes
septem *indekl.*	sieben	superbus, a, um	stolz, überheblich

Lernwörter

Lātōna	Latona *(Göttin)*	
colere, colō, coluī, cultum agrōs colere deōs colere	bewirtschaften, pflegen; verehren die Felder bewirtschaften die Götter verehren	*kultivieren, Kult, Kultur, e./f. culture*
ipse, ipsa, ipsum *(Gen.* **ipsīus**, *Dat.* **ipsī***)*	(er, sie, es) selbst; persönlich; gerade; sogar *(hervorhebend)*	
Nioba	Niobe *(Königin von Theben)*	
āra	Altar	*Alt-ar*
Tantalus	Tantalus *(Sohn des Jupiter)*	
superī, superōrum *m Pl.*	die Götter	
appellāre, appellō *m. dopp. Akk.*	anrufen; nennen bezeichnen (als)	*appellieren, Appell*
dīcere, dīcō, dīxī, **dictum** *m. dopp. Akk.*	sagen, sprechen; nennen, bezeichnen (als)	
putāre, putō *m. dopp. Akk.*	glauben, meinen; halten für	
nōmināre, nōminō	nennen	*nōmen, nominieren, Nominativ*
aestimāre, aestimō *m. dopp. Akk.*	einschätzen, beurteilen; halten für	
potēns, potentis	mächtig, stark	*posse, potestās, potent*
legere, legō, lēgī, **lēctum**	lesen; auswählen	*Lektion, Lektor, Lektüre*
parere, pariō, peperī, partum fīlium parere glōriam parere	zur Welt bringen, gebären; schaffen einen Sohn zur Welt bringen (sich) Ruhm (ver)schaffen	
dūcere, dūcō, dūxī, ductum *m. dopp. Akk.*	führen, ziehen; halten für	

in *Präp. m. Akk.*	in (... hinein); nach *(wohin?)*; gegen
vindicāre, vindicō	beanspruchen, bestrafen;
in *m. Akk.*	vorgehen gegen
omnia sibi vindicāre	alles für sich beanspruchen
dolum vindicāre	eine List bestrafen
in hostēs vindicāre	gegen die Feinde vorgehen
reddere, reddō, reddidī, redditum *m. dopp. Akk.*	zurückgeben, etwas zukommen lassen; jdn. zu etw. machen — *dare*
nefārius, a, um	gottlos, verbrecherisch
Apollō, Apollinis *m*	Apollon *(Gott der Künste)*
facere, faciō, fēcī, factum *m. dopp. Akk.*	machen, tun, handeln; jdn. zu etw. machen

dīcere, dīcō, dīxī, dictum	sagen, sprechen; *m. dopp. Akk.* nennen, bezeichnen (als)
appellāre, appellō	anrufen; *m. dopp. Akk.* nennen
facere, faciō, fēcī, factum	machen, tun, handeln; *m. dopp. Akk.* jdn. zu etw. machen
putāre, putō	glauben, meinen; *m. dopp. Akk.* halten für
dūcere, dūcō, dūxī, ductum	führen, ziehen; *m. dopp. Akk.* halten für
nōmināre, nōminō	nennen
aestimāre, aestimō	einschätzen, beurteilen; *m. dopp. Akk.* halten für
reddere, reddō, reddidī, redditum	zurückgeben, etw. zukommen lassen; *m. dopp. Akk.* jdn. zu etw. machen

Pronomen ipse

F

ipse, ipsa, ipsum *(er, sie, es) selbst*

	Singular			Plural		
	m	*f*	*n*	*m*	*f*	*n*
Nominativ	ipse	ipsa	ipsum	ipsī	ipsae	ipsa
Genitiv		ipsīus		ipsōrum	ipsārum	ipsōrum
Dativ		ipsī			ipsīs	
Akkusativ	ipsum	ipsam	ipsum	ipsōs	ipsās	ipsa
Ablativ	ipsō	ipsā	ipsō		ipsīs	

S1 Pronomen ipse: Verwendung

se *ipsum* vincere
sich *selbst* besiegen

Hercules *ipse*
Herkules *persönlich*

hac *ipsa* nocte
gerade in dieser Nacht

post *ipsum* campum
unmittelbar hinter dem Feld

Das Pronomen ipse dient zur Hervorhebung einer Person oder Sache.
Deshalb kann es auch die Bedeutungen *gerade, eben, genau, persönlich, unmittelbar, allein, sogar* haben.

virtus *ipsa*
allein die Leistung

S2 Doppelter Akkusativ

Homines *Herculem virum fortem* dicebant.
Die Menschen nannten *Herkules einen tapferen Mann.*

Homines *Herculem fortem* putabant.
Die Menschen hielten *Herkules für tapfer.*

Ein doppelter Akkusativ entsteht meist dadurch, dass nach bestimmten Verben zu einem Akkusativobjekt (hier: Herculem) ein Prädikatsnomen tritt (hier: virum fortem bzw. fortem), das mit dem Akkusativobjekt in Kongruenz steht.

Der doppelte Akkusativ tritt unter anderem bei den folgenden Verben auf:

dicere, vocare, appellare, nominare	*m. dopp. Akk.*	nennen, bezeichnen (als)
ducere, putare, aestimare	*m. dopp. Akk.*	halten für
facere, reddere	*m. dopp. Akk.*	machen zu

Hercules fortis dicebatur.
Herkules wurde *als tapfer* bezeichnet.

Im Passiv steht bei diesen Verben ein doppelter Nominativ.

Wiederholungswörter

marītus	Ehemann	sors, sortis *f*	Los, Orakelspruch, Schicksal
dēscendere, dēscendō, dēscendī	herabsteigen	tribuere, tribuō, tribuī	schenken, zuteilen
umbra	Schatten	tenebrae, ārum *f Pl.*	Dunkelheit, Finsternis

Lernwörter

Eurydica	Eurydike *(Gattin des Orpheus)*	
Orpheus, Orpheī	Orpheus *(berühmter thrakischer Sänger)*	
nūbere, nūbō, nūpsī, nūptum *m. Dat.* iuvenī nūbere	heiraten einen jungen Mann heiraten	
coniūnx, coniugis *m/f*	Gatte, Gattin	
Tartarus	der Tartarus, die Unterwelt	
nōn sōlum ..., sed etiam	nicht nur ..., sondern auch	
commovēre, commoveō, commōvī, commōtum	bewegen, veranlassen	*movēre*
acerbus, a, um	bitter, grausam, rücksichtslos	*ācer*
iubēre, iubeō, iussī, iussum *(m. Akk.)* Servum labōrāre iubeō.	anordnen, befehlen Ich befehle dem Sklaven zu arbeiten. Ich befehle, dass der Sklave arbeitet.	*Jussiv*
simul *Adv.*	gleichzeitig, zugleich	*simultan*
condiciō, condiciōnis *f*	Bedingung, Lage, Verabredung	*Konditionalsatz, e./f. condition*
vetāre, vetō, vetuī, vetitum *(m. Akk.)* Tē abīre vetō.	verbieten Ich verbiete dir wegzugehen. Ich verbiete, dass du weggehst.	*Veto*
respicere, respiciō, respexī, respectum	zurückblicken, berücksichtigen	*respektieren, Respekt, e. respect, f. respecter, s. respetar*
redūcere, redūcō, redūxī, reductum	zurückführen, zurückziehen	*dūcere, reduzieren, e. reduce*
flectere, flectō, flexī, flexum	biegen, (hin)lenken, umstimmen	*flektieren, Flexion, re-flektieren, flexibel, flechten*
perdere, perdō, perdidī, perditum	verlieren, verschwenden, zugrunde richten	*i. perdere, f. perdre, s./p. perder*

F Partizip Präsens Aktiv (PPA)

Beispiel: **vocāns** *rufend*

	Singular			Plural		
	m	*f*	*n*	*m*	*f*	*n*
Nominativ	vocā-**ns**			voca-**nt-ēs**		voca-**nt-ia**
Genitiv	voca-**nt-is**			voca-**nt-ium**		
Dativ	voca-**nt-ī**			voca-**nt-ibus**		
Akkusativ	voca-**nt-em**		vocā-**ns**	voca-**nt-ēs**		voca-**nt-ia**
Ablativ	voca-**nt-e**			voca-**nt-ibus**		

(voca-**ns** aus voca-**nt-s**)

Das Partizip Präsens Aktiv zu Verben der a- und e-Konjugation wird gebildet, indem zwischen den Präsensstamm und die Endung der 3. Deklination **-nt-** eingefügt wird:

vocāns, voca**nt**is
monēns, mone**nt**is

PPA zu velle: volēns, volentis
PPA zu īre: iēns, euntis

Bei der i- und der konsonantischen Konjugation wird der Stamm durch ein **-e-** erweitert:

audi-ē-ns, audi**ent**is
ag-ē-ns, ag**ent**is
capi-ē-ns, capi**ent**is

S Verwendung des Partizip Präsens Aktiv

→ Das Partizip Präsens Aktiv als Participium coniunctum

Icarus clamans in mare cecidit.

Ikarus stürzte *schreiend* ins Meer.

Das Partizip Präsens Aktiv (hier: clamans) steht – wie das PPP – als Participium coniunctum in Kongruenz zu einem Nomen (hier: Icarus). Auch die Partizipialkonstruktion mit einem Partizip Präsens Aktiv ist eine satzwertige Konstruktion.

Icarus patri non *parens* in mare cecidit.

(Dem Vater nicht *gehorchend* stürzte *Ikarus* ins Meer.)

Da das Partizip Präsens eine aktive Verbform ist, können Adverbialien und Objekte (hier: patri) von ihm abhängen.

→ **Satzgliedfunktion**

Puer patri non *parens* in mare cecidit.

Die Partizipialkonstruktion mit einem Partizip Präsens (hier: parens) kann als Attribut (hier: zu puer) oder als Adverbiale (hier: zu cecidit) aufgefasst werden. Daher sind mehrere Möglichkeiten der Wiedergabe im Deutschen zu bedenken:

→ **Übersetzungsmöglichkeiten**

		Puer patri non **parens** in mare cecidit.
als **Attribut**:	wörtlich (selten)	→ Der dem Vater nicht **gehorchende Junge** stürzte ins Meer.
	mit Relativsatz	→ **Der Junge, der** dem Vater nicht **gehorchte,** stürzte ins Meer.
als **Adverbiale**:	mit Adverbialsatz *weil, als*	→ **Der Junge** stürzte ins Meer, **weil (als) er** dem Vater nicht **gehorchte**.
		Daedalus per aerem **volans** Cretam reliquit.
	indem; dadurch, dass	→ **Dädalus** verließ Kreta, **indem (dadurch, dass) er** durch die Luft **flog**.
		Daedalus in patriam **veniens** (tamen) infelix erat.
	obwohl	→ **Obwohl Dädalus** in seine Heimat **kam**, war er (dennoch) unglücklich.

Beim PPA gibt es die gleichen Sinnrichtungen wie beim PPP; manchmal erfordert der Sinn einen Adverbialsatz mit *indem (dadurch, dass)*.

Sinnrichtung	Subjunktion
temporal	während, als
kausal	weil, da
konzessiv	obwohl
modal	indem; dadurch, dass; wobei

→ **Zeitverhältnis**

Das im **Partizip Präsens Aktiv** ausgedrückte Geschehen ist gleichzeitig zu dem des Prädikats; es bezeichnet also die **Gleichzeitigkeit** (Partizip der **Gleichzeitigkeit**). Daher ist oft eine Übersetzung mit *während* möglich.

Beachte die **Grundregel** für das **Deutsche**: Bei Gleichzeitigkeit zu einem Präsens oder Futur steht im Gliedsatz das Präsens, bei Gleichzeitigkeit zu einem Vergangenheitstempus steht im Gliedsatz das Präteritum.

58

W Wiederholungswörter

dēdūcere, dēdūcō, dēdūxī, dēductum	wegführen, hinführen	laetus, a, um	froh; fruchtbar
convenīre, conveniō, convēnī	zusammenkommen, zusammenpassen, besuchen	resistere, resistō, restitī	stehen bleiben; Widerstand leisten
apud *Präp. m. Akk.*	bei	ingēns, ingentis	gewaltig, ungeheuer
		mōns, montis *m*	Berg
		summus, a, um	der höchste, oberste

Lernwörter

Sīsyphus	Sisyphos *(König von Korinth)*	
īnferī, īnferōrum *m Pl.*	die Bewohner der Unterwelt, Unterwelt	*Inferno*
fallere, fallō, fefellī	täuschen, betrügen	
brevī (tempore)	nach kurzer Zeit, bald (darauf)	
immō *Adv.*	im Gegenteil, ja sogar	
premere, premō, pressī, pressum	(unter)drücken, bedrängen	*De-pression, Presse, pressen, e. press, f. presser*
regere, regō, rēxī, rēctum	beherrschen, leiten, lenken	*rēx, regieren*
obsecrāre, obsecrō	anflehen, bitten	
dēbēre, dēbeō, dēbuī, **dēbitum**	müssen, sollen; schulden	*f. devoir, s. deber*
prōmittere, prōmittō, prōmīsī, prōmissum	versprechen	*mittere, e. promise*
fidēs, fideī *f*	Glaube, Treue, Vertrauen, Zuverlässigkeit	*per-fide, f. foi, i. fede, s. fe, p. fé*
fidem servāre	die Treue halten; sein Wort halten	
effugere, effugiō, effūgī *(m. Akk.)*	entfliehen, entkommen	*fugere*
dēligere, dēligō, dēlēgī, **dēlēctum**	(aus)wählen	*dē, legere*
saxum	Fels, Stein	*i. sasso*
volvere, volvō, volvī, volūtum	rollen, wälzen; überlegen	*E-volution, Re-volution, Re-volver*
summus mōns *m*	Berggipfel, die höchste Stelle des Berges	

Partizip als Adverbiale: Überblick

→ Übersetzungsmöglichkeiten

Das Participium coniunctum (PPA oder PPP) tritt häufig als Adverbiale auf. Dann stehen drei Möglichkeiten der Wiedergabe zur Verfügung:

	Orpheus amore **motus** in Tartarum descendit.
1. Adverbialsatz	→ **Weil Orpheus von Liebe bewegt (worden) war,** stieg er in die Unterwelt hinab.
2. Präpositionalausdruck	→ **Aus Liebe** stieg **Orpheus** in die Unterwelt hinab.
3. Beiordnung (mit einem Adverb, das die Sinnrichtung angibt)	→ **Orpheus war** von Liebe **bewegt und** stieg **deshalb** in die Unterwelt hinab.

→ Sinnrichtungen

Die Sinnrichtung bei einem adverbial gebrauchten Partizip wird im Lateinischen sprachlich meist nicht ausgedrückt. Daher ist für eine treffende deutsche Wiedergabe der logische Zusammenhang des Satzes bzw. Textes zu beachten. Die folgende Tabelle bietet eine Übersicht über die verschiedenen Sinnrichtungen und gibt an, mit welchen

→ **Subjunktionen** (im Adverbialsatz),
→ **Präpositionen** (im Präpositionalausdruck) oder
→ **Adverbien** (in der Beiordnung)

sie ausgedrückt werden können:

Sinnrichtung		Adverbialsatz	Präpositionalausdruck	Beiordnung
temporal	vorzeitig	nachdem, als	nach	(und) dann
	gleichzeitig	während, als	während, bei	(und) dabei
kausal		weil, da	wegen	(und) deshalb
konditional		wenn, falls	im Falle	–
konzessiv		obwohl	trotz	(aber) trotzdem, (aber) dennoch
modal		indem; dadurch, dass; wobei	bei, durch	(und) so

→ **Beispiele**

temporal	**Eurydica** ab animali **interfecta** in Tartarum venit. **Nachdem (als) Eurydike** von einem Tier **getötet worden war**, kam sie in die Unterwelt.
kausal	**Orpheus** uxorem **desiderans** in Tartarum descendit. **Weil (da) Orpheus sich** nach seiner Frau **sehnte**, stieg er in die Unterwelt hinab.
konditional	Orpheus speravit: **Pluto** carmina mea **audiens** gaudebit. Orpheus hoffte: **Wenn (falls) Pluto** meine Lieder **hört**, wird er sich freuen.
konzessiv	Orpheus iterum amisit **uxorem** a Plutone **redditam**. Orpheus verlor **seine Frau** wieder, **obwohl sie** (ihm) von Pluto **zurückgegeben worden war**.
modal	**Orpheus** carmina pulchra **cantans** homines deosque commovit. **Indem (dadurch, dass) Orpheus** schöne Lieder **sang**, bewegte er Menschen und Götter.

→ **Zeitverhältnis**

Carmina pulchra **cantans**
Orpheus deos commovit.

Das **PPA** drückt die **Gleichzeitigkeit** mit dem Geschehen des Prädikats aus.

A Iove **capta** | Europa clamavit.

Das **PPP** drückt die **Vorzeitigkeit** zum Geschehen des Prädikats aus.

„Eselsbrücken"

- **super**i → Die **Götter** sind super, sie können alles.
- **fall**ere → **Täusche** mich auf keinen Fall!
- **acerbus** → Wenn ein Bus über den Acker fährt, ist das für den Bauern **bitter** und **grausam**, außerdem ziemlich **rücksichtslos**.
- **immo** → Im Mondlicht sind Bäume nicht frisch und grün. **Im Gegenteil**, sie wirken fahl, **ja sogar** gespenstisch.
- **volv**ere → Ich **überlege**, ob ich mir einen Volvo kaufe; der **rollt** lange Zeit.

Wiederholungswörter

magis ... quam	mehr ... als	accidere, accidō, accidī	geschehen, sich ereignen
speciēs, speciēī *f*	Anblick, Aussehen, Schein	mīles, mīlitis *m*	Soldat
cīvis, cīvis *m*	Bürger	dum *Subj.*	während, solange, bis
circum *Präp. m. Akk.*	rings um, um ... herum	pauper, pauperis	arm

Lernwörter

senex, senis *m*	Greis, alter Mann	*senātor, senātus,* senil
vestis, vestis *f (Gen. Pl.* **-ium***)*	Kleidung, *Pl.* Kleider	*Weste*
neglegere, neglegō, **neglēxī, neglēctum**	nicht (be)achten, vernachlässigen	*e. neglect, f. négliger*
iuvāre, iuvō, iūvī *m. Akk.*	unterstützen, helfen; erfreuen	
quaerere **ex / dē** pretium ē mercātōre quaerere	jdn. fragen den Händler nach dem Preis fragen	*e. question*
prōvidēre, prōvideō, **prōvīdī, prōvīsum** perīculum prōvidēre cīvibus prōvidēre	*m. Akk.* vorhersehen; *m. Dat.* sorgen für eine Gefahr vorhersehen für die Bürger sorgen	*prō, vidēre,* Provision
praeesse, praesum, praefuī *m. Dat.* Imperātor mīlitibus praeest.	leiten, an der Spitze stehen Der Feldherr steht an der Spitze der Soldaten.	*esse,* Präsenz
prō *Präp. m. Abl.* prō domō sedēre prō amīcō respondēre	vor; anstelle von, für vor dem Haus sitzen für den Freund antworten, anstelle des Freundes antworten	*pro und contra*
parcere, parcō, pepercī *m. Dat.* captīvīs parcere	schonen, verschonen die Kriegsgefangenen (ver)schonen	
cōnsulere, cōnsulō, **cōnsuluī, cōnsultum** deōs cōnsulere sociīs cōnsulere in hostēs cōnsulere	*m. Akk.* um Rat fragen; *m. Dat.* sorgen für; **in** *m. Akk.* vorgehen gegen die Götter um Rat fragen für die Verbündeten sorgen gegen die Feinde vorgehen	*konsultieren, e. consult*

Fortsetzung ⇢

plēbs, plēbis *f*	(nicht adeliges, einfaches) Volk
persuādēre, persuādeō, persuāsī, persuāsum *m. Dat.*	überreden, *(m. AcI)* überzeugen
senātōribus persuādēre	die Senatoren überzeugen
tribūnus	Tribun *(führender Vertreter eines Stadtbezirks, einer Legion oder der Plebs)*

iuvāre, iuvō, iūvī	*m. Akk.* unterstützen, helfen; erfreuen
praeesse, praesum, praefuī	*m. Dat.* leiten, an der Spitze stehen
parcere, parcō, pepercī	*m. Dat.* schonen, verschonen
persuādēre, persuādeō, persuāsī, persuāsum	*m. Dat.* überreden, überzeugen
prōvidēre, prōvideō, prōvīdī, prōvīsum	*m. Akk.* vorhersehen; *m. Dat.* sorgen für
cōnsulere, cōnsulō, cōnsuluī, cōnsultum	*m. Akk.* um Rat fragen; *m. Dat.* sorgen für; in *m. Akk.* vorgehen gegen

S1 Verben mit abweichender Kasusrektion

Nonnulli servi *dominos* (Akk.) effugerunt.
Manche Sklaven entflohen *ihren Herren* (Dat.).

Romani *multis populis* (Dat.) imperabant.
Die Römer herrschten *über viele Völker* (Präpositionalausdruck).

Oft kann man einen lateinischen Akkusativ oder Dativ im Deutschen mit dem gleichen Kasus wiedergeben. Dies ist jedoch nicht immer möglich.
Bei lateinischen Verben, die einen **vom Deutschen abweichenden Kasus** verlangen („regieren"), ist dieser im Wortschatz angegeben.

Beachte dies vor allem bei den folgenden Verben:

imperāre	*m. Dat.*	befehlen, herrschen über
nūbere	*m. Dat.*	heiraten
parcere	*m. Dat.*	schonen, verschonen
praeesse	*m. Dat.*	an der Spitze stehen, leiten
persuādēre	*m. Dat.*	überreden, überzeugen

cūrāre	*m. Akk.*	pflegen, sorgen für
effugere	*m. Akk.*	entfliehen, entkommen
fugere	*m. Akk.*	fliehen vor, meiden
iubēre	*m. Akk.*	anordnen, befehlen
carēre	*m. Abl.*	frei sein von, ohne (etw.) sein, nicht haben

Verben mit unterschiedlicher Kasusrektion

Nonnulli Romani *servis* (Dat.) bene consulebant.

Einige Römer sorgten gut für ihre Sklaven.

Nonnulli Romani *servos* (Akk.) consulebant.

Manche Römer fragten ihre Sklaven um Rat.

Bei manchen Verben hängt die deutsche Bedeutung vom Kasus oder von der Konstruktion ab, die im Lateinischen nach dem Verb steht.

Wichtig sind dazu die folgenden Verben:

cōnsulere	*m. Dat.*	sorgen für
	m. Akk.	um Rat fragen
prōvidēre	*m. Dat.*	sorgen für
	m. Akk.	vorhersehen
quaerere	*m. Akk.*	suchen, erwerben wollen
	ex / de *m. Abl.*	jdn. fragen

Verwechslungs-gefahr

parare	praebere	vidi (← videre)	iussi (← iubere)
parēre	praestare	vici (← vincere)	iuvi (← iuvare)
párere	praeesse	vixi (← vivere)	
parcere			

W Wiederholungswörter

salūs, salūtis *f*	Gesundheit, Rettung, Gruß, Glück	accipere, accipiō, accēpī, acceptum	erhalten, erfahren, annehmen
castra, ōrum *n Pl.*	Lager		
nōnne?	(etwa) nicht?	priusquam *Subj.*	bevor, eher als

Lernwörter

cūrae esse	Sorge bereiten	
Coriolānus	Coriolan *(röm. Patrizier)*	
num? *(im Hauptsatz)*	etwa?	
dēserere, dēserō, dēseruī, dēsertum	im Stich lassen, verlassen	*desertieren, e. desert*
auxiliō venīre	zu Hilfe kommen	*auxilium, venīre*
crīminī dare	zum Vorwurf machen	*crīmen, dare*
ūsus, ūsūs *m*	Nutzen, Benutzung	*e. use*
ūsuī esse	von Nutzen sein, nützlich sein	*ūsus*
pōnere, pōnō, posuī, positum	(auf)stellen, (hin)legen, setzen	*Position, f. poser, s. poner*
efficere, efficiō, effēcī, effectum	bewirken, herstellen	*ex, facere, Effekt, e. effect*
āvertere, āvertō, āvertī, āversum	abwenden, vertreiben	*ā, vertere, Aversion*
perniciēī esse	Verderben bringen	*perniciēs*
alere, alō, aluī, altum	ernähren, großziehen	*„Alete", Eltern*
intrā *m. Akk.* intrā mūrōs intrā decem annōs	innerhalb (von) innerhalb der Mauern innerhalb von zehn Jahren	*intra-venōs*
discere, discō, didicī	lernen, erfahren	
frangere, frangō, frēgī, frāctum Servus tabulam frangit. Tabula frangitur.	zerbrechen *(trans.)* Der Sklave zerbricht die Schreibtafel. Die Schreibtafel wird zerbrochen. Die Schreibtafel zerbricht.	*fragil, Fragment, Fraktur*

✳

cūrae esse	Sorge bereiten	ūsuī esse	von Nutzen sein, nützlich sein
auxiliō venīre	zu Hilfe kommen	perniciēī esse	Verderben bringen
crīminī dare	zum Vorwurf machen		

Dativ des Zwecks

S1

Hoc *magno usui est.*

Das *ist von großem Nutzen.*

Tu mihi *curae es.*

Du *bereitest* mir *Sorge.*

Der Dativ eines abstrakten Substantivs (z.B. usus, cura) gibt in Verbindung mit einer Form von esse an, welche Auswirkung oder welchen Zweck etwas hat (Dativus finalis).
Der Dativ des Zwecks ist als Prädikatsnomen aufzufassen und bildet zusammen mit der Form von esse das Prädikat.

Häufig sind folgende Ausdrücke:

usui esse	von Nutzen / nützlich sein
curae esse	Sorge bereiten
honori esse	Ehre einbringen
ornamento esse	als Schmuck dienen
perniciei esse	Verderben bringen

In einigen Wendungen tritt der Dativ des Zwecks (als Adverbiale) bei Vollverben auf; z.B.:

auxilio venire	zu Hilfe kommen
crimini dare	zum Vorwurf machen

Dativ des Vorteils

S2

Pater et mater *liberis* provident.

Der Vater und die Mutter sorgen *für die Kinder.*

Der Dativ des Vorteils (Dativus commodi) bezeichnet eine Person, für die eine Handlung geschieht bzw. zu deren Vorteil (oder Nachteil) etwas ist. Wir fragen *„für wen?"*.

Partizipien: Substantivierung

S3

amans	der / die Liebende
amantes	die Liebenden
victi	die Besiegten

Wie im Deutschen können im Lateinischen Partizipien substantiviert werden. Sie treten dann ohne Bezugswort auf.

61

W Wiederholungswörter

saxum	Fels, Stein	nox, noctis *f*	Nacht
hostis, hostis *m*	Feind (Landesfeind)	fallere, fallō, fefellī	täuschen, betrügen
iuvenis, iuvenis *m*	junger Mann; *Adj.* jung	excitāre	erregen, ermuntern, wecken
spēs, speī *f*	Erwartung, Hoffnung	vel	oder

Lernwörter

īdem, eadem, idem	derselbe, der gleiche	*Identität*
arx, arcis *f*	Burg	
dēsinere, dēsinō, dēsiī, dēsitum	aufhören	*dē, sinere*
Camillus	Camillus *(röm. Politiker und Feldherr, um 446–365 v. Chr.)*	
Gallus, a, um	gallisch; *Subst.* Gallier	
vestīgium	Fußsohle, Spur, Stelle	
silentium	Schweigen	*e. silence, f. silence, s. silencio*
cūstōs, cūstōdis *m/f*	Wächter(in)	*Küster, i. custode*
Iūnō, Iūnōnis *f*	Juno *(Ehefrau des Jupiter, Göttin der Ehe und der Frauen)*	*Juni*
sacer, sacra, sacrum *(m. Gen.)*	heilig, geweiht (jdm.)	*sakral, Sakrament, i./s. sacro*
tantus ... quantus	so groß ... wie (groß)	
tantum ... quantum	so viel ... wie (viel)	
haerēre, haereō, haesī	hängen, stecken bleiben	*ko-härent*
tot *indekl.*	so viele	
tot ... quot	so viele ... wie (viele)	
exercitus, exercitūs *m*	Heer	*exercēre*
proelium	Kampf, Schlacht	
quālis, e	wie (beschaffen), was für ein(e)	*Qualität*
tālis ... quālis	so beschaffen ... wie (beschaffen)	
īdem ... quī	derselbe ... wie	

Pronomen idem

īdem, éadem, idem *derselbe, dieselbe, dasselbe*

	Singular			Plural		
	m	*f*	*n*	*m*	*f*	*n*
Nominativ	īdem	éadem	idem	eīdem / iīdem	eaedem	éadem
Genitiv		eiusdem		eōrundem	eārundem	eōrundem
Dativ		eīdem			eīsdem / iīsdem / īsdem	
Akkusativ	eundem	eandem	idem	eōsdem	eāsdem	éadem
Ablativ	eōdem	eādem	eōdem		eīsdem / iīsdem / īsdem	

Die Formen von īdem bestehen aus den Formen von is, ea, id und dem Suffix -dem. An der Fugenstelle kommen Lautveränderungen vor.

Korrelativa

Tot libros legi *quot* tu (legisti).

Ich habe *so viele* Bücher gelesen *wie* du.

Korrelativa sind Adjektive, Adverbien oder Pronomina, die aufeinander bezogen sind und einen Vergleich ausdrücken.

→ **Beispiele**

tālis ... quālis	so beschaffen ... wie (beschaffen)
tantus ... quantus	so groß ... wie (groß)
tantum ... quantum	so viel ... wie (viel)
tot ... quot	so viele ... wie (viele)
tam ... quam	so ... wie
ita ... ut	so ... wie
īdem ... quī	derselbe ... wie

62

W Wiederholungswörter

plēnus, a, um *(m. Gen.)*	voll (von / mit)	beātus, a, um	glücklich, reich
āra	Altar	pectus, pectoris *n*	Brust, Herz
ostendere, ostendō, ostendī	zeigen, erklären	tangere, tangō, tetigī, tāctum	berühren
nisī *Subj.*	wenn nicht	contrā *Präp. m. Akk.*	gegen

Lernwörter

Hamilcar, Hamilcaris *m*	Hamilkar *(Vater Hannibals)*	
Hannibal, Hannibalis *m*	Hannibal *(karthagischer Feldherr, 247–183 v. Chr.)*	
odium	Hass	*i./s. odio, p. ódio*
dexter, dext(e)ra, dext(e)rum	rechts	*i. destro*
dext(e)ra (manus)	die Rechte, die rechte Hand	
trāns *Präp. m. Akk.* trāns montēs	über (... hinaus), jenseits über die Berge, jenseits der Berge	
apertus, a, um	offen, offenkundig	*aperīre, i. aperto, s. abierto*
pellere, pellō, pepulī, **pulsum**	stoßen, schlagen, (ver)treiben	*Puls*
odiō esse Rōmānī Hannibalī odiō erant.	verhasst sein Die Römer waren Hannibal verhasst. Die Römer wurden von Hannibal gehasst.	*odium*
iūrāre, iūrō	schwören	
augēre, augeō, auxī, **auctum**	vergrößern, vermehren	*Auktion*
immortālis, e	unsterblich	*mors, mortālis*
amīcitia	Freundschaft	*amīcus, f. amitié, i. amicizia*
vertere, vertō, vertī, **versum**	drehen, wenden	*Version, versiert*
addere, addō, addidī, additum	hinzufügen	*addieren, Addition, e. add*
cupere, cupiō, cupīvī, cupītum	wünschen, verlangen	

Verben: Konjunktiv Imperfekt

Lateinische Verbformen geben außer der Person, dem Numerus (Singular bzw. Plural), dem Tempus (z.B. Präsens, Imperfekt) und dem Genus verbi (Aktiv bzw. Passiv) auch den **Modus** (die Aussageweise) an.

Man unterscheidet drei Modi:
→ **Indikativ** (sog. Wirklichkeitsform, z.B. *er geht*),
→ **Imperativ** (Befehlsform, z.B. *geh!*),
→ **Konjunktiv** (sog. Möglichkeitsform, z.B. *er ginge*).

Imperativ **Indikativ** **Konjunktiv**

→ **Konjunktiv Imperfekt Aktiv**

vocā-re-m *ich riefe, ich würde rufen*

a-Konjugation	Singular	Plural
1. Person	vocā-re-m	vocā-rē-mus
2. Person	vocā-rē-s	vocā-rē-tis
3. Person	vocā-re-t	vocā-re-nt

a-Konjugation	vocā-re-m
e-Konjugation	monē-re-m
i-Konjugation	audī-re-m
kons. Konjugation (i-Erweiterung)	ag-e-re-m cape-re-m

Der Konjunktiv Imperfekt wird wie der Indikativ Imperfekt in allen Konjugationsklassen gleich gebildet. Zeichen des Konjunktiv Imperfekt ist -rē-.

→ **Konjunktiv Imperfekt Passiv**

vocā-re-r *ich würde gerufen (werden)*

a-Konjugation	Singular	Plural
1. Person	vocā-re-r	vocā-rē-mur
2. Person	vocā-rē-ris	vocā-rē-minī
3. Person	vocā-rē-tur	vocā-re-ntur

a-Konjugation	vocā-re-r
e-Konjugation	monē-re-r
i-Konjugation	audī-re-r
kons. Konjugation (i-Erweiterung)	ag-e-re-r cape-re-r

Besonders zu beachten sind:

Konjunktiv Imperfekt Aktiv		Infinitiv
īrem, īrēs, īret, ...	*ich ginge, ...*	īre
essem, essēs, esset, ...	*ich wäre, ...*	esse
possem, possēs, posset, ...	*ich könnte, ...*	posse
vellem, vellēs, vellet, ...	*ich wollte, ...*	velle

S Konjunktiv Imperfekt als Irrealis der Gegenwart

Si hoc *scirem, gauderem.*

Wenn *ich* dies *wüsste, würde ich mich freuen.*

Der Konjunktiv Imperfekt (Konjunktiv II der Gleichzeitigkeit) drückt aus, dass etwas sein könnte, aber nicht eintritt. Er dient also zum Ausdruck des **Irrealis** (der „Nichtwirklichkeit") der **Gegenwart**.

Im Deutschen hat der Konjunktiv Imperfekt die gleiche Bedeutung. Beachte, dass du ihn im Deutschen richtig bildest (z.B. *ich wüsste, ich liefe, ich käme*). Wo im Deutschen der Konjunktiv Imperfekt mit dem Indikativ Imperfekt gleich ist (z.B. *ich sagte*), musst du im Hauptsatz in der Regel mit *würde* umschreiben (z.B. *ich würde sagen*).

Wiederholungswörter

cōnsistere, cōnsistō, cōnstitī	stehen bleiben, haltmachen, sich aufstellen	sub *Präp. m. Abl.*	unter *(wo?)*
perīre, pereō, periī	umkommen, zugrunde gehen	caput, capitis *n*	Kopf; Hauptstadt
		potestās, ātis *f*	(Amts-)Gewalt, Macht

Lernwörter

agmen, agminis *n*	Heereszug	
Poenus, a, um	punisch, karthagisch; *Subst.* Punier, Karthager	
ōrātiō, ōrātiōnis *f*	Rede	*ōs, ōris*
iter, itineris *n*	Reise, Marsch, Weg	
superesse, supersum, superfuī	überleben, übrig sein	
īnsidiae, īnsidiārum *f Pl.*	Falle, Attentat, Hinterlist	*in, sedēre, i./s. insidia*
incipere, incipiō, coepī (incēpī), inceptum	anfangen, beginnen	
cōnficere, cōnficiō, cōnfēcī, cōnfectum	fertig machen, beenden	*facere, Konfekt, Konfektion, Konfitüre, Konfetti*
ūsque ad *m. Akk.* ūsque ad campum īre	bis (zu) bis zum Feld gehen	
subīre, subeō, subiī	auf sich nehmen, herangehen	*sub, īre*
Alpēs, Alpium *f Pl.*	die Alpen	
trānsīre, trānseō, trānsiī, trānsitum	durchqueren, hinübergehen, überschreiten	*trāns, īre, Transit*
dēfendere, dēfendō, dēfendī, dēfēnsum *(ā m. Abl.)*	abwehren, verteidigen	*defensiv, e. defend, f. défendre, s. defender*
obicere, obiciō, obiēcī, obiectum	darbieten, vorwerfen	*Objekt, objektiv, e. object, f. objet, i. oggetto, s. objeto*
expellere, expellō, expulī, expulsum	vertreiben, verbannen	*ex, pellere, e. expel*
aut	oder	
prōcēdere, prōcēdō, prōcessī, prōcessum	(vorwärts)gehen, vorrücken	*prō, cēdere, Prozess, Prozession*

F Verben: Konjunktiv Plusquamperfekt

→ Konjunktiv Plusquamperfekt Aktiv

vocā-v-isse-m *ich hätte gerufen*

a-Konjugation	Singular	Plural
1. Person	vocā-v-**isse-m**	vocā-v-**issē-mus**
2. Person	vocā-v-**issē-s**	vocā-v-**issē-tis**
3. Person	vocā-v-**isse-t**	vocā-v-**isse-nt**

→ Konjunktiv Plusquamperfekt Passiv

vocā-tus, a, um essem *ich wäre gerufen worden*

a-Konjugation	Singular	Plural
1. Person	vocā-**tus, a, um essem**	vocā-**tī, ae, a essēmus**
2. Person	vocā-**tus, a, um essēs**	vocā-**tī, ae, a essētis**
3. Person	vocā-**tus, a, um esset**	vocā-**tī, ae, a essent**

Die Formen des Konjunktiv Plusquamperfekt werden in allen Konjugationsklassen gleich gebildet.
Im Aktiv wird zwischen Perfektstamm und Endung -isse- eingefügt.
Im Passiv steht nach der PPP-Form eine Form des Konjunktiv Imperfekt von esse.

Die Formen von **esse** lauten: fuissem, fuissēs, fuisset, fuissēmus, fuissētis, fuissent.
Die Formen von **īre** lauten: īssem, īssēs, īsset, īssēmus, īssētis, īssent.

S Konjunktiv Plusquamperfekt als Irrealis der Vergangenheit

> Si hoc *scivissem,* ad te *venissem.*
>
> Wenn *ich* dies *gewusst hätte, wäre ich* zu dir *gekommen.*

Der Konjunktiv Plusquamperfekt (Konjunktiv II der Vorzeitigkeit) drückt aus, dass etwas in der Vergangenheit hätte sein können, aber nicht eintrat.
Er dient also zum Ausdruck des **Irrealis** (der „Nicht-wirklichkeit") der **Vergangenheit**.

Im Deutschen hat der Konjunktiv Plusquamperfekt die gleiche Bedeutung. Er wird mit *„hätte"* oder *„wäre"* gebildet (z. B. *ich hätte gesungen, ich wäre gegangen*).

Wiederholungswörter

nūntiāre	melden	commūnis, e	gemeinsam, allgemein
cūria	Kurie *(Sitzungsgebäude des Senats)*	officium	Dienst, Pflicht(gefühl)
mulier, mulieris *f*	Frau	fortūna	Schicksal, Glück
dēspērāre	die Hoffnung aufgeben, verzweifeln	tōtus, a, um	ganz, gesamt

Lernwörter

occīdere, occīdō, occīdī, **occīsum**	niederschlagen, töten	*caedere*
lūctus, lūctūs *m*	Trauer	
postrēmō *Adv.*	schließlich	*post, posteā, postquam*
suī, suōrum *m Pl.*	die Seinen, die Ihren, seine (ihre) Leute	*suus*
singulus, a, um	je ein, jeder einzelne	*Single, Singular, e. single, i. singolo*
ut *Subj. m. Konj.*	dass, zu *(m. Inf.)*	
ōrāre, ōrō	(an)beten, bitten	*ōs, ōrātiō*
nē *Subj. m. Konj.*	dass nicht, nicht zu *(m. Inf.)*	
agere, agō, ēgī, **āctum**	handeln, treiben, verhandeln	*agieren, Agent, Akt, Akte, Aktion*
nē *Subj. m. Konj.*	*(nach Ausdrücken des Fürchtens und Hinderns)* dass	
timēre, nē	fürchten, dass	
perīculum est, nē	es besteht die Gefahr, dass	
cōnsul, cōnsulis *m*	Konsul	*cōnsulere*
pōstulāre, pōstulō	fordern	
īgnōtus, a, um	unbekannt	*i./s./p. ignoto*
praeda	Beute	
argentum	Silber, Geld	*Argentinien, f. argent*
victōria	Sieg	*vincere, e. victory, f. victoire, i. vittoria, s. victoria, p. vitória, r. victorie*

S1 Gliedsätze als Objekt: Begehrsätze

Te rogavi, ut mihi consilium dares.

Ich bat dich, dass du mir einen Rat gibst.
Ich bat dich darum, mir einen Rat zu geben.

Te rogavi, ne abires.

Ich bat dich, dass du nicht weggehst.
Ich bat dich darum, nicht wegzugehen.

Abhängige Begehrsätze enthalten Wünsche und Aufforderungen; sie stehen im **Konjunktiv**. Dieser wird im Deutschen in der Regel mit Indikativ oder Infinitiv wiedergegeben.
Abhängige Begehrsätze werden eingeleitet mit:

→ **ut** *Subj. m. Konj.* dass *(m. Ind.)*, zu *(m. Inf.)*
→ **ne** *Subj. m. Konj.* dass nicht *(m. Ind.)*, nicht zu *(m. Inf.)*

Daedalus timebat, ne filius in mare caderet.

Dädalus fürchtete, dass sein Sohn ins Meer fällt.

Nach Verben und Ausdrücken des **Fürchtens** (z.B. timere oder periculum est) heißt

→ **ne** *Subj. m. Konj.* dass *(m. Ind.)*.

Abhängige Begehrsätze haben meist die Satzgliedfunktion des Objekts.

S2 Genitiv der Zugehörigkeit

Haec navis *patris est.*

Dieses Schiff *gehört meinem Vater.*

Der Genitiv der Zugehörigkeit bezeichnet als Genitivus possessivus den Eigentümer einer Sache.

Consulis erat rei publicae consulere.

Es war Aufgabe eines Konsuls,
für den Staat zu sorgen.

Patris et matris est liberos alere.

Es ist Pflicht des Vaters und der Mutter,
die Kinder großzuziehen.

Es gibt auch Wendungen, in denen der Genitiv der Zugehörigkeit (bei einer 3. Pers. Sg. von esse) ausdrückt, dass etwas Aufgabe, Pflicht oder charakteristische Eigenschaft der Person ist, die im Genitiv steht.
Als Übersetzung eignet sich meist eine der folgenden Wendungen:

→ *es ist Aufgabe / Pflicht ...*
→ *es ist Eigenschaft ...*
→ *es ist typisch / charakteristisch für ...*

Der Genitiv der Zugehörigkeit ist als Prädikatsnomen aufzufassen und bildet zusammen mit der Form von esse das Prädikat.

65

Wiederholungswörter

W

certē *Adv.*	gewiss, sicherlich	at	aber, dagegen, jedoch
ingēns, ingentis	gewaltig, ungeheuer	iubēre, iubeō iussī, iussum *(m. Akk.)*	anordnen, befehlen
comprehendere, comprehendō comprehendī, comprehēnsum	begreifen, ergreifen, festnehmen	aperīre, aperiō, aperuī	aufdecken, öffnen
comes, comitis *m/f*	Begleiter(in), Gefährte, Gefährtin	tenebrae, tenebrārum *f Pl.*	Dunkelheit, Finsternis

Lernwörter

quīdam, quaedam, quiddam *subst.*	ein gewisser, (irgend)einer; *Pl.* einige	*quī*
iuventūs, iuventūtis *f*	Jugend	*iuvenis*
ā iuventūte	von Jugend an	
scrībere, scrībō, scrīpsī, **scrīptum**	schreiben, beschreiben	*Skript, Manu-skript*
trādere, trādō, trādidī, trāditum	übergeben, überliefern	*Tradition, e. trade*
quīdam, quaedam, quoddam *adj.*	ein gewisser, (irgend)ein; *Pl.* einige	*quī*
adversus *Präp. m. Akk.*	gegen	
adversus cōnsulēs	gegen die Konsuln	
religiō, religiōnis *f*	Glaube, Aberglaube, (Gottes-) Verehrung, Frömmigkeit, Gewissenhaftigkeit	*Religion, e./f. religion, i. religione, s. religión, p. religião*
Iūdaeus, a, um	jüdisch; *Subst.* Jude	
Chrīstiānus, a, um	christlich; *Subst.* Christ	
pergere, pergō, perrēxī	aufbrechen; weitermachen	*regere*
ut *Subj. m. Konj.*	dass, sodass, damit, um zu *(m. Inf.)*	
circúmdare, circumdō, circumdedī, circumdatum	umgeben	*circum, dare, i. circondare, s./p. circundar*
Saulus / Paulus	Saulus / Paulus *(hebräischer / christlicher Name des Apostels und Missionars, gest. um 60 n. Chr.)*	
respondēre, respondeō, respondī, **respōnsum**	antworten	*Kor-respondenz*

Fortsetzung ⇢

Iēsūs Nāzarēnus	Jesus von Nazareth	
nē *Subj. m. Konj.*	dass nicht, damit nicht um nicht zu *(m. Inf.)*	
opprimere, opprimō, oppressī, oppressum	bedrohen, niederwerfen, unterdrücken	*premere*
auris, auris *f (Gen. Pl.* -ium*)*	Ohr	*e. ear*
convertere, convertō, convertī, conversum	verändern, (um)wenden	*vertere, konvertieren*

F Indefinitpronomen quidam

quīdam *ein gewisser, (irgend)einer*

substantivisch	Singular			Plural		
	m	*f*	*n*	*m*	*f*	*n*
Nominativ	quīdam	quaedam	quiddam	quīdam	quaedam	quaedam
Genitiv		cuiusdam		quōrundam	quārundam	quōrundam
Dativ		cuidam			quibusdam	
Akkusativ	quendam	quandam	quiddam	quōsdam	quāsdam	quaedam
Ablativ	quōdam	quādam	quōdam		quibusdam	

adjektivisch	Singular			Plural		
	m	*f*	*n*	*m*	*f*	*n*
Nominativ	quīdam	quaedam	quoddam	quīdam	quaedam	quaedam
Genitiv		cuiusdam		quōrundam	quārundam	quōrundam
Dativ		cuidam			quibusdam	
Akkusativ	quendam	quandam	quoddam	quōsdam	quāsdam	quaedam
Ablativ	quōdam	quādam	quōdam		quibusdam	

Indefinitpronomen quidam: Verwendung

S1

auctor *quidam* Romanus

ein (gewisser) römischer Schriftsteller

Mit quidam wird eine Person oder Sache bezeichnet, die der Sprecher nicht genauer benennen kann oder will.

auctores *quidam* Romani

gewisse / einige römische Schriftsteller

Der Plural von quidam bedeutet meistens *einige*.

ingens *quidam* timor
eine *geradezu* ungeheuere Angst

sacra quaedam res
eine *sozusagen* heilige Sache

Manchmal dient quidam zur Verstärkung *(geradezu, wirklich)* oder zur Abschwächung *(sozusagen, eine Art von)*.

Gliedsätze als Adverbiale (konsekutiv, final)

S2

→ **Konsekutivsätze**

Tantus erat timor, *ut* omnes fugerent.

Die Angst war *so groß*, *dass* alle flohen.

Tantus erat timor, *ut* milites *non* pugnarent.

Die Angst war *so groß*, *dass* die Soldaten *nicht* kämpften.

Konsekutivsätze (Folgesätze) stehen im **Konjunktiv**. Sie werden eingeleitet mit:

→ **ut**	*Subj. m. Konj.*	dass, sodass *(m. Ind.)*
→ **ut non**	*Subj. m. Konj.*	(so)dass nicht *(m. Ind.)*

Auf ein konsekutives ut weist im übergeordneten Satz oft ein „Signalwort" wie ita, tantus o.Ä. hin.

Tantus erat timor, omnes fugerent.

65

→ Finalsätze

Omnes fugerunt, *ut* se servarent.

Alle flohen, *um* sich zu retten (*damit* sie sich retteten).

Omnes fugerunt, *ne* perirent.

Alle flohen, *um nicht* umzukommen (*damit* sie *nicht* umkamen).

Finalsätze (Absichtssätze) stehen im **Konjunktiv**. Sie werden eingeleitet mit:

→ **ut** *Subj. m. Konj.*	dass, damit *(m. Ind.)*, um zu *(m. Inf.)*
→ **ne** *Subj. m. Konj.*	dass nicht, damit nicht *(m. Ind.)*, um nicht zu *(m. Inf.)*

→ Satzgliedfunktionen

Konsekutiv- und Finalsätze haben die Satzgliedfunktion des Adverbiales. Sie geben eine Folge bzw. eine Absicht (einen Zweck) an.

M ut und ne: Bedeutungen unterscheiden

Wenn dir die Wörtchen ut und ne in einem Text begegnen, kannst du ihre Bedeutung leicht ermitteln, wenn du die hier abgebildeten „Mobiles" vor Augen hast.

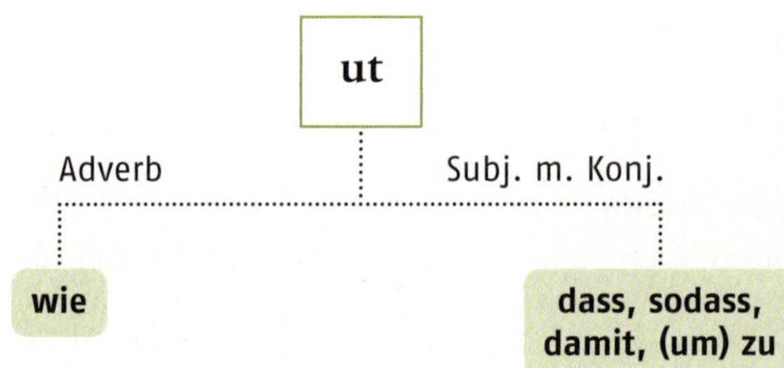

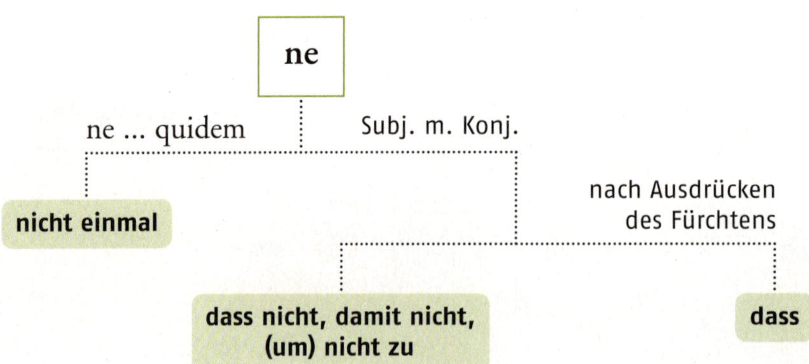

66

Wiederholungswörter

turpis, e	unanständig, hässlich, schändlich	immō *Adv.*	im Gegenteil, ja sogar
nefārius, a, um	gottlos, verbrecherisch	colere, colō, coluī, cultum	bewirtschaften, pflegen; verehren
sacerdōs, sacerdōtis *m/f*	Priester(in)	crēdere, crēdō, crēdidī	glauben, anvertrauen
sanguis, sanguinis *m*	Blut	mors, mortis *f*	Tod

Lernwörter

fāma	(guter / schlechter) Ruf, Gerücht	*famos, e. fame, i./s. fama*
pervenīre, perveniō, pervēnī, perventum ad / in *m. Akk.*	kommen zu / nach	*per, venīre*
in / ad forum pervenīre	zum Forum kommen	
iste, ista, istud	dieser, diese, dieses (da)	*s./p. este*
comperīre, comperiō, comperī, compertum	(genau) erfahren	
invītus, a, um	ungern, gegen den Willen	
frequēns, frequentis	häufig, zahlreich	*Frequenz, frequentieren*
paulō	(um) ein wenig	
ante *Adv.*	vorher	*anteā*
falsus, a, um	falsch	*fallere, e. false, i./s. falso*
scelerātus, a, um	verbrecherisch, schändlich; *Subst.* Verbrecher	*scelus*
crux, crucis *f*	Kreuz	*Kruzi-fix, e. cross, f. croix, i. croce, s./p. cruz, r. cruce*
necāre, necō	töten	
furor, furōris *m*	Wahnsinn, Wut	*furios, e. fury*
Chrīstus	Christus	
aeternus, a, um	ewig	*e. eternal, i./s. eterno*
metuere, metuō, metuī	(sich) fürchten	*metus*
placidus, a, um	friedlich, ruhig, sanft	*placēre*

F Demonstrativpronomen iste

iste, ista, istud *dieser (da), diese (da), dieses (da)*

	Singular			Plural		
	m	*f*	*n*	*m*	*f*	*n*
Nominativ	iste	ista	istud	istī	istae	ista
Genitiv		istīus		istōrum	istārum	istōrum
Dativ		istī			istīs	
Akkusativ	istum	istam	istud	istōs	istās	ista
Ablativ	istō	istā	istō		istīs	

S1 Demonstrativpronomen iste: Verwendung

Isto ornamento gaudeo.

Ich freue mich über *dieses* Schmuckstück.

Iste bezeichnet eine Person oder Sache, die einem Angeredeten nahe ist (hier: isto ornamento).

Iste fur effugit.

Dieser Dieb *(da)* ist entkommen.

Manchmal hat iste einen negativen oder verächtlichen Unterton (hier: iste fur).

S2 Prädikativum

→ **Erscheinungsform**

Hannibal *primus* cum elephantis Alpes transiit.

Hannibal überschritt *als Erster* mit Elefanten die Alpen.

Hannibal *senex* periit.

Hannibal kam *als alter Mann* um.

Im Lateinischen können bestimmte **Substantive** und **Adjektive** zur Ergänzung eines Vollverbs prädikativ gebraucht werden; sie bieten eine nähere Erläuterung zum Vollverb. Ein so verwendetes Nomen heißt **Prädikativum**.

Bei der Übersetzung muss im Deutschen oft *als* eingefügt werden.

Substantivische Prädikativa sind meist Altersangaben oder Amtsbezeichnungen; häufig treten die folgenden Beispiele auf:

senex	als alter Mann
iuvenis	als junger Mann
puer	als Junge, in seiner Kindheit
consul	als Konsul
victor	als Sieger
imperator	als Feldherr

Adjektivische Prädikativa bezeichnen oft einen körperlichen oder seelischen Zustand, eine Reihenfolge oder Menge; häufig treten die folgenden Beispiele auf:

laetus	froh
tristis	traurig
fortis	tapfer
frequens	häufig, zahlreich
primus	als Erster, zuerst
unus	als Einziger

→ **Satzgliedfunktionen**

Das Prädikativum lässt sich, da es ein Vollverb näher erläutert, als Adverbiale auffassen; es ist mit seinem Bezugswort (hier: Hannibal) kongruent.

Wortfamilien

venire	**met**uere	**plac**ere
con**venire**	**met**us	**plac**idus
in**venire**		
per**venire**	**fal**lere	**scel**us
	falsus	**scel**eratus

W Wiederholungswörter

cūra	Pflege, Sorge	spēs, speī *f*	Erwartung, Hoffnung
iuvāre, iuvō, iūvī *m. Akk.*	unterstützen, helfen; erfreuen	salūs, salūtis *f*	Gesundheit, Rettung, Gruß, Glück
neglegere, neglegō, neglēxī, neglēctum	nicht (be)achten, vernachlässigen	praeterīre, praetereō, praeteriī	übergehen, vorbeigehen (an)

Lernwörter

Dioclētiānus	Diokletian *(röm. Kaiser 284–305 n. Chr.)*	
restituere, restituō, restituī, restitūtum	wiederherstellen	*statuere*
cultus, cultūs *m*	Bildung, Lebensweise, Pflege, Verehrung	*colere, Kultur, Kult*
necesse (est)	(es ist) notwendig	*necessārius*
animadvertere **in** *m. Akk.* animadvertere in senātum	vorgehen gegen gegen den Senat vorgehen	
ubi (prīmum) *Subj. m. Ind.*	sobald	
Sebastiānus	Sebastian *(christl. Märtyrer)*	
occultē *Adv.*	heimlich	*okkult, f. occulte, i. occulto, s./p. oculto*
dēpōnere, dēpōnō, dēposuī, dēpositum	niederlegen, aufgeben	*dē, pōnere, Depot, Deponie, deponieren*
dīmittere, dīmittō, dīmīsī, dīmissum	aufgeben, entlassen	*mittere*
sustinēre, sustineō, sustinuī iniūriās sustinēre	ertragen, standhalten die Beleidigungen ertragen	
impellere, impellō, impulī, impulsum	antreiben, veranlassen	*in, pellere, Impuls*
cum *Subj. m. Konj.*	als, nachdem; weil; obwohl; während (dagegen)	
gerere, gerō, gessī, **gestum**	ausführen, führen, tragen	
tribuere, tribuō tribuī, **tribūtum**	schenken, zuteilen	*Tribut*
prōtinus *Adv.*	sofort	

Genitivus subiectivus / obiectivus

S1

amor *patris*

die Liebe *des Vaters*
die Liebe *zum Vater*

Nach bestimmten Substantiven, vor allem solchen, die eine Empfindung ausdrücken (z.B. amor, spes, metus), kann der Genitiv bezeichnen:

→ die Person, die als „Subjekt" diese Empfindung hat,

→ die Person oder Sache, die „Objekt" des Gefühls ist.

Genitivus subiectivus und obiectivus sind als Attribut aufzufassen. Welcher Genitiv vorliegt, ergibt sich aus der Bedeutung der Substantive oder aus dem Kontext.

Beachte folgende Wendungen:

Beispiel	Gen. subiectivus	Gen. obiectivus
amor patris	die Liebe *des* Vaters	die Liebe *zum* Vater
timor Romanorum	die Furcht *der* Römer	die Furcht *vor* den Römern
spes salutis		Hoffnung *auf* Rettung
metus mortis		die Furcht *vor* dem Tod, Todesfurcht
odium tui		Hass *auf* dich

Gliedsätze als Adverbiale (temporal, kausal, konzessiv, adversativ)

S2

→ Temporalsätze

Temporalsätze enthalten **Zeitangaben**; außerdem drücken sie das **Zeitverhältnis** (vorzeitig oder gleichzeitig) zum übergeordneten Satz aus.

Postquam Troia a Graecis capta est, Aeneas ex urbe fugit.

Nachdem Troja von den Griechen erobert worden war, floh Äneas aus der Stadt.

Indikativische Temporalsätze werden eingeleitet mit:

→ **cum**		*als (plötzlich); (immer) wenn*
→ **postquam**	*m. Ind. Perf.*	*nachdem, als*
→ **priusquam**		*bevor, eher als*
→ **ubi (primum)**		*sobald*
→ **dum**	*m. Ind. Präs.*	*während*

Cum Troia a Graecis capta esset,
Aeneas ex urbe fugit.

Nachdem Troja von den Griechen erobert worden war, floh Äneas aus der Stadt.

Konjunktivische Temporalsätze werden eingeleitet mit:

→ **cum** *als, nachdem*

→ Kausalsätze

Kausalsätze nennen den **Grund** für die Aussage des übergeordneten Satzes.

Quia (Quod) Troia deleta erat,
Aeneas patriam novam quaesivit.

Weil Troja zerstört (worden) war, suchte Äneas eine neue Heimat.

Indikativische Kausalsätze werden eingeleitet mit:

→ **quod** *weil*
→ **quia** *weil*

Cum Troia deleta esset,
Aeneas patriam novam quaesivit.

Weil Troja zerstört (worden) war, suchte Äneas eine neue Heimat.

Konjunktivische Kausalsätze werden eingeleitet mit:

→ **cum** *weil*

→ Konzessivsätze

Konzessivsätze geben einen **Gegengrund** an, d.h. der Sprecher nennt ein Hindernis, das jedoch für das Geschehen keine Bedeutung hat.

Etsi (Quamquam) comites tristes erant,
Aeneas spem non amisit.

Obwohl die Gefährten traurig waren, gab Äneas die Hoffnung nicht auf.

Indikativische Konzessivsätze werden eingeleitet mit:

→ **quamquam** *obwohl*
→ **etsi** *auch wenn, obwohl*

Cum comites tristes essent,
Aeneas spem non amisit.

Obwohl die Gefährten traurig waren, gab Äneas die Hoffnung nicht auf.

Konjunktivische Konzessivsätze werden eingeleitet mit:

→ **cum** *obwohl*

→ Adversativsätze

Adversativsätze enthalten einen **Gegensatz** zur Aussage des übergeordneten Satzes.

Dido Aeneam amare non desiit.
cum Aeneas consilio Iovis pareret.

Dido hörte nicht auf, Äneas zu lieben, *während* Äneas *(dagegen)* dem Beschluss Jupiters gehorchte.

Konjunktivische Konzessivsätze werden eingeleitet mit:

→ **cum** *während (dagegen)*

cum: Bedeutungen unterscheiden

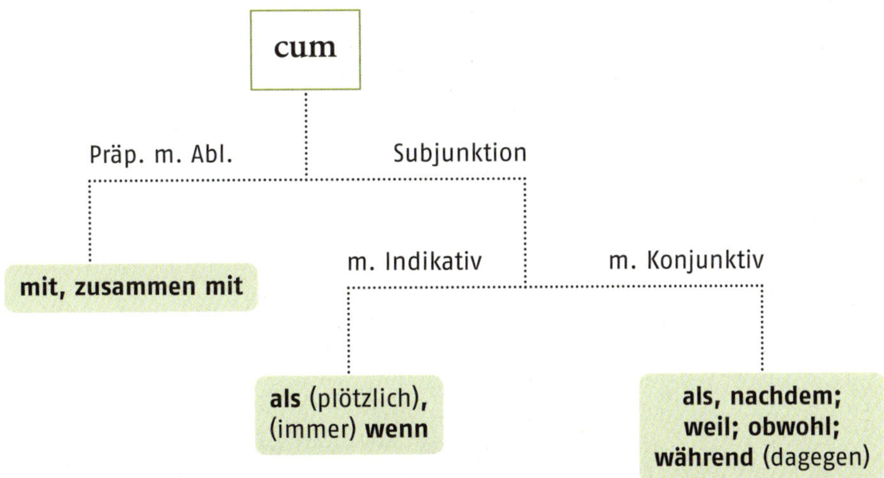

W Wiederholungswörter

aestās, aestātis *f*	Sommer
inīre, ineō, iniī	hineingehen (in), beginnen
proelium	Kampf, Schlacht
condiciō, condiciōnis *f*	Bedingung, Lage, Verabredung
convertere, convertō, convertī, conversum	verändern, (um)wenden
prōcēdere, prōcēdō, prōcessī	(vorwärts)gehen, vorrücken
vīs *f* *(Akk.* vīm, *Abl.* vī*)*	Gewalt, Kraft, Menge
cōnficere, cōnficiō, cōnfēcī, cōnfectum	fertig machen, beenden

Lernwörter

Cōnstantīnus	Konstantin (der Große) *(röm. Kaiser 306–337 n. Chr.)*	
vēr, vēris *n*	Frühling	*i./s./p. prima-vera*
cōnscrībere, cōnscrībō, cōnscrīpsī, cōnscrīptum	aufschreiben, verfassen	*scrībere*
mīlitēs cōnscrībere	Soldaten ausheben, rekrutieren	
exīre, exeō, exiī, exitum	herausgehen, hinausgehen; enden	*Exitus, e. exit*
collocāre, collocō	aufstellen, unterbringen	*locus*
nōscere, nōscō, nōvī, nōtum	erkennen, kennenlernen	
tegere, tegō, tēxī, **tēctum**	bedecken, schützen, verbergen	*tēctum*
fīdūcia	Vertrauen	*fidēs*
fīdūcia suī	Selbstvertrauen	
omnīnō *Adv.*	insgesamt, überhaupt, völlig	*omnis*
cōnspicere, cōnspiciō, cōnspexī, cōnspectum	erblicken	*cōnspectus, a-spicere, re-spicere*
convocāre, convocō	zusammenrufen, versammeln	*vocāre*
claudere, claudō, clausī, clausum	schließen, abschließen, einschließen	*Klausur, e. close*
pōns, pontis *m (Gen. Pl.* **-ium***)*	Brücke	*f. pont, i./p. ponte, s. puente*
Tiberis, Tiberis *m (Akk.* **-im**, *Abl.* **-ī***)*	der Tiber *(Fluss durch Rom)*	
ruere, ruō, ruī	stürzen, eilen, stürmen	*Ruine*

inter *Präp. m. Akk.*	unter, während, zwischen	*inter-national*
inter līberōs	unter den Kindern, zwischen den Kindern	
inter cēnam	während des Essens	

Ablativus absolutus (1)

S

→ Erscheinungsform und Übersetzung

Hostibus urbem *temptantibus*
cives timore sollicitati sunt.

Als (weil) die Feinde die Stadt *angriffen*,
wurden die Bürger von Furcht beunruhigt.

Hostibus victis
omnes gaudebant.

Nachdem (weil) die Feinde besiegt (worden) waren, freuten sich alle.

Ablativus absolutus (Abl. abs.) ist die Bezeichnung für eine häufige Konstruktion, bei der ein Nomen im Ablativ mit einem PPP oder einem PPA eine sprachliche Einheit bildet. Die beiden Teile stehen in KNG-Kongruenz.

Der Ablativus absolutus kann durch einen Adverbialsatz (z.B. mit *als, nachdem, während, wenn, weil*) wiedergegeben werden. Das Nomen im Ablativ wird dann zum Subjekt und das Partizip zum Prädikat des Adverbialsatzes.

Die Sinnrichtung muss aus dem Kontext erschlossen werden. Für die Wiedergabe der verschiedenen Sinnrichtungen stehen die gleichen Möglichkeiten zur Verfügung wie bei den Partizipialkonstruktionen, die als Adverbiale aufzufassen sind (vgl. 58 S).

→ Zeitverhältnis

Wie beim Participium coniunctum bezeichnet das **PPP** die **Vorzeitigkeit**, das **PPA** die **Gleichzeitigkeit**.

68

→ Der Ablativus absolutus als satzwertige Konstruktion

Hostes urbem *temptabant.*
Cives timore sollicitati sunt.

Die Feinde griffen die Stadt *an.*
Die Bürger wurden von Furcht beunruhigt.

Hostibus urbem *temptantibus*
cives timore sollicitati sunt.

Als (weil) die Feinde die Stadt *angriffen,*
wurden die Bürger von Furcht beunruhigt.

Man kann den Ablativus absolutus als eigenständigen Aussagesatz verstehen, der als satzwertige Konstruktion in einen anderen Satz hineingenommen wurde. Von dem Partizip (hier: temptantibus) können Objekte (hier: urbem) und / oder Adverbialien abhängen.

→ Satzgliedfunktion

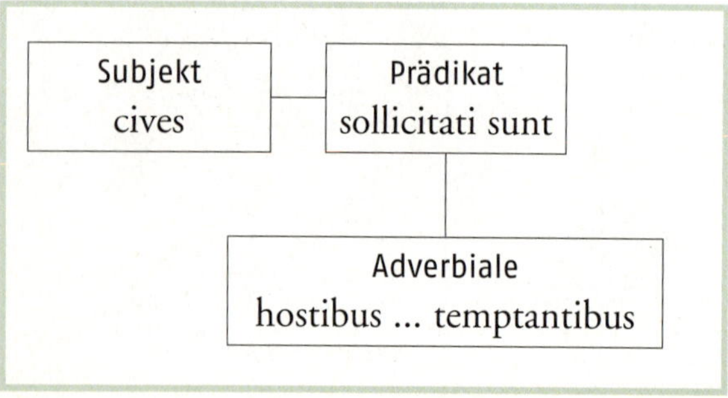

Der Ablativus absolutus hat immer die Satzgliedfunktion des Adverbiales. Im Gegensatz zum Participium coniunctum ist das Nomen im Ablativ, auf das sich das Partizip bezieht, meist nicht in den Satz eingebettet; man spricht daher von einer „losgelösten" (absoluten) Konstruktion.

M Sprache betrachten: Sinnrichtung ermitteln

Cum hostes urbem temptarent,
Hostibus urbem temptantibus

cives timore sollicitati sunt.

Als die Feinde die Stadt angriffen,
Weil die Feinde die Stadt angriffen,

wurden die Bürger von Furcht beunruhigt.

Im Lateinischen haben Ablativi absoluti und Adverbialsätze gleichermaßen die Satzgliedfunktion des Adverbiales. Dabei ist in Adverbialsätzen, die mit der Subjunktion cum eingeleitet werden, die Sinnrichtung ebenso wenig festgelegt wie bei einem Ablativus absolutus.

Du musst also aus dem Zusammenhang des Textes ermitteln, welche Sinnrichtung bei der deutschen Wiedergabe zu wählen ist. Manchmal gibt es mehrere sinnvolle Möglichkeiten.
In unserem Beispiel sind die temporale *(als)* und kausale (*weil)* Sinnrichtung denkbar.

Wiederholungswörter

oportet	es gehört sich, es ist nötig	īnstāre, īnstō, īnstitī	bevorstehen, hart zusetzen
iuvāre, iuvō, iūvī *m. Akk.*	unterstützen, helfen; erfreuen	incipere, incipiō, coepī (incēpī), inceptum	anfangen, beginnen
ostendere, ostendō, ostendī	zeigen, erklären	resistere, resistō, restitī	stehen bleiben; Widerstand leisten
caedere, caedō, cecīdī	fällen, töten		
undique *Adv.*	von allen Seiten, von überallher		

Lernwörter

rēs gestae *f Pl.*	Taten	*gerere*
Bonifātius	Bonifatius *(christlicher Missionar, „Apostel der Deutschen", um 670–754)*	
cognōscere, cognōscō, cognōvī, cognitum Tē cognōvī.	erkennen, kennenlernen; *Perf.* kennen, wissen Ich habe dich kennengelernt. Ich kenne dich.	*nōscere,* *kognitiv, f. connaître, i. conoscere, s. conocer*
libellus	kleines Buch, Heft	*liber*
maximus, a, um	der größte, sehr groß	*maximal, i. massimo*
arbor, arboris *f*	Baum	*f. arbre, s. árbol*
plūs, plūris	mehr	*f. plus, i. più*
nūmen, nūminis *n*	Gottheit, göttlicher Wille	*i. nume*
Germānus, a, um	germanisch; *Subst.* Germane	
dēcernere, dēcernō, dēcrēvī, dēcrētum	beschließen, entscheiden	*Dekret*
saevus, a, um	schrecklich, wild, wütend	
deō grātiās	Gott sei Dank!	*f. grâce à Dieu, i. grazie a Dio, s. gracias a Dios, p. graças a Deus*
praesēns, praesentis	anwesend, gegenwärtig	*Präsens, präsent, e. present, f. présent, i./s. presente*
vērus, a, um	echt, richtig, wahr	*i. vero*
cōgere, cōgō, coēgī, coāctum mīlitēs cōgere nūllō cōgente	(ver)sammeln; zwingen die Soldaten versammeln ohne Zwang	

S Ablativus absolutus (2)

→ Sinnrichtungen

	Hostibus pulsis omnes cives laeti erant.
temporal	Als (nachdem) **die Feinde vertrieben (worden) waren**, waren alle Bürger froh.
kausal	Weil **die Feinde vertrieben (worden) waren**, waren alle Bürger froh.

	Hostibus pulsis oppidum tamen tutum non erat.
konzessiv	Obwohl **die Feinde vertrieben (worden) waren**, war die Stadt dennoch nicht sicher.

Beim Ablativus absolutus sind – je nach Zusammenhang – die gleichen Sinnrichtungen möglich wie beim Participium coniunctum (vgl. 58 S).

Die konzessive Sinnrichtung wird oft durch ein „Signalwort" (tamen) deutlich gemacht.
Modale (z.B. *wobei*) und konditionale (z.B. *falls*) Sinnrichtung sind selten.

→ Übersetzungsmöglichkeiten

	Hostibus pulsis oppidum (tamen) tutum non erat.
Adverbialsatz	Obwohl **die Feinde vertrieben waren**, war die Stadt (dennoch) nicht sicher.
Präpositionalausdruck	Trotz **der Vertreibung der Feinde** war die Stadt nicht sicher.
Beiordnung	**Die Feinde waren vertrieben worden; dennoch** war die Stadt nicht sicher.

Eine wörtliche Übersetzung des Ablativus absolutus ist nicht möglich.

Es stehen die gleichen Übersetzungsmöglichkeiten wie bei Partizipialkonstruktionen, die als Adverbiale aufzufassen sind, zur Verfügung.

Sinnrichtung		Adverbialsatz	Präpositionalausdruck	Beiordnung
temporal	vorzeitig	nachdem, als	nach	(und) dann
	gleichzeitig	während, als	während, bei	(und) dabei
kausal		weil, da	wegen	(und) deshalb
konzessiv		obwohl	trotz	(aber) trotzdem, (aber) dennoch

Übersetzen: Ablativi absoluti auflösen

Wenn du einen Ablativus absolutus – er kommt übrigens häufig am Satzanfang vor – erkannt hast, kannst du bei seiner Übersetzung ähnlich verfahren wie beim Participium coniunctum.

Analyse	Beispiel
a) Isoliere den Abl. abs. mit seinen Ergänzungen durch Einklammern.	(**Magistro** fabulam **narrante**) liberi gaudebant.
b) Übersetze den Satz ohne den eingeklammerten Wortblock.	Die Kinder freuten sich.
c) Übersetze den Abl. abs. mit Adverbialsatz, Präpositionalausdruck oder Beiordnung.	**Adverbialsatz:** Weil (Als) der Lehrer eine Geschichte erzählte, ... **Präpositionalausdruck:** Beim Erzählen der Geschichte durch den Lehrer ... **Beiordnung:** Der Lehrer erzählte eine Geschichte und deshalb (dabei) ...
d) Übersetze den ganzen Satz.	Weil (Als) der Lehrer eine Geschichte erzählte, freuten sich die Kinder. Beim Erzählen der Geschichte durch den Lehrer freuten sich die Kinder. Der Lehrer erzählte eine Geschichte und deshalb (dabei) freuten sich die Kinder.

Mit einiger Übung wird dir das Übersetzen des Ablativus absolutus leicht fallen, da er oft in formelhaften Wendungen auftritt. Die folgenden Ausdrücke kommen – auch leicht abgewandelt – häufig vor:

his rebus cognitis

→ nachdem dies erkannt worden war

→ durch das Erkennen dieser Umstände

hoc consilio capto

→ nachdem dieser Beschluss gefasst war

→ auf diesen Beschluss hin

hac oratione habita

→ nachdem diese Rede gehalten worden war

→ nach dieser Rede

ea re nuntiata

→ nachdem dies (dieser Sachverhalt) gemeldet worden war

→ auf diese Meldung hin

his verbis dictis

→ nach diesen Worten

bello confecto

→ nach Beendigung des Krieges

eo facto

→ nachdem dies geschehen war

→ aufgrund dieser Tatsache

→ danach

iniuria accepta

→ als / weil man das Unrecht erlitten hatte

→ wegen des Unrechts

hominibus convocatis

→ nachdem man die Menschen zusammengerufen hatte

Caesare imperante

→ unter dem Befehl Cäsars

nullo resistente

→ wobei / weil niemand Widerstand leistete

→ ohne dass jemand Widerstand leistete

→ ohne jeden Widerstand

sole occidente

→ bei Sonnenuntergang

vere ineunte

→ bei Frühlingsbeginn

Wenn dir z.B. die Wendung his rebus cognitis geläufig ist, wirst du auch his rebus factis entsprechend übersetzen können; Ähnliches gilt für proelio confecto, wenn du bello confecto kennst.

Wiederholungswörter

W

dēsinere, dēsinō, dēsiī, dēsitum	aufhören	mīrus, a, um	erstaunlich, sonderbar
licet	es ist erlaubt, es ist möglich	potestās, potestātis *f*	(Amts-)Gewalt, Macht
concēdere, concēdō, concessī	erlauben, nachgeben, zugestehen	dēmōnstrāre	beweisen, darlegen
		iter, itineris *n*	Reise, Marsch, Weg
		perīre, pereō, periī	umkommen, zugrunde gehen

Lernwörter

mē praesente	in meiner Anwesenheit	*praesēns*
īgnōscere, īgnōscō, īgnōvī, īgnōtum	verzeihen	
nūper *Adv.*	neulich, vor kurzem	
docēre, doceō, docuī, **doctum**	lehren, unterrichten	*Doktor*
mē invītō	gegen meinen Willen	*invītus*
pāx, pācis *f*	Frieden	*Pazifist, e. peace, f. paix, i. pace, s. paz*
Carolus Magnus	Karl der Große *(König des Frankenreiches 768–814)*	
Carolō Magnō imperātōre	unter der Herrschaft Karls des Großen	
lēgātus	Gesandter, Bevollmächtigter	*Legat, De-legation*
Francus, a, um	fränkisch; *Subst.* Franke	
Persae, Persārum *m Pl.*	die Perser	
Carolō auctōre	auf Veranlassung Karls	*auctor*
barbarus, a, um	ausländisch, unzivilisiert; *Subst.* Barbar	
mūnus, mūneris *n*	Geschenk; Aufgabe	
mūnera mittere	Geschenke schicken	
līber ab omnī mūnere	frei von jeder Aufgabe (Verpflichtung)	
nōmine	namens	*nōmen*

Fortsetzung ⟶

cēnsēre, cēnseō, cēnsuī, cēnsum *(m. Akk.)*	meinen, einschätzen; seine Stimme abgeben (für)	*zensieren, Zensur*
Linguam nostram pulchram esse cēnseō.	Ich meine, dass unsere Sprache schön ist.	
Senātōrēs pācem cēnsent.	Die Senatoren stimmen für den Frieden.	
vīvus, a, um	lebend, lebendig	*vīvere*
rēge vīvō	zu Lebzeiten des Königs	*rēx, vīvus*

S Ablativus absolutus (3)

Hannibale duce
unter der Führung Hannibals

In einigen Wendungen tritt beim Ablativus absolutus an die Stelle des Partizips ein Substantiv oder Adjektiv. Bei der Wiedergabe im Deutschen verwendet man meistens Präpositionalausdrücke.

Solche Wendungen sind zum Beispiel:

Bruto consule	unter dem Konsulat des Brutus
Daedalo auctore	auf Veranlassung des Dädalus
Numitore rege	unter der Regierung des Numitor
Carolo imperatore	unter der Herrschaft Karls
me invito	gegen meinen Willen
patre vivo	zu Lebzeiten des Vaters
Icaro mortuo	nach dem Tod des Ikarus
te praesente	in deiner Anwesenheit
me puero	in meiner Kindheit

In diesen Fällen bezeichnet der Ablativus absolutus die **Gleichzeitigkeit**.

Wiederholungswörter

cōnsistere, cōnsistō, cōnstitī	stehen bleiben, haltmachen, sich aufstellen
dūcere, dūcō, dūxī, ductum	*m. dopp. Akk.* halten für
equidem	(ich) allerdings, freilich
superī, superōrum *m Pl.*	die Götter
placet *m. Dat.*	es gefällt jdm., jd. beschließt
anteā *Adv.*	vorher, früher
cōnsulere, cōnsulō, cōnsuluī, cōnsultum	*m. Dat.* sorgen für
prōvidēre, prōvideō, prōvīdī, prōvīsum	*m. Dat.* sorgen für

Lernwörter

quī, quae, quod *adj.*	welcher, welche, welches	
Germānia	Germanien	*Germānus*
quidnam?	was denn?	*quid, nam*
saeculum	Jahrhundert, Menschenalter, Zeit(alter)	*f. siècle, s. siglo*
corripere, corripiō, corripuī, correptum	ergreifen, gewaltsam an sich reißen	*rapere*
Augustus	Augustus *(erster röm. Kaiser, 27 v.–14 n. Chr.)*	
intellegere, intellegō, intellēxī, intellēctum	(be)merken, verstehen	*Intelligenz, intellektuell*
quārē?	weshalb? wodurch?	*quae, rēs*
orbis, orbis *m*	Kreis(lauf); Erdkreis, Welt	*Orbit*
aliēnus, a, um	fremd	*alius, e. alien*
ūsque *Adv.*	ohne Unterbrechung	
auctōritās, auctōritātis *f*	Ansehen, Einfluss, Macht	*augēre, auctor, Autorität*
commodum	Bequemlichkeit, Vorteil	
obtinēre, obtineō	(in Besitz) haben, (besetzt) halten	*tenēre, e. obtain, f. obtenir*
-ne … an *(Wahlfrage im Hauptsatz)*	… oder	
hūmānitās, hūmānitātis *f*	Menschlichkeit, Menschenfreundlichkeit; Bildung	*homō, Humanität*
utrum … an *(Wahlfrage im Hauptsatz)*	… oder	

F Interrogativpronomen

→ **substantivisch**

quis? quid? *wer? was?*

Quis ibi sedet?

Wer sitzt dort?

	m	f	n
Nominativ	quis		quid
Genitiv	cuius		
Dativ	cui		
Akkusativ	quem		quid
Ablativ	ā quō / quōcum		quō

→ **adjektivisch**

qui …? quae …? quod …? *welcher …? welche …? welches …?*

Qui vir ibi sedet?
Quae femina ibi sedet?

Welcher Mann sitzt dort?
Welche Frau sitzt dort?

Wird das Interrogativpronomen (Fragepronomen) adjektivisch verwendet, so stimmen die Deklinationsformen mit denen des Relativpronomens (qui, quae, quod) überein (vgl. 36 F).

S Wort-, Wahl- und Satzfragen

Es gibt drei Arten von Fragesätzen:

→ **Wortfragen**

Quis venit?

Wer kommt?

Sie werden mit einem Fragewort eingeleitet.

→ **Wahlfragen**

Utrum venis *an* abis?
Venis*ne* *an* abis?
Venis *an* abis?

Kommst du *oder* gehst du weg?

Sie erfordern eine Entscheidung zwischen zwei oder mehr Möglichkeiten und können auf drei Arten formuliert werden.

→ **Utrum** bzw. **-ne** bleiben unübersetzt.

71

→ Satzfragen

Sie können mit drei verschiedenen Fragepartikeln beginnen:

Venit-*ne*? Kommt er?	→ **-ne** lässt die Antwort offen.
Nonne venit? Kommt er *(etwa) nicht*?	→ **Nonne** zeigt, dass der Fragende die Antwort „ja" erwartet.
Num venit? Kommt er *etwa*?	→ **Num** zeigt, dass der Fragende die Antwort „nein" erwartet.

Informationen beschaffen: Bücher und Internet nutzen

M

Immer wenn du dich vertieft mit einem Thema beschäftigst – z.B. im Rahmen eines Arbeitsauftrags (vgl. etwa 71 V a 3) – musst du dir Fachliteratur besorgen und diese auswerten.

→ Bücher finden

Die verlässlichsten Informationen entnimmst du Büchern. In der Schul- oder Stadtbücherei sind die Bücher auf zwei verschiedene Arten alphabetisch verzeichnet: in einem Verfasser- und in einem Sachkatalog. Wenn du also bereits einen Buchtipp erhalten hast, kannst du einfach über den Namen des Verfassers auf die Suche gehen. Wenn du Lexika zu Rate ziehen willst, suchst du nach Stichwörtern (z. B. Imperialismus, Römer, Militär, Ausrüstung, Limes).

Suchen kannst du in der Bücherei entweder in einem Verzeichnis aus Karteikarten oder mit einem bibliothekseigenen Computerprogramm. Wenn deine Suche erfolgreich war, erhältst du Angaben über den Verfasser, Erscheinungsort und -jahr des Buches sowie seine Signatur – das ist eine Folge von Buchstaben und Zahlen, die seinen Standort in der Bibliothek verraten.

→ Im Internet recherchieren

Dem Internet lassen sich ohne Mühe die vielfältigsten Informationen entnehmen; da aber weltweit jeder seine Angebote ganz unkontrolliert ins Netz stellen kann, sind diese von unterschiedlichster Qualität.

Wenn du nicht nach einer bestimmten Adresse suchst, empfiehlt sich die Recherche über eine Suchmaschine (z.B. www.google.de). Hier führt die Eingabe von Stichwörtern zu den einschlägigen Websites. Nach dem Öffnen dieser Seiten musst du nun jeweils überprüfen, ob dir die gegebenen Informationen nützen – aber auch, ob sie stimmen, z.B. mit Hilfe neuerer Nachschlagewerke.

72

W Wiederholungswörter

contrā *m. Akk.*	gegen	herī *Adv.*	gestern
dēspērāre	die Hoffnung aufgeben, verzweifeln	salūs, salūtis *f*	Gesundheit, Rettung, Gruß, Glück
profectō *Adv.*	sicherlich, tatsächlich	manus, manūs *f*	Hand; Schar (von Bewaffneten)
contendere, contendō, contendī	sich anstrengen, kämpfen; eilen; behaupten	necessārius, a, um	notwendig

Lernwörter

mēns, mentis *f (Gen. Pl.* **-ium***)*	Geist, Sinn, Verstand; Meinung	*mental*
prōdere, prōdō, prōdidī, prōditum	verraten; überliefern	*prō, dare*
quiēscere, quiēscō, quiēvī, quiētum	(aus)ruhen, schlafen	*e. quiet*
vīs *f (Akk.* vim, *Abl.* vī*)* **vīrēs, vīrium** *Pl.*	Gewalt, Kraft, Menge Kräfte; Streitkräfte	
dēficere, dēficiō, dēfēcī, dēfectum *(ā m. Abl.)*	abnehmen, ermatten, abfallen (von)	*Defekt, Defizit*
proinde *Adv.*	also, daher	
prohibēre, nē *m. Konj.*	daran hindern, dass	
exstinguere, exstinguō, exstīnxī, exstīnctum	auslöschen, vernichten	*e. extinguish*
quamvīs *Subj. m. Konj.*	wenn auch, obwohl	
sponte meā (tuā, suā)	freiwillig, von selbst	*spontan*
praestāre, praestō, praestitī	*m. Akk.* gewähren, leisten, zeigen; *m. Dat.* übertreffen	
officium praestāre	seine Pflicht erfüllen	
amīcō praestāre	den Freund übertreffen	
cīvitās, cīvitātis *f*	Gemeinde, Staat; Bürgerrecht	*cīvis, e. city, s. ciudad*
posterī, posterōrum *m Pl.*	Nachkommen	*post, posteā*
item *Adv.*	ebenso, gleichfalls	

Verben: Konjunktiv Präsens

→ Konjunktiv Präsens Aktiv

a-Konjugation	Singular	Plural
1. Person	voc-e-m	voc-ē-mus
2. Person	voc-ē-s	voc-ē-tis
3. Person	voc-e-t	voc-e-nt

e-Konjugation	Singular	Plural
1. Person	mone-a-m	mone-ā-mus
2. Person	mone-ā-s	mone-ā-tis
3. Person	mone-a-t	mone-a-nt

a-Konjugation	voc-e-m, voc-ē-s, voc-e-t ...
e-Konjugation	mone-a-m, mone-ā-s, mone-a-t ...
i-Konjugation	audi-a-m, audi-ā-s, audi-a-t ...
kons. Konjugation (i-Erweiterung)	ag-a-m, ag-ā-s, ag-a-t ... capi-a-m, capi-ā-s, capi-a-t ...

→ Konjunktiv Präsens Passiv

a-Konjugation	Singular	Plural
1. Person	voc-e-r	voc-ē-mur
2. Person	voc-ē-ris	voc-ē-minī
3. Person	voc-ē-tur	voc-e-ntur

e-Konjugation	Singular	Plural
1. Person	mone-a-r	mone-ā-mur
2. Person	mone-ā-ris	mone-ā-minī
3. Person	mone-ā-tur	mone-a-ntur

a-Konjugation	voc-e-r, voc-ē-ris, voc-ē-tur ...
e-Konjugation	mone-a-r, mone-ā-ris, mone-ā-tur ...
i-Konjugation	audi-a-r, audi-ā-ris, audi-ā-tur ...
kons. Konjugation (i-Erweiterung)	ag-a-r, ag-ā-ris, ag-ā-tur ... capi-a-r, capi-ā-ris, capi-ā-tur ...

Zeichen für den Konjunktiv Präsens ist -ā-, bei der a-Konjugation jedoch -e-.

Besonders zu beachten sind:

Konjunktiv Präsens Aktiv	Infinitiv
eam, eās, eat, eāmus, eātis, eant	īre
sim, sīs, sit, sīmus, sītis, sint	esse
possim, possīs, possit, possimus, possītis, possint	posse
velim, velīs, velit, velimus, velītis, velint	velle

S Konjunktiv Präsens in Gliedsätzen

Te oro, ut mihi consilium des.

Ich bitte dich, dass du mir einen Rat gibst (mir einen Rat zu geben).

Te reprehendo, cum officia neglegas.

Ich kritisiere dich, weil du deine Pflichten vernachlässigst.

Wie du bereits weißt (vgl. 64 **S1**), steht nach den Subjunktionen ut und ne in abhängigen Begehrsätzen im Lateinischen der Konjunktiv.
Er steht auch nach bestimmten Subjunktionen in Adverbialsätzen (z.B. cum).
In diesen Fällen wird der lateinische Konjunktiv Präsens in der Regel mit **deutschem Indikativ Präsens** wiedergegeben.

Wiederholungswörter

dēmōnstrāre	beweisen, darlegen	cum *Subj. m. Konj.*	als, nachdem; weil; obwohl; während (dagegen)
discere, discō, didicī	lernen, erfahren	bene *Adv.*	gut
ingenium	Begabung, Talent, Verstand	ipse, ipsa, ipsum	(er, sie, es) selbst
invenīre, inveniō, invēnī, inventum	finden, erfinden	superāre	besiegen, überwinden, übertreffen

Lernwörter

ūtilis, e	nützlich	*ūsus, f. utile, i. ùtile*
ars, artis *f (Gen. Pl. -ium)*	Kunst, Fertigkeit, Eigenschaft	*e./f. art, i./s. arte*
quīn *im Hauptsatz*	warum nicht?	
Subj. m. Konj.	*(in festen Wendungen)* dass	
nōn dubitō, quīn *m. Konj.*	ich zweifle nicht (daran), dass	
Colōnia (Agrippīnēnsis)	Köln	*colere, Kolonie*
rūs, rūris *n*	Feld, Land *(im Gegensatz zur Stadt)*, Landgut	*rustikal*
rūrī *Adv.*	auf dem Land	
difficilis, e	schwer, schwierig	*facilis, diffizil*
mīlle *Sg. indekl.*	tausend	*Millennium, Millimeter, Milligramm, Million*
mīlia, mīlium *n Pl.*	tausend, Tausende	
abesse, absum, āfuī *(ā m. Abl.)*	entfernt sein, abwesend sein, fehlen	*ab, esse*
ab urbe abesse	von der Stadt entfernt sein	
Multa mihi absunt.	Mir fehlt viel(es).	
quasi *Adv.*	gleichsam	
mōnstrum quasi	gleichsam ein Ungeheuer	
centum *indekl.*	hundert	*Cent, Zenti-meter, Pro-zent, e. century*
longus, a, um	lang, weit	*e./f. long, i. lungo*
locāre, locō	aufstellen, setzen; vermieten	*locus*
moenia locāre	Stadtmauern errichten	
domum locāre	ein Haus vermieten	

F Verben: Konjunktiv Perfekt

→ **Konjunktiv Perfekt Aktiv**

a-Konjugation	Singular	Plural
1. Person	vocā-v-eri-m	vocā-v-eri-mus
2. Person	vocā-v-eri-s	vocā-v-eri-tis
3. Person	vocā-v-eri-t	vocā-v-eri-nt

→ **Konjunktiv Perfekt Passiv**

a-Konjugation	Singular	Plural
1. Person	vocā-tus, a, um sim	vocā-tī, ae, a sīmus
2. Person	vocā-tus, a, um sīs	vocā-tī, ae, a sītis
3. Person	vocā-tus, a, um sit	vocā-tī, ae, a sint

Die Formen des Konjunktiv Perfekt werden in allen Konjugationsklassen gleich gebildet.

Zeichen des Konjunktiv Perfekt Aktiv ist -eri-, das an den Perfektstamm angefügt wird.
Im Passiv steht nach der PPP-Form eine Form des Konjunktiv Präsens von esse.

Besonders zu beachten sind:

Konjunktiv Perfekt Aktiv	Infinitiv
fuerim, fueris, fuerit, fuerimus, fueritis, fuerint	esse
ierim, ieris, ierit, ierimus, ieritis, ierint	īre

S Konjunktiv Perfekt in Gliedsätzen

Te reprehendo, cum officia neglexeris.

Ich kritisiere dich, weil du deine Pflichten vernachlässigt hast.

Auch der Konjunktiv Perfekt steht in lateinischen Gliedsätzen nach bestimmten Subjunktionen (z.B. cum). Er wird in der Regel mit **deutschem Indikativ Perfekt** wiedergegeben.

Wiederholungswörter

pervenīre ad / in *m. Akk.*	kommen zu / nach
quaerere ex / dē *m. Abl.*	jdn. fragen
pergere, pergō, perrēxī	aufbrechen; weitermachen
solvere, solvō, solvī, solūtum	lösen, auflösen; bezahlen
restituere, restituō, restituī, restitūtum	wiederherstellen
comperīre, comperiō, comperī, compertum	(genau) erfahren
sinere, sinō, sīvī	(zu)lassen, erlauben
perdere, perdō, perdidī, perditum	verlieren, verschwenden, zugrunde richten

Lernwörter

pōscere, pōscō, popōscī	fordern, verlangen	
nihil … nisī	nichts … außer, nichts (anderes) … als, nur	
Nihil (aliud) nisī veniam ā tē petō.	Ich verlange nichts (anderes) als Nachsicht von dir. Ich verlange nur Nachsicht von dir.	
impedīre, nē *m. Konj.*	(ver)hindern, dass	
ēvenīre, ēveniō, ēvēnī, ēventum	sich ereignen	*ē, venīre,* Event
ēvenit, ut	es ereignet sich, dass	
improbus, a, um	schlecht, unanständig	*probāre*
quoniam *Subj. m. Ind.*	da ja, da nun	
aes, aeris *n*	Erz, Geld	
emere, emō, ēmī, ēmptum	kaufen	
incertus, a, um	ungewiss, unsicher	*certus*
num *(im Gliedsatz)*	ob, ob nicht	
aes aliēnum	Schulden	*aes, aliēnus*
exigere, exigō, exēgī, exāctum	(ein)fordern, vollenden	*ex, agere,* exakt
mūnītiō, mūnītiōnis *f*	Bau, Befestigung	*mūnīre,* Munition
ēdere, ēdō, ēdidī, ēditum	herausgeben, bekannt machen, veranstalten	*ē, dare,* Edition
inde *Adv.*	von dort; darauf; deshalb	*de-inde*
utrum … an *(im Gliedsatz)*	ob … oder	
-ne … an *(im Gliedsatz)*	ob … oder	

S1 Gliedsätze als Objekt: Indirekte Fragesätze

In indirekten Fragesätzen steht im Lateinischen immer der Konjunktiv, im Deutschen meist der Indikativ.

→ **Wortfragen**

Nescio, *quid* feceris.

Ich weiß nicht, *was* du getan hast.

Nescio, *cur* abeas.

Ich weiß nicht, *warum* du weggehst.

Indirekte Wortfragen werden – wie direkte Wortfragen – mit **Interrogativpronomina oder Interrogativadverbien** eingeleitet.

→ **Wahlfragen**

Dubito, *utrum* tua vox vera *an* falsa sit.

Ich zweifle, *ob* deine Äußerung richtig *oder* falsch ist.

Indirekte Wahlfragen werden formuliert mit:

utrum ... an **-ne ... an** **an**	ob ... oder

→ **Satzfragen**

Te interrogo, *num* lingua nostra tibi placeat.

Ich frage dich, *ob* dir unsere Sprache gefällt.

Quaero, hoc*ne* verum sit.

Ich frage, *ob* dies wahr (richtig) ist.

Indirekte Satzfragen werden eingeleitet mit:

num **-ne**	ob, ob nicht

Zeitenfolge

Nescio, quid facias. Ich weiß nicht, was du tust.	Nesciebam, quid faceres. Ich wusste nicht, was du tatest / tust.
Nescio, quid feceris. Ich weiß nicht, was du getan hast.	Nesciebam, quid fecisses. Ich wusste nicht, was du getan hattest.

Im Lateinischen gibt es feste Regeln für den Gebrauch der **Tempora in konjunktivischen Gliedsätzen** (Zeitenfolge). Danach ergibt sich aus dem Tempus im Hauptsatz und dem Tempus im konjunktivischen Gliedsatz eindeutig, in welchem Zeitverhältnis (gleichzeitig, vorzeitig) die Handlung des Gliedsatzes zu der des Hauptsatzes steht:

Hauptsatz	Gliedsatz	Zeitverhältnis
Präsens / Futur	Konjunktiv Präsens	gleichzeitig
	Konjunktiv Perfekt	vorzeitig
alle Vergangenheitstempora	Konjunktiv Imperfekt	gleichzeitig
	Konjunktiv Plusquamperfekt	vorzeitig

Wortfamilien

venīre	**d**are	**ag**ere
ē**venī**re	ad**d**ere	cō**g**ere
in**venī**re	con**d**ere	ex**ig**ere
per**venī**re	crē**d**ere	
	ē**d**ere	
	per**d**ere	
	prō**d**ere	
	red**d**ere	
	trā**d**ere	
	ven**d**ere	

75

W Wiederholungswörter

calamitās, calamitātis *f*	Schaden, Unglück	gēns, gentis *f*	Familienverband, Stamm, Volk
undique *Adv.*	von allen Seiten, von überallher	poena	Strafe
aestimāre	einschätzen, beurteilen	cōnstituere, cōnstituō, cōnstituī, constitūtum	festsetzen, beschließen
damnāre *(m. Gen.)*	verurteilen (wegen)		

Lernwörter

iactāre, iactō	schleudern, werfen; rühmen	*f. jeter*
prope *Adv.*	nahe, in der Nähe; beinahe	
aspicere, aspiciō, aspexī, **aspectum**	erblicken, ansehen	*Aspekt*
forte *Adv.*	zufällig	
culpa	Schuld	
pariter *Adv.*	ebenso, gleichzeitig	
ambō, ambae, ambō	beide (zusammen)	
parum *Adv.*	(zu) wenig	
minimē *Adv.*	am wenigsten, überhaupt nicht	*minimal*
praetor, praetōris *m*	Prätor *(für die Rechtsprechung zuständiger Beamter)*	
aliter *Adv.*	anders; sonst	*alius*
magistrātus, magistrātūs *m*	Amt, Beamter	*Magistrat*
iūdicāre, iūdicō	urteilen, beurteilen	*iūdex, Judikative*
facinus, facinoris *n*	Handlung; Untat	*facere*

Römische Ämter

75

Adverbbildung

F

Es gibt Wörter, die nur als Adverbien vorkommen (z.B. nunc, saepe) sowie Adverbien, die von Adjektiven gebildet werden.

Adverbien zu Adjektiven werden gebildet, indem die folgenden Endungen an den Wortstamm angefügt werden:

praeclār-**ē**	großartig	→ bei Adjektiven der a- und o-Deklination **-ē**,
celer-**iter**	schnell	→ bei Adjektiven der 3. Deklination **-iter**.
vehement-**er**	heftig	→ Endet der Wortstamm des Adjektivs auf -nt, wird nur **-er** angefügt.

Bei manchen Adjektiven der 3. Deklination ist der Wortstamm, mit dem die Adverbien gebildet werden, nicht am Nom. Sg., sondern am Gen. Sg. des Adjektivs zu erkennen, z.B. acr-iter zu acer, felic-iter zu felix.

Adverb als Adverbiale

S

equus *celer*	Equus *celer* est.	Equus **celeriter** currit.
das *schnelle* Pferd	Das Pferd ist *schnell.*	Das Pferd läuft **schnell.**

Während das Adjektiv als Attribut oder Prädikatsnomen ein Substantiv näher bestimmt, informiert das Adverb über die näheren Umstände des Verbalinhalts (Ad-verb).

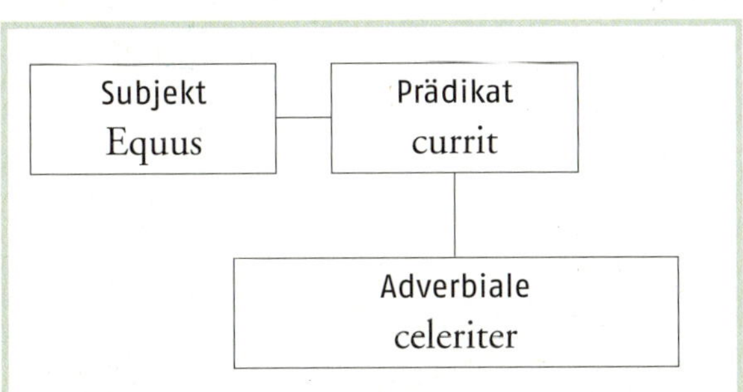

Adverbien haben die Satzgliedfunktion des Adverbiales. Sie sind keine notwendigen Bestandteile des Satzes.
Von Adjektiven abgeleitete Adverbien geben gewöhnlich an, wie etwas geschieht. Wir fragen **„auf welche Art und Weise?"**.
Andere Adverbien können – wie ein Gliedsatz oder ein Präpositionalausdruck – Aufschluss über Ort, Zeit, oder Grund eines Geschehens geben.

76

W Wiederholungswörter

nescīre, nesciō	nicht wissen, nicht kennen, nicht verstehen	appellāre	anrufen; *m. dopp. Akk.* nennen
quālis, e	wie beschaffen	adhūc *Adv.*	bis jetzt, noch
quō?	wohin? wo?	arbor, oris *f*	Baum
aliēnus, a, um	fremd	caelum	Himmel

Lernwörter

ferre, ferō, tulī, lātum	bringen, tragen; ertragen	
afferre, afferō, attulī, allātum	bringen, herbeibringen, mitbringen; melden	*ad, ferre*
differre, differō, distulī, dīlātum (*ā m. Abl.*) supplicium differre ā frātre differre	aufschieben; sich unterscheiden (von) die Hinrichtung aufschieben sich vom Bruder unterscheiden	*ferre,* Differenz
cōnferre, cōnferō, contulī, collātum	vergleichen, zusammentragen	*ferre,* Konferenz
referre, referō, rettulī, relātum	(zurück)bringen, berichten	*ferre,* Referat, Relation, relativ
īnferre, īnferō, intulī, illātum	hineintragen, zufügen	*in, ferre*
crēscere, crēscō, crēvī	wachsen	Crescendo
vēndere, vēndō, vēndidī, vēnditum	verkaufen	
efferre, efferō, extulī, ēlātum	herausheben, hervorbringen	*ex, ferre*
offerre, offerō, obtulī, oblātum	anbieten, entgegenbringen	*ferre,* Offerte, Oblate
recēns, recentis	frisch, neu	
praeferre, praeferō, praetulī, praelātum	vorziehen	*ferre,* Präferenz, Prälat
perferre, perferō, pertulī, perlātum	(über)bringen, ertragen	*per, ferre*
asper, aspera, asperum	rau; streng	
dēferre, dēferō, dētulī, dēlātum	hinbringen, melden, übertragen	*dē, ferre*

ferre, ferō, tulī, lātum	bringen, tragen; ertragen
afferre, afferō, attulī, allātum	bringen, herbeibringen, mitbringen; melden
differre, differō, distulī, dīlātum *(ā m. Abl.)*	aufschieben; sich unterscheiden (von)
cōnferre, cōnferō, cōntulī, collatum	vergleichen, zusammentragen
referre, referō, rettulī, relātum	(zurück)bringen, berichten
īnferre, īnferō, intulī, illātum	hineintragen, zufügen
efferre, efferō, extulī, ēlātum	herausheben, hervorbringen
offerre, offerō, obtulī, oblātum	anbieten, entgegenbringen
praeferre, praeferō, praetulī, praelātum	vorziehen
perferre, perferō, pertulī, perlātum	(über)bringen, ertragen
dēferre, dēferō, dētulī, dēlātum	hinbringen, melden, übertragen

F

Verben: ferre

Die Stammformen lauten:

Inf. Präs.	1. Pers. Sg. Präs. Akt.	1. Pers. Sg. Perf. Akt.	PPP
ferre	ferō	tulī	lātum

	Aktiv		Passiv	
Inf. Präs.	fer-re		fer-rī	
Ind. Präs.	**Singular**	**Plural**	**Singular**	**Plural**
1. Person	fer-ō	fér-i-mus	fer-or	fér-i-mur
2. Person	fer-s	fer-tis	fer-ris	fer-i-minī
3. Person	fer-t	fer-u-nt	fer-tur	fer-u-ntur
Konj. Präs.	**Singular**	**Plural**	**Singular**	**Plural**
1. Person	fer-a-m	fer-ā-mus	fer-a-r	fer-ā-mur
2. Person	fer-ā-s	fer-ā-tis	fer-ā-ris	fer-ā-minī
3. Person	fer-a-t	fer-a-nt	fer-ā-tur	fer-a-ntur

	Aktiv		Passiv	
Ind. Impf.	Singular	Plural	Singular	Plural
1. Person	fer-**ēba-m**	fer-**ēbā-mus**	fer-**ēba-r**	fer-**ēbā-mur**
2. Person	fer-**ēbā-s**	fer-**ēbā-tis**	fer-**ēbā-ris**	fer-**ēbā-minī**
3. Person	fer-**ēba-t**	fer-**ēba-nt**	fer-**ēbā-tur**	fer-**ēba-ntur**
Konj. Impf.	Singular	Plural	Singular	Plural
1. Person	fer-**re-m**	fer-**rē-mus**	fer-**re-r**	fer-**rē-mur**
2. Person	fer-**rē-s**	fer-**rē-tis**	fer-**rē-ris**	fer-**rē-minī**
3. Person	fer-**re-t**	fer-**re-nt**	fer-**rē-tur**	fer-**re-ntur**
Futur I	Singular	Plural	Singular	Plural
1. Person	fer-**a-m**	fer-**ē-mus**	fer-**a-r**	fer-**ē-mur**
2. Person	fer-**ē-s**	fer-**ē-tis**	fer-**ē-ris**	fer-**ē-minī**
3. Person	fer-**e-t**	fer-**e-nt**	fer-**ē-tur**	fer-**e-ntur**

Imperativ	Singular	Plural
1. Person	fer!	fer-**te!**

Partizip Präsens Aktiv (PPA)
fer-**ē-ns**, fer-**ē-ntis**

Die Formen des Präsensstammes von ferre werden regelmäßig gebildet;
Ausnahmen: **fers, fert, fertis, ferris, fertur.**

Die Bedeutungen der **Komposita** von ferre sind meist leicht zu erschließen.
Allerdings werden die Vorsilben häufig assimiliert (angeglichen), zum Beispiel:
af-ferre aus ad-ferre, al-latum aus ad-latum

	Aktiv		Passiv	
Inf. Perf.	tul-isse		lāt-um esse	
Ind. Perf.	**Singular**	**Plural**	**Singular**	**Plural**
1. Person	tul-ī	tul-imus	lāt-us sum	lāt-ī sumus
2. Person	tul-istī	tul-istis	lāt-us es	lāt-ī estis
3. Person	tul-it	tul-ērunt	lāt-us est	lāt-ī sunt
Konj. Perf.	**Singular**	**Plural**	**Singular**	**Plural**
1. Person	tul-eri-m	tul-eri-mus	lāt-us sim	lāt-ī sīmus
2. Person	tul-eri-s	tul-eri-tis	lāt-us sīs	lāt-ī sītis
3. Person	tul-eri-t	tul-eri-nt	lāt-us sit	lāt-ī sint
Ind. Plusqpf.	**Singular**	**Plural**	**Singular**	**Plural**
1. Person	tul-eram	tul-erāmus	lāt-us eram	lāt-ī erāmus
2. Person	tul-erās	tul-erātis	lāt-us erās	lāt-ī erātis
3. Person	tul-erat	tul-erant	lāt-us erat	lāt-ī erant
Konj. Plusqpf.	**Singular**	**Plural**	**Singular**	**Plural**
1. Person	tul-isse-m	tul-issē-mus	lāt-us essem	lāt-ī essēmus
2. Person	tul-issē-s	tul-issē-tis	lāt-us essēs	lāt-ī essētis
3. Person	tul-isse-t	tul-isse-nt	lāt-us esset	lāt-ī essent
Futur II	**Singular**	**Plural**	**Singular**	**Plural**
1. Person	tul-erō	tul-erimus	lāt-us erō	lāt-ī erimus
2. Person	tul-eris	tul-eritis	lāt-us eris	lāt-ī eritis
3. Person	tul-erit	tul-erint	lāt-us erit	lāt-ī erunt

Partizip Perfekt Passiv (PPP)
lāt-us, a, um

1. Substantive

a-Dekl.	Singular	Plural
Nominativ	serv-a	serv-ae
Genitiv	serv-ae	serv-ārum
Dativ	serv-ae	serv-īs
Akkusativ	serv-am	serv-ās
Ablativ	serv-ā	serv-īs

o-Dekl.	Singular	Plural	Singular	Plural
Nominativ	serv-us	serv-ī	dōn-um	dōn-a
Genitiv	serv-ī	serv-ōrum	dōn-ī	dōn-ōrum
Dativ	serv-ō	serv-īs	dōn-ō	dōn-īs
Akkusativ	serv-um	serv-ōs	dōn-um	dōn-a
Ablativ	serv-ō	serv-īs	dōn-ō	dōn-īs

3. Dekl.	Singular	Plural	Singular	Plural
Nominativ	senātor	senātōr-ēs	crīmen	crīmin-a
Genitiv	senātōr-is	senātōr-um	crīmin-is	crīmin-um
Dativ	senātōr-ī	senātōr-ibus	crīmin-ī	crīmin-ibus
Akkusativ	senātōr-em	senātōr-ēs	crīmen	crīmin-a
Ablativ	senātōr-e	senātōr-ibus	crīmin-e	crīmin-ibus

u-Dekl.	Singular	Plural
Nominativ	met-us	met-ūs
Genitiv	met-ūs	met-uum
Dativ	met-uī	met-ibus
Akkusativ	met-um	met-ūs
Ablativ	met-ū	met-ibus

e-Dekl.	Singular	Plural
Nominativ	r-ēs	r-ēs
Genitiv	r-eī	r-ērum
Dativ	r-eī	r-ēbus
Akkusativ	r-em	r-ēs
Ablativ	r-ē	r-ēbus

2. Adjektive

a-/o-Dekl.	Singular m	Singular f	Singular n	Plural m	Plural f	Plural n
Nominativ	magn-**us**	magn-**a**	magn-**um**	magn-**ī**	magn-**ae**	magn-**a**
Genitiv	magn-**ī**	magn-**ae**	magn-**ī**	magn-**ōrum**	magn-**ārum**	magn-**ōrum**
Dativ	magn-**ō**	magn-**ae**	magn-**ō**		magn-**īs**	
Akkusativ	magn-**um**	magn-**am**	magn-**um**	magn-**ōs**	magn-**ās**	magn-**a**
Ablativ	magn-**ō**	magn-**ā**	magn-**ō**		magn-**īs**	

dreiendige

3. Dekl.	m	f	n	m	f	n
Nominativ	ācer	ācr-**is**	ācr-**e**	ācr-**ēs**	ācr-**ēs**	ācr-**ia**
Genitiv		ācr-**is**			ācr-**ium**	
Dativ		ācr-**ī**			ācr-**ibus**	
Akkusativ		ācr-**em**	ācr-**e**		ācr-**ēs**	ācr-**ia**
Ablativ		ācr-**ī**			ācr-**ibus**	

zweiendige

	m	f	n	m	f	n
Nominativ		fort-**is**	fort-**e**		fort-**ēs**	fort-**ia**
Genitiv		fort-**is**			fort-**ium**	
Dativ		fort-**ī**			fort-**ibus**	
Akkusativ		fort-**em**	fort-**e**		fort-**ēs**	fort-**ia**
Ablativ		fort-**ī**			fort-**ibus**	

einendige

	m	f	n	m	f	n
Nominativ		sapiēns			sapient-**ēs**	sapient-**ia**
Genitiv		sapient-**is**			sapient-**ium**	
Dativ		sapient-**ī**			sapient-**ibus**	
Akkusativ		sapient-**em**	sapiēns		sapient-**ēs**	sapient-**ia**
Ablativ		sapient-**ī**			sapient-**ibus**	

3. Pronomina

Personalpronomen

	Singular 1. Person	Singular 2. Person	Singular 3. Person (refl.)	Plural 1. Person	Plural 2. Person	Plural 3. Person (refl.)
Nominativ	ego	tū	–	nōs	vōs	–
Dativ	mihi	tibi	sibi	nōbīs	vōbīs	sibi
Akkusativ	mē	tē	sē	nōs	vōs	sē
Ablativ	mēcum sine mē	tēcum sine tē	ā sē sēcum	nōbīscum sine nōbīs	vōbīscum sine vōbīs	ā sē sēcum

Demonstrativpronomen is *dieser*

	m	f	n	m	f	n
Nominativ	is	ea	id	eī / iī	eae	ea
Genitiv		eius		eōrum	eārum	eōrum
Dativ		eī			eīs / iīs	
Akkusativ	eum	eam	id	eōs	eās	ea
Ablativ	eō	eā	eō		eīs / iīs	

Demonstrativpronomen iste *dieser (da)*

Nominativ	iste	ista	istud	istī	istae	ista
Genitiv		istīus		istōrum	istārum	istōrum
Dativ		istī			istīs	
Akkusativ	istum	istam	istud	istōs	istās	ista
Ablativ	istō	istā	istō		istīs	

Demonstrativpronomen hic *dieser*

Nominativ	hic	haec	hoc	hī	hae	haec
Genitiv		huius		hōrum	hārum	hōrum
Dativ		huic			hīs	
Akkusativ	hunc	hanc	hoc	hōs	hās	haec
Ablativ	hōc	hāc	hōc		hīs	

Demonstrativpronomen ille *jener*

Nominativ	ille	illa	illud	illī	illae	illa
Genitiv		illīus		illōrum	illārum	illōrum
Dativ		illī			illīs	
Akkusativ	illum	illam	illud	illōs	illās	illa
Ablativ	illō	illā	illō		illīs	

Pronomen **ipse** *(er) selbst*

	Singular m	f	n	*Plural* m	f	n
Nominativ	ipse	ipsa	ipsum	ipsī	ipsae	ipsa
Genitiv		ipsīus		ipsōrum	ipsārum	ipsōrum
Dativ		ipsī			ipsīs	
Akkusativ	ipsum	ipsam	ipsum	ipsōs	ipsās	ipsa
Ablativ	ipsō	ipsā	ipsō		ipsīs	

Pronomen **īdem** *derselbe*

Nominativ	īdem	éadem	idem	eīdem / iīdem	eaedem	éadem
Genitiv		eiusdem		eōrundem	eārundem	eōrundem
Dativ		eīdem			eīsdem / iīsdem / īsdem	
Akkusativ	eundem	eandem	idem	eōsdem	eāsdem	éadem
Ablativ	eōdem	eādem	eōdem		eīsdem / iīsdem / īsdem	

Relativ- und Interrogativpronomen **quī** *der; welcher*

Nominativ	quī	quae	quod	quī	quae	quae
Genitiv		cuius		quōrum	quārum	quōrum
Dativ		cui			quibus	
Akkusativ	quem	quam	quod	quōs	quās	quae
Ablativ	quō	quā	quō		quibus	

Interrogativpronomen **quis** *wer?*

Nominativ	quis	quid
Genitiv	cuius	
Dativ	cui	
Akkusativ	quem	quid
Ablativ	ā quō / quōcum	quō

Indefinitpronomen **quīdam** *ein gewisser, (irgend)ein*

subst.						
Nominativ	quīdam	quaedam	quiddam	quīdam	quaedam	quaedam
Genitiv		cuiusdam		quōrundam	quārundam	quōrundam
Dativ		cuidam			quibusdam	
Akkusativ	quendam	quandam	quiddam	quōsdam	quāsdam	quaedam
Ablativ	quōdam	quādam	quōdam		quibusdam	

adj.						
Nominativ	quīdam	quaedam	quoddam	quīdam	quaedam	quaedam
Genitiv		cuiusdam		quōrundam	quārundam	quōrundam
Dativ		cuidam			quibusdam	
Akkusativ	quendam	quandam	quoddam	quōsdam	quāsdam	quaedam
Ablativ	quōdam	quādam	quōdam		quibusdam	

4. Verben: Indikativ Aktiv

Präsensstamm

	ā-Konjugation		ē-Konjugation		ī-Konjugation	
Inf. Präsens	rogā-re		monē-re		audī-re	
PPA	rogā-ns, roga-ntis		monē-ns, mone-ntis		audi-ē-ns, audi-e-ntis	
Präsens	*Singular*	*Plural*	*Singular*	*Plural*	*Singular*	*Plural*
1. Person	rog-ō	rogā-mus	mone-ō	monē-mus	audi-ō	audī-mus
2. Person	rogā-s	rogā-tis	monē-s	monē-tis	audī-s	audī-tis
3. Person	roga-t	roga-nt	mone-t	mone-nt	audi-t	audi-u-nt
Imperfekt	*Singular*	*Plural*	*Singular*	*Plural*	*Singular*	*Plural*
1. Person	rogā-ba-m	rogā-bā-mus	monē-ba-m	monē-bā-mus	audi-ēba-m	audi-ēbā-mus
2. Person	rogā-bā-s	rogā-bā-tis	monē-bā-s	monē-bā-tis	audi-ēbā-s	audi-ēbā-tis
3. Person	rogā-ba-t	rogā-ba-nt	monē-ba-t	monē-ba-nt	audi-ēba-t	audi-ēba-nt
Futur I	*Singular*	*Plural*	*Singular*	*Plural*	*Singular*	*Plural*
1. Person	rogā-b-ō	rogā-bi-mus	monē-b-ō	monē-bi-mus	audi-a-m	audi-ē-mus
2. Person	rogā-bi-s	rogā-bi-tis	monē-bi-s	monē-bi-tis	audi-ē-s	audi-ē-tis
3. Person	rogā-bi-t	rogā-bu-nt	monē-bi-t	monē-bu-nt	audi-e-t	audi-e-nt
Imperativ	rogā	rogā-te	monē	monē-te	audī	audī-te

Perfektstamm

Inf. Perfekt	rogāv-isse		monu-isse		audīv-isse	
Perfekt	*Singular*	*Plural*	*Singular*	*Plural*	*Singular*	*Plural*
1. Person	rogāv-ī	rogāv-imus	monu-ī	monu-imus	audīv-ī	audīv-imus
2. Person	rogāv-istī	rogāv-istis	monu-istī	monu-istis	audīv-istī	audīv-istis
3. Person	rogāv-it	rogāv-ērunt	monu-it	monu-ērunt	audīv-it	audīv-ērunt
Plusqpf.	*Singular*	*Plural*	*Singular*	*Plural*	*Singular*	*Plural*
1. Person	rogāv-eram	rogāv-erāmus	monu-eram	monu-erāmus	audīv-eram	audīv-erāmus
2. Person	rogāv-erās	rogāv-erātis	monu-erās	monu-erātis	audīv-erās	audīv-erātis
3. Person	rogāv-erat	rogāv-erant	monu-erat	monu-erant	audīv-erat	audīv-erant
Futur II	*Singular*	*Plural*	*Singular*	*Plural*	*Singular*	*Plural*
1. Person	rogāv-erō	rogāv-erimus	monu-erō	monu-erimus	audīv-erō	audīv-erimus
2. Person	rogāv-eris	rogāv-eritis	monu-eris	monu-eritis	audīv-eris	audīv-eritis
3. Person	rogāv-erit	rogāv-erint	monu-erit	monu-erint	audīv-erit	audīv-erint

Präsensstamm

	konsonantische Konjugation		(i-Erweiterung)		Hilfsverb	
Inf. Präsens	ag-e-re		cape-re		es-se	
PPA	ag-ē-ns, ag-e-ntis		capi-ē-ns, capi-e-ntis			
Präsens	Singular	Plural	Singular	Plural	Singular	Plural
1. Person	ag-ō	ag-i-mus	capi-ō	capi-mus	su-m	su-mus
2. Person	ag-i-s	ag-i-tis	capi-s	capi-tis	es	es-tis
3. Person	ag-i-t	ag-u-nt	capi-t	capi-u-nt	es-t	s-u-nt
Imperfekt	Singular	Plural	Singular	Plural	Singular	Plural
1. Person	ag-ēba-m	ag-ēbā-mus	capi-ēba-m	capi-ēbā-mus	er-a-m	er-ā-mus
2. Person	ag-ēbā-s	ag-ēbā-tis	capi-ēbā-s	capi-ēbā-tis	er-ā-s	er-ā-tis
3. Person	ag-ēba-t	ag-ēba-nt	capi-ēba-t	capi-ēba-nt	er-a-t	er-a-nt
Futur I	Singular	Plural	Singular	Plural	Singular	Plural
1. Person	ag-a-m	ag-ē-mus	capi-a-m	capi-ē-mus	er-ō	er-i-mus
2. Person	ag-ē-s	ag-ē-tis	capi-ē-s	capi-ē-tis	er-i-s	er-i-tis
3. Person	ag-e-t	ag-e-nt	capi-e-t	capi-e-nt	er-i-t	er-u-nt
Imperativ	ag-e	ag-i-te	cape	capi-te	es	es-te

Perfektstamm

Inf. Perfekt	ēg-isse		cēp-isse		fu-isse	
Perfekt	Singular	Plural	Singular	Plural	Singular	Plural
1. Person	ēg-ī	ēg-imus	cēp-ī	cēp-imus	fu-ī	fu-imus
2. Person	ēg-istī	ēg-istis	cēp-istī	cēp-istis	fu-istī	fu-istis
3. Person	ēg-it	ēg-ērunt	cēp-it	cēp-ērunt	fu-it	fu-ērunt
Plusqpf.	Singular	Plural	Singular	Plural	Singular	Plural
1. Person	ēg-eram	ēg-erāmus	cēp-eram	cēp-erāmus	fu-eram	fu-erāmus
2. Person	ēg-erās	ēg-erātis	cēp-erās	cēp-erātis	fu-erās	fu-erātis
3. Person	ēg-erat	ēg-erant	cēp-erat	cēp-erant	fu-erat	fu-erant
Futur II	Singular	Plural	Singular	Plural	Singular	Plural
1. Person	ēg-erō	ēg-erimus	cēp-erō	cēp-erimus	fu-erō	fu-erimus
2. Person	ēg-eris	ēg-eritis	cēp-eris	cēp-eritis	fu-eris	fu-eritis
3. Person	ēg-erit	ēg-erint	cēp-erit	cēp-erint	fu-erit	fu-erint

5. Verben: Indikativ Passiv

Präsensstamm

	ā-Konjugation		*ē-Konjugation*		*ī-Konjugation*	
Inf. Präsens	rogā-rī		monē-rī		audī-rī	

Präsens	*Singular*	*Plural*	*Singular*	*Plural*	*Singular*	*Plural*
1. Person	rog-or	rogā-mur	mone-or	monē-mur	audi-or	audī-mur
2. Person	rogā-ris	rogā-minī	monē-ris	monē-minī	audī-ris	audī-minī
3. Person	rogā-tur	roga-ntur	monē-tur	mone-ntur	audī-tur	audi-u-ntur

Imperfekt	*Singular*	*Plural*	*Singular*	*Plural*	*Singular*	*Plural*
1. Person	rogā-ba-r	rogā-bā-mur	monē-ba-r	monē-bā-mur	audi-ēba-r	audi-ēbā-mur
2. Person	rogā-bā-ris	rogā-bā-minī	monē-bā-ris	monē-bā-minī	audi-ēbā-ris	audi-ēbā-minī
3. Person	rogā-bā-tur	rogā-ba-ntur	monē-bā-tur	monē-ba-ntur	audi-ēbā-tur	audi-ēba-ntur

Futur I	*Singular*	*Plural*	*Singular*	*Plural*	*Singular*	*Plural*
1. Person	rogā-b-or	rogā-bi-mur	monē-b-or	monē-bi-mur	audi-a-r	audi-ē-mur
2. Person	rogā-be-ris	rogā-bi-minī	monē-be-ris	monē-bi-minī	audi-ē-ris	audi-ē-minī
3. Person	rogā-bi-tur	rogā-bu-ntur	monē-bi-tur	monē-bu-ntur	audi-ē-tur	audi-e-ntur

Perfektstamm

Inf. Perfekt	rogā-tum esse		moni-tum esse		audī-tum esse	
PPP	rogā-tus, a, um		moni-tus, a, um		audī-tus, a, um	

Perfekt	*Singular*	*Plural*	*Singular*	*Plural*	*Singular*	*Plural*
1. Person	rogā-tus sum	rogā-tī sumus	moni-tus sum	moni-tī sumus	audī-tus sum	audī-tī sumus
2. Person	rogā-tus es	rogā-tī estis	moni-tus es	moni-tī estis	audī-tus es	audī-tī estis
3. Person	rogā-tus est	rogā-tī sunt	moni-tus est	moni-tī sunt	audī-tus est	audī-tī sunt

Plusqpf.	*Singular*	*Plural*	*Singular*	*Plural*	*Singular*	*Plural*
1. Person	rogā-tus eram	rogā-tī erāmus	moni-tus eram	moni-tī erāmus	audī-tus eram	audī-tī erāmus
2. Person	rogā-tus erās	rogā-tī erātis	moni-tus erās	moni-tī erātis	audī-tus erās	audī-tī erātis
3. Person	rogā-tus erat	rogā-tī erant	moni-tus erat	moni-tī erant	audī-tus erat	audī-tī erant

Futur II	*Singular*	*Plural*	*Singular*	*Plural*	*Singular*	*Plural*
1. Person	rogā-tus erō	rogā-tī erimus	moni-tus erō	moni-tī erimus	audī-tus erō	audī-tī erimus
2. Person	rogā-tus eris	rogā-tī eritis	moni-tus eris	moni-tī eritis	audī-tus eris	audī-tī eritis
3. Person	rogā-tus erit	rogā-tī erunt	moni-tus erit	moni-tī erunt	audī-tus erit	audī-tī erunt

Präsensstamm

	konsonantische Konjugation		(i-Erweiterung)	
Inf. Präsens	ag-ī		cap-ī	

Präsens	Singular	Plural	Singular	Plural
1. Person	ag-or	ag-i-mur	capi-or	capi-mur
2. Person	ag-e-ris	ag-i-minī	cape-ris	capi-minī
3. Person	ag-i-tur	ag-u-ntur	capi-tur	capi-u-ntur

Imperfekt	Singular	Plural	Singular	Plural
1. Person	ag-ēbā-r	ag-ēbā-mur	capi-ēba-r	capi-ēbā-mur
2. Person	ag-ēbā-ris	ag-ēbā-minī	capi-ēbā-ris	capi-ēbā-minī
3. Person	ag-ēbā-tur	ag-ēba-ntur	capi-ēbā-tur	capi-ēba-ntur

Futur I	Singular	Plural	Singular	Plural
1. Person	ag-a-r	ag-ē-mur	capi-a-r	capi-ē-mur
2. Person	ag-ē-ris	ag-ē-minī	capi-ē-ris	capi-ē-minī
3. Person	ag-ē-tur	ag-e-ntur	capi-ē-tur	capi-e-ntur

Perfektstamm

Inf. Perfekt	āc-tum esse		cap-tum esse	
PPP	āc-tus, a, um		cap-tus, a, um	

Perfekt	Singular	Plural	Singular	Plural
1. Person	āc-tus sum	āc-tī sumus	cap-tus sum	cap-tī sumus
2. Person	āc-tus es	āc-tī estis	cap-tus es	cap-tī estis
3. Person	āc-tus est	āc-tī sunt	cap-tus est	cap-tī sunt

Plusqpf.	Singular	Plural	Singular	Plural
1. Person	āc-tus eram	āc-tī erāmus	cap-tus eram	cap-tī erāmus
2. Person	āc-tus erās	āc-tī erātis	cap-tus erās	cap-tī erātis
3. Person	āc-tus erat	āc-tī erant	cap-tus erat	cap-tī erant

Futur II	Singular	Plural	Singular	Plural
1. Person	āc-tus erō	āc-tī erimus	cap-tus erō	cap-tī erimus
2. Person	āc-tus eris	āc-tī eritis	cap-tus eris	cap-tī eritis
3. Person	āc-tus erit	āc-tī erunt	cap-tus erit	cap-tī erunt

6. Verben: Konjunktiv Aktiv

	ā-Konjugation		ē-Konjugation		ī-Konjugation	
Präsens	*Singular*	*Plural*	*Singular*	*Plural*	*Singular*	*Plural*
1. Person	rog-e-m	rog-ē-mus	mone-a-m	mone-ā-mus	audi-a-m	audi-ā-mus
2. Person	rog-ē-s	rog-ē-tis	mone-ā-s	mone-ā-tis	audi-ā-s	audi-ā-tis
3. Person	rog-e-t	rog-e-nt	mone-a-t	mone-a-nt	audi-a-t	audi-a-nt
Imperfekt	*Singular*	*Plural*	*Singular*	*Plural*	*Singular*	*Plural*
1. Person	rogā-re-m	rogā-rē-mus	monē-re-m	monē-rē-mus	audī-re-m	audī-rē-mus
2. Person	rogā-rē-s	rogā-rē-tis	monē-rē-s	monē-rē-tis	audī-rē-s	audī-rē-tis
3. Person	rogā-re-t	rogā-re-nt	monē-re-t	monē-re-nt	audī-re-t	audī-re-nt
Perfekt	*Singular*	*Plural*	*Singular*	*Plural*	*Singular*	*Plural*
1. Person	rogāv-eri-m	rogāv-eri-mus	monu-eri-m	monu-eri-mus	audīv-eri-m	audīv-eri-mus
2. Person	rogāv-eri-s	rogāv-eri-tis	monu-eri-s	monu-eri-tis	audīv-eri-s	audīv-eri-tis
3. Person	rogāv-eri-t	rogāv-eri-nt	monu-eri-t	monu-eri-nt	audīv-eri-t	audīv-eri-nt
Plusqpf.	*Singular*	*Plural*	*Singular*	*Plural*	*Singular*	*Plural*
1. Person	rogāv-isse-m	rogāv-issē-mus	monu-isse-m	monu-issē-mus	audīv-isse-m	audīv-issē-mus
2. Person	rogāv-issē-s	rogāv-issē-tis	monu-issē-s	monu-issē-tis	audīv-issē-s	audīv-issē-tis
3. Person	rogāv-isse-t	rogāv-isse-nt	monu-isse-t	monu-isse-nt	audīv-isse-t	audīv-isse-nt

7. Verben: Konjunktiv Passiv

Präsens	*Singular*	*Plural*	*Singular*	*Plural*	*Singular*	*Plural*
1. Person	rog-e-r	rog-ē-mur	mone-a-r	mone-ā-mur	audi-a-r	audi-ā-mur
2. Person	rog-ē-ris	rog-ē-minī	mone-ā-ris	mone-ā-minī	audi-ā-ris	audi-ā-minī
3. Person	rog-ē-tur	rog-e-ntur	mone-ā-tur	mone-a-ntur	audi-ā-tur	audi-a-ntur
Imperfekt	*Singular*	*Plural*	*Singular*	*Plural*	*Singular*	*Plural*
1. Person	rogā-re-r	rogā-rē-mur	monē-re-r	monē-rē-mur	audī-re-r	audī-rē-mur
2. Person	rogā-rē-ris	rogā-rē-minī	monē-rē-ris	monē-rē-minī	audī-rē-ris	audī-rē-minī
3. Person	rogā-rē-tur	rogā-re-ntur	monē-rē-tur	monē-re-ntur	audī-rē-tur	audī-re-ntur
Perfekt	*Singular*	*Plural*	*Singular*	*Plural*	*Singular*	*Plural*
1. Person	rogā-tus sim	rogā-tī sīmus	moni-tus sim	moni-tī sīmus	audī-tus sim	audī-tī sīmus
2. Person	rogā-tus sīs	rogā-tī sītis	moni-tus sīs	moni-tī sītis	audī-tus sīs	audī-tī sītis
3. Person	rogā-tus sit	rogā-tī sint	moni-tus sit	moni-tī sint	audī-tus sit	audī-tī sint
Plusqpf.	*Singular*	*Plural*	*Singular*	*Plural*	*Singular*	*Plural*
1. Person	rogā-tus essem	rogā-tī essēmus	moni-tus essem	moni-tī essēmus	audī-tus essem	audī-tī essēmus
2. Person	rogā-tus essēs	rogā-tī essētis	moni-tus essēs	moni-tī essētis	audī-tus essēs	audī-tī essētis
3. Person	rogā-tus esset	rogā-tī essent	moni-tus esset	moni-tī essent	audī-tus esset	audī-tī essent

	konsonantische Konjugation		(i-Erweiterung)		Hilfsverb	
Präsens	*Singular*	*Plural*	*Singular*	*Plural*	*Singular*	*Plural*
1. Person	ag-a-m	ag-ā-mus	capi-a-m	capi-ā-mus	s-i-m	s-ī-mus
2. Person	ag-ā-s	ag-ā-tis	capi-ā-s	capi-ā-tis	s-ī-s	s-ī-tis
3. Person	ag-a-t	ag-a-nt	capi-a-t	capi-a-nt	s-i-t	s-i-nt
Imperfekt	*Singular*	*Plural*	*Singular*	*Plural*	*Singular*	*Plural*
1. Person	ag-e-re-m	ag-e-rē-mus	cape-re-m	cape-rē-mus	es-se-m	es-sē-mus
2. Person	ag-e-rē-s	ag-e-rē-tis	cape-rē-s	cape-rē-tis	es-sē-s	es-sē-tis
3. Person	ag-e-re-t	ag-e-re-nt	cape-re-t	cape-re-nt	es-se-t	es-se-nt
Perfekt	*Singular*	*Plural*	*Singular*	*Plural*	*Singular*	*Plural*
1. Person	ēg-eri-m	ēg-eri-mus	cēp-eri-m	cēp-eri-mus	fu-eri-m	fu-eri-mus
2. Person	ēg-eri-s	ēg-eri-tis	cēp-eri-s	cēp-eri-tis	fu-eri-s	fu-eri-tis
3. Person	ēg-eri-t	ēg-eri-nt	cēp-eri-t	cēp-eri-nt	fu-eri-t	fu-eri-nt
Plusqpf.	*Singular*	*Plural*	*Singular*	*Plural*	*Singular*	*Plural*
1. Person	ēg-isse-m	ēg-issē-mus	cēp-isse-m	cēp-issē-mus	fu-isse-m	fu-issē-mus
2. Person	ēg-issē-s	ēg-issē-tis	cēp-issē-s	cēp-issē-tis	fu-issē-s	fu-issē-tis
3. Person	ēg-isse-t	ēg-isse-nt	cēp-isse-t	cēp-isse-nt	fu-isse-t	fu-isse-nt

Präsens	*Singular*	*Plural*	*Singular*	*Plural*
1. Person	ag-a-r	ag-ā-mur	capi-a-r	capi-ā-mur
2. Person	ag-ā-ris	ag-ā-minī	capi-ā-ris	capi-ā-minī
3. Person	ag-ā-tur	ag-a-ntur	capi-ā-tur	capi-a-ntur
Imperfekt	*Singular*	*Plural*	*Singular*	*Plural*
1. Person	ag-e-re-r	ag-e-rē-mur	cape-re-r	cape-rē-mur
2. Person	ag-e-rē-ris	ag-e-rē-minī	cape-rē-ris	cape-rē-minī
3. Person	ag-e-rē-tur	ag-e-re-ntur	cape-rē-tur	cape-re-ntur
Perfekt	*Singular*	*Plural*	*Singular*	*Plural*
1. Person	āc-tus sim	āc-tī sīmus	cap-tus sim	cap-tī sīmus
2. Person	āc-tus sīs	āc-tī sītis	cap-tus sīs	cap-tī sītis
3. Person	āc-tus sit	āc-tī sint	cap-tus sit	cap-tī sint
Plusqpf.	*Singular*	*Plural*	*Singular*	*Plural*
1. Person	āc-tus essem	āc-tī essēmus	cap-tus essem	cap-tī essēmus
2. Person	āc-tus essēs	āc-tī essētis	cap-tus essēs	cap-tī essētis
3. Person	āc-tus esset	āc-tī essent	cap-tus esset	cap-tī essent

8. posse

Präsensstamm

Inf. Präsens	pos-se

	Indikativ		Konjunktiv	
Präsens	*Singular*	*Plural*	*Singular*	*Plural*
1. Person	pos-sum	pos-sumus	pos-sim	pos-sīmus
2. Person	pot-es	pot-estis	pos-sīs	pos-sītis
3. Person	pot-est	pos-sunt	pos-sit	pos-sint
Imperfekt	*Singular*	*Plural*	*Singular*	*Plural*
1. Person	pot-eram	pot-erāmus	pos-se-m	pos-sē-mus
2. Person	pot-erās	pot-erātis	pos-sē-s	pos-sē-tis
3. Person	pot-erat	pot-erant	pos-se-t	pos-se-nt
Futur I	*Singular*	*Plural*		
1. Person	pot-erō	pot-erimus		
2. Person	pot-eris	pot-eritis		
3. Person	pot-erit	pot-erunt		

Perfektstamm

Inf. Perfekt	potu-isse

	Indikativ		Konjunktiv	
Perfekt	*Singular*	*Plural*	*Singular*	*Plural*
1. Person	potu-ī	potu-imus	potu-eri-m	potu-eri-mus
2. Person	potu-istī	potu-istis	potu-eri-s	potu-eri-tis
3. Person	potu-it	potu-ērunt	potu-eri-t	potu-eri-nt
Plusqpf.	*Singular*	*Plural*	*Singular*	*Plural*
1. Person	potu-eram	potu-erāmus	potu-isse-m	potu-issē-mus
2. Person	potu-erās	potu-erātis	potu-issē-s	potu-issē-tis
3. Person	potu-erat	potu-erant	potu-isse-t	potu-isse-nt
Futur II	*Singular*	*Plural*		
1. Person	potu-erō	potu-erimus		
2. Person	potu-eris	potu-eritis		
3. Person	potu-erit	potu-erint		

9. velle

Präsensstamm

Inf. Präsens	vel-le
PPA	vol-ē-ns, vol-e-ntis

	Indikativ		Konjunktiv	
Präsens	*Singular*	*Plural*	*Singular*	*Plural*
1. Person	volō	volumus	vel-im	vel-īmus
2. Person	vīs	vultis	vel-īs	vel-ītis
3. Person	vult	volunt	vel-it	vel-int
Imperfekt	*Singular*	*Plural*	*Singular*	*Plural*
1. Person	vol-ēba-m	vol-ēbā-mus	vel-le-m	vel-lē-mus
2. Person	vol-ēbā-s	vol-ēbā-tis	vel-lē-s	vel-lē-tis
3. Person	vol-ēba-t	vol-ēba-nt	vel-le-t	vel-le-nt
Futur I	*Singular*	*Plural*		
1. Person	vol-a-m	vol-ē-mus		
2. Person	vol-ē-s	vol-ē-tis		
3. Person	vol-e-t	vol-e-nt		

Perfektstamm

Inf. Perfekt	volu-isse

	Indikativ		Konjunktiv	
Perfekt	*Singular*	*Plural*	*Singular*	*Plural*
1. Person	volu-ī	volu-imus	volu-eri-m	volu-eri-mus
2. Person	volu-istī	volu-istis	volu-eri-s	volu-eri-tis
3. Person	volu-it	volu-ērunt	volu-eri-t	volu-eri-nt
Plusqpf.	*Singular*	*Plural*	*Singular*	*Plural*
1. Person	volu-eram	volu-erāmus	volu-isse-m	volu-issē-mus
2. Person	volu-erās	volu-erātis	volu-issē-s	volu-issē-tis
3. Person	volu-erat	volu-erant	volu-isse-t	volu-isse-nt
Futur II	*Singular*	*Plural*		
1. Person	volu-erō	volu-erimus		
2. Person	volu-eris	volu-eritis		
3. Person	volu-erit	volu-erint		

10. ferre: Aktiv

Präsensstamm

Inf. Präsens	fer-re
PPA	fer-ē-ns, fer-e-ntis

	Indikativ		Konjunktiv	
Präsens	*Singular*	*Plural*	*Singular*	*Plural*
1. Person	fer-ō	fer-i-mus	fer-a-m	fer-ā-mus
2. Person	fer-s	fer-tis	fer-ā-s	fer-ā-tis
3. Person	fer-t	fer-u-nt	fer-a-t	fer-a-nt
Imperfekt	*Singular*	*Plural*	*Singular*	*Plural*
1. Person	fer-ēba-m	fer-ēbā-mus	fer-re-m	fer-rē-mus
2. Person	fer-ēbā-s	fer-ēbā-tis	fer-rē-s	fer-rē-tis
3. Person	fer-ēba-t	fer-ēba-nt	fer-re-t	fer-re-nt
Futur I	*Singular*	*Plural*		
1. Person	fer-a-m	fer-ē-mus		
2. Person	fer-ē-s	fer-ē-tis		
3. Person	fer-e-t	fer-e-nt		
Imperativ	fer	fer-te		

Perfektstamm

Inf. Perfekt	tul-isse

	Indikativ		Konjunktiv	
Perfekt	*Singular*	*Plural*	*Singular*	*Plural*
1. Person	tul-ī	tul-imus	tul-eri-m	tul-eri-mus
2. Person	tul-istī	tul-istis	tul-eri-s	tul-eri-tis
3. Person	tul-it	tul-ērunt	tul-eri-t	tul-eri-nt
Plusqpf.	*Singular*	*Plural*	*Singular*	*Plural*
1. Person	tul-eram	tul-erāmus	tul-isse-m	tul-issē-mus
2. Person	tul-erās	tul-erātis	tul-issē-s	tul-issē-tis
3. Person	tul-erat	tul-erant	tul-isse-t	tul-isse-nt
Futur II	*Singular*	*Plural*		
1. Person	tul-erō	tul-erimus		
2. Person	tul-eris	tul-eritis		
3. Person	tul-erit	tul-erint		

ferre: Passiv

Präsensstamm

Inf. Präsens	fer-rī

	Indikativ		Konjunktiv	
Präsens	*Singular*	*Plural*	*Singular*	*Plural*
1. Person	fer-or	fer-i-mur	fer-a-r	fer-ā-mur
2. Person	fer-ris	fer-i-minī	fer-ā-ris	fer-ā-minī
3. Person	fer-tur	fer-u-ntur	fer-ā-tur	fer-a-ntur
Imperfekt	*Singular*	*Plural*	*Singular*	*Plural*
1. Person	fer-ēba-r	fer-ēbā-mur	fer-re-r	fer-rē-mur
2. Person	fer-ēbā-ris	fer-ēbā-minī	fer-rē-ris	fer-rē-minī
3. Person	fer-ēbā-tur	fer-ēba-ntur	fer-rē-tur	fer-re-ntur
Futur I	*Singular*	*Plural*		
1. Person	fer-a-r	fer-ē-mur		
2. Person	fer-ē-ris	fer-ē-minī		
3. Person	fer-ē-tur	fer-e-ntur		

Perfektstamm

Inf. Perfekt	lā-tum esse
PPP	lā-tus, a, um

	Indikativ		Konjunktiv	
Perfekt	*Singular*	*Plural*	*Singular*	*Plural*
1. Person	lā-tus sum	lā-tī sumus	lā-tus sim	lā-tī sīmus
2. Person	lā-tus es	lā-tī estis	lā-tus sīs	lā-tī sītis
3. Person	lā-tus est	lā-tī sunt	lā-tus sit	lā-tī sint
Plusqpf.	*Singular*	*Plural*	*Singular*	*Plural*
1. Person	lā-tus eram	lā-tī erāmus	lā-tus essem	lā-tī essēmus
2. Person	lā-tus erās	lā-tī erātis	lā-tus essēs	lā-tī essētis
3. Person	lā-tus erat	lā-tī erant	lā-tus esset	lā-tī essent
Futur II	*Singular*	*Plural*		
1. Person	lā-tus erō	lā-tī erimus		
2. Person	lā-tus eris	lā-tī eritis		
3. Person	lā-tus erit	lā-tī erunt		

11. ire

Präsensstamm

Inf. Präsens	ī-re
PPA	i-ē-ns, e-u-ntis

	Indikativ		Konjunktiv	
Präsens	*Singular*	*Plural*	*Singular*	*Plural*
1. Person	e-ō	ī-mus	e-a-m	e-ā-mus
2. Person	ī-s	ī-tis	e-ā-s	e-ā-tis
3. Person	i-t	e-u-nt	e-a-t	e-a-nt
Imperfekt	*Singular*	*Plural*	*Singular*	*Plural*
1. Person	ī-ba-m	ī-bā-mus	ī-re-m	ī-rē-mus
2. Person	ī-bā-s	ī-bā-tis	ī-rē-s	ī-rē-tis
3. Person	ī-ba-t	ī-ba-nt	ī-re-t	ī-re-nt
Futur I	*Singular*	*Plural*		
1. Person	ī-b-ō	ī-bi-mus		
2. Person	ī-bi-s	ī-bi-tis		
3. Person	ī-bi-t	ī-bu-nt		
Imperativ	ī	ī-te		

Perfektstamm

Inf. Perfekt	īsse

	Indikativ		Konjunktiv	
Perfekt	*Singular*	*Plural*	*Singular*	*Plural*
1. Person	i-ī	i-imus	i-eri-m	i-eri-mus
2. Person	īstī	īstis	i-eri-s	i-eri-tis
3. Person	i-it	i-ērunt	i-eri-t	i-eri-nt
Plusqpf.	*Singular*	*Plural*	*Singular*	*Plural*
1. Person	i-eram	i-erāmus	īsse-m	īssē-mus
2. Person	i-erās	i-erātis	īssē-s	īssē-tis
3. Person	i-erat	i-erant	īsse-t	īsse-nt
Futur II	*Singular*	*Plural*		
1. Person	i-erō	i-erimus		
2. Person	i-eris	i-eritis		
3. Person	i-erit	i-erint		

Stammformen wichtiger Verben

In der folgenden Übersicht stehen diejenigen Verben oder Stammformen, die im Lehrbuch noch nicht vorkamen, in Klammern.

Verben der ā-Konjugation

u-Perfekt				
vetāre	vetō	vetuī	vetitum	verbieten

Dehnungsperfekt				
iuvāre	iuvō	iūvī	–	unterstützen, helfen; erfreuen

Reduplikationsperfekt				
dare	dō	dedī	datum	geben
circumdare	circumdō	circumdedī	circumdatum	umgeben
stāre	stō	stetī	–	stehen
īnstāre	īnstō	īnstitī	–	bevorstehen, hart zusetzen
praestāre	praestō	praestitī	–	gewähren, leisten, zeigen; übertreffen

Verben der ē-Konjugation

v-Perfekt				
complēre	compleō	complēvī	complētum	anfüllen, auffüllen
dēlēre	dēleō	dēlēvī	dēlētum	zerstören, vernichten
flēre	fleō	flēvī	flētum	weinen, beweinen

u-Perfekt				
cēnsēre	cēnseō	cēnsuī	cēnsum	meinen, einschätzen; seine Stimme abgeben (für)
docēre	doceō	docuī	doctum	lehren, unterrichten
tenēre	teneō	tenuī	–	halten, festhalten, besitzen
pertinēre	pertineō	pertinuī	–	betreffen, gehören (zu), sich erstrecken (bis)
retinēre	retineō	retinuī	retentum	behalten, festhalten, zurückhalten
sustinēre	sustineō	sustinuī	–	ertragen, standhalten

s-Perfekt				
augēre	augeō	auxī	auctum	vergrößern, vermehren
haerēre	haereō	haesī	–	hängen, stecken bleiben
iubēre	iubeō	iussī	iussum	anordnen, befehlen
manēre	maneō	mānsī	–	bleiben, (er)warten
remanēre	remaneō	remānsī	–	(zurück)bleiben
persuādēre	persuādeō	persuāsī	persuāsum	überreden, überzeugen
rīdēre	rīdeō	rīsī	rīsum	lachen, auslachen
torquēre	torqueō	torsī	tortum	drehen; quälen

Dehnungsperfekt				
movēre	moveō	mōvī	mōtum	bewegen, beeindrucken
commovēre	commoveō	commōvī	commōtum	bewegen, veranlassen
sedēre	sedeō	sēdī	(sessum)	sitzen
vidēre	videō	vīdī	vīsum	sehen
prōvidēre	prōvideō	prōvīdī	prōvīsum	vorhersehen; sorgen für

Verben der ī-Konjugation

u-Perfekt				
aperīre	aperiō	aperuī	(apertum)	aufdecken, öffnen

s-Perfekt				
sentīre	sentiō	sēnsī	(sēnsum)	fühlen, meinen, wahrnehmen

Dehnungsperfekt				
venīre	veniō	vēnī	ventum	kommen
convenīre	conveniō	convēnī	(conventum)	zusammenkommen, zusammenpassen, besuchen
ēvenīre	ēveniō	ēvēnī	ēventum	sich ereignen
invenīre	inveniō	invēnī	inventum	finden, erfinden
pervenīre	perveniō	pervēnī	perventum	kommen (zu / nach)

Reduplikationsperfekt				
respondēre	respondeō	respondī	respōnsum	antworten

Verben der konsonantischen Konjugation

v-Perfekt				
arcessere	arcessō	arcessīvī	arcessītum	herbeirufen, holen
[cernere]				sehen, sichten
dēcernere	dēcernō	dēcrēvī	dēcrētum	beschließen, entscheiden
crēscere	crēscō	crēvī	~	wachsen
nōscere	nōscō	nōvī	nōtum	erkennen, kennenlernen
cognōscere	cognōscō	cognōvī	cognitum	erkennen, kennenlernen; *Perf.* kennen, wissen
īgnōscere	īgnōscō	īgnōvī	īgnōtum	verzeihen
petere	petō	petīvī	petītum	aufsuchen, (er)streben, bitten, verlangen
appetere	appetō	appetīvī	(appetītum)	erstreben, haben wollen; angreifen
quaerere	quaerō	quaesīvī	quaesītum	erwerben wollen, suchen; jdn. fragen
quiēscere	quiēscō	quiēvī	quiētum	(aus)ruhen, schlafen
sinere	sinō	sīvī	(situm)	(zu)lassen, erlauben
dēsinere	dēsinō	dēsiī	dēsitum	aufhören

u-Perfekt				
alere	**alō**	**aluī**	**altum**	ernähren, großziehen
colere	**colō**	**coluī**	**cultum**	bewirtschaften, pflegen; verehren
cōnsulere	**cōnsulō**	**cōnsuluī**	**cōnsultum**	um Rat fragen; sorgen für; vorgehen (gegen)
dēserere	**dēserō**	**dēseruī**	**dēsertum**	im Stich lassen, verlassen
pōnere	**pōnō**	**posuī**	**positum**	(auf)stellen, (hin)legen, setzen
dēpōnere	dēpōnō	dēposuī	dēpositum	niederlegen, aufgeben

s-Perfekt				
cēdere	**cēdō**	**cessī**	~	gehen, nachgeben, weichen
concēdere	concēdō	concessī	~	erlauben, nachgeben, zugestehen
prōcēdere	prōcēdō	prōcessī	~	(vorwärts)gehen, vorrücken
claudere	**claudō**	**clausī**	**clausum**	schließen, abschließen, einschließen
dīcere	**dīcō**	**dīxī**	**dictum**	sagen, sprechen
dūcere	**dūco**	**dūxī**	**ductum**	führen, ziehen
addūcere	addūcō	addūxī	adductum	heranführen, veranlassen
dēdūcere	dēdūcō	dēdūxī	dēductum	wegführen, hinführen
ēdūcere	ēdūcō	(ēdūxī)	(ēductum)	herausführen
redūcere	redūcō	redūxī	reductum	zurückführen, zurückziehen
exstinguere	**exstinguō**	**exstīnxī**	**exstīnctum**	auslöschen, vernichten
flectere	**flectō**	**flexī**	**flexum**	biegen, (hin)lenken, umstimmen
gerere	**gerō**	**gessī**	**gestum**	ausführen, führen, tragen
laedere	**laedō**	**laesī**	**laesum**	beschädigen, verletzen, beleidigen
[legere]				[s. S. 248]
intellegere	intellegō	intellēxī	intellēctum	(be)merken, verstehen
neglegere	neglegō	neglēxī	neglēctum	nicht (be)achten, vernachlässigen
mittere	**mittō**	**mīsī**	**missum**	(los)lassen, schicken, werfen
āmittere	āmittō	āmīsī	(āmissum)	aufgeben, verlieren
dīmittere	dīmittō	dīmīsī	dīmissum	aufgeben, entlassen
omittere	omittō	omīsī	(omissum)	aufgeben, beiseite lassen
prōmittere	prōmittō	prōmīsī	prōmissum	versprechen
nūbere	**nūbō**	**nūpsī**	**nūptum**	heiraten
premere	**premō**	**pressī**	**pressum**	(unter)drücken, bedrängen
opprimere	opprimō	oppressī	oppressum	bedrohen, niederwerfen, unterdrücken
regere	**regō**	**rēxī**	**rēctum**	beherrschen, leiten, lenken
pergere	pergō	perrēxī	~	aufbrechen; weitermachen
surgere	surgō	surrēxī	~	aufrichten; sich erheben, aufstehen

scrībere	**scrībō**	**scrīpsī**	**scrīptum**	schreiben, beschreiben
cōnscrībere	cōnscrībō	cōnscrīpsī	cōnscrīptum	aufschreiben, verfassen
tegere	**tegō**	**tēxī**	**tēctum**	bedecken, schützen, verbergen
trahere	**trahō**	**trāxī**	**tractum**	schleppen, ziehen
vīvere	**vīvō**	**vīxī**	–	leben

Dehnungsperfekt

agere	**agō**	**ēgī**	**āctum**	handeln, treiben, verhandeln
cōgere	cōgō	coēgī	coāctum	(ver)sammeln, zwingen
exigere	exigō	exēgī	exāctum	(ein)fordern, vollenden
cōnsīdere	**cōnsīdō**	**cōnsēdī**	**cōnsessum**	sich setzen, sich niederlassen
emere	**emō**	**ēmī**	**ēmptum**	kaufen
frangere	**frangō**	**frēgī**	**frāctum**	zerbrechen *(trans.)*
fundere	**fundō**	**fūdī**	**(fūsum)**	(aus)gießen, zerstreuen
legere	**legō**	**lēgī**	**lēctum**	lesen; auswählen
dēligere	dēligō	dēlēgī	dēlēctum	(aus)wählen
relinquere	**relinquō**	**relīquī**	**relictum**	verlassen, zurücklassen
vincere	**vincō**	**vīcī**	**victum**	(be)siegen, übertreffen

Reduplikationsperfekt

cadere	**cadō**	**cecidī**	–	fallen
accidere	accidō	accidī	–	geschehen, sich ereignen
occidere	occidō	occidī	–	(zu Boden) fallen, umkommen, untergehen
caedere	**caedō**	**cecīdī**	**(caesum)**	fällen, töten
occīdere	occīdō	occīdī	occīsum	niederschlagen, töten
currere	**currō**	**cucurrī**	**(cursum)**	laufen, eilen
[dare]				[s. S. 245]
addere	addō	addidī	additum	hinzufügen
condere	condō	condidī	conditum	verwahren, verbergen; erbauen, gründen
crēdere	crēdō	crēdidī	(crēditum)	glauben, anvertrauen
ēdere	ēdō	ēdidī	ēditum	herausgeben, bekannt machen
perdere	perdō	perdidī	perditum	verlieren, verschwenden, zugrunde richten
prōdere	prōdō	prōdidī	prōditum	verraten, überliefern
reddere	reddō	reddidī	redditum	zurückgeben, etw. zukommen lassen
trādere	trādō	trādidī	trāditum	übergeben, überliefern
vēndere	vēndō	vēndidī	vēnditum	verkaufen

discere	**discō**	**didicī**	–	lernen, erfahren
fallere	**fallō**	**fefellī**	–	täuschen, betrügen
parcere	**parcō**	**pepercī**	–	schonen, verschonen
pellere	**pellō**	**pepulī**	**pulsum**	stoßen, schlagen, (ver)treiben
expellere	expellō	expulī	expulsum	vertreiben, verbannen
impellere	impellō	impulī	impulsum	antreiben, veranlassen
repellere	repellō	reppulī	(repulsum)	zurückstoßen, abweisen, vertreiben
pōscere	**pōscō**	**popōscī**	–	fordern, verlangen
[sistere]				stellen, sich hinstellen
cōnsistere	cōnsistō	cōnstitī	–	stehen bleiben, haltmachen, sich aufstellen
resistere	resistō	restitī	–	stehen bleiben; Widerstand leisten
tangere	**tangō**	**tetigī**	**tāctum**	berühren
[tendere]				sich anstrengen, spannen, (aus)strecken
contendere	contendō	contendī	–	sich anstrengen, kämpfen; eilen; behaupten
ostendere	ostendō	ostendī	–	zeigen, erklären

Perfekt ohne Stammveränderung				
bibere	**bibō**	**bibī**	–	trinken
dēfendere	**dēfendō**	**dēfendī**	**dēfēnsum**	abwehren, verteidigen
metuere	**metuō**	**metuī**	–	(sich) fürchten
[prehendere]				ergreifen
comprehendere	comprehendō	comprehendī	comprehēnsum	begreifen, ergreifen, festnehmen
reprehendere	reprehendō	reprehendī	reprehēnsum	schimpfen, kritisieren
ruere	**ruō**	**ruī**	–	eilen, stürmen, stürzen
[scandere]				steigen
dēscendere	dēscendō	dēscendī	–	herabsteigen
solvere	**solvō**	**solvī**	**solūtum**	lösen, auflösen; bezahlen
statuere	**statuō**	**statuī**	**statūtum**	aufstellen, beschließen, festsetzen
cōnstituere	cōnstituō	cōnstituī	cōnstitūtum	festsetzen, beschließen
restituere	restituō	restituī	restitūtum	wiederherstellen
tribuere	**tribuō**	**tribuī**	**tribūtum**	schenken, zuteilen
vertere	**vertō**	**vertī**	**versum**	drehen, wenden
animadvertere	animadvertō	animadvertī	animadversum	bemerken; vorgehen (gegen)
āvertere	āvertō	āvertī	āversum	abwenden, vertreiben
convertere	convertō	convertī	conversum	verändern, (um)wenden
volvere	**volvō**	**volvī**	**volūtum**	rollen, wälzen; überlegen

Verben der konsonantischen Konjugation (mit i-Erweiterung)

v-Perfekt				
cupere	cupiō	cupīvī	cupītum	wünschen, verlangen
u-Perfekt				
rapere	rapiō	rapuī	raptum	wegführen, rauben, wegreißen
corripere	corripiō	corripuī	correptum	ergreifen, gewaltsam an sich reißen
s-Perfekt				
aspicere	aspiciō	aspexī	aspectum	erblicken, ansehen
cōnspicere	cōnspiciō	cōnspexī	cōnspectum	erblicken
respicere	respiciō	respexī	respectum	zurückblicken, berücksichtigen
Dehnungsperfekt				
capere	capiō	cēpī	captum	fassen, nehmen; erobern
accipere	accipiō	accēpī	acceptum	erhalten, erfahren
incipere	incipiō	coepī (incēpī)	inceptum	anfangen, beginnen
facere	faciō	fēcī	factum	machen, tun, handeln
cōnficere	cōnficiō	cōnfēcī	cōnfectum	fertig machen, beenden
dēficere	dēficiō	dēfēcī	dēfectum	abnehmen, ermatten, abfallen (von)
efficere	efficiō	effēcī	effectum	bewirken, herstellen
interficere	interficiō	interfēcī	interfectum	töten, vernichten
fugere	fugiō	fūgī	–	fliehen (vor), meiden
effugere	effugiō	effūgī	–	entfliehen, entkommen
[iacere]				werfen, schleudern
conicere	coniciō	coniēcī	coniectum	(zusammen)werfen, folgern, vermuten
obicere	obiciō	obiēcī	(obiectum)	darbieten, vorwerfen
Reduplikationsperfekt				
parere	pariō	peperī	partum	zur Welt bringen, gebären; schaffen

Weitere Verben

esse	sum	fuī	~	sein, sich befinden
abesse	absum	āfuī	~	entfernt sein, abwesend sein, fehlen
adesse	adsum	adfuī	~	da sein, helfen
dēesse	dēsum	dēfuī	~	abwesend sein, fehlen
posse	possum	potuī	~	können
praeesse	praesum	praefuī	~	leiten, an der Spitze stehen
superesse	supersum	superfuī	~	überleben, übrig sein
ferre	ferō	tulī	lātum	bringen, tragen; ertragen
afferre	afferō	attulī	allātum	bringen, herbeibringen, mitbringen; melden
cōnferre	cōnferō	cōntulī	collātum	vergleichen, zusammentragen
dēferre	dēferō	dētulī	dēlātum	hinbringen, melden, übertragen
differre	differō	distulī	dīlātum	aufschieben; sich unterscheiden (von)
efferre	efferō	extulī	ēlātum	herausheben, hervorbringen
īnferre	īnferō	īntulī	illātum	hineintragen, zufügen
offerre	offerō	obtulī	oblātum	anbieten, entgegenbringen
perferre	perferō	pertulī	perlātum	(über)bringen, ertragen
praeferre	praeferō	praetulī	praelātum	vorziehen
referre	referō	rettulī	relātum	(zurück)bringen, berichten
īre	eō	iī	itum	gehen
abīre	abeō	abiī	(abitum)	weggehen
adīre	adeō	adiī	(aditum)	herantreten (an), bitten, aufsuchen
exīre	exeō	exiī	(exitum)	herausgehen, hinausgehen; enden
inīre	ineō	iniī	(initum)	hineingehen (in), beginnen
perīre	pereō	periī	(peritum)	umkommen, zugrunde gehen
praeterīre	praetereō	praeteriī	(praeteritum)	übergehen, vorbeigehen (an)
redīre	redeō	rediī	reditum	zurückgehen, zurückkehren
subīre	subeō	subiī	(subitum)	auf sich nehmen, herangehen
trānsīre	trānseō	trānsiī	(trānsitum)	durchqueren, hinübergehen, überschreiten
velle	volō	voluī	~	wollen

Grammatisches Register

Ablativ (6. Fall) 9
Ablativ als Adverbiale 9. 30
Ablativ als Objekt 30
Ablativ der Beschaffenheit 54
Ablativ des Grundes 30
Ablativ des Mittels 9
Ablativ der Trennung 30
Ablativ der Zeit 30
Ablativus absolutus 68. 69. 70
Satzgliedfunktion 68
Sinnrichtungen 69
Übersetzungsmöglichkeiten 69
Zeitverhältnis 68
Adjektive (Eigenschaftswörter) 14
der a- / o-Deklination 14
der a- / o-Deklination auf -(e)r 15
der 3. Deklination (einendige) 44
der 3. Deklination (zweiendige) 35
der 3. Deklination (dreiendige) 34
Adjektiv als Attribut 14
Adjektiv als Prädikatsnomen 14
Substantivierung 44
Adverb
Bildung 75
Adverbiale (Umstandsbestimmung) 9
Ablativ als Adverbiale 9. 30
Ablativus absolutus als Adverbiale 68
Adverb als Adverbiale 75
Gliedsätze als Adverbiale 20. 65. 67
Partizip als Adverbiale 58
Präpositionalausdruck als Adverbiale 12
Akkusativ (4. Fall) 3
Akkusativ als Objekt 3
Akkusativ als Adverbiale 24
Akkusativ der zeitlichen Ausdehnung 24
Doppelter Akkusativ 56
Akkusativ mit Infinitiv 31
AcI als satzwertige Konstruktion 31
Artikel (Begleiter) 1
Attribut (Beifügung) 2
Adjektiv als Attribut 14
Genitiv als Attribut 7
Relativsatz als Attribut 36
Substantiv als Attribut 2
Begehrsätze 64
Dativ (3. Fall) 5
Dativ als Objekt 5
Dativ des Besitzers 39
Dativ des Vorteils 60
Dativ des Zwecks 60
Deklination (Beugung des Substantivs) 1
Deklinationsklassen 1
a- / o-Deklination 1
Substantive 1. 11. 15
Adjektive 14. 15
3. Deklination 19
Substantive 19. 20. 21. 23. 24. 26. 32. 34. 47. 49
Adjektive 34. 35. 44
e-Deklination 42
u-Deklination 41
Deklinieren (Beugen des Substantivs) 1
Endung 1
Finalsätze (Gliedsätze, die eine Absicht angeben) 65
Fragesätze
indirekte Fragesätze 74
Satzfragen 71
Wahlfragen 71
Wortfragen 71
Genitiv (2. Fall) 7
Genitiv als Attribut 7
Genitiv der Beschaffenheit 54
Genitivus subiectivus / obiectivus 67
Genitiv der Zugehörigkeit 7. 64
Genus (grammatisches Geschlecht) 1
allgemein 1
grammatisches Geschlecht 1
natürliches Geschlecht 21
Genus verbi (Aktiv bzw. Passiv) 45
Gliedsätze s. Adverbiale
s. Begehrsätze
s. Fragesätze
Grammatische Eigenschaften 12
Grundzahlen 49
Hilfsverb (esse) 2. 4
Imperativ (Befehlsform) 6
Indikativ (Wirklichkeitsform) 6
Infinitive (Grundformen) 2
Infinitiv Präsens Aktiv 2
Infinitiv Perfekt Aktiv 25
Irrealis
der Gegenwart 62
der Vergangenheit 63
Kasus (Fälle) 1
Ablativ 9
Akkusativ 3
Dativ 5
Genitiv 7
Nominativ 1
Vokativ 6
Kausalsätze (Gliedsätze, die einen Grund angeben) 20. 67
Kompositum (zusammengesetztes Verbum) 17
Konditionalsätze (Bedingungssätze) 20
Kongruenz (Übereinstimmung in Fall, Zahl und Geschlecht) 2
KNG-Kongruenz 14
Konjugation (Beugung des Verbs) 2
Konjugationsklassen 2
Konjugieren (Beugen des Verbs) 2
Konjunktion (beiordnendes Bindewort) 20
Konjunktiv (Möglichkeitsform) 62

Imperfekt 62
Perfekt 73
Plusquamperfekt 63
Präsens 72
als Irrealis 62. 63
Konnektoren (Satzverbindungen) 38
Konsekutivsätze (Gliedsätze, die eine Folge angeben) 65
Konzessivsätze (Gliedsätze, die einen Gegengrund angeben) 20. 67
Korrelativa 61
Modus (Aussageweise) 6. 62
Nominativ (1. Fall) 1
Numerus (Singular bzw. Plural) 1
Objekt (Satzergänzung) 3
Gliedsätze als Objekt 64
Ordnungszahlen 51
Participium coniunctum (verbundenes Partizip) 55. 57
als satzwertige Konstruktion 55. 57
Satzgliedfunktion 55. 57
Übersetzungsmöglichkeiten 55. 57. 58
Zeitverhältnis: Gleichzeitigkeit (PPA) 57. 58
Zeitverhältnis: Vorzeitigkeit (PPP) 55. 58
Partizip (Mittelwort)
Partizip als Adverbiale 58
Partizip Perfekt Passiv (PPP) 50
Verwendung 55
Partizip Präsens Aktiv (PPA) 57
Verwendung 57
Substantivierung 60
Passiv s. Verben
Perfektbildung 25
Perfektstamm 25
v-Perfekt 25
u-Perfekt 26
s-Perfekt 28
Dehnung 29
ohne Stammveränderung 29
Reduplikation 28
Plural (Mehrzahl) 1
Prädikat (Satzaussage) 2
Prädikativum 66
Prädikatsnomen 2
Substantiv als Prädikatsnomen 2
Adjektiv als Prädikatsnomen 14
Präfix (Vorsilbe) 17
Präposition (Verhältniswort) 12
Präsensstamm 28
Pronomina (Fürwörter) 13
hic, ille 43
idem 61
ipse 56
is 27
iste 66
Demonstrativpronomen (hinweisendes Fürwort) 27
Indefinitpronomen (unbestimmtes Fürwort) 65
Interrogativpronomen (fragendes Fürwort) 71
Personalpronomen (persönliches Fürwort) 13. 27
Possessivpronomen (besitzanzeigendes Fürwort) 27. 32
Reflexivpronomen (rückbezügliches Fürwort) 32
Relativpronomen (bezügliches Fürwort) 36
im AcI 32
suus: Verwendung 32
Relativsatz als Attribut 36
Sachfelder 11. 18
Satzarten 38
Satzbauplan 3
Satzfragen 13. 71
Satzwertige Konstruktion 31
Ablativus absolutus 68
AcI 31
Participium coniunctum 55. 57. 58
Schlüsselwörter 38
Singular (Einzahl) 1
Sinnrichtungen 20. 69
Stammformen 51. 52
Subjekt (Satzgegenstand) 2
Subjekt im Prädikat 3
Subjunktion (unterordnendes Bindewort) 20
Substantiv (Namen- oder Hauptwort) 1
Substantiv als Attribut 2
Substantiv als Prädikatsnomen 2
Pluralwörter 27
Suffix (Nachsilbe) 23
Tempora (Zeiten) 22
Futur I (Zukunft) 37. 38
Futur II 39
Imperfekt (1. Vergangenheit) 22. 23
Perfekt (2. Vergangenheit) 22. 25
Plusquamperfekt (3. Vergangenheit) 22. 33
Präsens (Gegenwart) 2
Temporalsätze (Gliedsätze, die eine Zeitbestimmung angeben) 20. 35. 67
Verben (Zeitwörter) 2
Verben: Aktiv
e-Konjugation 2
1. / 2. Pers. Präs. 4
3. Pers. Präs. 2
Inf. Präs. 2
a-Konjugation
Präsens 8
i-Konjugation
Präsens 10
kons. Konjugation
Präsens 16
kons. Konjugation (i-Erweiterung)
Präsens 18
alle Konjugationen
Futur I 37. 38
Futur II 39
Imperfekt 22. 23

Perfekt 22. 25
Plusqpf. 22. 33
ferre 76
ire 40
posse 17
velle 20
Partizip Präsens Aktiv (PPA) 57
Verben: Passiv
Futur I 48
Futur II 53
Imperfekt 46
Perfekt 50
Plusquamperfekt 53
Präsens 45
Partizip Perfekt Passiv (PPP) 50
Verbum simplex (einfaches Verb) 17
Vokativ (5. Fall) 6
Wortarten 10
Wortbildung 17. 23
Wortfamilien 10
Wortfelder 18
Wortfragen 13. 71
Wortstamm 2
Zeitenfolge 74
Zeitverhältnis 31
Gleichzeitigkeit 31. 57. 58
Vorzeitigkeit 31. 55. 58

Lateinisch-deutsches Register

A

ā / ab *Präp. m. Abl.* von, von ... her **16**
ā basilicā venīre von der Markthalle kommen **16**
ā iuventūte von Jugend an **65**
ab oppidō venīre von der Stadt kommen **16**
abesse, absum, āfuī *(ā m. Abl.)* entfernt sein, abwesend sein, fehlen **73**
ab urbe abesse von der Stadt entfernt sein **73**
Multa mihi absunt. Mir fehlt viel(es). **73**
abīre, abeō, abiī weggehen **40**
ac / atque und, und auch **45**
accidere, accidō, accidī geschehen, sich ereignen **47**
accipere, accipiō, accēpī, acceptum erhalten, erfahren, annehmen **36. 53**
accūsāre, accūsō anklagen, beschuldigen **35**
ācer, ācris, ācre energisch, heftig, scharf **34**
ācerbus, a, um bitter, grausam, rücksichtslos **57**
ad *Präp. m. Akk.* zu, bei, nach, an **12**
ad basilicam esse bei der Markthalle sein **12**
ad basilicam properāre zu der Markthalle eilen **12**
addere, addō, addidī, additum hinzufügen **62**
addūcere, addūcō, addūxī, adductum heranführen, veranlassen **17. 55**
adesse, adsum da sein, helfen **17**
amīcō adesse dem Freund helfen **17**
adhūc *Adv.* bis jetzt, noch **6**
adīre, adeō, adiī *(m. Akk.)* herantreten (an), bitten, aufsuchen **40**
senātōrem adīre an einen Senator herantreten, einen Senator bitten **40**
Circum Maximum adīre den Circus Maximus aufsuchen **40**
adversus *Präp. m. Akk.* gegen **65**
adversus cōnsulēs gegen die Konsuln **65**
aedificāre, aedificō bauen **11**
aedificium Gebäude **11**
Aenēās, Aenēae *m* Äneas *(Trojaner und Stammvater der Römer)* **32**
Aeolus Äolus *(Herr über die Winde)* **6**
āēr, āeris *m* Luft **55**
aes, aeris *n* Erz, Geld **74**
aes aliēnum Schulden **74**
aestās, aestātis *f* Sommer **38**
aestimāre, aestimō einschätzen, beurteilen; *m. dopp. Akk.* halten für **56**
aeternus, a, um ewig **66**
Aetna Ätna *(Vulkan auf Sizilien)* **10**
afferre, afferō, attulī, allātum bringen, herbeibringen, mitbringen; melden **76**
Āfrica Afrika **9**
ager, agrī *m* Acker, Feld, Gebiet **15**
agere, agō, ēgī, āctum handeln, treiben, verhandeln **29. 64**
vītam agere ein Leben führen, leben **38**
agmen, agminis *n* Heereszug **63**
alere, alō, aluī, altum ernähren, großziehen **60**
aliēnus, a, um fremd **71**
aes aliēnum Schulden **74**
aliter *Adv.* anders; sonst **75**
alius, alia, aliud ein anderer **31**
alius ... alius der eine ... der andere **52**
Alpēs, Alpium *f Pl.* die Alpen **63**
altus, a, um hoch, tief **26**
amāre, amō lieben **8**
ambō, ambae, ambō beide (zusammen) **75**
amīca Freundin **7**
amīcitia Freundschaft **62**
amīcus Freund **4**
āmittere, āmittō, āmīsī aufgeben, verlieren **24. 28**
amor, amōris *m* Liebe **20**
amōre capī von Liebe ergriffen werden **53**
amphitheātrum Amphitheater **23**
Amūlius Amulius *(König von Alba, Bruder des Numitor)* **35**
an *(im Fragesatz)* oder (etwa) **25**
animadvertere, animadvertō, animadvertī, animadversum *m. AcI / Akk.* bemerken; **in** *m. Akk.* vorgehen gegen **31. 53. 67**
animadvertere in senātum gegen den Senat vorgehen **67**
animal, animālis *n (Gen. Pl.* **-ium***)* Lebewesen, Tier **49**
animus Geist, Mut, Gesinnung **20**
bonō animō esse guten Mutes sein, zuversichtlich sein **54**
in animō habēre im Sinn haben, vorhaben **20**
annus Jahr **23**
eō annō in diesem Jahr **30**
ante *Präp. m. Akk.* vor **12**
ante cēnam vor dem Essen **12**
ante vīllam vor dem Landhaus **12**
ante *Adv.* vorher **66**
anteā *Adv.* vorher, früher **25**
antīquus, a, um alt, altertümlich **22**
aperīre, aperiō, aperuī aufdecken, öffnen **38**
apertus, a, um offen, offenkundig **62**
Apollō, Apollinis *m* Apollon *(Gott des Lichts, der Künste und der Weissagung)* **56**
appellāre, appellō anrufen; *m. dopp. Akk.* nennen **56**
appetere, appetō, appetīvī erstreben, haben wollen; angreifen **39**
apud *Präp. m. Akk.* bei **19**
apud amīcōs bei Freunden **19**
aqua Wasser **6**
āra Altar **56**
arbor, arboris *f* Baum **69**
arcessere, arcessō, arcessīvī, arcessītum herbeirufen, holen **37. 51**
arēna Sand, Kampfplatz **45**
argentum Silber **64**

arma, armōrum *n Pl.* Gerät, Waffen **27**
armātus, a, um bewaffnet **51**
ars, artis *f (Gen. Pl.* **-ium***)* Kunst, Fertigkeit, Eigenschaft **73**
arx, arcis *f* Burg **61**
Asia Asien **9**
asper, aspera, asperum rau; streng **76**
aspicere, aspiciō, aspexī, aspectum erblicken, ansehen **18. 28. 75**
at aber, dagegen, jedoch **53**
atque / ac und, und auch **45**
auctor, auctōris *m* Anführer, Gründer, Schriftsteller, Verfasser **44**
  Carolō auctōre auf Veranlassung Karls **70**
auctōritās, auctōritātis *f* Ansehen, Einfluss, Macht **71**
audācia Frechheit, Kühnheit **33**
audīre, audiō hören **10**
augēre, augeō, auxī, auctum vergrößern, vermehren **3. 28. 62**
Augīās *m* Augias *(mythischer König, dessen Stall Herkules ausmistete)* **29**
Augustus Augustus *(erster röm. Kaiser 27 v. Chr.–14 n. Chr.)* **71**
aureus, a, um golden, aus Gold **39**
auris, auris *f (Gen. Pl.* **-ium***)* Ohr **65**
aut oder **63**
autem *(nachgestellt)* aber, andererseits **18**
  Puerī autem tacent. Die Jungen aber schweigen. **18**
auxiliō venīre zu Hilfe kommen **60**
auxilium Hilfe **17**
Aventīnus der Aventin *(am Tiber gelegener Hügel Roms)* **36**
āvertere, āvertō, āvertī, āversum abwenden, vertreiben **60**
avus Großvater **1**

B

barbarus, a, um ausländisch, unzivilisiert; *Subst.* Barbar **70**
basilica Markthalle, Gerichtshalle **12**
beātus, a, um glücklich, reich **38**
bellum Krieg **31**
bellum gerere Krieg führen **39**
bene *Adv.* gut **9**
beneficium Wohltat **11**
bēstia (wildes) Tier **22**
bibere, bibō, bibī trinken **17. 34**
Bonifātius Bonifatius *(christlicher Missionar, „Apostel der Deutschen", um 670–754)* **69**
bonus, a, um gut, tüchtig **14**
  bonō animō esse guten Mutes sein, zuversichtlich sein **54**
brevī (tempore) nach kurzer Zeit, bald (darauf) **58**
Brūtus Lucius Junius Brutus *(Befreier Roms)* **41**

C

cadere, cadō, cecidī fallen **27. 28**
caedere, caedō, cecīdī fällen, töten **33**
caelum Himmel **22**
Caesar, Caesaris *m* Cäsar; Kaiser **21**
calamitās, calamitātis *f* Schaden, Unglück **53**
Camillus Camillus *(röm. Politiker und Feldherr, um 446–365 v. Chr.)* **61**
Campānia Kampanien *(fruchtbare Landschaft südlich von Rom)* **16**
campus Feld, freier Platz **1**
cantāre, cantō singen **48**
capere, capiō, cēpī, captum fassen, nehmen; erobern **18. 29. 52**
  amōre capī von Liebe ergriffen werden **53**
  cōnsilium capere einen Plan (Entschluss) fassen **29**
Capitōlium das Kapitol *(bedeutendster der sieben Hügel Roms)* **39**
captīvus Kriegsgefangener **9**
caput, capitis *n* Kopf; Hauptstadt **49**
  Caput mihi dolet. Der Kopf tut mir weh. **49**
  Rōma caput imperiī est. Rom ist die Hauptstadt des Reiches. **49**
carēre, careō *m. Abl.* frei sein von, ohne (etw.) sein, nicht haben **30**
  amīcīs carēre keine Freunde haben, ohne Freunde sein **30**
carmen, carminis *n* Gedicht, Lied **48**
Carolō auctōre auf Veranlassung Karls **70**
Carolō Magnō imperātōre unter der Herrschaft Karls des Großen **70**
Carolus Magnus Karl der Große *(König des Frankenreiches 768–814)* **70**
carrus Wagen, Karren **16**
Carthāgō, Carthāginis *f* Karthago *(Stadt in Nordafrika)* **32**
cārus, a, um lieb, teuer, wertvoll **21**
castra, castrōrum *n Pl.* Lager **27**
causa Sache, Ursache, Grund; Prozess **42**
cēdere, cēdō, cessī gehen, nachgeben, weichen **31**
celer, celeris, celere schnell **34**
cēna Mahlzeit, Essen **8**
cēnāre, cēnō essen **9**
cēnsēre, cēnseō, cēnsuī, cēnsum *(m. Akk.)* meinen, einschätzen; seine Stimme abgeben (für) **70**
  Linguam Latīnam pulchram esse cēnseō. Ich meine, dass die lateinische Sprache schön ist. **70**
  Senātōrēs pācem cēnsent. Die Senatoren stimmen für (den) Frieden. **70**
centum *indekl.* hundert **73**
Cerberus Zerberus *(der dreiköpfige Höllenhund)* **30**
certē / certō *Adv.* gewiss, sicherlich **31**
certus, a, um sicher, bestimmt **48**
cessāre, cessō zögern, rasten **45**
cēterī, ae, a die übrigen **22**

Chrīstiānus, a, um christlich; *Subst.* Christ **65**
Chrīstus Christus **66**
cibus Nahrung, Speise, Futter **6**
circiter *Adv.* ungefähr **50**
circum *Präp. m. Akk.* rings um, um ... herum **33**
circum mūrōs um die Mauern (herum) **33**
circumdare, circumdō, circumdedī, circumdatum umgeben **65**
Circus Maximus Circus Maximus *(Rennbahn für Wagenrennen in Rom)* **40**
cīvis, cīvis *m (Gen. Pl. -ium)* Bürger **32**
cīvitās, cīvitātis *f* Gemeinde, Staat; Bürgerrecht **21. 72**
clāmāre, clāmō laut rufen, schreien **13**
clāmor, clāmōris *m* Geschrei, Lärm **20**
clārus, a, um klar, hell, berühmt **19**
claudere, claudō, clausī, clausum schließen, abschließen, einschließen **68**
cōgere, cōgō, coēgī, coāctum (ver)sammeln; zwingen **69**
mīlitēs cōgere die Soldaten versammeln **69**
nūllō cōgente ohne Zwang **69**
cōgitāre, cōgitō denken, beabsichtigen **32**
cognōscere, cognōscō, cognōvī, cognitum erkennen, kennenlernen; *Perf.* kennen, wissen **69**
Tē cognōvī. Ich habe dich kennengelernt. Ich kenne dich. **69**
colere, colō, coluī, cultum bewirtschaften, pflegen; verehren **56**
agrōs colere die Felder bewirtschaften **56**
deōs colere die Götter verehren **56**
collocāre, collocō aufstellen, unterbringen **68**
Colōnia (Agrippīnēnsis) Köln **73**
comes, comitis *m/f* Begleiter(in), Gefährte, Gefährtin **34**
commodum Bequemlichkeit, Vorteil **71**
commovēre, commoveō, commōvī, commōtum bewegen, veranlassen **57**
commūnis, e gemeinsam, allgemein **37**
comperīre, comperiō, comperī, compertum (genau) erfahren **66**
complēre, compleō, complēvī anfüllen, auffüllen **6. 26**
complūrēs, complūra mehrere **50**
comprehendere, comprehendō, comprehendī, comprehēnsum begreifen, ergreifen, festnehmen **29. 52**
concēdere, concēdō, concessī erlauben, nachgeben, zugestehen **39**
Concordia Concordia *(Göttin der Eintracht)* **11**
condere, condō, condidī, conditum verwahren, verbergen; erbauen, gründen **36. 55**
condiciō, condiciōnis *f* Bedingung, Lage, Verabredung **57**
cōnferre, cōnferō, cōntulī, collātum vergleichen, zusammentragen **76**
cōnficere, cōnficiō, cōnfēcī, cōnfectum fertig machen, beenden **63**
cōnfirmāre, cōnfirmō bekräftigen, ermutigen, stärken **38**
conicere, coniciō, coniēcī, coniectum (zusammen) werfen, folgern, vermuten **52**
coniūnx, coniugis *m/f* Gatte, Gattin **57**
cōnscrībere, cōnscrībō, cōnscrīpsī, cōnscrīptum aufschreiben, verfassen **68**
mīlitēs cōnscrībere Soldaten ausheben, rekrutieren **68**
cōnsīdere, cōnsīdō, cōnsēdī, cōnsessum sich setzen, sich niederlassen **53**
cōnsilium Beratung, Beschluss, Plan, Rat **11**
cōnsilium capere einen Plan (Entschluss) fassen **29**
cōnsistere, cōnsistō, cōnstitī stehen bleiben, haltmachen, sich aufstellen **17. 31**
cōnspectus, cōnspectūs *m* Anblick, Blickfeld **45**
cōnspicere, cōnspiciō, cōnspexī, cōnspectum erblicken **68**
Cōnstantīnus Konstantin *(der Große; röm. Kaiser 306–337 n. Chr.)* **68**
cōnstat es ist bekannt, es steht fest **31**
cōnstituere, cōnstituō, cōnstituī, cōnstitūtum festsetzen, beschließen **54**
cōnsul, cōnsulis *m* Konsul **64**
cōnsulere, cōnsulō, cōnsuluī, cōnsultum *m. Akk.* um Rat fragen; *m. Dat.* sorgen für; **in** *m. Akk.* vorgehen gegen **59**
deōs cōnsulere die Götter um Rat fragen **59**
sociīs cōnsulere für die Verbündeten sorgen **59**
in hostēs cōnsulere gegen die Feinde vorgehen **59**
contendere, contendō, contendī sich anstrengen, kämpfen; eilen; behaupten **36**
contrā *Präp. m. Akk.* gegen **46**
contrā hostēs gegen die Feinde **46**
convenīre, conveniō, convēnī zusammenkommen, zusammenpassen, besuchen **32**
convertere, convertō, convertī, conversum verändern, (um)wenden **65**
convocāre, convocō zusammenrufen, versammeln **68**
cōpia Menge, Vorrat, Möglichkeit; *Pl.* Truppen **6. 39**
Coriolānus Coriolan *(röm. Patrizier)* **60**
corpus, corporis *n* Körper, Leichnam **47**
corripere, corripiō, corripuī, correptum ergreifen, gewaltsam an sich reißen **71**
creāre, creō erschaffen, wählen **19**
crēdere, crēdō, crēdidī glauben, anvertrauen **37**
crēscere, crēscō, crēvī wachsen **76**
Crēta Kreta *(Insel im Mittelmeer)* **10**
crīmen, crīminis *n* Verbrechen, Vorwurf, Beschuldigung **47**
fūrem crīminis damnāre einen Dieb wegen eines Verbrechens verurteilen **50**
crīminī dare zum Vorwurf machen **60**

crūdēlis, e grausam **35**
crux, crucis *f* Kreuz **66**
cui? wem? **5**
culpa Schuld **75**
cultus, cultūs *m* Bildung, Lebensweise, Pflege, Verehrung **67**
cum *Präp. m. Abl.* mit, zusammen mit **12**
cum amīcō mit dem Freund **12**
cum *Subj. m. Ind.* als (plötzlich); (immer) wenn **26**
cum *Subj. m. Konj.* als, nachdem; weil; obwohl, während (dagegen) **67**
cūnctī, ae, a alle (zusammen) **14**
cupere, cupiō, cupīvī, cupītum wünschen, verlangen **62**
cūr? warum? **2**
cūra Pflege, Sorge **38**
cūrae esse Sorge bereiten **60**
cūrāre, cūrō pflegen, sorgen für **25**
equum cūrāre das Pferd pflegen **25**
familiam cūrāre für die Familie sorgen **25**
cūria Kurie *(Sitzungsgebäude des Senats)* **11**
currere, currō, cucurrī laufen, eilen **45**
cūstōs, cūstōdis *m/f* Wächter(in) **61**

D

Daedalus Dädalus *(berühmter Baumeister und Erfinder aus Athen)* **55**
damnāre, damnō *(m. Gen.)* verurteilen (wegen) **50**
fūrem crīminis damnāre einen Dieb wegen eines Verbrechens verurteilen **50**
dare, dō, dedī, datum geben **22. 28. 51**
crīminī dare zum Vorwurf machen **60**
in vincula dare in Fesseln legen, fesseln, gefangen nehmen **54**
dē *Präp. m. Abl.* von, von ... her, von ... weg, von ... herab; über **14**
dē templō vom Tempel herab **14**
dea Göttin **11**
dēbēre, dēbeō, dēbuī, dēbitum müssen, sollen, schulden **2. 58**
decem *indekl.* zehn **49**
dēcernere, dēcernō, dēcrēvī, dēcrētum beschließen, entscheiden **69**
decimus, a, um der (die, das) zehnte **51**
dēdūcere, dēdūcō, dēduxī, dēductum wegführen, hinführen **17. 53**
dēesse, dēsum abwesend sein, fehlen **17**
dēfendere, dēfendō, dēfendī, dēfēnsum *(ā m. Abl.)* abwehren, verteidigen (vor / gegen) **35. 63**
dēferre, dēferō, dētulī, dēlātum hinbringen, melden, übertragen *76*
dēficere, dēficiō, dēfēcī, dēfectum *(ā m. Abl.)* abnehmen, ermatten, abfallen (von) **72**
deinde *Adv.* dann, darauf **46**
dēlectāre, dēlectō erfreuen, unterhalten **8**
dēlēre, dēleō, dēlēvī zerstören, vernichten **6. 26**
dēligere, dēligō, dēlēgī, dēlēctum (aus)wählen **36. 58**
dēmōnstrāre, dēmōnstrō beweisen, darlegen **33**
dēnique *Adv.* schließlich, zuletzt **46**
deō grātiās Gott sei Dank! **69**
dēpōnere, dēpōnō, dēposuī, dēpositum niederlegen, aufgeben **67**
dēscendere, dēscendō, dēscendī herabsteigen **18. 29**
dēserere, dēserō, dēseruī, dēsertum im Stich lassen, verlassen **60**
dēsīderāre, dēsīderō sich sehnen nach, vermissen **10**
patriam dēsīderāre sich nach der Heimat sehnen **10**
dēsinere, dēsinō, dēsiī, dēsitum aufhören **61**
dēspērāre, dēspērō die Hoffnung aufgeben, verzweifeln **33**
dē salūte dēspērāre die Hoffnung auf Rettung aufgeben **33**
deus Gott, Gottheit **6**
deō grātiās Gott sei Dank! **69**
dexter, dext(e)ra, dext(e)rum rechts **62**
dext(e)ra (manus) die Rechte, die rechte Hand **62**
dī! *Vok.* (oh) Götter! **26**
Diāna Diana *(Göttin der Jagd)* **22**
dīc! sag! sprich! **27**
dīcere, dīcō, dīxī, dictum sagen, sprechen; *m. dopp. Akk.* nennen, bezeichnen (als) **16. 28. 56**
Dīdō, Dīdōnis *f* Dido *(die Gründerin und Königin Karthagos)* **32**
diēs, diēī *m* Tag **42**
differre, differō, distulī, dīlātum *(ā m. Abl.)* aufschieben; sich unterscheiden (von) **76**
supplicium differre die Hinrichtung aufschieben **76**
ā frātre differre sich vom Bruder unterscheiden **76**
difficilis, e schwer, schwierig **73**
dīgnus, a, um *(m. Abl.)* wert, würdig (einer Sache) **46**
praemiō dīgnus einer Belohnung würdig **46**
dīligēns, dīligentis gewissenhaft, sorgfältig **44**
dīmittere, dīmittō, dīmīsī, dīmissum aufgeben, entlassen **67**
Dioclētiānus Diokletian *(röm. Kaiser 284–305 n. Chr.)* **67**
discere, discō, didicī lernen, erfahren **60**
discipulus Schüler **11**
diū *Adv.* lange (Zeit) **9**
dīves, dīvitis reich **44**
docēre, doceō, docuī, doctum lehren, unterrichten **4. 70**
dolēre, doleō schmerzen, wehtun **2**
Caput mihi dolet. Der Kopf tut mir weh. **49**
dolēre *m. Abl.* traurig sein über **30**
iniūriā dolēre über ein Unrecht traurig sein **30**
dolor, dolōris *m* Schmerz **23**
dolus List, Täuschung **9**
domina Herrin, Dame **8**
dominus Herr **3**

domus, domūs *f* *(Abl. Sg. -ō, Gen. Pl.* **-ōrum**, *Akk. Pl. -ōs)* Haus **47**
domum locāre ein Haus vermieten **73**
dōnāre, dōnō schenken **33**
dōnum Geschenk **11**
dubitāre, dubitō zweifeln; zögern *(m. Inf.)* **9**
dūc! führe! **27**
dūcere, dūco, dūxī, ductum führen, ziehen; *m. dopp. Akk.* halten für **16. 28. 52. 56**
dulcis, e angenehm, süß **35**
dum *Subj.* während, solange, bis **20**
duo, duae, duo zwei **49**
duodecim *indekl.* zwölf **49**
duodēvīgintī *indekl.* achtzehn **49**
dux, ducis *m/f* Anführer(in) **51**

E

ē / ex *Präp. m. Abl.* aus, von ... her **12**
ē patriā aus der Heimat **12**
ex aedificiō aus dem Gebäude **12**
eā hōrā in dieser Stunde **30**
ecce Schau! Sieh da! Schaut! Seht da! **28**
ēdere, ēdō, ēdidī, ēditum herausgeben, bekannt machen, veranstalten **74**
ēdūcere, ēdūcō herausführen **17**
efferre, efferō, extulī, ēlātum herausheben, hervorbringen **76**
efficere, efficiō, effēcī, effectum bewirken, herstellen **60**
effugere, effugiō, effūgī *(m. Akk.)* entfliehen, entkommen **58**
ego *Nom.* ich *(betont)* **13**
eius modī / eiusmodī derartig, so beschaffen **54**
emere, emō, ēmī, ēmptum kaufen **74**
enim *(nachgestellt)* nämlich **28**
eō annō in diesem Jahr **30**
equidem (ich) allerdings, freilich **45**
equus Pferd **1**
ergō *Adv.* also, deshalb **39**
errāre, errō umherirren, (sich) irren **13**
esse, sum, fuī sein, sich befinden **2. 26**
et und, auch **1**
et ... et sowohl ... als auch **37**
etiam auch, sogar **5**
Etrūscus, a, um etruskisch, *Subst.* Etrusker **51**
etsī auch wenn, obwohl **28**
Eurōpa Europa *(Erdteil)* **9**
Eurōpa Europa *(die Tochter des phönizischen Königs Agenor)* **53**
Eurydica Eurydike *(Gattin des Orpheus)* **57**
Eurystheus *m* Eurystheus *(mythischer König von Mykene)* **30**
ēvenīre, ēveniō, ēvēnī, ēventum sich ereignen **74**
ēvenit, ut es ereignet sich, dass **74**
excitāre, excitō erregen, ermuntern, wecken **46**
exercēre, exerceō üben, trainieren; quälen **23**
exercitus, exercitūs *m* Heer **61**
exigere, exigō, exēgī, exāctum (ein)fordern, vollenden **74**
exīre, exeō, exiī, exitum herausgehen, hinausgehen; enden **40. 68**
exīstimāre, exīstimō meinen, einschätzen **22**
expellere, expellō, expulī, expulsum vertreiben, verbannen **63**
exspectāre, exspectō warten (auf), erwarten **10**
exstinguere, exstinguō, exstīnxī, exstīnctum auslöschen, vernichten **72**

F

fābula Erzählung, Geschichte, Theaterstück **29**
fac! tu! mach! handle! **27**
facere, faciō, fēcī, factum machen, tun, handeln; *m. dopp. Akk.* jdn. zu etw. machen **18. 29. 52. 56**
sacrum facere ein Opfer bringen, opfern **18**
facilis, e leicht (zu tun) **43**
facinus, facinoris *n* Handlung; Untat **75**
factum Handlung, Tat, Tatsache **29**
fallere, fallō, fefellī täuschen, betrügen **58**
falsus, a, um falsch **66**
fāma (guter / schlechter) Ruf, Gerücht **66**
familia Familie **9**
Faustulus Faustulus *(Hirte, der Romulus und Remus entdeckte)* **34**
fēlīx, fēlīcis erfolgreich, glückbringend, glücklich **44**
fēmina Frau **43**
fenestra Fenster **50**
ferre, ferō, tulī, lātum bringen, tragen; ertragen **76**
ferrum Eisen; Waffe **33**
fidem servāre die Treue halten; sein Wort halten **58**
fidēs, fideī *f* Glaube, Treue, Vertrauen, Zuverlässigkeit **58**
fīdūcia Vertrauen **68**
fīdūcia suī Selbstvertrauen **68**
fīlia Tochter **8**
fīlius Sohn **9**
fīnis, fīnis *m (Gen. Pl.* **-ium**) Ende, Grenze, Ziel, Zweck; *Pl.* Gebiet **32**
flāgitium Schandtat, Gemeinheit **46**
flectere, flectō, flexī, flexum biegen, (hin)lenken, umstimmen **57**
flēre, fleō, flēvī weinen, beweinen **5. 26**
fluvius Fluss **29**
fōns, fontis *m (Gen. Pl.* **-ium**) Quelle, Ursprung **24**
fōrma Form, Gestalt, Schönheit **43**
forte *Adv.* zufällig **75**
fortis, e kräftig, tapfer **35**
fortūna Schicksal, Glück **37**
forum Forum, Marktplatz **11**
Francus, a, um fränkisch; *Subst.* Franke **70**
frangere, frangō, frēgī, frāctum zerbrechen *(trans.)* **60**
Servus tabulam frangit. Der Sklave zerbricht die Schreibtafel. **60**

Tabula frangitur. Die Schreibtafel wird zerbrochen. Die Schreibtafel zerbricht. 60
frāter, frātris *m* Bruder 21
frequēns, frequentis häufig, zahlreich 66
frūmentum Getreide 11
fuga Flucht 26
fugere, fugiō, fūgī *(m. Akk.)* fliehen (vor), meiden 49
ad portum fugere zum Hafen fliehen 49
perīculum fugere vor der Gefahr fliehen, die Gefahr meiden 49
fundere, fundō, fūdī (aus)gießen, zerstreuen 48
fūr, fūris *m* Dieb 20
furor, furōris *m* Wahnsinn, Wut 66

G

Gallus, a, um gallisch, *Subst.* Gallier 61
gaudēre, gaudeō sich freuen 4
gaudēre *m. Abl.* sich freuen über 30
auxiliō gaudēre sich über die Hilfe freuen 30
gemitus, gemitūs *m* Seufzen, Traurigkeit 41
gēns, gentis *f (Gen. Pl.* **-ium***)* Familienverband, Stamm, Volk 48
genus, generis *n* Abstammung, Art, Geschlecht 47
gerere, gerō, gessī, gestum ausführen, führen, tragen 39. 67
bellum gerere Krieg führen 39
Germānia Germanien 71
Germānus, a, um germanisch, *Subst.* Germane 69
gladiātor, gladiātōris *m* Gladiator 23
gladius Schwert 5
glōria Ruhm, Ehre 37
Graecī, ōrum *m Pl.* die Griechen 31
grātia Dank 6
deō grātiās Gott sei Dank! 69
grātiam habēre danken 6
gravis, e schwer 53

H

habēre, habeō haben, halten 6
habitāre, habitō wohnen, bewohnen 10
haerēre, haereō, haesī hängen, stecken bleiben 61
Hamilcar, Hamilcaris *m* Hamilkar *(Vater Hannibals)* 62
Hannibal, Hannibalis *m* Hannibal *(karthagischer Feldherr, 247–183 v. Chr.)* 62
Herculēs, Herculis *m* Herkules *(berühmtester Held der griechischen Sagenwelt)* 28
herī *Adv.* gestern 21
Hersilia Hersilia *(die sabinische Ehefrau des Romulus)* 38
hīc *Adv.* hier 3
hic, haec, hoc dieser, diese, dieses (hier); folgender 43
Hunc mīlitem laudō. Diesen Soldaten (hier) lobe ich. 43
Mīles haec dīxit: Der Soldat sagte Folgendes: 43
In hāc cīvitāte libenter vīvō. In diesem (unserem) Staat lebe ich gerne. 43
hodiē *Adv.* heute 19
homō, hominis *m* Mensch 24
honestus, a, um ehrenhaft, angesehen 31
honor, honōris *m* Ehre, Ehrenamt 19
in honōre esse in Ehren stehen, angesehen sein 19
hōra Stunde 24
eā hōrā in dieser Stunde 30
hostia Opfertier, Schlachtopfer 48
hostis, hostis *m (Gen. Pl.* **-ium***)* Feind (Landesfeind) 37
hostibus īnstāre den Feinden hart zusetzen 46
hūc *Adv.* hierher 51
hūmānitās, hūmānitātis *f* Menschlichkeit, Menschenfreundlichkeit; Bildung 71

I

iacēre, iaceō liegen 27
iactāre, iactō schleudern, werfen; rühmen 75
iam *Adv.* schon, bereits; nun 4
nōn iam nicht mehr 4
ibī *Adv.* dort 3
Īcarus Ikarus *(der Sohn des Dädalus)* 55
īdem, eadem, idem derselbe, der gleiche 61
īdem … quī derselbe … wie 61
idōneus, a, um geeignet, passend 36
Iēsūs (Nāzarēnus) Jesus (von Nazareth) 65
igitur *Adv.* also, folglich 41
ignis, ignis *m* Feuer 54
īgnōscere, īgnōscō, īgnōvī, īgnōtum verzeihen 70
īgnōtus, a, um unbekannt 64
ille, illa, illud jener, jene, jenes; der (dort); damalig, berühmt 43
Ille vir est servus. Jener Mann (der Mann dort) ist ein Sklave. 43
Vōcem illīus audiō. Ich höre die Stimme von jenem (seine Stimme). 43
Illud bellum crūdēle fuit. Der damalige (dieser berühmte) Krieg war grausam. 43
immō *Adv.* im Gegenteil, ja sogar 58
immortālis, e unsterblich 62
impedīre, impediō hindern, verhindern 50
impedīre, nē *m. Konj.* (ver)hindern, dass 74
impellere, impellō, impulī, impulsum antreiben, veranlassen 67
imperāre, imperō befehlen, herrschen (über) 15
populīs imperāre über (die) Völker herrschen 15
imperātor, imperātōris *m* Befehlshaber, Feldherr, Kaiser 19
Carolō Magnō imperātōre unter der Herrschaft Karls des Großen 70
imperium Befehl, Herrschaft, Reich 14
impetus, impetūs *m* Angriff, Schwung 45
improbus, a, um schlecht, unanständig 74
in *Präp. m. Abl.* in, an, auf, bei *(wo?)* 12
in aquā im Wasser 12
in *Präp. m. Akk.* in (… hinein), nach *(wohin?)*; gegen 12. 56
in aquam ins Wasser 12

in animō habēre im Sinn haben, vorhaben **20**
in honōre esse in Ehren stehen, angesehen sein **19**
in vincula dare in Fesseln legen, fesseln, gefangen nehmen **54**
inānis, e leer, wertlos **37**
incertus, a, um ungewiss, unsicher **74**
incipere, incipiō, coepī (incēpī), inceptum anfangen, beginnen **45. 63**
inde *Adv.* von dort; darauf; deshalb **74**
indicāre, indicō anzeigen, melden **12**
īnfēlīx, īnfēlīcis unglücklich **46**
īnferī, īnferōrum *m Pl.* die Bewohner der Unterwelt, Unterwelt **58**
īnferre, īnferō, intulī, illātum hineintragen, zufügen **76**
ingenium Begabung, Talent, Verstand **11**
ingēns, ingentis gewaltig, ungeheuer **45**
inīre, ineō, iniī hineingehen (in), beginnen **40**
iniūria Unrecht, Beleidigung **9**
īnsidiae, īnsidiārum *f Pl.* Falle, Attentat, Hinterlist **63**
īnstāre, īnstō, īnstitī bevorstehen, hart zusetzen **46**
hostibus īnstāre den Feinden hart zusetzen **46**
Perīculum īnstat. Eine Gefahr steht bevor. **46**
īnsula Insel; Wohnblock **7**
intellegere, intellegō, intellēxī, intellēctum (be)merken, verstehen **71**
inter *Präp. m. Akk.* unter, während, zwischen **68**
inter līberōs unter den Kindern, zwischen den Kindern **68**
inter cēnam während des Essens **68**
interficere, interficiō, interfēcī, interfectum töten, vernichten **23. 29. 52**
interrogāre, interrogō fragen **54**
intrā *Präp. m. Akk.* innerhalb (von) **60**
intrā mūros innerhalb der Mauern **60**
intrā decem annōs innerhalb von zehn Jahren **60**
intrāre, intrō betreten, eintreten **8**
intus *Adv.* im Inneren, innen **44**
invenīre, inveniō, invēnī, inventum finden, erfinden **13. 29. 52**
invītus, a, um ungern, gegen den Willen **66**
mē invītō gegen meinen Willen **70**
ipse, ipsa, ipsum (er, sie, es) selbst; persönlich; gerade; sogar *(hervorhebend)* **56**
īra Zorn, Wut **50**
īre, eō, iī, itum gehen **40**
is, ea, id dieser, diese, dieses; er, sie, es **27**
eā hōrā in dieser Stunde **30**
eō annō in diesem Jahr **30**
iste, ista, istud dieser, diese, dieses (da) **66**
ita *Adv.* so **29**
Italia Italien **33**
itaque deshalb **5**
item *Adv.* ebenso, gleichfalls **72**
iter, itineris *n* Reise, Marsch, Weg **63**
iterum *Adv.* wiederum, zum zweiten Mal **5**
iterum atque iterum *Adv.* immer wieder **46**
iubēre, iubeō, iussī, iussum *(m. Akk.)* anordnen, befehlen **57**
Servum labōrāre iubeō. Ich befehle dem Sklaven zu arbeiten. Ich befehle, dass der Sklave arbeitet. **57**
Iūdaeus, a, um jüdisch; *Subst.* Jude **65**
iūdex, iūdicis *m* Richter **50**
iūdicāre, iūdicō urteilen, beurteilen **75**
Iūnō, Iūnōnis *f* Juno *(Ehefrau des Jupiter, Göttin der Ehe und der Frauen)* **61**
Iuppiter, Iovis *m* Jupiter *(höchster Gott der Römer)* **22**
iūrāre, iūrō schwören **62**
iuvāre, iuvō, iūvī *m. Akk.* unterstützen, helfen; erfreuen **59**
iuvenis, iuvenis *m* junger Mann; *Adj.* jung **34**
iuventūs, iuventūtis *f* Jugend **65**
ā iuventūte von Jugend an **65**

L

labor, labōris *m* Arbeit, Anstrengung **30**
labōrāre, labōrō arbeiten, sich anstrengen **8**
labōrāre *m. Abl.* leiden an, in Not / Sorge sein wegen **30**
dolōribus labōrāre an Schmerzen leiden **30**
lacrima Träne **7**
laedere, laedō, laesī, laesum beschädigen, verletzen, beleidigen **45. 52**
laetitia Freude **7**
laetus, a, um froh; fruchtbar **41**
Lāocoōn, Lāocoontis *m* Laokoon *(trojanischer Priester)* **31**
latēre, lateō verborgen sein **5**
Latīnī, Latīnōrum *m Pl.* die Latiner *(Volksstamm in Italien)* **33**
Latīnus Latinus *(König der Latiner)* **33**
Lātōna Latona *(Göttin, Mutter der Zwillinge Apollo und Diana)* **56**
lātus, a, um breit, ausgedehnt **55**
laudāre, laudō loben **14**
lēgātus Gesandter, Bevollmächtigter **70**
legere, legō, lēgī, lēctum lesen; auswählen **43. 56**
leō, leōnis *m* Löwe **24**
lēx, lēgis *f* Gesetz, Bedingung **50**
libellus kleines Buch, Heft **69**
libenter *Adv.* gerne **11**
liber, librī *m* Buch **44**
līber, lībera, līberum frei **15**
līber, lībera, līberum (ā) *m. Abl.* frei von **30**
līber ab omnī mūnere frei von jeder Aufgabe (Verpflichtung) **70**
līber (ā) timōre frei von Angst **30**
līberāre, līberō befreien, freilassen **20**
līberī, līberōrum *m Pl.* Kinder **27**

lībertās, lībertātis *f* Freiheit **21**
licet es ist erlaubt, es ist möglich **19**
lingua Sprache, Rede **3**
littera Buchstabe; *Pl.* Brief; Literatur, Wissenschaft **52**
lītus, lītoris *n* Küste, Strand **53**
Līvius Titus Livius *(berühmter röm. Geschichtsschreiber, 59 v. Chr.–17 n. Chr.)* **36**
locāre, locō aufstellen, setzen; vermieten **73**
moenia locāre Stadtmauern errichten **73**
domum locāre ein Haus vermieten **73**
locus Ort, Platz, Stelle **35**
longus, a, um lang, weit **73**
Lucrētia Lukretia *(Heldin der römischen Frühgeschichte)* **42**
lūctus, lūctūs *m* Trauer **64**
lūdus Spiel; Schule **10**
lūx, lūcis *f* Licht, Tageslicht **26**
prīmā lūce bei Tagesanbruch **30**

M

magis mehr **18**
magis … quam mehr … als **18**
magister, magistrī *m* Lehrer, Meister **15**
magistrātus, magistrātūs *m* Amt, Beamter **75**
magnitūdō, magnitūdinis *f* Größe **24**
magnus, a, um groß, bedeutend **14**
magnā vōce mit lauter Stimme **26**
malus, a, um schlecht, schlimm **25**
manēre, maneō, mānsī bleiben, (er)warten **12. 28**
manus, manūs *f* Hand; Schar (von Bewaffneten) **41**
mare, maris *n (Abl. Sg. -ī, Nom. / Akk. Pl.* **-ia**, *Gen. Pl.* **-ium***)* Meer **49**
marītus Ehemann **32**
Mārs, Mārtis *m* Mars *(der römische Kriegsgott)* **43**
māter, mātris *f* Mutter **21**
maximē *Adv.* am meisten, besonders **36**
maximus, a, um der größte, sehr groß **69**
mē *Akk.* mich **13**
mē invītō gegen meinen Willen **70**
mē praesente in meiner Anwesenheit **70**
mēcum mit mir **13**
medius, a, um der mittlere, in der Mitte (von) **42**
mediā in turbā mitten in der Menge **42**
memoria Erinnerung, Gedächtnis; Zeit **43**
memoriā tenēre im Gedächtnis behalten **43**
mēns, mentis *f (Gen. Pl.* **-ium***)* Geist, Sinn, Verstand; Meinung **72**
mēnsa (Ess-)Tisch **8**
mercātor, mercātōris *m* Kaufmann, Händler **19**
Mercurius Merkur *(der Götterbote)* **22**
metuere, metuō, metuī (sich) fürchten **66**
metus, metūs *m* Angst **41**
meus, a, um mein **14**
mihi *Dat.* mir **13**
mīles, mīlitis *m* Soldat **34**
mīlitēs cōnscrībere Soldaten ausheben, rekrutieren **68**
mīlle *Sg. indekl.* tausend **73**
mīlia, mīlium *Pl.* tausend, Tausende **73**
Minerva Minerva *(Göttin der Weisheit)* **22**
minimē *Adv.* am wenigsten, überhaupt nicht **75**
mīrus, a, um erstaunlich, sonderbar **25**
miser, misera, miserum arm, erbärmlich, unglücklich **15**
mittere, mittō, mīsī, missum (los)lassen, schicken, werfen **16. 28. 52**
modus Art, Weise; Maß **54**
moenia, moenium *n Pl.* Mauern, Stadtmauern **49**
moenia locāre Stadtmauern errichten **73**
monēre, moneō, monuī, monitum mahnen, ermahnen **2. 51**
mōns, montis *m (Gen. Pl.* **-ium***)* Berg **24**
summus mōns *m* Berggipfel, die höchste Stelle des Berges **58**
mōnstrum Ungeheuer **25**
monumentum Denkmal **28**
mora Aufenthalt, Verzögerung **55**
mors, mortis *f (Gen. Pl.* **-ium***)* Tod **23**
mortālis, e sterblich; *Subst.* Mensch **54**
mortuus, a, um gestorben, tot **17**
mōs, mōris *m* Sitte, Brauch; *Pl.* Charakter **38**
movēre, moveō, mōvī, mōtum bewegen, beeindrucken **7. 29. 54**
mox *Adv.* bald **7**
mulier, mulieris *f* Frau **20**
multa, ōrum *n Pl.* viel(es) **44**
multa scīre viel(es) wissen **44**
multitūdō, multitūdinis *f* große Zahl, Menge **24**
multī, ae, a viele **14**
multum *Adv.* sehr, viel **36**
multum valēre großen Einfluss haben **36**
multus, a, um viel **14**
mūnīre, mūniō bauen, befestigen, schützen **33**
mūnītiō, mūnītiōnis *f* Bau, Befestigung **74**
mūnus, mūneris *n* Geschenk; Aufgabe **70**
mūnera mittere Geschenke schicken **70**
līber ab omnī mūnere frei von jeder Aufgabe (Verpflichtung) **70**
mūrus Mauer **1**
mūtāre, mūtō (ver)ändern, verwandeln **53**

N

nam denn, nämlich **3**
narrāre, narrō erzählen **14**
dē lūdō narrāre vom Spiel / über das Spiel erzählen **14**
nātiō, nātiōnis *f* Volk, Volksstamm **24**
nātūra Natur, Wesen, Beschaffenheit **36**
nāvis, nāvis *f (Gen. Pl.* **-ium***)* Schiff **49**
-ne *Partikel im dir. Fragesatz (unübersetzt)* **13**
-ne … an *(Wahlfrage im Hauptsatz)* … oder **71**
-ne … an *(im Gliedsatz)* ob … oder **74**

nē *Subj. m. Konj.* dass nicht; *(nach Ausdrücken des Fürchtens)* dass; damit nicht, um nicht zu *(m. Inf.)* **64. 65**
impedīre, nē (ver)hindern, dass **74**
prohibēre, nē daran hindern, dass **72**
perīculum est, nē es besteht die Gefahr, dass **64**
timēre, ne fürchten, dass **64**
nē ... quidem nicht einmal **43**
nē Mārs quidem nicht einmal Mars **43**
necāre, necō töten **66**
necessārius, a, um notwendig **54**
necesse (est) (es ist) notwendig **67**
nefārius, a, um gottlos, verbrecherisch **56**
negāre, negō leugnen, verneinen, verweigern **47**
neglegere, neglegō, neglēxī, neglēctum nicht (be)achten, vernachlässigen **59**
negōtium Aufgabe, Geschäft; Angelegenheit **23**
nēmō niemand **55**
Neptūnus Neptun *(Gott des Meeres)* **22**
neque und nicht, auch nicht **3**
neque ... neque weder ... noch **3**
nescīre, nesciō nicht wissen, nicht kennen, nicht verstehen **10**
niger, nigra, nigrum schwarz, dunkel **15**
nihil nichts **10**
nihil ... nisī nichts ... außer, nichts (anderes) ... als, nur **74**
Nihil (aliud) nisī veniam ā tē petō. Ich verlange nichts außer Nachsicht von dir. Ich verlange nichts (anderes) als Nachsicht von dir. Ich verlange nur Nachsicht von dir. **74**
Nioba Niobe *(Königin von Theben)* **56**
nisī *Subj.* wenn nicht **24**
nocte nachts **30**
nōmen, nōminis *n* Name **47**
nōmināre, nōminō nennen **56**
nōmine namens **70**
nōn nicht **2**
nōn iam nicht mehr **4**
nōn sōlum ..., sed etiam nicht nur ..., sondern auch **57**
nōndum *Adv.* noch nicht **26**
nōnne? (etwa) nicht? **18**
nōnnūllī, ae, a einige, manche **44**
nōnus, a, um der (die, das) neunte **51**
nōs *Nom.* wir *(betont)* **13**
nōscere, nōscō, nōvī, nōtum erkennen, kennenlernen **68**
noster, nostra, nostrum unser **15**
novem *indekl.* neun **49**
novus, a, um neu, ungewöhnlich **14**
nox, noctis *f (Gen. Pl. -ium)* Nacht **26**
nūbere, nūbō, nūpsī, nūptum *m. Dat.* heiraten **57**
iuvenī nūbere einen jungen Mann heiraten **57**
nūllus, a, um *(Gen.* **nūllīus**, *Dat.* **nūllī***)* kein **47**
num? *(im Hauptsatz)* etwa? **60**
num? *(im Gliedsatz)* ob, ob nicht **74**
nūmen, nūminis *n* Gottheit, göttlicher Wille **69**
numerus Zahl, Menge **49**
Numitor, Numitōris *m* Numitor *(König von Alba, Großvater von Romulus und Remus)* **35**
numquam *Adv.* niemals **4**
nunc *Adv.* nun, jetzt **2**
nūntiāre, nūntiō melden **22**
nūntius Bote, Nachricht **16**
nūper *Adv.* neulich, vor kurzem **70**

O

obicere, obiciō, obiēcī, obiectum darbieten, vorwerfen **46. 63**
scelerātum bēstiīs obicere einen Verbrecher den wilden Tieren vorwerfen **46**
comitī iniūriam obicere dem Gefährten ein Unrecht vorwerfen **46**
obsecrāre, obsecrō anflehen, bitten **58**
obtinēre, obtineō (in Besitz) haben, (besetzt) halten **71**
occidere, occidō, occidī (zu Boden) fallen, umkommen, untergehen **28**
occīdere, occīdō, occīdī, occīsum niederschlagen, töten **33. 64**
occultē *Adv.* heimlich **67**
occupāre, occupō besetzen, einnehmen **37**
octō *indekl.* acht **49**
octāvus, a, um der (die, das) achte **51**
oculus Auge **2**
odiō esse verhasst sein **62**
Rōmānī Hannibalī odiō erant. Die Römer waren Hannibal verhasst. Die Römer wurden von Hannibal gehasst. **62**
odium Hass **62**
offerre, offerō, obtulī, oblātum anbieten, entgegenbringen **76**
officium Dienst, Pflicht(gefühl) **30**
omittere, omittō, omīsī aufgeben, beiseite lassen **38**
omnia, omnium *n Pl.* alles **44**
omnia posse alles können **44**
omnīnō *Adv.* insgesamt, überhaupt, völlig **68**
omnis, e jeder, ganz; *Pl.* alle **35**
oportet es gehört sich, es ist nötig **32**
oppidum Stadt (Kleinstadt) **16**
opportūnus, a, um geeignet, günstig **36**
opprimere, opprimō, oppressī, oppressum bedrohen, niederwerfen, unterdrücken **65**
ōra Küste **28**
ōrāre, ōrō (an)beten, bitten **64**
ōrātiō, ōrātiōnis *f* Rede **63**
orbis, orbis *m* Kreis(lauf); Erdkreis, Welt **71**
ōrnāmentum Schmuck(stück) **12**
ōrnāre, ōrnō ausstatten, schmücken **8**
Orpheus, Orpheī Orpheus *(berühmter thrakischer Sänger)* **57**

ōs, ōris *n* Gesicht, Mund 51
ostendere, ostendō, ostendī zeigen, erklären 16. 30

P

paene *Adv.* fast 50
Palātium der Palatin *(einer der sieben Hügel Roms)* 36
parāre, parō (vor)bereiten, vorhaben *(m. Inf.)*; erwerben 8
parcere, parcō, pepercī *m. Dat.* schonen, verschonen 59
captīvīs parcere die Kriegsgefangenen (ver)schonen 59
parere, pariō, peperī, partum zur Welt bringen, gebären; schaffen 56
fīlium parere einen Sohn zur Welt bringen 56
glōriam parere (sich) Ruhm (ver)schaffen 56
pārēre, pāreō gehorchen 2
pariter *Adv.* ebenso, gleichzeitig 75
pars, partis *f (Gen. Pl.* **-ium***)* Teil, Seite 23
parum *Adv.* (zu) wenig 75
parvus, a, um klein, gering 14
pater, patris *m* Vater 21
patēre, pateō offenstehen 7
patria Heimat 9
paucī, ae, a wenige 52
paulātim *Adv.* allmählich 31
paulō (um) ein wenig 66
paulō post (ein) wenig später 30
pauper, pauperis arm 44
pāx, pācis *f* Frieden 70
pectus, pectoris *n* Brust, Herz 47
pecūnia Geld, Vermögen 20
pellere, pellō, pepulī, pulsum stoßen, schlagen, (ver)treiben 34. 62
per *Präp. m. Akk.* durch, hindurch 16
per silvam durch den Wald 16
perdere, perdō, perdidī, perditum verlieren, verschwenden, zugrunde richten 57
vōcem perdere seine Stimme verlieren 57
tempus perdere Zeit verschwenden 57
rem pūblicam perdere den Staat zugrunde richten 57
perferre, perferō, pertulī, perlātum (über)bringen, ertragen 76
pergere, pergō, perrēxī aufbrechen; weitermachen 65
perīculum Gefahr 25
perīculum est, nē es besteht die Gefahr, dass 64
perīre, pereō, periī umkommen, zugrunde gehen 48
perniciēī esse Verderben bringen 60
perniciēs, perniciēī *f* Verderben, Vernichtung 42
Persae, Persārum *m Pl.* die Perser 70
persuādēre, persuādeō, persuāsī, persuāsum *m. Dat.* überreden, überzeugen *(m. AcI)* 59
senātōribus persuādēre die Senatoren überzeugen 59
perterrēre, perterreō, perterruī, perterritum sehr erschrecken, einschüchtern 46. 53
pertinēre, pertineō ad *m. Akk.* betreffen, gehören (zu), sich erstrecken (bis) 41
Hoc ad deōs pertinet. Das betrifft die Götter. 41
Montēs ad castra pertinent. Die Berge erstrecken sich (reichen) bis zum Lager 41
pervenīre, perveniō, pervēnī, perventum ad / in *m. Akk.* kommen zu / nach 66
ad forum pervenīre zum Forum kommen 66
pēs, pedis *m* Fuß 47
petere, petō, petīvī, petītum aufsuchen, (er)streben, bitten, verlangen 19. 31. 51
placēre, placeō gefallen 5
placet *m. Dat.* es gefällt jdm., jd. beschließt 54
mihi placet es gefällt mir, ich beschließe 54
placidus, a, um friedlich, ruhig, sanft 66
plēbs, plēbis *f* (nicht adeliges, einfaches) Volk 59
plēnus, a, um *(m. Gen.)* voll (von / mit) 17. 54
plēnus timōris voller Angst 54
plūs, plūris mehr 69
Plūtō, Plūtōnis *m* Pluto *(Gott der Unterwelt)* 30
poena Strafe 50
poenam solvere Strafe bezahlen, bestraft werden 55
Poenus, a, um punisch, karthagisch; *Subst.* Punier, Karthager 63
Pompēiānus, a, um pompejanisch, *Subst.* Pompejaner, Einwohner von Pompeji 19
Pompēī, Pompēiōrum *m Pl.* Pompeji *(Stadt in Mittelitalien)* 27
pōnere, pōnō, posuī, positum (auf)stellen, (hin)legen, setzen 60
pōns, pontis *m (Gen. Pl.* **-ium***)* Brücke 68
populus Volk 6
porta Tor 11
portāre, portō bringen, tragen 17
portus, portūs *m* Hafen 41
pōscere, pōscō, popōscī fordern, verlangen 74
posse, possum, potuī können 17. 26
post *Präp. m. Akk.* hinter, nach 12
post vīllam hinter dem Landhaus 12
post cēnam nach dem Essen 12
posteā *Adv.* nachher, später 27
posterī, posterōrum *m Pl.* Nachkommen 72
postquam *Subj. m. Ind.* nachdem, als 35
postrēmō *Adv.* schließlich 64
pōstulāre, pōstulō fordern 64
potēns, potentis mächtig, stark 56
potestās, potestātis *f* (Amts-)Gewalt, Macht 21
praebēre, praebeō geben, hinhalten 4
praeclārus, a, um großartig 53
praeda Beute 64
praeesse, praesum, praefuī *m. Dat.* leiten, an der Spitze stehen 59
Imperātor mīlitibus praeest. Der Feldherr steht an der Spitze der Soldaten. 59
praeferre, praeferō, praetulī, praelātum vorziehen 76
praemium Belohnung, Lohn 39

praesēns, praesentis anwesend, gegenwärtig 69
mē praesente in meiner Anwesenheit 70
praestāre, praestō, praestitī *m. Akk.* gewähren, leisten, zeigen; *m. Dat.* übertreffen 28. 72
officium praestāre seine Pflicht erfüllen 72
amīcō praestāre den Freund übertreffen 72
praeterīre, praetereō, praeteriī übergehen, vorbeigehen (an) 40
castra praeterīre am Lager vorbeigehen 40
factum praeterīre eine Tatsache übergehen 40
praetor, praetōris *m* Prätor *(für die Rechtsprechung zuständiger Beamter)* 75
premere, premō, pressī, pressum (unter)drücken, bedrängen 58
pretium Preis, Wert 12
prex, precis *f* Bitte, Gebet 48
prīmā lūce bei Tagesanbruch 30
prīmō *Adv.* zuerst 4
prīmum *Adv.* erstens, zum ersten Mal 25
ubī (prīmum) *Subj. m. Ind.* sobald 67
prīmus, a, um der erste 30
prīmā lūce bei Tagesanbruch 30
priusquam *Subj.* bevor, eher als 55
Aderam, priusquam vēnistī. Ich war da, bevor du gekommen bist. Ich war eher da, als du gekommen bist. 55
prō *Präp. m. Abl.* vor; anstelle von, für 59
prō domō sedēre vor dem Haus sitzen 59
prō amīcō respondēre für den Freund, anstelle des Freundes antworten 59
probāre, probō prüfen, beweisen, für gut befinden 12
prōcēdere, prōcēdō, prōcessī (vorwärts)gehen, vorrücken 63
prōdere, prōdō, prōdidī, prōditum verraten; überliefern 72
proelium Kampf, Schlacht 61
profectō *Adv.* sicherlich, tatsächlich 6
prohibēre, prohibeō *(ā m. Abl.)* abhalten (von), hindern (an) 30
(ā) lacrimīs prohibēre von den Tränen abhalten, am Weinen hindern 30
prohibēre, nē *m. Konj.* daran hindern, dass 72
proinde *Adv.* also, daher 72
Promētheus, Promētheī Prometheus *(Göttersohn, Schöpfer der Menschen)* 54
prōmittere, prōmittō, prōmīsī, prōmissum versprechen 58
prope *Adv.* nahe, in der Nähe; beinahe 75
properāre, properō eilen, sich beeilen 8
propter *Präp. m. Akk.* wegen 23
propter amōrem wegen der Liebe 23
prōtinus *Adv.* sofort 67
prōvidēre, prōvideō, prōvīdī, prōvīsum *m. Akk.* vorhersehen; *m. Dat.* sorgen für 59
perīculum prōvidēre eine Gefahr vorhersehen 59
cīvibus prōvidēre für die Bürger sorgen 59
prōvincia Provinz 9
puella Mädchen, Freundin 1
puer, puerī *m* Junge 15
pūgna Kampf 9
pūgnāre, pūgnō kämpfen 9
pulcher, pulchra, pulchrum schön 15
putāre, putō glauben, meinen; *m. dopp. Akk.* halten für 31. 56

Q

quaerere, quaerō, quaesīvī, quaesītum ex / dē *m . Abl.* erwerben wollen, suchen; jdn. fragen 32. 51. 59
ē mercātōre pretium quaerere den Händler nach dem Preis fragen 59
quālis, e wie (beschaffen), was für ein(e) 61
tālis ... quālis wie beschaffen ... so (beschaffen) 61
quam als, wie 18
magis ... quam mehr ... als 18
tam ... quam so ... wie 21
Quam pulchrum est templum! Wie schön ist der Tempel! 18
quamquam *Subj.* obwohl 20
quamvīs *Subj. m. Konj.* wenn auch, obwohl 72
quandō wann 38
quārē? weshalb? wodurch? 71
quārtus, a, um der (die, das) vierte 51
quasi *Adv.* gleichsam 73
mōnstrum quasi gleichsam ein Ungeheuer 73
quattuor *indekl.* vier 49
quattuordecim *indekl.* vierzehn 49
-que *(angehängt)* und 14
servī servaeque Sklaven und Sklavinnen 14
quemadmodum auf welche Weise, wie 37
quī, quae, quod welcher, welche, welches; der, die, das 36. 71
quia *Subj.* weil 20
quid? was? 2
quīdam, quaedam, quiddam *subst.* ein gewisser, (irgend)einer; *Pl.* einige 65
quīdam, quaedam, quoddam *adj.* ein gewisser, (irgend)ein; *Pl.* einige 65
quidem *Adv.* freilich, gewiss, wenigstens, zwar 33
quidnam? was denn? 71
quiēscere, quiēscō, quiēvī, quiētum (aus)ruhen, schlafen 72
quīn? *(im Hauptsatz)* warum nicht? *Subj. m. Konj. (in festen Wendungen)* dass 18. 73
nōn dubitō, quīn *m. Konj.* Ich zweifle nicht (daran), dass ... 73
quīndecim *indekl.* fünfzehn 49
quīnque *indekl.* fünf 49
quīntus, a, um der (die, das) fünfte 51
quis? wer? 3

quō? wohin? wo? **51**
quod *Subj.* weil; dass **20**
quoniam *Subj. m. Ind.* da ja, da nun **74**
quoque *(nachgestellt)* auch **45**
Ego quoque gaudeō. Auch ich freue mich. **45**
quot? wie viel(e)? **49**
Quot senātōrēs adsunt? Wie viele Senatoren sind da? **49**
tot ... quot so viele ... wie (viele) **61**

R

rapere, rapiō, rapuī, raptum wegführen, rauben, wegreißen **47. 53**
recēns, recentis frisch, neu **76**
recitāre, recitō vortragen, vorlesen **52**
rēctē *Adv.* richtig, zu Recht **4**
reddere, reddō, reddidī, redditum zurückgeben, etw. zukommen lassen; *m. dopp. Akk.* jdn. zu etw. machen **56**
redīre, redeō, rediī, reditum zurückgehen, zurückkehren **53**
redūcere, redūcō, redūxī, reductum zurückführen, zurückziehen **57**
referre, referō, rettulī, relātum (zurück)bringen, berichten **76**
rēge vīvō zu Lebzeiten des Königs **70**
regere, regō, rēxī, rēctum beherrschen, leiten, lenken **58**
regiō, regiōnis *f* Gebiet, Gegend, Richtung **24**
religiō, religiōnis *f* Glaube, Aberglaube, (Gottes-)Verehrung, Frömmigkeit, Gewissenhaftigkeit **65**
relinquere, relinquō, relīquī, relictum verlassen, zurücklassen **16. 29. 54**
reliquiae, reliquiārum *f Pl.* Überbleibsel, Überrest, Ruine **27**
remanēre, remaneō, remānsī (zurück)bleiben **50**
repellere, repellō, reppulī zurückstoßen, abweisen, vertreiben **34**
reprehendere, reprehendō, reprehendī, reprehēnsum schimpfen, kritisieren **48. 52**
rēs, reī *f* Angelegenheit, Ding, Sache **42**
rēs adversae *f Pl.* Unglück **42**
rēs futūrae *f Pl.* Zukunft **42**
rēs gestae *f Pl.* Taten **69**
rēs pūblica Staat **42**
rēs secundae *f Pl.* Glück **42**
resistere, resistō, restitī stehen bleiben; Widerstand leisten **39**
respicere, respiciō, respexī, respectum zurückblicken, berücksichtigen **57**
respondēre, respondeō, respondī, respōnsum antworten **3. 28. 65**
restituere, restituō, restituī, restitūtum wiederherstellen **67**
retinēre, retineō, retinuī, retentum behalten, festhalten, zurückhalten **55**
rēx, rēgis *m* König **29**
rēge vīvō zu Lebzeiten des Königs **70**
rīdēre, rīdeō, rīsī, rīsum lachen, auslachen **2. 28. 52**
rogāre, rogō bitten, fragen **8**
Rōma Rom **7**
Rōmānus, a, um römisch; *Subst.* Römer **9. 14**
Rōmulus / Remus Romulus und Remus *(Zwillingsbrüder und sagenhafte Gründer Roms)* **34**
ruere, ruō, ruī stürzen, eilen, stürmen **68**
rūrī *Adv.* auf dem Land **73**
rūs, rūris *n* Feld, Land *(im Gegensatz zu Stadt)*, Landgut **73**

S

Sabīnus, a, um sabinisch; *Subst.* Sabiner *(in der Nähe Roms lebender Volksstamm)* **38**
sacer, sacra, sacrum *(m. Gen.)* (jdm.) heilig, geweiht **61**
sacerdōs, sacerdōtis *m/f* Priester(in) **48**
sacrum Opfer, Heiligtum **18**
sacrum facere ein Opfer bringen, opfern **18**
saeculum Jahrhundert, Menschenalter, Zeit(alter) **71**
saepe *Adv.* oft **4**
saevus, a, um schrecklich, wild, wütend **69**
salūs, salūtis *f* Gesundheit, Rettung, Gruß, Glück **26**
dē salūte dēspērāre die Hoffnung auf Rettung aufgeben **33**
salūtāre, salūtō (be)grüßen **21**
salvē! salvēte! sei gegrüßt! seid gegrüßt! **21**
sānctus, a, um ehrwürdig, heilig **48**
sanguis, sanguinis *m* Blut **48**
sapiēns, sapientis klug, weise **44**
Sāturnus Saturn *(Gott der Saat und der Zeit)* **11**
Saulus / Paulus Saulus / Paulus *(hebräischer / christlicher Name des Apostels und Missionars, gest. um 60 n. Chr.)* **65**
saxum Fels, Stein **58**
scelerātus, a, um verbrecherisch, schändlich; *Subst.* Verbrecher **5. 66**
scelus, sceleris *n* Verbrechen; Schurke **47**
scīre, sciō wissen, kennen, verstehen **10**
scrībere, scrībō, scrīpsī, scrīptum schreiben, beschreiben **16. 28. 65**
sē *Akk. / Abl.* sich **20**
Sebastiānus Sebastian *(christl. Märtyrer)* **67**
sēcum mit sich, bei sich **32**
secundus, a, um der (die, das) zweite; günstig **51**
rēs secundae *f Pl.* Glück **42**
secundum factum Herculis die zweite Tat des Herkules **51**
ventus secundus günstiger Wind **51**
sed aber, sondern **3**
sēdecim *indekl.* sechzehn **49**
sedēre, sedeō, sēdī sitzen **3. 29**
semper *Adv.* immer **6**
senātor, senātōris *m* Senator **19**

senātus, senātūs *m* Senat, Senatsversammlung 48
senex, senis *m* Greis, alter Mann 59
sentīre, sentiō, sēnsī fühlen, meinen, wahrnehmen 28
septem *indekl.* sieben 49
septendecim *indekl.* siebzehn 49
septimus, a, um der (die, das) siebte 51
serva Sklavin, Dienerin 1
servāre, servō bewahren, retten; beobachten 22
fidem servāre die Treue halten; sein Wort halten 58
servāre ā *m. Abl.* bewahren vor, retten vor 30
servīre, serviō dienen, Sklave sein 51
servitūs, servitūtis *f* Sklaverei 21
servus Sklave, Diener 1
sex *indekl.* sechs 36
sextus, a, um der (die, das) sechste 51
sī *Subj.* wenn, falls 20
sibi *Dat.* sich 32
sīc *Adv.* so 8
Sicilia Sizilien *(Insel im Mittelmeer)* 10
sīgnum Merkmal, Zeichen; Statue 34
silentium Schweigen 61
silva Wald 1
simul *Adv.* gleichzeitig, zugleich 57
sine *Präp. m. Abl.* ohne 12
sine amīcō ohne den Freund 12
sine mē ohne mich 13
sinere, sinō, sīvī (zu)lassen, erlauben 43
Līberōs vīnum bibere nōn sinimus. Wir lassen nicht zu (erlauben nicht), dass die Kinder Wein trinken. Wir lassen die Kinder keinen Wein trinken. 43
singulus, a, um je ein, jeder einzelne 64
Sīsyphus Sisyphos *(König von Korinth)* 58
socius Gefährte, Verbündeter 51
sōl, sōlis *m* Sonne 24
sollicitāre, sollicitō aufhetzen, beunruhigen, erregen 45
sōlum *Adv.* nur 22
solvere, solvō, solvī, solūtum lösen, auflösen; bezahlen 55
vincula solvere die Fesseln lösen 55
poenam solvere Strafe bezahlen, bestraft werden 55
somnus Schlaf 55
sonus Ton, Klang, Geräusch 5
soror, sorōris *f* Schwester 20
sors, sortis *f (Gen. Pl.* **-ium***)* Los, Orakelspruch, Schicksal 44
speciēs, speciēī *f* Anblick, Aussehen, Schein 50
spectāre, spectō betrachten, anschauen, hinsehen 9
spērāre, spērō erwarten, hoffen 33
spēs, speī *f* Erwartung, Hoffnung 42
sponte meā (tuā, suā) freiwillig, von selbst 72
Spurius Tarpēius Spurius Tarpeius *(römischer Befehlshaber)* 39
stāre, stō, stetī stehen 16. 28
statim *Adv.* sofort 5
statua Statue 28
statuere, statuō, statuī, statūtum aufstellen, beschließen, festsetzen 54
studēre, studeō sich bemühen, studieren 4
studium Beschäftigung, Engagement, Interesse 28
stultus, a, um dumm 39
sub *Präp. m. Abl.* unter *(wo?)* 25
sub carrō esse unter dem Wagen liegen 25
sub *Präp. m. Akk.* unter *(wohin?)* 25
sub carrum trahere unter den Wagen ziehen 25
subīre, subeō, subiī auf sich nehmen, herangehen 63
subitō *Adv.* plötzlich 5
suī, suōrum *m Pl.* die Seinen, die Ihren, seine (ihre) Leute 64
summus, a, um der höchste, oberste 18
summus mōns *m* Berggipfel, die höchste Stelle des Berges 58
superāre, superō besiegen, überwinden, übertreffen 9
superbus, a, um stolz, überheblich 41
superesse, supersum, superfuī überleben, übrig sein 63
superī, superōrum *m Pl.* die Götter 56
supplicium Strafe, Hinrichtung, flehentliches Bitten 46
supplicium timēre vor der Strafe (Hinrichtung) Angst haben 46
suppliciīs deōs movēre durch flehentliches Bitten die Götter bewegen 46
surgere, surgō, surrēxī aufrichten; sich erheben, aufstehen 24. 33
sustinēre, sustineō, sustinuī ertragen, standhalten 67
iniūriās sustinēre die Beleidigungen ertragen, den Beleidigungen standhalten 67
suus, a, um sein, ihr 32
Syria Syrien 9

T

taberna Laden, Wirtshaus 43
tabula (Schreib-)Tafel, Gemälde 4
tacēre, taceō schweigen, verschweigen 2
tālis, e derartig, ein solcher, so (beschaffen) 41
tālis ... quālis wie beschaffen ... so (beschaffen) 61
tam so 21
tam ... quam so ... wie 21
Capua nōn tam pulchra est quam Rōma. Capua ist nicht so schön wie Rom. 21
tamen dennoch, jedoch 30
tamquam *Adv.* wie; *Subj.* wie wenn, als ob 34
tandem *Adv.* endlich 7
tangere, tangō, tetigī, tāctum berühren 53
Tantalus Tantalus *(Sohn des Jupiter und Vater der Niobe)* 56
tantum *Adv. (nachgestellt)* nur 5
Lingua tantum servōs terret. Nur die Sprache erschreckt die Sklaven. 5

tantum ... quantum so viel ... wie (viel) 61
tantus, a, um so groß, so viel 19
tantus ... quantus so groß ... wie (groß) 61
Tarpēia Tarpeia *(Tochter des Spurius Tarpeius)* 39
Tarquinius Superbus Tarquinius Superbus *(etruskischer König von Rom)* 41
Tartarus der Tartarus, die Unterwelt 57
Tatius Tatius *(König der Sabiner)* 39
taurus Stier 53
tēctum Dach; Haus 26
tēcum mit dir 13
tegere, tegō, tēxī, tēctum bedecken, schützen, verbergen 46. 68
tēlum (Angriffs-)Waffe, Geschoss 46
templum Tempel 11
temptāre, temptō angreifen; prüfen, versuchen 27
tempus, temporis *n* (günstige) Zeit, Umstände 47
  brevī tempore nach kurzer Zeit, bald (darauf) 58
tenebrae, tenebrārum *f Pl.* Dunkelheit, Finsternis 27
tenēre, teneō halten, festhalten, besitzen 4
  memoriā tenēre im Gedächtnis behalten 43
tergum Rücken 53
terra Erde, Land 22
terrēre, terreō, terruī, territum erschrecken 3. 51
tertius, a, um der (die, das) dritte 51
thermae, thermārum *f Pl.* warme Bäder, Thermen 44
Tiberis, Tiberis *m (Akk.* **-im**, *Abl.* **-ī***)* der Tiber *(Fluss durch Rom)* 68
tibi *Dat.* dir 13
timēre, timeō fürchten, Angst haben 2
timēre, nē *m. Konj.* fürchten, dass 64
timor, timōris *m* Angst, Furcht 26
Titus Titus *(röm. Kaiser 79–81 n. Chr.)* 19
torquēre, torqueō, torsī, tortum drehen; quälen 5. 28. 54
tot *indekl.* so viele 61
tot ... quot so viele ... wie (viele) 61
tōtus, a, um *(Gen.* **tōtīus**, *Dat.* **tōtī***)* ganz, gesamt 50
trādere, trādō, trādidī, trāditum übergeben, überliefern 65
trahere, trahō, trāxī, tractum schleppen, ziehen 16. 28. 52
trāns *Präp. m. Akk.* über (... hinaus), jenseits 62
  trāns montēs über die Berge, jenseits der Berge 62
trānsīre, trānseō, trānsiī durchqueren, hinübergehen, überschreiten 63
trēdecim *indekl.* dreizehn 49
trēs, trēs, tria drei 49
tribuere, tribuō, tribuī, tribūtum schenken, zuteilen 48. 67
tribūnus Tribun *(führender Vertreter eines Stadtbezirkes, einer Legion oder der Plebs)* 59
trīstis, e traurig, unfreundlich 35
Trōiānus, a, um trojanisch; *Subst.* Trojaner *(Einwohner von Troja)* 31
tū *Nom.* du *(betont)* 13
tum *Adv.* da, dann, darauf, damals 4
turba (Menschen-)Menge 7
turbāre, turbō durcheinanderbringen, stören 45
Turnus Turnus *(Anführer der Rutuler, Gegner des Äneas)* 33
turpis, e unanständig, hässlich, schändlich 35
turris, turris *f (Akk. Sg.* **-im**, *Abl. Sg.* **-ī**, *Gen. Pl.* **-ium***)* Turm 49
tūtus, a, um sicher 37
tuus, a, um dein 14

U

ubī? wo? 10
ubī (prīmum) *Subj. m. Ind.* sobald 67
umbra Schatten 12
umerus Schulter, Oberarm 43
umquam *Adv.* jemals 43
unda Welle, Gewässer 55
unde? woher? 9
ūndecim *indekl.* elf 49
ūndēvīgintī *indekl.* neunzehn 49
undique *Adv.* von allen Seiten, von überallher 52
ūnus, a, um einer, ein einziger 35
ūnus ē / ex *m. Abl.* einer von 35
urbs, urbis *f (Gen. Pl.* **-ium***)* Stadt; die Stadt Rom 23
ūsque *Adv.* ohne Unterbrechung; **ad** *m. Akk.* bis (zu) 63. 71
  ūsque ad campum īre bis zum Feld gehen 63
ūsuī esse von Nutzen sein, nützlich sein 60
ūsus, ūsūs *m* Nutzen, Benutzung 60
ut *Adv.* wie 14
ut *Subj. m. Konj.* dass, sodass, damit, um zu *(m. Inf.)* 64. 65
ūtilis, e nützlich 73
utrum ... an *(Wahlfrage im Hauptsatz)* ... oder 71
utrum ... an *(im Gliedsatz)* ob ... oder 74
uxor, uxōris *f* Ehefrau 19

V

valēre, valeō gesund sein, stark sein, Einfluss haben 7
  multum valēre großen Einfluss haben 36
valē! valēte! Leb wohl! Lebt wohl! 7
varius, a, um bunt, verschieden, vielfältig 22
vehemēns, vehementis energisch, heftig 55
vel oder 23
  aqua vel vīnum Wasser oder Wein 23
velle, volō, voluī wollen 20. 26
vēndere, vēndō, vēndidī, vēnditum verkaufen 19. 76
venia Gefallen; Nachsicht, Verzeihung 33
venīre, veniō, vēnī, ventum kommen 10. 29. 52
  auxiliō venīre zu Hilfe kommen 60
ventum est man kam 52
ventus Wind 6
  ventus secundus günstiger Wind 51
vēr, vēris *n* Frühling 68

verbum Wort, Äußerung 11
vertere, vertō, vertī, versum drehen, wenden 29. 62
vērus, a, um echt, richtig, wahr 69
Vespasiānus Vespasian *(röm. Kaiser 69–79 n. Chr.)* 21
vester, vestra, vestrum euer 15
vestīgium Fußsohle, Spur, Stelle 61
vestis, vestis *f (Gen. Pl.* **-ium***)* Kleidung, *Pl.* Kleider 59
Vesuvius Vesuv *(Vulkan in Kampanien)* 16
vetāre, vetō, vetuī, vetitum *(m. Akk.)* verbieten 57
Tē abīre vetō. Ich verbiete dir wegzugehen. Ich verbiete, dass du weggehst. 57
vetus, veteris alt 44
via Weg, Straße 1
victor, victōris *m* Sieger 23
victōria Sieg 64
vīcus Dorf, Gasse 1
vidēre, videō, vīdī, vīsum sehen 7. 29. 52
vīgintī *indekl.* zwanzig 49
vīlla Haus, Landhaus 1
vincere, vincō, vīcī, victum (be)siegen, übertreffen 29. 52
vinculum Band, Fessel; *Pl.* Gefängnis 54
in vincula dare in Fesseln legen, fesseln, gefangen nehmen 54
vincula solvere die Fesseln lösen 55
vindicāre, vindicō beanspruchen, bestrafen; **in** *m. Akk.* vorgehen gegen 56
omnia sibi vindicāre alles für sich beanspruchen 56
dolum vindicāre eine List bestrafen 56
in hostēs vindicāre gegen die Feinde vorgehen 56
vīnea Weinberg, Weinstock 16
vīnum Wein 17
violāre, violō verwunden, verletzen, entehren 33
vir, virī *m* Mann 15
virgō, virginis *f* Mädchen, Jungfrau 53
virtūs, virtūtis *f* Tapferkeit, Tüchtigkeit, Leistung 23
vīs *f (Akk.* **vim**, *Abl.* **vī***)* Gewalt, Kraft, Menge 52
vīrēs, vīrium *Pl.* Kräfte; Streitkräfte 72
vīta Leben 15
vītam agere ein Leben führen, leben 38
vītāre, vītō meiden, vermeiden 55
vīvere, vīvō, vīxī leben 32
vīvus, a, um lebend, lebendig 70
rēge vīvō zu Lebzeiten des Königs 70
vix *Adv.* kaum, (nur) mit Mühe 29
vōbīscum mit euch 13
vocāre, vocō nennen, benennen, rufen 8
volāre, volō fliegen, eilen 55
voluntās, voluntātis *f* Wille, Absicht 21
volvere, volvō, volvī, volūtum rollen, wälzen; überlegen 58
vōs *Nom.* ihr *(betont)* 13
vōx, vōcis *f* Stimme, Äußerung, Laut 26
magnā vōce mit lauter Stimme 26
Vulcānus Vulkan(us) *(Gott des Feuers)* 10
vulnus, vulneris *n* Wunde, Verlust *(milit.)* 47
vultus, vultūs *m* Gesicht, Gesichtsausdruck; *Pl.* Gesichtszüge 41

Eigennamenverzeichnis

Aaron *m* Harun al-Rashid (arab. „Harun der Rechtgeleitete", um 763–809; Kalif aus dem muslimischen Herrschergeschlecht der Abbasiden, das seinen Ursprung auf Abbas, den Onkel Mohammeds, zurückführte. Harun führte das Kalifenreich politisch, wirtschaftlich und kulturell zu höchster Blüte. Er unterhielt von Bagdad aus Handelsbeziehungen bis nach China, Indien und Europa. Harun war Zeitgenosse Karls des Großen, mit dem er politische Beziehungen pflegte. In den Erzählungen aus „Tausendundeiner Nacht" wird Harun als gerechtigkeitsliebender Herrscher mit ritterlichem Sinn geschildert.) **70**

Abul Abbas *m* (ein Elefant, den Karl der Große vom Kalif Harun al-Raschid im Jahr 802 als Geschenk erhielt. Das aus Indien stammende Tier war der erste namentlich und urkundlich belegte Elefant nördlich der Alpen. Fränkische Chronisten berichten, dass der Elefant im Sommer 810 im Anschluss an eine Rheinüberquerung verendet ist.) **70**

Achillēs, is *m* Achilles (stärkster der griech. Helden im Trojanischen Krieg) **31**

aedīlis, is *m* Ädil (röm. Beamter; ursprünglich gab es zwei plebejische Ädilen, die die Polizeigewalt innerhalb der Stadt innehatten. Im 4. Jh. v. Chr. kamen zwei Ädilen hinzu, denen die Besorgung der Spiele und die Beaufsichtigung der Tempel oblag. Allen vier Beamten gemeinsam war die Aufsicht über die öffentlichen Gebäude, Thermen, Wasserleitungen, Straßen, Märkte und das Bauwesen.) **19. VII. 51. 52**

Aegyptus *f* Ägypten (röm. Provinz seit 30 v. Chr.) **71**

Aenēās, ae *m* Äneas (trojanischer Held, Sohn der Venus und des Anchises; Stammvater der Römer; nach der Zerstörung Trojas musste er gemeinsam mit seinem Vater, seinem Sohn Askanius und seinen Gefährten lange Irrfahrten bestehen, bis er zu der von den Göttern geweissagten neuen Heimat Italien gelangte; vgl. „Vergilius") **32. 33. XI. 34. 47**

Aeolus Äolus (griech. Aiolos; der Gott der Winde) **6. 9**

Aetna der Ätna (Vulkan auf Sizilien) **10**

Āfrica Afrika (Die Römer verstanden darunter in erster Linie das ihnen bekannte Nordafrika.) **9. 15. 32. 64. 71**

Agamemnō, onis *m* Agamemnon (König von Mykene, Bruder des Menelaos, einer der Anführer der Griechen im Trojanischen Krieg) **31**

Agrippa *m* Herodes Agrippa I. (eigentlich Marcus Julius Agrippa; 41–44 n. Chr. König von Judäa.) **65**

Alba Longa Alba Longa (Stadt in Latium, die von Askanius gegründet wurde, nachdem Lavinium – die alte Hauptstadt der trojanischen Einwanderer – zu klein geworden war. Alba Longa blieb Hauptstadt, bis Romulus Rom gründete. Die Ruinen der Stadt sind südöstlich von Rom gefunden worden.) **XI. 34**

Alcmēna Alkmene (Frau des Amphitryon, des Königs von Theben. Wurde von Jupiter schwanger und gebar ihm den Herkules.) **29**

Allia Allia (Fluss in der Nähe von Rom. In der Schlacht an der Allia wurden die Römer 387 v. Chr. von einfallenden Galliern besiegt. Rom wurde daraufhin von den Galliern unter der Führung des Brennus erobert und geplündert. Die Römer bezeichneten die Schlacht an der Allia fortan als „Dies ater".) **61**

Alpēs, ium *f* die Alpen **63. XXI. 65. 68. 70**

Alphēus, ēī der Alpheios (Fluss in der griech. Landschaft Elis. Mit Hilfe dieses Flusses reinigte Herkules den Stall des Augias.) **29**

Amor, ōris *m* Amor (griech. Eros; der Liebesgott)

Amūlius Amulius (König von Alba Longa. Er vertrieb seinen älteren Bruder Numitor und tötete dessen Söhne. Numitors Enkel, Romulus und Remus, töteten später Amulius und gaben Numitor die Herrschaft zurück.) **XI. 34–36**

Anchīsēs, ae *m* Anchises (trojanischer Fürst, Vater des Äneas) **32**

Ancus Mārcius Ancus Marcius (Vierter König Roms. Er gründete an der Mündung des Tiber die Stadt Ostia als Hafen für Rom.)

Antiochīa Antiochia (Hafenstadt am Mittelmeer, Hauptstadt der röm. Provinz Syria, heute Antakya in der Türkei)

Aphrodītē, ēs *f* Aphrodite (vgl. „Venus")

Apollō, Apollinis *m* Apoll (griech. Apollon; Gott des Lichts, der Musik und Künste sowie der Heilkunst und Weissagung. Sohn des Jupiter und der Göttin Latona. Zwillingsbruder der Diana. In der griech. Stadt Delphi befand sich sein berühmtestes Heiligtum mit Orakelstätte. Kaiser Augustus wählte Apollo zu seiner besonderen Schutzgottheit. Ihm zu Ehren ließ er auf dem Palatin, in unmittelbarer Nähe seines Wohnhauses, den Tempel des Apollo Palatinus erbauen.) **22. 56. 60. 65**

Aquīsgrānum Aachen (Die Siedlung Aquisgranum wurde im 1. Jh. n. Chr. von den Römern gegründet. Die Römer nutzten die heißen, schwefelhaltigen Quellen und bauten die Ansiedlung gezielt zu einem Heilbad mit Thermalanlagen aus. Karl der Große wählte im 8. Jh. Aachen zu seiner Residenz, die er nach römisch-byzantinischem Vorbild zu einer Kaiserpfalz ausbaute.) **70**

Arausiō Arausio (Stadt in Südfrankreich (heute Orange). Im Jahre 105 v. Chr. wurde bei Arausio ein röm. Heer von den einfallenden germanischen Stämmen der Kimbern und Teutonen vernichtend geschlagen.)

Arēs, is *m* Ares (vgl. „Mars")

Arminius Arminius (Feldherr der Cherusker, eines germanischen Stammes, der die Römer unter der Führung des Varus im Teutoburger Wald 9 n. Chr. besiegte.) **XXIV. XXV**

Artemis, idis *f* Artemis (vgl. „Diana")

Ascanius Askanius bzw. Julus (Sohn des Äneas, Gründer von Alba Longa) **32. XI. 34**

Asia Kleinasien (seit 129 v. Chr. röm. Provinz) **9. 71**

Athēna Athene (Schutzgöttin Athens; vgl. „Minerva")

Athēnae, ārum *f Pl.* Athen (bedeutendste Stadt in Griechenland)

Augīās, ae *m* Augias (König der griech. Landschaft Elis. Er besaß einen Stall mit 3.000 Rindern, der 30 Jahre lang nicht ausgemistet worden war. Herkules musste ihn auf Befehl des Eurystheus in einem Tage reinigen.) **29. 30. X**

augur, uris *m* Augur (Der Augur war ein röm. Beamter, der zu ergründen hatte, ob ein vom Staat oder von einer Einzelperson geplantes Unternehmen den Göttern genehm sei. Wichtige Staatshandlungen durften nicht ohne Befragung eines Augurs durchgeführt werden. Er verkündete den Götterwillen, den er aus dem Flug und dem Geschrei der Vögel und aus verschiedenen anderen Naturphänomenen las. Das Zeichen der Auguren war ein Krummstab (lituus). Mit diesem Krummstab bezeichnete der Augur an dem Ort und Tag, an dem die geplante Handlung stattfinden sollte, einen viereckigen Bereich (das sog. templum), in dem er seine Zeremonie vornahm.) **36. 47**

Augusta Trēverōrum Trier (um 16 v. Chr. von den Römern unter Kaiser Augustus in der Nähe eines Stammesheiligtums der keltischen Treverer gegründet. Gegen Ende des 3. Jh.s n. Chr. machte Kaiser Diokletian Trier zur röm. Kaiserresidenz und Hauptstadt des weström. Teilreiches. Aus dieser Zeit stammen viele historische Bauwerke, wie die mächtige Porta Nigra, die Römerbrücke, das Amphitheater, die Basilika und die Kaiserthermen.) **68**

Augusta Vindelīcōrum Augsburg (Anlässlich des nach Rätien führenden Eroberungsfeldzuges entstand 15 v. Chr. durch ein Militärlager die Keimzelle der Stadt; später Hauptstadt der röm. Provinz Raetia (u.a. Ost-Württemberg, Schwaben, Ober- und Niederbayern). Der Beiname bezieht sich auf den keltischen Volksstamm der Vindeliker, die in diesem Teil Rätiens ansässig waren.)

(Imperātor Caesar dīvī fīlius) **Augustus** Augustus (63 v. Chr. – 14 n. Chr., erster röm. Kaiser, ursprüngl. Name Gaius Octavius, Großneffe und Adoptivsohn Julius Cäsars; mit seinem Sieg über Markus Antonius hatte er 31 v. Chr. die Alleinherrschaft über das röm. Reich erlangt. Damit gingen die Jahrzehnte der röm. Bürgerkriege zuende. 27 v. Chr. verlieh ihm der Senat den Ehrentitel Augustus („der Erhabene"); dieses Datum gilt als Beginn des röm. Kaisertums bzw. als Ende der röm. Republik. Die Herrschaft des Augustus, die man als eine Epoche des inneren Friedens, der wirtschaftlichen und kulturellen Blüte wahrnahm, wird Augusteisches Zeitalter genannt.) **24. 51**

Augustus Augustus (Der Ehrentitel Augustus („der Erhabene" von lat. augere) wurde 27 v. Chr. Octavian, dem Begründer des röm. Kaisertums, vom Senat verliehen und war – wie auch der Titel Caesar – fortan Bestandteil der Kaisertitulatur.) **71**

Aventīnus (mōns) der Aventin (einer der sieben Hügel Roms; auf dem Aventin weideten der Sage nach Amulius und Numitor ihre Herden, stellte Remus die Vogelschau für die Gründung Roms an.) **36. XII. 40**

Bacchus Bacchus (griech. Dionysos; Gott des Weines)

basilica Aemilia Basilika Ämilia (Die Basilika Ämilia ist die einzige noch sichtbare der vier großen Basiliken aus der Zeit der röm. Republik und befindet sich auf dem Forum Romanum. Sie wurde 179 v. Chr. errichtet. Die patrizische Familie der Ämilier ließ bis in die Kaiserzeit hinein die Basilika immer wieder restaurieren und erweitern. Die dem Forum zugewandte Fassade (70 Meter lang) war in 16 Bögen unterteilt, hinter denen sich Geschäftsräume (tabernae) befanden.) **12. IV**

basilica Iūlia Basilika Julia (Halle, die ab 54 v. Chr. von Julius Cäsar auf dem Forum Romanum errichtet wurde. Sie beherbergte eine Gerichtshalle und Ladengeschäfte und diente auch als Versammlungsort des Senates. Von der Basilika sind nur wenige Überreste erhalten. Interessant sind jedoch die in die Treppenstufen geritzten Spielbretter, die auf das bunte Alltagsleben in und bei der Basilika schließen lassen.) **11. 12. IV**

Biriciāna Weißenburg (röm. Kastell im heutigen Weißenburg am Rätischen Limes. Im 1. Jh. n. Chr. wurde das Kastell zur Sicherung des nördlich der Donau eroberten Territoriums angelegt. Um 254 wurde das Lager und die dazugehörige Siedlung im Zuge der Germaneneinfälle zerstört. Die Überreste luxuriöser Thermenanlagen zeugen vom hohen Lebensstandard in Biriciana. 1979 wurde in der Nähe der Thermen der sog. Weißenburger Römerschatz entdeckt, der als bedeutendster süddeutscher Fund dieser Art gilt. Im Zusammenhang mit der Anerkennung des Limes als UNESCO-Weltkulturerbe im Jahre 2005 wurde Weißenburg zum Standort des Bayerischen Limes-Informationszentrums ausgewählt.) **72. 73**

Bonifātius der heilige Bonifatius (um 672–754, erhielt von Papst Gregor II. den Missionsauftrag für die germanischen Länder: „Apostel der Deutschen". Er wirkte bei der Gründung zahlreicher deutscher Bistümer mit.) **69. 70**

Bonna Bonn (Im Jahr 12 v. Chr. errichteten die Römer im Bereich der gallischen Siedlung Bonna ein befestigtes Lager am Rhein. Im 1. Jh. n. Chr. wurde der Stützpunkt zu einem Legionslager ausgebaut und die Legio I Germanica von Köln nach Bonn verlegt. Am Rand des Lagers, das im Norden des heutigen Bonn errichtet wurde, entwickelte sich ein vicus von Händlern und Handwerkern.) **71. 73**

Brennus Brennus (gallischer Heerführer im 4. Jh. v. Chr. Die Schlacht an der Allia (387 v. Chr.), in der Brennus' Heer die Römer besiegte, ging als dies ater, als schwarzer Tag, in die röm. Geschichte ein. Die Gallier plünderten in der Folge die Stadt Rom.) **61**

Britannia Britannien (Britannien war im 1. Jh. n. Chr. zu einem Rückzugsgebiet für gallische Rebellen geworden. Im Jahr 43 marschierten die Römer auf Befehl des Kaisers Claudius in Britannien ein und machten den südlichen Teil der Insel zur Provinz Britannia.) **71**

Brundīsium Brindisi (Stadt im Süden Italiens, am „Stiefelabsatz", röm. Flottenstützpunkt und Endpunkt der Via

Appia; von Brundisium liefen vor allem die Schiffe mit dem Reiseziel Griechenland aus.) 7

(Lūcius Iūnius) **Brūtus** Lucius Junius Brutus (Freund des Collatinus und seiner Frau Lukretia; um 500 v. Chr. Anführer der Verschwörer gegen den letzten röm. König Tarquinius Superbus. Später soll er – zusammen mit Collatinus – erster röm. Konsul geworden sein.) 41. 42. XIV. 59

Caelius (mōns) der Cälius (einer der sieben Hügel Roms. Hier befand sich in republikanischer Zeit ein stark bevölkertes Stadtviertel mit vielen Mietskasernen. Nach einer Feuersbrunst im 1. Jh. n. Chr. wurde der Cälius zu einer bevorzugten Wohngegend der Oberschicht.) 40

Caere, Caeretis *f* Caere (heute Cerveteri; bedeutende etruskische Stadt und Handelsmetropole, nordwestl. von Rom, Mitglied des etruskischen Zwölfstädtebundes. Blütezeit der Stadt war das 7. und 6. Jh. v. Chr. Im Jahr 353 v. Chr. wurde Caere von den Römern unterworfen. Berühmt sind die Hügelgräber der Nekropole von Caere, in denen man Wandmalereien und Kunstgegenstände gefunden hat.) 52

(Gāius Iūlius) **Caesar,** aris *m* Gajus Julius Cäsar (100–44 v. Chr., röm. Politiker, Feldherr und Schriftsteller; Eroberer Galliens von 58–51 v. Chr. Als Politiker strebte er die Alleinherrschaft in Rom an. Am 15. März 44 v. Chr. wurde er von einer Gruppe röm. Senatoren ermordet, die in ihm einen Tyrannen sahen. Cäsar war auch als Schriftsteller tätig: „De bello Gallico", „De bello civili".) 12. 51. XXV

Caesar, aris *m* Cäsar / Kaiser (Der Begriff „Caesar" war seit Augustus Teil des Namens und damit Titel der röm. Herrscher.) 21. VII. 44. 46

(Mārcus Fūrius) **Camillus** Camillus (röm. Feldherr und Staatsmann im 4. Jh. v. Chr.; nach dem gallischen Sieg über die Römer an der Allia 387 v. Chr. und der Plünderung Roms durch die Gallier soll Camillus in Abwesenheit zum Diktator ernannt worden sein. Der Sage nach versammelte er dann ein Heer und vertrieb die Gallier aus Rom. Tatsächlich aber zogen sich die Gallier wohl unversehrt zurück, nachdem die Römer ein hohes Lösegeld entrichtet hatten.) 61

Campānia Kampanien (mittelitalienische Landschaft, 100 km südlich von Rom. Kampanien war berühmt für seinen Reichtum an Getreide, Gemüse, Obst, Oliven und Wein, denn der vulkanische Boden brachte eine besondere Fruchtbarkeit des Landes mit sich und gestattete 3–4 Ernten pro Jahr. Bedeutende Städte Kampaniens waren Capua, Neapel, Pompeji und Herkulaneum.) 16. 17. 24

Campus Mārtius das Marsfeld (ursprünglich ein außerhalb der Stadtgrenze Roms gelegenes militärisches Übungsfeld und politischer Versammlungsort; später wurde das Marsfeld mit prachtvollen öffentlichen Gebäuden ausgeschmückt.)

Cannae, ārum *f Pl.* Cannae (Stadt in Italien; Schauplatz der Schlacht 216 v. Chr., bei der die Römer dem karthagischen Feldherrn Hannibal unterlagen.) 64. XXI

Capitōlium das Kapitol (einer der sieben Hügel Roms; heiligster Ort Roms, denn hier stand der Tempel des Iuppiter Optimus Maximus.) 7. 39. XIII. 40. 61. XXI

Capua Capua (Stadt im westlichen Mittelitalien, bedeutende Stadt Kampaniens) 16. 26

Carolus Magnus Karl der Große (König des Frankenreiches, lebte 747–814 n. Chr. Karl begründete durch zahlreiche Eroberungsfeldzüge ein europäisches Großreich. Er prägte die historische Entwicklung Europas auf politischem, kirchlichem und kulturellem Gebiet, förderte Wissenschaft und Kunst („Karolingische Renaissance"). Er übernahm die Schutzherrschaft über den Kirchenstaat (Patricius Romanorum). Im Jahre 800 wurde er durch Papst Leo III. zum Kaiser gekrönt. Karl der Große starb am 814 in Aachen, wo er in der von ihm erbauten Pfalzkapelle beigesetzt wurde.) 70. XXIII

Carthāginiēnsis, e karthagisch; Karthager (Einwohner von Karthago) 32

Carthāgō, ginis *f* Karthago (Stadt in Nordafrika, in der Nähe des heutigen Tunis; der Sage nach war Dido die Gründerin und Königin der Stadt. Karthago war erbitterte Konkurrentin Roms im Kampf um die Beherrschung des Mittelmeerraumes; nach dem Ende des 3. Punischen Krieges 146 v. Chr. wurde die Stadt von den Römern zerstört.) 32. 33. 62. 65

Castra Regina *n Pl.* Regensburg (179 n. Chr. von den Römern gegründet, hervorgegangen aus einem seit ca. 90 n. Chr. bestehenden Kohortenkastell.)

Caucasus (mōns) der Kaukasus (Gebirge zwischen Schwarzem und Kaspischem Meer) 54. XVIII

Cerberus Zerberus (der dreiköpfige Hund, der den Eingang zum Hades (Unterwelt) bewachte: Er wedelte mit dem Schwanz vor den Geistern, die den Hades betraten, fraß aber die auf, die versuchten, den Hades zu verlassen. Herkules zerrte ihn – im Auftrag von König Eurystheus – mit Gewalt zur Oberwelt, zeigte ihn dem König – und brachte ihn wieder zurück.) 30. X. 57

Cerēs, Cereris *f* Ceres (griech. Demeter; Göttin des Ackerbaus und der fruchttragenden Erde. Von Jupiter Mutter der Proserpina) XVIII. XIX

Charōn, ōntis *m* Charon (der Fährmann, der die Verstorbenen in seinem Kahn über den Unterweltsfluss Styx in den Hades (die Unterwelt) brachte. Für diesen Dienst verlangte er ein Fährgeld; die Toten wurden deshalb stets mit einer Münze im Mund beigesetzt.) 30

Chrīstiānī, ōrum *m Pl.* die Christen 65–67. XXII. 68–70. XXIII

Chrīstus Christus (griech. Übersetzung für das hebräische Wort Messias, das „der Gesalbte" bedeutet und den königlichen Erlöser des Volkes Israel und der Menschheit bezeichnet. Ehrentitel Jesu.) 65–67. XXII

Cimbrī, ōrum *m Pl.* die Kimbern (nordgermanischer Volksstamm, fielen um 115 v. Chr in Gallien und Italien ein; wurden 101 v. Chr. von den Römern unter der

Führung des Konsuls Gajus Marius in Norditalien vernichtend geschlagen.)

Circus Maximus Circus Maximus (größte Rennbahn Roms zwischen den Hügeln Palatin und Aventin; angeblich bereits im 6. Jh. v. Chr. von König Tarquinius Priscus erbaut, später von Cäsar erneuert.) **40. 51**

(Tiberius) **Claudius** (Nerō Germānicus) Claudius (röm. Kaiser 41–54 n. Chr. Unter der Herrschaft des Claudius wurde das röm. Reich um zahlreiche neue Provinzen erweitert. Unter Claudius hat sich auch die Vergabe des Bürgerrechts an Auxiliarsoldaten nach 25 Jahren Dienst durchgesetzt. Im Jahr 52 ließ Claudius auf dem Fuciner See eine Naumachie veranstalten, die als die größte Inszenierung einer Seeschlacht in der Geschichte gilt. Claudius war auch als Schriftsteller tätig: Er verfasste Werke über die Herrschaft des Augustus, über die Geschichte Karthagos sowie ein etruskisches Wörterbuch. Angeblich soll seine letzte Gattin Agrippina ihn durch ein vergiftetes Pilzgericht ermordet haben.) **52**

Cleopatra Kleopatra VII. (letzte Königin Ägyptens von 51–30 v. Chr., war von ihrem Bruder und Mitregenten Ptolemaios XIII. verstoßen, wurde aber von Cäsar, den die Verfolgung des Pompejus nach Ägypten geführt hatte, wieder eingesetzt. Kleopatra hatte zuerst ein Verhältnis mit Cäsar, dann mit Antonius. 31 v. Chr. unterlagen sie und Antonius dem Heer des Oktavian / Augustus bei Aktium, beide begingen daraufhin Selbstmord.) **61**

Collātia Collatia (alte sabinische Stadt östlich von Rom, Heimat der Lukretia und des Collatinus) **42**

(Lūcius Tarquinius) **Collātīnus** Lucius Tarquinius Collatinus (Ehemann der Lukretia, die von Sextus Tarquinius vergewaltigt wurde, was die Vertreibung der Tarquinier aus Rom auslöste.) **42**

Colōnia Claudia Āra Agrippīnēnsis Köln (55 n. Chr. von Kaiser Nero gegründet, benannt nach Agrippina, der Mutter des Kaisers; entwickelte sich neben Trier zur wichtigsten röm. Stadt in Germanien.) **73–75**

Colōnia Ulpia Trāiāna Xanten (Kaiser Trajan erhob das seit dem 1. Jh. v. Chr. bestehende Legionslager Castra Vetera zur Colonia Ulpia Traiana. Als colonia gehörte sie zu den etwa 150 Städten im röm. Reich, die weitreichendes Stadtrecht besaßen und als „Abbilder Roms" galten. Die Colonia Ulpia Traiana war nach Colonia Agrippinensis (Köln) und Augusta Treverorum (Trier) die drittgrößte röm. Stadt nördlich der Alpen und ein Hauptort der Provinz Germania Inferior.)

Colosseum (Amphitheātrum Flāvium) Kolosseum (das größte Amphitheater der Antike; die Bezeichnung Amphitheatrum Flavium leitet sich von den Kaisern der flavischen Dynastie her, unter deren Herrschaft das Kolosseum von 72–80 n. Chr. errichtet wurde. 80 n. Chr. wurde es von Kaiser Titus mit hunderttägigen Spielen eröffnet, unter anderem mit Gladiatorenkämpfen, nachgestellten Seeschlachten und Tierhetzen. Im Kolosseum fanden ca. 50.000 Zuschauer Platz. Sein Umfang beträgt 527 Meter, die Höhe 48 Meter. Als Arena war das Kolosseum über 400 Jahre lang in Betrieb.) **45. 46. XV**

Concordia Concordia (röm. Göttin der Eintracht. Sie förderte und erhielt die Eintracht und die Einheit der Bürger Roms. Ihre Attribute waren Füllhorn, Opferschale und ineinandergeschlungene Hände. Der Göttin Concordia war ein prachtvoller Tempel am Fuße des Kapitols geweiht, der anlässlich der Aussöhnung der röm. Stände (Plebejer und Patrizier) im 4. Jh. v. Chr. errichtet worden war.) **11. IV**

(Flāvius Valerius) **Cōnstantīnus** Konstantin der Große (röm. Kaiser von 306–337 n. Chr.; gründete 330 n. Chr. das alte Byzanz als Konstantinopel neu und erhob es zur Hauptstadt des röm. Reiches. 313 n. Chr. erließ er in Mailand ein Edikt zum Schutz der Christen.) **68. 69**

cōnsul, cōnsulis *m* Konsul (röm. Beamter; mit dem 43. Lebensjahr konnte das Konsulat, das höchste zivile und militärische Amt, ausgeübt werden. Dieses war für eine einjährige Amtszeit auf zwei Konsuln aufgeteilt. Die Konsuln saßen den Senatssitzungen vor, brachten Gesetzesanträge ein und überwachten die Durchführung der Beschlüsse und Gesetze.) **59. 64**

Corinthus, ī *f* Korinth (reiche griech. Handelsstadt am Isthmos) **58. 69**

(Gnaeus Mārcius) **Coriolānus** Coriolan (sagenhafter röm. Feldherr im 5. Jh. v. Chr.; als Patrizier war er entschiedener Gegner der Volkstribunen und plädierte für deren Abschaffung. Die Plebejer klagten ihn des Verfassungsumsturzes an und schickten ihn in die Verbannung. Coriolan schloss sich daraufhin den Volskern, den ärgsten Feinden Roms, an und führte sie gegen seine Heimatstadt (489 / 488 v. Chr.). Durch die Intervention seiner Mutter Veturia und seiner Frau Volumnia ließ er von dem Angriff ab. Die Volsker warfen ihm dies als Verrat vor und ermordeten ihn.) **60–62**

Crēta Kreta (griech. Insel. Jupiter entführte die phönizische Königstochter Europa dorthin. Sie gebar ihm Minos, den späteren König der Insel.) **10. 53. 55. XVIII. 56**

Creūsa Krëusa (Ehefrau des Äneas und Mutter des Askanius; kam während der Eroberung und Zerstörung Trojas ums Leben.) **32**

cūria die Kurie (das Versammlungsgebäude des Senates auf dem Forum Romanum. Die erste Kurie – die Curia Hostilia – wurde der Sage nach von König Tullus Hostilius errichtet. Nachdem sie 52 v. Chr. einem Brand zum Opfer gefallen war, veranlasste Julius Cäsar einen Neubau der Kurie (Curia Iulia).

Cyanē Kyane (eine Quellnymphe, die den Raub der Proserpina durch Pluto vergeblich zu verhindern suchten) **XVIII. XIX**

Daedalus Dädalus (sagenhafter athenischer Künstler und Baumeister. Wegen des Mordes an seinem Neffen Talus musste er Athen verlassen und fand Asyl auf der Insel

Kreta. Dort errichtete er auf Verlangen des Königs Minos ein Labyrinth, in dem das Ungeheuer Minotaurus gefangen gehalten wurde. Als Minos ihn nicht von der Insel fortlassen wollte, schuf Dädalus für sich und seinen Sohn Ikarus Flügel und floh mit ihm durch die Luft. Da Ikarus den Anweisungen seines Vaters nicht folgte, stürzte er ins Meer, das seither Ikarisches Meer genannt wird.) **55. XVIII. 56–58**

Damascus Damaskus (bedeutende Stadt in der röm. Provinz Syria, Hauptstadt des modernen Staates Syrien. Damaskus ist eine der ältesten, kontinuierlich bewohnten Städte der Welt sowie ein kulturelles und religiöses Zentrum des Orients.) **65. 68**

Dānubius / Dānuvius die Donau

Decius Decius (röm. Kaiser von 249–251 n. Chr., der allen Bewohnern des röm. Reiches befahl, den Staatsgöttern zu opfern und sich dies schriftlich bestätigen zu lassen. Die Christen weigerten sich, die geforderten Opfer zu bringen, und wurden daraufhin auf kaiserlichen Befehl verfolgt.) **67**

Delphī, ōrum *m Pl.* Delphi (Ort in Griechenland, berühmte griech. Orakelstätte des Gottes Apollon) **41. 65**

Dēlus *f* Delos (griech. Insel in der Ägäis. Der Sage nach gebar die Göttin Latona auf Delos das göttliche Zwillingspaar Apollon und Diana.) **56**

Dēmēter, tros *f* Demeter (vgl. „Ceres")

Diāna Diana (griech. Artemis; Göttin der Jagd, des Waldes und des Mondes, Schützerin der Frauen und der Jungfräulichkeit. Tochter des Jupiter und der Göttin Latona. Zwillingsschwester des Apollo.) **22. 56**

dictātor, ōris *m* Diktator (röm. Sonderbeamter; in Zeiten höchster Gefahr für den Staat konnte einer der beiden Konsuln im Auftrag des Senates einen dictator ernennen, der die höchste militärische, politische und richterliche Macht in seiner Person vereinigte. Alle Ämter, auch der Senat, waren außer Kraft gesetzt. Der dictator ernannte zu seinem Gehilfen und Stellvertreter einen sog. magister equitum („Reiteroberst"). Seine Amtsgewalt war auf ein halbes Jahr beschränkt.) **61**

Dīdō, ōnis *f* Dido (Gründerin und Königin von Karthago; verliebte sich in Äneas, den es auf seiner Irrfahrt an die afrikanische Küste verschlagen hatte; gab sich den Tod, nachdem Äneas sie auf Geheiß Jupiters verlassen musste.) **32. 33**

Dioclētiānus Diokletian (röm. Kaiser von 284–305 n. Chr.; unter seiner Herrschaft kam es zu einer großen Christenverfolgung, weil der Kaiser das Christentum als eine Gefährdung seines Herrschaftssystems ansah. Diokletians Regierungszeit gilt als Beginn der Spätantike.) **67**

Diomēdēs, is *m* Diomedes (König im nordgriech. Thrakien. Er besaß vier menschenfressende Stuten, an die er seine besiegten Feinde verfütterte. Herkules tötete den grausamen Diomedes und warf ihn seinen eigenen Stuten zum Fraß vor.) **30**

Dionysus *m* Dionysos (vgl. „Bacchus")

duumvir Duumvir (Ein Duumvir war Bestandteil eines – wie der Name schon sagt – Zweimänneramtes. Die beiden Duumvirn waren die Spitzenbeamten von Städten, die nach röm. Recht verfasst waren. Das Duumvirat war also eine „Kopie" des röm. Konsulates. Die Duumvirn übten die Rechtsprechung aus und nahmen Beurkundungen vor. Sie beriefen Volksversammlungen ein und organisierten die Wahlen zu anderen öffentlichen Ämtern.) **19–21**

Elysium das Elysium (der Teil der Unterwelt, in den diejenigen Toten eingehen durften, die tugendhaft gelebt hatten. Die Verstorbenen führten im Elysium ein paradiesisches Dasein ohne Sorgen und Arbeit.) **30**

Ephesus *f* Ephesos (wichtige Hafenstadt im kleinasiatischen Karien (heute Efes, an der Westküste der Türkei); der dortige Artemis-Tempel gehörte zu den sieben Weltwundern. Zu den bedeutenden Bauwerken der Stadt zählt die Celsusbibliothek.) **XXII**

Erōs, ōtis *m* Eros (vgl. „Amor")

Ēsquiliae, ārum *f Pl.* (collis Ēsquilīnus) der Esquilin (der größte der sieben Hügel Roms) **40**

Etrūria Etrurien (antike Landschaft in Mittelitalien; umfasste die Toskana, den nördlichen Teil des heutigen Latium und Teile Umbriens. Etrurien war das Kerngebiet der Etrusker.)

Etrūscī, ōrum (auch: Tūscī) *m Pl.* die Etrusker (Volk im nördl. Mittelitalien. Ab dem 7. Jh. v. Chr. beherrschten die Etrusker, zusammen mit den verbündeten Karthagern, das westl. Mittelmeer. Sie expandierten im Süden bis nach Kampanien, im Norden bis an den Rand der Alpen. Ihre Städte waren in einem losen Bund zusammengeschlossen. Einen Zentralstaat gab es nicht. Die Etrusker beherrschten auch Rom. Im 6. Jh. jedoch wurden die etruskischen Herrscher – die Tarquinier – aus Rom vertrieben; damit begann der allmähliche Niedergang der Etrusker. Zug um Zug eroberten die Römer die etruskischen Städte bzw. schlossen Bündnisverträge mit ihnen. Die Römer haben viele Elemente der etruskischen Kultur und Religion übernommen.) **40. 41. 47. 48. XVI. 51. 52. XVII. 59. 65. 73**

Eurōpa 1. Europa (Tochter des phönizischen Königs Agenor. Jupiter verliebte sich in sie und entführte sie in Gestalt eines weißen Stieres nach Kreta. Mutter des Minos) 2. Europa (als Erdteil. Bereits im 5. Jh. v. Chr. teilte der griech. Historiker und Geograf Herodot die Welt in die drei Erdteile Europa, Asien und Libyen (Afrika) ein. Diese Einteilung behielt in der gesamten Antike Gültigkeit.) **10. 53–55. XVIII. 57**

Eurydica, ae Eurydike (die Gattin des Orpheus) **57**

Eurystheus, eī *m* Eurystheus (König von Mykene. Ein Cousin des Herkules, aber auch sein erbittertster Feind: Beide waren Enkel des Perseus, des Gründers von Mykene, und konkurrierten deshalb um den Thron von

Mykene. Vor Herkules' Geburt erklärte Jupiter, dass der erstgeborene Enkel des Perseus dessen Königreich erhalten solle. Juno, die Herkules hasste (weil er aus einer unehelichen Verbindung ihres Mannes Jupiter stammte), veranlasste daraufhin, dass Eurystheus früher geboren und damit König von Mykene wurde. Später musste Herkules im Auftrag des Eurystheus die berühmten „zwölf Arbeiten" erledigen.) **29. 30. X. 54**

(Quīntus) **Fabius Maximus** (Cūnctātor) Quintus Fabius Maximus (um 280-203 v. Chr.; röm. Staatsmann und Feldherr. Nach der verheerenden Niederlage gegen Hannibal am Trasimenischen See 217 v. Chr. wurde Fabius zum Diktator ernannt. Mit seiner Hinhaltetaktik ging er bewusst einer Entscheidung mit den überlegenen Karthagern aus dem Weg; damit gewann er wertvolle Zeit für den Ausbau der röm. Truppen. Seine Hinhaltetaktik brachte ihm den Beinamen Cunctator („der Zögerer") ein.) **64**

Faustulus Faustulus (Hirte, der die ausgesetzten Zwillinge Romulus und Remus fand und gemeinsam mit seiner Frau Acca aufzog) **34. 35**

forum Boārium das Forum Boarium (der Rindermarkt in Rom am Ufer des Tiber) **V**

forum Iūlium das Forum Julium (Das Forum Julium – auch Cäsarforum genannt – ist das älteste der Kaiserforen in Rom (Baubeginn 54 v. Chr.) und bildet eine Erweiterung des Forum Romanum.) **14. V**

forum Rōmānum das Forum Romanum (der Marktplatz und später das politische, geschäftliche und religiöse Zentrum von Rom. Das ursprünglich sumpfige Gebiet wurde im 6. Jh. v. Chr. trockengelegt und zum Marktplatz umgestaltet. Die ältesten Bauwerke waren die Tempel für Saturn (498 v. Chr.), Castor (484) und Concordia (367). Ab dem 2. Jh. v. Chr. wurden die Volksversammlungen hier abgehalten. Die Händler und Marktstände mussten zugunsten des politischen Geschehens weichen. Basiliken wurden errichtet, in denen die Gerichte tagten und Geschäfte abgewickelt wurden.) **11. 12. 14. V. 20**

Francī, ōrum *m Pl.* die Franken (germanischer Volksstamm, drangen im 4.-6. Jh. vom Nieder- und Mittelrhein aus in linksrheinische Gebiete und nach Gallien vor. Im 5. Jh. lösten sie die Römer als Machthaber in Gallien ab und hatten schließlich im 6. Jh. das ganze Gebiet des heutigen Frankreich unter ihrer Herrschaft vereinigt.) **70. XXIII**

Gallī, ōrum *m Pl.* die Gallier, die Kelten **61. 62. XXIV**

Gallia Gallien (Land der Gallier / Kelten, die seit etwa 700 v. Chr. von Osten eingewandert waren; umfasste Oberitalien und das heutige Frankreich und Belgien.) **15. 71**

Germānia Germanien **71-73. XXIV. 74. 76. XXV**

Germānī, ōrum *m Pl.* die Germanen (Die ersten Nachrichten über die Germanen stammen von Cäsar und Tacitus; 113 v. Chr. erster Zusammenstoß mit den Römern, die unter Augustus weiter in das rechtsrheinische Germanien vordrangen. Nach der Niederlage des Varus (9 n. Chr.) Zurücknahme der röm. Grenze an den Rhein. Mit der Erbauung des Limes (ab 84 n. Chr.) sollten die Germanen vom röm. Reich abgewehrt werden; 166-180 n. Chr. erfolgte der erste germanische Großangriff an der Donaugrenze; im 3. Jh. durchbrachen die germanischen Alemannen den Limes.) **69-73. XXIV. 74. XXV.**

Geryōn, ōnis *m* Geryon (dreileibiger Riese auf der Insel Erythea, unterlag Herkules im Kampf und verlor seine Rinderherde an ihn.)

Graecī, ōrum *m Pl.* die Griechen **16. 28. 31. 32. 40. 47. 49**

Graecia Griechenland (seit 146 v. Chr. röm. Provinz Achaia) **3. 71**

Graecus, a, um griechisch, Grieche **16**

Hamilcar, aris *m* Hamilkar (Vater des Hannibal; karthagischer Feldherr im 1. Punischen Krieg 264-241 v. Chr.) **62. 64. 65**

Hannibal, alis *m* Hannibal (247-183 v. Chr.; Feldherr der Karthager im 2. Punischen Krieg 218-202 v. Chr. Sein Vater Hamilkar brachte ihn 237 v. Chr. nach Spanien, nachdem er ihn ewigen Hass auf Rom hatte schwören lassen. Hannibals kühner Plan, den Krieg gegen Rom in Italien auszutragen (Alpenübergang), brachte die Römer mehrfach an den Rand des Zusammenbruchs. Nach sechzehn Kriegsjahren in Italien musste er 203 v. Chr. mit seinem unbesiegten Heer nach Afrika zurückkehren, um Karthago gegen einen Angriff der Römer zu verteidigen. 202 v. Chr. wurde er von Scipio in der Schlacht bei Zama geschlagen. 183 v. Chr. nahm sich Hannibal, auf der Flucht vor den Römern, das Leben.) **62-64. XXI. 65. 70**

haruspex, icis *m* Haruspex (Angehöriger eines altröm. Priesterkollegiums. Seine Aufgabe war, aus der Beschaffenheit der Eingeweide geschlachteter Opfertiere den Willen der Götter vorauszusagen. Ursprünglich war diese Art der Vorzeichendeutung als Eingeweideschau bei den Etruskern heimisch, doch wurden Amt und Bezeichnung in früher Zeit von den Römern übernommen. Die Weissagungen der Haruspizes mussten durch den Senat bestätigt werden.) **47. 48. XVII**

Helena Helena (Frau des Spartanerkönigs Menelaos; wurde vom Trojaner Paris geraubt, was den Trojanischen Krieg auslöste.) **31. 61**

Hēphaistos *m* (vgl. „Vulcanus")

Hēra, ae *f* Hera (vgl. „Iuno")

Herculānei, ōrum *m Pl.* die Herkulaneer (Einwohner von Herkulaneum) **28**

Herculāneum Herkulaneum (Stadt in Kampanien am Golf von Neapel. Der Sage nach soll die Stadt eine Gründung des Herkules gewesen sein. Herkulaneum ist wie Pompeji beim Ausbruch des Vesuvs untergegangen. Mit seinen ca. 4000 Einwohnern war Herkulaneum deutlich kleiner als Pompeji: eine kleine wohlhabende Hafenstadt. Wegen der natürlichen Schönheit, des prächtigen Blicks über den Golf von Neapel und seiner reinen Luft erbauten viele reiche Römer ihre Sommervillen in Herkulaneum.) **IX. 28. 29**

Herculēs, is *m* Herkules (griech. Herakles; berühmtester der griech. Helden mit übermenschlichen Kräften. Sohn des Jupiter und der Alkmene. Um sich von einer im Wahnsinn begangenen Freveltat reinzuwaschen, musste er auf Geheiß eines Orakels dem König Eurystheus von Mykene dienen. Eifersüchtig auf Herkules' Stärke, bürdete Eurystheus ihm zwölf so ungeheuer schwierige Aufgaben auf, dass nur ein Sohn des Jupiter sie erfüllen konnte: Er musste verschiedene Ungeheuer erlegen (den Nemeischen Löwen, die Lernäische Hydra, die Stymphalischen Vögel), wilde Tiere einfangen (die kerynithische Hirschkuh, den Erymanthischen Eber, den Kretischen Stier), den Stall des Augias ausmisten und dem Eurystheus bestimmte Dinge rauben und herbeiholen (die Stuten des Diomedes, den Gürtel der Hippolyte, das Vieh des Geryones, die Äpfel der Hesperiden). Die letzte und schwierigste Aufgabe war der Abstieg in die Unterwelt, aus der Herakles den Höllenhund Zerberus heraufholen sollte. Nachdem Herkules alle zwölf Aufgaben erfüllt und überlebt hatte, überließ Eurystheus ihm seinen Thron. Nach seinem Tod wurde Herkules in den Kreis der Götter aufgenommen.) **V. 28–30. X. 47. 54. 55. XVIII. 56**

Hermēs *m* Hermes (vgl. „Mercurius")

Hērodotus Herodot (um 490–um 425 v. Chr., griech. Historiker aus der kleinasiatischen Stadt Halikarnassos) **10**

Hersilia Hersilia (Sabinerin, Ehefrau des Romulus) **38. 39**

Hesperidēs, um *f Pl.* (weibliche Gottheiten, Töchter der Nacht; sie hüteten in einem Garten am westlichen Ende der Welt die goldenen Äpfel, die den Göttern ewige Jugend verliehen. Diese Äpfel zu pflücken war eine der zwölf Aufgaben des Herkules.) **54**

Hessī, ōrum *m Pl.* die Hessen (germanischer Volksstamm, der im Bereich der Täler von Eder, Fulda und Lahn – im nördlichen Teil des heutigen Bundeslandes Hessen – seinen Siedlungsschwerpunkt hatte.) **69**

Hierosolyma, ōrum *n Pl.* Jerusalem (größte und bedeutendste Stadt im antiken Israel (Iudaea). Sitz des röm. Statthalters zur Zeit Jesu) **65. 66. XXII. 68. XXIII**

Hispānia Spanien (seit 197 v. Chr. röm. Provinz) **71**

(Mārcus) **Holcōnius Rūfus** Marcus Holconius Rufus (die bedeutendste uns bekannte Persönlichkeit Pompejis im 1. Jh. n. Chr. Er war ein reicher Kaufmann, der einen überregionalen Weinhandel und eine Tongrube samt Ziegelei betrieb. Er finanzierte mit seinem Vermögen u.a. den Umbau des Großen Theaters in Pompeji. Er bekleidete mehrfach hohe politische Ämter in der Stadt und erreichte sogar die selten verliehene Ehrenbürgerschaft (patronus coloniae).) **VII. 23**

Homērus Homer (ältester griech. Dichter im 8. Jh. v. Chr., unter seinem Namen sind die beiden bedeutendsten griech. Epen, die „Ilias" und die „Odyssee", überliefert.) **31. 32**

Hydra Lernaea die Hydra von Lerna (ein vielköpfiges schlangenartiges Untier, das im See Lerna nahe der gleichnamigen griech. Stadt hauste. Wenn man ihr einen ihrer Köpfe abschlug, wuchsen zwei neue nach. Herkules besiegte das Ungeheuer mit Hilfe seines Gefährten Iolaos.) **X. 54**

Ibērus der Ebro (Fluss im Nordosten Spaniens. Im sog. „Ebrovertrag" hatten die Römer und Karthager um 226 v. Chr. den Ebro als Grenze ihrer jeweiligen Einflussgebiete festgelegt. Die Überschreitung des Ebro durch Hannibals Truppen löste 218 v. Chr. den 2. Punischen Krieg aus.)

Īcaria Ikaria (griech. Ägäisinsel, westlich von Samos. Die Insel leitet ihren Namen von Ikarus her: Dädalus beerdigte hier seinen Sohn Ikarus, der bei der Flucht aus Kreta ins Meer gestürzt war.) **55**

Īcarus Ikarus (Sohn des Dädalus. Trotz der Warnungen seines Vaters stieg er bei der Flucht aus Kreta mit seinen Flügeln so hoch hinauf, dass die Sonne das Wachs seiner Flügel schmolz, die Federn sich lösten und er ins Meer stürzte.) **55. XVIII. 56–58**

Iericho Jericho (Stadt am Westufer des Jordans in Palästina) **XXII**

Iēsūs Jesus (in Nazareth geborener Begründer der christlichen Religion; lebte von der Zeitenwende bis ca. 30 n. Chr.; wurde von den Römern durch Kreuzigung hingerichtet; er trägt den Titel Christus.) **65–67. 69. 70**

Īlias, adis *f* die „Ilias" (Epos des griech. Dichters Homer über den Trojanischen Krieg) **31. 33**

Iolāus Iolaos (Wagenlenker und treuer Gefährte seines Onkels Herkules) **X**

Īsis, Īsidis *f* Isis (Hauptgöttin Ägyptens; Gattin und Schwester des Osiris, Göttin der Fruchtbarkeit. Im 2. Jh. v. Chr. gelangte der Isiskult über den Seehandel mit der ägyptischen Stadt Alexandria auch nach Italien.)

Italia Italien **32. 33. 62–64. XXI. 65. 68**

Iūdaeī, ōrum *m Pl.* die Juden **65. 66. 68**

Iūlus Julus (anderer Name des Äneas-Sohnes Askanius) **34**

Iūnō, ōnis *f* Juno (griech. Hera; Schwester und Gemahlin des Jupiter. Schützerin der Ehe und der Frauen; Fruchtbarkeits- und Geburtsgöttin.) **22. 29. 33. 56. 61. 66**

Iuppiter, Iovis *m* Jupiter (griech. Zeus; Göttervater und höchster Gott der Römer. Möglicherweise haben bereits die Etrusker den Kult des Iuppiter Optimus Maximus in Rom eingeführt. Im Jupitertempel brachten die röm. Beamten am Anfang ihres Amtsjahres Opfer dar, und die siegreichen Feldherrn legten dort ihre Beutestücke nieder. Die erste Senatssitzung eines jeden Jahres fand ebenfalls dort statt.) **22. 29. 32. 33. XIII. 41. 44. 53–55. XVIII. 56. 58. XIX. 66. XXII. 69–71**

Lāocoōn, Lāocoontis *m* Laokoon (trojanischer Priester; warnte die Trojaner vergeblich vor dem hölzernen Pferd der Griechen; er und seine beiden Söhne wurden daraufhin auf Geheiß Apollons, der auf Seiten der Griechen stand, von zwei Seeschlangen erwürgt.) **31**

Larēs, um *m Pl.* die Laren (röm. Gottheiten, die Haus und Familie beschützten)

Latīnus, a, um 1. lateinisch („latinisch", nach der Landschaft Latium und dem Stamm der Latiner, die in Mittelitalien siedelten) **33. 34**
2. Latinus (König von Latium. Sohn des Gottes Faunus. Nach dem Krieg zwischen den Latinern und den einwandernden Trojanern heiratete Äneas Lavinia, die Tochter des Latinus.) **33**

Latium Latium (Landschaft in Mittelitalien, Urheimat der Latiner) **34. 71**

Lātōna Latona (griech. Leto; Göttin. War von Jupiter Mutter des Apollo und der Diana. Flieht als Schwangere vor der eifersüchtigen Juno, gebiert ihre Zwillinge schließlich auf der griech. Insel Delos.) **56**

Laurentum Laurentum (alte Küstenstadt der Latiner, Sitz des Königs Latinus. Während des Kampfes um Latium belagerten Äneas und seine Trojaner die Stadt.) **33**

Lāvīnia Lavinia (Tochter des Königs Latinus, zweite Frau des Äneas) **XI**

Lāvīnium Lavinium (Stadt in Latium, südlich von Rom; wurde von Äneas gegründet und nach seiner Ehefrau Lavinia benannt.) **34**

lēvīta, lēvītae *m* Levit (Die Leviten, benannt nach ihrem Stammvater Levi, sind einer der zwölf Stämme Israels, die von den Söhnen Jakobs abstammen. Die Leviten sind laut 5. Mose 18, 1-8 allein zum Priesterdienst für alle Israeliten erwählt. Für die Leviten galt eine Reihe besonderer Gesetze und Vorschriften.) **XXII**

līmes, līmitis *m* der Limes (von Kaiser Domitian seit 84 n. Chr. erbauter Grenzwall, trennt das röm. Reich von Germanien ab; verläuft vom Rhein bei Bonn südöstlich durch Württemberg und Bayern bis an die Donau bei Regensburg; wurde im 3. Jh. im Zuge der Völkerwanderung von den Germanen durchbrochen.) **72. 74**

(Titus) **Līvius** Livius (röm. Geschichtsschreiber, 59 v. Chr. – 17 n. Chr.; beschrieb die Geschichte Roms – von der Gründung der Stadt bis auf die eigene Zeit – in seinem 142 Bücher umfassenden Werk „Ab urbe condita".) **36. XII. XIII**

Lucrētia Lukretia (Frau des Collatinus; wurde von Sextus Tarquinius vergewaltigt, was die Vertreibung der etruskischen Tarquinier als Herrscher von Rom nach sich zog.) **42**

(Lūcius Licinius) **Lūcullus** Lukull (röm. Feldherr in Kleinasien um 70 v. Chr.; sein Reichtum und sein exquisiter Geschmack sind sprichwörtlich.) **16**

Lydia Lydien (Landschaft an der Westküste Kleinasiens; 133 v. Chr. wurde Lydien Teil der röm. Provinz Asia.) **3**

Magna Māter die Magna Mater (kleinasiatische Muttergottheit; der Kult der Magna Mater (auch: Kybele) wurde während des 2. Punischen Krieges in Rom eingeführt, als die Stadt nach Niederlagen im Krieg gegen Hannibal in eine existenzielle Krise geraten war. Das Orakel von Delphi, das die Römer in ihrer Not befragten, empfahl die Überführung der Magna Mater nach Rom. Eine Delegation bat in Kleinasien um die Herausgabe des schwarzen Steines (wohl ein Meteorit), in dessen Gestalt die Göttin verehrt wurde. 204 v. Chr. wurde der heilige Stein in einer großen Prozession nach Rom gebracht. Auf dem Palatin errichtete man der Göttin einen prachtvollen Tempel.) **65**

Maharbal, alis *m* Maharbal (Offizier und Anführer der karthagischen Reiterei im 2. Punischen Krieg. Nach dem Sieg der Karthager in der Schlacht bei Cannä forderte er Hannibal auf, sofort gegen Rom zu marschieren. Als der karthagische Feldherr dies ablehnte, soll Maharbal ihm geantwortet haben: „Zu siegen weißt du, Hannibal, nicht aber, den Sieg zu nutzen.") **XXI**

Mārs, Mārtis *m* Mars (griech. Ares; Gott des Krieges. Von Rea Silvia wurde er Vater der Zwillinge Romulus und Remus. Der berühmteste Tempel des Mars in Rom war der Tempel des Mars Ultor, des „rächenden Mars", auf dem Augustusforum. Kaiser Augustus hatte den Tempel errichten lassen zur Erinnerung an seinen Sieg über die Cäsarmörder.) **22. XI. 34. XII. 43. 58. XXII**

(Mārcus Aurēlius) **Maxentius** Maxentius (röm. Kaiser 306–312 n. Chr.; war durch einen Staatsstreich an die Macht gelangt. Er behauptete die Herrschaft über Italien und Afrika, bis er 312 n. Chr. von seinem Schwager Konstantin dem Großen in der Schlacht an der Milvischen Brücke geschlagen wurde und dort im Tiber ertrank.) **68. 69**

Menelāus Menelaos (König von Sparta, Ehemann der von Paris geraubten schönen Helena) **31**

Menēnius Agrippa *m* Menenius Agrippa (röm. Patrizier, der zur Zeit der Ständekämpfe mit diplomatischem Geschick die aus Rom ausgewanderten Plebejer wieder in die Stadt Rom zurückholte.) **XX**

Mercurius Merkur (griech. Hermes; Götterbote, Gott des Handels, der Reise und der Diebe) **22. 32. 33. 57**

Minerva Minerva (griech. Athene; Göttin der Weisheit und des Handwerks. Tochter des Jupiter) **22. 44. 54**

Mīnus Minos (König von Kreta, Sohn des Jupiter und der Europa. Vater der Ariadne) **53. 55. 56**

Mīnōtaurus Minotaurus (Sohn der Pasiphaë. Mit einem Stier gezeugt, daher halb Mensch und halb Stier. Der Mann der Pasiphaë, König Minos von Kreta, sperrte das Ungeheuer in einem Labyrinth ein und fütterte es mit den Jünglingen und Mädchen, die ihm die Athener als Tribut liefern mussten, bis endlich Theseus den Minotaurus tötete und mit Hilfe der Ariadne wieder aus dem Labyrinth herausfand.) **55**

Mīsēnum Misenum (Stadt am Nordrand des Golfes von Neapel (heute Miseno). Der durch eine Bucht geschützte Hafen von Misenum war ein Hauptstützpunkt der röm. Kriegsflotte.) **IX**

Mōgontiacum Mainz (Die Stadt gehört zu den ältesten Siedlungen am Rhein. Auf dem Platz einer keltischen

Siedlung legten die Römer um 38 v. Chr. ein befestigtes Lager an. Mogontiacum wurde zur Hauptstadt der röm. Provinz Germania superior. Gegen den Druck der Germanen erhielt die Stadt im 3. Jh. feste Mauern, die bis in das 5. Jh. den Stürmen der Völkerwanderung standhielten.) **74**

Mōns Sacer *m* der „heilige Berg" (in der Nähe von Rom gelegener Berg; hierhin zog sich 494 v. Chr. die streikende röm. Plebs zurück, um gegen Willkürmaßnahmen der Patrizier zu protestieren.) **XX**

Mycēnae, ārum *f Pl.* Mykene (in alter Zeit eine der bedeutendsten Städte Griechenlands. In Homers Epos „Ilias" wird Mykene als Hauptstadt des Königs Agamemnon erwähnt. Seine größte Blüte hatte Mykene im 14. und 13. Jh. v. Chr.) **29**

Neāpolis, is *f* Neapel (bedeutende Stadt in Kampanien. Griech. Kolonisten gründeten die Stadt („Neustadt") im 5. Jh. v. Chr. Neapolis wurde bald eines der führenden Wirtschaftszentren der Region. 89 v. Chr. erhielt Neapolis das röm. Bürgerrecht. Griech. Sprache und Kultur blieben in der Stadt aber auch unter röm. Herrschaft stets lebendig.) **IX**

Nemeaeus leō *m* der Nemeische Löwe (Ungeheuer nahe der griech. Stadt Nemea. Die Tötung dieses Löwen war die erste der zwölf Arbeiten des Herkules. Nach seinem Sieg trug er das Fell des Löwen als Trophäe.) **28. 29. X. 54**

Neptūnus Neptun (griech. Poseidon; Gott des Meeres. Bruder des Jupiter.) **22. 38. 56**

Nerō ōnis *m* Nero (röm. Kaiser 54–68 n. Chr.; in den ersten Jahren regierte er unter dem positiven Einfluss seines Lehrers Seneca. Nachdem Nero diesen zum Rückzug aus der Politik gezwungen hatte (61 n. Chr.), begann eine Willkürherrschaft. Während Neros Herrschaft (64 n. Chr.) brannte Rom aus ungeklärten Gründen nieder; er beschuldigte die Christen, den Brand gelegt zu haben, und verfolgte sie. Nero waren seine Betätigungen als Künstler häufig wichtiger als die Regierungsgeschäfte; sein ausschweifender Lebenswandel verschaffte ihm viele Feinde. Als schließlich ein Aufstand der Prätorianergarde ausbrach, musste Nero aus Rom fliehen und setzte seinem Leben selbst ein Ende.) **70. XXIII**

Nioba Niobe (Tochter des Tantalus; im kleinasiatischen Phrygien aufgewachsen, später durch die Heirat mit Amphion Königin von Theben.) **56**

Nīlus der Nil (Fluss in Ägypten) **49**

(Mārcus) **Nōnius Balbus** Marcus Nonius Balbus (röm. Senator und prominenter Einwohner der Stadt Herkulaneum. Der Stadt Herkulaneum stiftete er die Basilika, Stadttore und Stadtmauer. Die Stadt ernannte ihn zum Ehrenbürger (patrōnus) und errichtete mindestens zehn Statuen für ihn.) **28. 29**

Nōricum Noricum (Siedlungsgebiet des keltischen Stammes der Noriker auf dem Gebiet des heutigen Österreich, Ostbayerns und Sloweniens. Noricum wurde 15 v. Chr. unter Kaiser Augustus Teil des röm. Reichs. Zunächst behielt es eine eingeschränkte Autonomie als tributpflichtiges Fürstentum; unter Kaiser Claudius (41–54 n. Chr.) wurde es endgültig röm. Provinz.) **44**

Numa Pompilius Numa Pompilius (zweiter König Roms, galt als besonders weise und fromm. Die Römer schrieben ihm viele ihrer religiösen Einrichtungen zu: Feste, Opfer und Riten, die Pontifices und Vestalinnen.)

Numitor, ōris *m* Numitor (König von Alba Longa, Sohn des Prokas, Vater der Rea Silvia. Numitor wurde von seinem jüngeren Bruder Amulius abgesetzt. Seine Enkel Romulus und Remus rächten dieses Verbrechen und gaben ihm die Herrschaft zurück.) **XI. 34–36**

Odyssēa die „Odyssee" (Epos des griech. Dichters Homer über die Irrfahrten des Odysseus) **32. 33**

Odysseus vgl. „Ulixes" **31. 32. 58**

Orpheus, eī Orpheus (berühmter thrakischer Sänger; sein Gesang war so schön, dass selbst Tiere, Pflanzen und leblose Dinge von ihm gerührt wurden. Nachdem Orpheus' Frau Eurydike an einem Schlangenbiss gestorben war, stieg Orpheus in die Unterwelt hinab, um durch seinen Gesang und das Spiel seiner Lyra die Unterweltsgötter zu bewegen, ihm seine Geliebte zurückzugeben. Seine Kunst war so groß, dass ihm seine Bitte gewährt wurde – jedoch unter der Bedingung, dass er sich während des Aufstiegs in die Oberwelt nicht nach Eurydike umschauen dürfe. Da er die Schritte der Eurydike nicht hörte, sah er sich um – und sie verschwand für immer in der Unterwelt.) **57. 58**

Ōstia Ostia (Hafenstadt Roms an der Tibermündung, seit dem 4. Jh. v. Chr. bestehende Hafenanlage, später auch Flottenstützpunkt. Mit der Anlage eines gut funktionierenden Hafens unter Kaiser Trajan erlebte die Stadt einen sprunghaften Aufschwung und entwickelte sich zu einer bevölkerungsreichen Großstadt. In Ostia landeten die für Rom bestimmten Lebensmittellieferungen, vor allem die Getreideschiffe aus Ägypten, Afrika, Sardinien und Sizilien.) **46. 49–52**

(Publius) **Ovidius** (Nāsō) Ovid (röm. Dichter 43 v. Chr. – 18 n. Chr.; seine freizügigen Dichtungen brachten ihn in Konflikt mit Kaiser Augustus' Programm einer moralischen Erneuerung; auf Lebenszeit nach Tomi am Schwarzen Meer verbannt. Werke u.a.: „Metamorphosen", „Ars amatoria", „Fasti", „Tristia", „Heroides". Neben Vergil und Horaz ist er der bedeutendste Dichter der augusteischen Zeit.) **56**

Palātium (mōns Palātīnus) der Palatin (einer der sieben Hügel Roms; ältester besiedelter Teil der Stadt. Viele prominente Römer hatten hier ihre Häuser. Kaiser Augustus errichtete hier seinen Wohnsitz, den man palātia nannte, davon leitet sich das deutsche Wort „Palast" her.) **35. XII. 40. 61**

Pallās, antis *m* Pallas (Sohn des italischen Königs Euander. Er wurde von Turnus im Zweikampf getötet und von

Äneas – dem Bundesgenossen des Euander – gerächt.) 33

Paris, idis *m* Paris (Sohn des trojanischen Königs Priamos; raubte die schöne Helena aus Sparta und löste damit den Trojanischen Krieg aus.) 31

patriciī, ōrum *m Pl.* Patrizier (röm. Adelsfamilien; nach der Vertreibung der Könige Anfang des 5. Jh.s v. Chr. hatten sie die politische Macht inne.) 59. 60. XX

Patroclus Patroklos (Freund und Kampfgefährte des Achilles im Trojanischen Krieg; von Hektor getötet.) 31

Paulus Paulus (Sohn einer vermögenden jüdischen Familie; durch Christusvisionen wurde er zum christlichen Glauben bekehrt. Seine Missionsreisen trugen entscheidend zur Verbreitung des christlichen Glaubens bei; Paulus verfasste zahlreiche Briefe an die christlichen Urgemeinden, die sich im Neuen Testament wiederfinden und seine wesentlichen theologischen Aussagen enthalten. Der Überlieferung nach wurde Paulus während der Christenverfolgung Neros verhaftet und um 66 n. Chr. in Rom enthauptet.) 65. 66. 68

Penātēs, ium *m Pl.* die Penaten (röm. Haus- und Schutzgötter)

Pēnelopa Penelope (Gattin des Odysseus) 58

Persae, ārum *m Pl.* die Perser 70

Petrus Petrus (Jünger Jesu und christl. Apostel; nach dem Tod Jesu war er Leiter der christl. Gemeinde in Jerusalem; seine letzten Jahre verbrachte er in Rom, wiederum als Leiter der dortigen Gemeinde, und starb unter Kaiser Nero den Märtyrertod.) 66

Phaeāces, um *m Pl.* die Phäaken (mythisches Seefahrervolk auf der griech. Insel Scheria (Korfu). Homer berichtet, dass Odysseus auf der letzten Station seiner Irrfahrten zur Insel der Phäaken kam. Mit Hilfe der gastfreundlichen Phäaken gelang es Odysseus schließlich, in seine Heimat Ithaka zurückzukehren.) 58

Phoenīces, um *m Pl.* die Phönizier (Seefahrervolk, das in Phönizien, einer historische Landschaft an der heutigen syrisch-libanesischen Mittelmeerküste, beheimatet war. Die Stadtstaaten der Phönizier (z.B. Tyros und Sidon) waren bedeutende Handelszentren, die Kontakte im gesamten Mittelmeerraum pflegten und zahlreiche Handelskolonien gründeten. Die berühmteste dieser Kolonien war Karthago. Die Phönizier schufen im 11. Jh. v. Chr. die Urform des europäischen Alphabets.) 53

(Titus Maccius) **Plautus** Plautus (röm. Komödiendichter, um 254 - um 184 v. Chr. Seine Komödien sind von griech. Vorbildern beeinflusst. Die Motive und Charaktere wurden jedoch der röm. Erfahrungswelt und Lebenswirklichkeit angepasst. Lieder und Flötenspiel ergänzten die gesprochenen Dialoge. Bedeutende Dichter wie Shakespeare, Kleist, Molière oder Lessing ließen sich von den Werken des Plautus inspirieren.) 43. 44

plēbēī, ōrum *m Pl.* Plebejer (größter Teil der röm. Bevölkerung; zunächst ohne politischen Einfluss, im Laufe der Ständekämpfe im 5./4. Jh. v. Chr. setzten sie immer mehr Rechte durch.) 59. XX

(Gāius) **Plīnius** (Caecilius Secundus) **Māior** Plinius der Ältere (röm. Schriftsteller, Gelehrter und Feldherr, um 23 – 79 n. Chr. Sein naturwissenschaftliches Werk „Naturalis historia" (Naturgeschichte) ist eine Zusammenfassung des naturkundlichen Wissens seiner Zeit in 37 Büchern. Plinius d. Ä. starb 79 n. Chr. beim Ausbruch des Vesuvs. Sein Neffe, Plinius der Jüngere, überlieferte die Todesumstände seines Onkels in einem Brief an Tacitus.) IX

(Gāius) **Plīnius** (Caecilius Secundus) **Minor** Plinius der Jüngere (röm. Schriftsteller, 61 – ca. 113 n. Chr.; er veröffentlichte eine große Sammlung literarischer Briefe, die ein meisterhaftes Bild der Kaiserzeit in allen Lebensbereichen vermitteln; die berühmtesten Briefe beschäftigen sich mit dem Vesuvausbruch des Jahres 79 n. Chr.) IX

Plūtō, ōnis *m* Pluto (griech. Hades; Gott der Unterwelt) 30. XVIII. 57. 58. XIX. 59. 66

Poenī, ōrum *m Pl.* die Punier, Karthager 62–64

Pompēiānī, ōrum *m Pl.* die Bewohner von Pompeji, die Pompejaner 19. 20–24. 27. 28

Pompēī, ōrum *m Pl.* Pompeji (Stadt in Kampanien am Golf von Neapel; wurde 79 n. Chr. beim Ausbruch des nahegelegenen Vulkans Vesuv verschüttet. Erst in der Neuzeit wurde die Stadt – die durch die Lavamassen nahezu perfekt konserviert wurde – wiederentdeckt und ausgegraben. Im 1. Jh. n. Chr. war Pompeji eine blühende Hafen- und Marktstadt. Die Überreste der Stadt vermitteln einen Eindruck vom florierenden städtischen Leben: Tempel, Markthallen und Werkstätten, Theater, Thermen und Sportstätten, prachtvolle Villen und Vergnügungsviertel. Die riesige Zahl an Gegenständen, die bei den Ausgrabungen zutage gekommen sind (Schmuck, Haushaltsgeräte, Werkzeug, Statuen, Inschriften, Wandmalereien usw.), sind für die Kenntnis des Alltagslebens der Römer von unschätzbarer Bedeutung. Zur Zeit des Untergangs hatte Pompeji schätzungsweise 20.000 Einwohner. Ca. 2.000 Menschen sollen beim Vesuvausbruch umgekommen sein.) 7. 16. 18. VI. 19. 20. VII. 22–27. IX. 28

(Gnaeus) **Pompēius** (Magnus) Gnäus Pompejus Magnus (106–48 v. Chr., einflussreicher Politiker und Feldherr) 45

pōns Milvius *m* die Milvische Brücke (Tiberbrücke an der Via Flaminia, 5 km nördlich von Rom. Hier fand 312 n. Chr. die Entscheidungsschlacht zwischen den Heeren der Kaiser Maxentius und Konstantin statt.) 68

Poseidōn *m* (vgl. „Neptunus")

Priamus Priamos (König von Troja zur Zeit des Trojanischen Krieges, Vater des Paris) 31

praetor, ōris *m* Prätor (röm. Beamter; den Prätoren oblag die Rechtsprechung. Mindestalter für die Prätur war die Vollendung des 40. Lebensjahres. Als ständige Stellvertreter der Konsuln mussten sie für die Auslegung der schriftlich fixierten Gesetze und überhaupt für die Rechtspflege sorgen. Der praetor urbanus war in Rom selbst tätig, für Streitigkeiten zwischen einem röm. Bürger und einem Fremden wurde das Amt des praetor peregrinus geschaffen. Ehemalige Prätoren wurden in die Provinzen als Statthalter entsandt (pro praetore).) 75

Procās, ae *m* Prokas (König von Alba Longa, Vater des Amulius und des Numitor) **XI. 34**

Promētheus, eī *m* Prometheus (Sohn des Titanen Japetos; erschuf die Menschen aus Lehm und Wasser und schenkte ihnen das – eigentlich den Göttern vorbehaltene – Feuer. Er wurde dafür auf Geheiß des Jupiter von Vulcanus an den Kaukasus geschmiedet.) **54. 55. XVIII. 56**

Proserpina Proserpina (griech. Persephone. Tochter des Jupiter und der Ceres; wird von Pluto in die Unterwelt entführt und zu seiner Gemahlin und Königin der Unterwelt gemacht. Zwei Drittel des Jahres darf sie zu ihrer Mutter und zur Oberwelt zurück.) **XVIII. XIX**

Pyrenaeī (montēs) *m Pl.* die Pyrenäen (Gebirgszug zwischen Spanien und Frankreich) **63**

Quirīnālis (collis) *m* der Quirinal (einer der sieben Hügel Roms. Der Sage nach befand sich auf dem Quirinal das Grab des Romulus. König Titus Tatius und die Sabiner sollen nach dem Frieden zwischen Römern und Sabinern auf dem Quirinal gesiedelt haben.) **40**

Rēa Silvia Rea Silvia (die Tochter des Königs Numitor von Alba Longa. Ihr Onkel Amulius, der seinen Bruder Numitor vom Thron gestürzt hatte, machte Rea zur Vestapriesterin, um zu verhindern, dass sie Kinder bekäme, denn die Vestalinnen mussten unverheiratet und kinderlos bleiben. Der Kriegsgott Mars durchkreuzte aber diese Pläne und zeugte mit Rea die Zwillinge Romulus und Remus.) **XI. 34. 36**

Remus Remus (Zwillingsbruder des Romulus, von dem er erschlagen wurde) **V. XI. 34–36. XII. 37. 47**

Rōma Rom **7 ff.**

Rōmānī, ōrum *m Pl.* die Römer **9 ff.**

Rōmānus, a, um römisch; Römer(in) **14 ff.**

Rōmulus Romulus (sagenhafter Gründer und erster König Roms im 8. Jh. v. Chr. Zwillingsbruder von Remus. Wurden als Kinder von ihrem Großonkel Amulius in einem Weidenkorb auf dem Tiber ausgesetzt, denn dieser ahnte, dass die Enkel seines Bruders Numitor ihm den Thron von Alba Longa streitig machen würden. Eine Wölfin säugte sie jedoch, bis der Hirte Faustulus sich ihrer annahm. Als die Zwillinge erwachsen waren, stürzten sie Amulius und setzten ihren Großvater wieder in die Herrschaft ein. Zum Dank gestattete Numitor ihnen, eine Stadt zu gründen. Romulus und Remus gerieten jedoch in Streit, wer der Bauherr und damit der Namensgeber der Stadt sein würde. Bei diesem Streit erschlug Romulus seinen Bruder. Gegründet wurde Rom der Sage nach am 21. April 753 v. Chr.) **V. 32. XI. 34–36. XII. 37–39. XIII. 41. 47**

Sabīnī, ōrum *m Pl.* die Sabiner (Bewohner des Berglandes nördlich von Rom; sie wurden – wegen des in Rom herrschenden Frauenmangels – auf Geheiß des Romulus ihrer Töchter beraubt. Die gefangenen Sabinerinnen ließen sich jedoch eine nach der anderen von den Römern zur Heirat bewegen. Als die Sabiner Rom angriffen, drängten sich die Frauen auf das Schlachtfeld und beschwichtigten die gegnerischen Parteien. Romulus und Titus Tatius, der König der Sabiner, verbrüderten sich daraufhin und verschmolzen ihren Staat unter einer Doppelherrschaft.) **38. 39. XIII. 40**

Saguntum Sagunt (Stadt im Osten Spaniens. Die wirtschaftlich bedeutende Stadt war mit Rom gegen Karthago verbündet. 219 v. Chr. eroberte Hannibal die Stadt und löste damit den 2. Punischen Krieg aus.) **62. 63**

Salomōn, ōnis *m* Salomon (Sohn des biblischen Königs David; um 960–920 v. Chr. dritter König des Reiches Israel. Seine Weisheit und Gerechtigkeit sind sprichwörtlich. Besonders bekannt ist die im Alten Testament überlieferte Geschichte des Salomonischen Urteils (1 Könige 3, 16–28).) **75**

saltus Teutoburgiēnsis *m* der Teutoburger Wald (vermeintlicher Schauplatz der Schlacht zwischen Varus und Arminius im Jahr 9 n. Chr., die der Cheruskerfürst für sich entschied. Der genaue Ort der Schlacht wurde bei Kalkriese in der Nähe von Osnabrück lokalisiert.)

Samarītānus Samariter (Die Samariter bzw. Samaritaner bilden eine Religionsgemeinschaft, die wie das Judentum aus dem Volk Israel hervorgegangen ist.) **XXII**

Sardinia Sardinien (nach Sizilien die zweitgrößte Insel im Mittelmeer. Infolge des 1. Punischen Krieges wurde die strategisch wichtige Insel 227 v. Chr. zur röm. Provinz.)

Sāturnus Saturn (röm. Gott der Fruchtbarkeit, besonders des Ackerbaus. In seinem Tempel auf dem Forum Romanum war das aerārium, in dem die Staatskasse, das Staatsarchiv und die Feldzeichen der röm. Legionen aufbewahrt wurden.) **11. IV**

(Publius Cornēlius) **Scīpiō** (Āfricānus), Scīpiōnis *m* Scipio (röm. Politiker und Feldherr; im Jahr 206 v. Chr. hat er die Karthager aus Spanien vertrieben; Sieger über Hannibal 202 v. Chr. in der Schlacht bei Zama, erhielt daraufhin den ehrenden Beinamen Africanus.) **62**

Sebastiānus der hl. Sebastian (3. Jh. n. Chr., Sebastian war Hauptmann der Prätorianergarde am Hof von Kaiser Diokletian. Der Legende nach ließ Diokletian ihn, als er von Sebastians christlichem Glauben erfuhr, von numidischen Bogenschützen erschießen.) **67**

senātor, ōris *m* der Senator (Mitglied des röm. Senates) **18. 19. 28. 29. 48. 59. 60. XX. 64. XXI**

senātus, ūs *m* der Senat (die wichtigste politische Institution der röm. Republik. Er bestimmte die Richtlinien der Politik, erließ Gesetze, kontrollierte die Beamten und verwaltete die Staatsfinanzen. Die Senatsversammlung wurde von rund 300 Senatoren gebildet. In der Spätzeit der Republik wurde die Mitgliederzahl auf bis zu 900 erweitert. Die Senatoren setzten sich ursprünglich zusammen aus den „senēs“, also älteren und erfahrenen

Männern, sowie den „patrēs", den Oberhäuptern des röm. Adels. Zeichen der Senatorenwürde waren ein breiter Purpurstreifen auf der Toga und ein goldener Siegelring. Die Senatssitzungen waren öffentlich und fanden zweimal im Monat in der Kurie statt. Senatsbeschlüsse wurden niedergeschrieben und im Saturntempel aufbewahrt. In der röm. Kaiserzeit existierte der Senat weiter, die meisten senatorischen Rechte jedoch gingen in die Hand des Kaisers über. Der Rang des Senators wurde nun zum Ehrentitel, der verdienten Personen aus dem ganzen Reich verliehen wurde.) **59. 61. 64. 68**

(Lūcius Annaeus) **Seneca,** ae *m* Seneca (röm. Schriftsteller, Politiker und Philosoph, 4 v. Chr. – 65 n. Chr.) **VIII**

Servius Tullius Servius Tullius (sechster König Roms; errichtete im 6. Jh. v. Chr. den ersten röm. Mauerring; wurde von seinem Nachfolger Tarquinius Superbus ermordet.)

Sicilia die Insel Sizilien (größte Insel des Mittelmeeres, an der „Stiefelspitze" Italiens gelegen, wurde 241 v. Chr. erste röm. Provinz.) **9. 10. XVIII. 62. 71**

Sīsyphus Sisyphos (Gründer und König von Korinth. Wegen seiner Freveltaten muss er im Tartarus auf ewig büßen.) **58. 59**

Stabiae, ārum *f Pl.* Stabiä (röm. Siedlung direkt am Fuße des Vesuvs; beim Ausbruch des Vulkans im Jahre 79 n. Chr. wurde sie daher am stärksten zerstört.) **IX**

Stymphāliae avēs *f Pl.* die Stymphalischen Vögel (gefräßige Raubvögel mit eisernen Federn, die beim griech. Stymphalos-See ihr Unwesen trieben und Menschen anfielen. Diese Vögel zu erlegen war eine der zwölf Arbeiten des Herkules.) **29. 54**

Styx, Stygis *f* der Styx (einer der Unterweltsflüsse, bei dem die Götter den heiligsten Eid schwuren) **30**

Syria Syrien (seit 64 v. Chr. röm. Provinz mit der Hauptstadt Antiochia (heute Antakya)) **3. 9. III. 10**

Tālus Talos (athenischer Jüngling. Die griech. Sage berichtet, dass sein Onkel Dädalus so neidisch auf das künstlerische Talent des Talus war, dass er diesen vom Felsen der Akropolis stieß.) **55**

Tantalus Tantalus (Sohn des Jupiter, König von Lydien, Vater der Nioba und des Pelops. Als Sohn des Jupiter durfte er an den Gastmählern der Götter teilnehmen; durch einen schrecklichen Frevel verspielte er dieses Privileg und musste ewige Strafen im Tartarus verbüßen.) **56**

Tarpēia Tarpeia (Tochter des röm. Feldherrn Spurius Tarpeius. Sie nahm eine Bestechung von dem feindlichen Sabinerkönig Titus Tatius an und ließ dessen Soldaten in die röm. Burg ein. Der Verrat und ihre Gier nach Gold wurden ihr zum Verhängnis.) **39. XIII. 40**

(Spurius) **Tarpēius** Spurius Tarpeius (Kommandant der röm. Burg unter der Herrschaft des Romulus. Vater der Tarpeia) **39**

Tarquinius Prīscus Tarquinius Priscus (fünfter König Roms; er soll den Circus Maximus erbaut und mit dem Bau des kapitolinischen Tempels begonnen haben. Tarquinius Priscus soll als Erster öffentliche Spiele veranstaltet haben. Auch die Einführung des Triumphes in Rom wird ihm zugeschrieben.) **40**

Tarquinius Superbus Tarquinius Superbus (siebter und letzter König Roms, wurde wegen seiner Grausamkeit 509 v. Chr. gestürzt. Dieses Datum gilt als Gründungsjahr der röm. Republik.) **41. 42. XIV. 59**

(Sextus) **Tarquinius** Sextus Tarquinius (Sohn des Tarquinius Superbus; vergewaltigte Lukretia, eine Frau aus angesehener Familie, und löste damit die Vertreibung der Tarquinier als Herrscher von Rom aus.)

Tartarus Tartarus (die Hölle; der Teil der Unterwelt, in dem Verbrecher und Übeltäter nach dem Tod ihre Strafen verbüßen mussten.) **22. 30. 57. 58. XIX**

(Titus) **Tatius** Titus Tatius (König der Sabiner; führte sein Volk gegen Rom, um den Raub der sabinischen Frauen zu rächen.) **39**

(Publius) **Terentius** (Āfer) Terenz (röm. Komödiendichter, 185–159 v. Chr.; seine Komödien gehen zumeist auf Vorlagen des Menander zurück und spielen im griech. Bereich.) **44**

Teutonī, ōrum *m Pl.* die Teutonen (nordgermanischer Volksstamm; fielen um 115 v. Chr. in Gallien und Italien ein; wurden 102 v. Chr. von den Römern unter der Führung des Konsuls Gajus Marius in Südgallien vernichtend geschlagen.)

Thēbae, ārum *f Pl.* Theben (Hauptstadt der Landschaft Böotien in Griechenland. Ihr Gründer und erster König war Kadmos.) **56**

Theodōsius Theodosius I. (Kaiser des oströmischen Reiches in Konstantinopel, 379–395 n. Chr. Er erließ Gesetze gegen alle heidnischen (d.h. nichtchristlichen) Kulte und machte das Christentum 380 n. Chr. zur Staatsreligion.)

Tiberis, is *m* (Akk. Tiberim) der Tiber (Fluss durch Rom; Hauptfluss in Mittelitalien, natürliche Grenze zwischen Etrurien und Latium) **XI. 34. 36. 44. 49. 50. 68**

Tītān, Tītānis *m* Titan (Die Titanen waren ein griech. Göttergeschlecht, die Söhne des Uranos (Himmel) und der Gaia (Erde); sie kämpften mit Zeus um die Herrschaft, wurden von diesem nach zehnjährigem Kampf („Titanomachie") besiegt und in den Tartaros geworfen.)

Titus (Flāvius Sabīnus Vespasiānus) Titus (röm. Kaiser von 79–81 n. Chr., Sohn des Kaisers Vespasian; eroberte 70 n. Chr. Jerusalem und wurde dafür mit dem noch heute erhaltenen „Titusbogen" in Rom geehrt. Den Betroffenen des Vesuvausbruches gewährte er großzügig Hilfe. Unter die Bautätigkeit des Titus fällt die Weiterführung und Einweihung des von Vespasian begonnenen Kolosseums.) **19. 21**

(Mārcus Ulpius) **Trāiānus** Trajan (röm. Kaiser von 98–117 n. Chr., aufgrund seiner militärischen Verdienste wurde er von Kaiser Nerva adoptiert. Trajan, unter dem das imperium Romanum seine größte Ausdehnung und eine

Zeit des Friedens und Wohlstands erlebte, wurde für die Nachwelt zum Idealbild eines guten Kaisers.) 71

tribūnus plēbis Volkstribun (Zur Zeit der Ständekampfe geschaffenes Amt, das nur Plebejern zugänglich war. Das Volkstribunat diente zum Schutz der Plebejer vor der Willkür der Patrizier: Ein Veto eines Volkstribunen setzte jegliche Maßnahme eines Beamten oder des Senats außer Kraft. Zum Schutz seiner Tätigkeit galt er persönlich als unantastbar (sacrosanctus). Er konnte Volksversammlungen einberufen und Abstimmungen durchführen.) XX

Trōia Troja (Stadt im Nordwesten Kleinasiens (heutige Türkei); wurde im Trojanischen Krieg von den Griechen erobert.) 31. 32

Trōiānī, ōrum *m Pl.* die Trojaner, Einwohner von Troja 31. 33. 34

Trōiānus trojanisch, Trojaner

Tullus Hostīlius Tullus Hostilius (dritter König Roms, verachtete die friedliche und fromme Art seines Vorgängers Numa Pompilius. Er eroberte und zerstörte Alba Longa und bekämpfte erfolgreich die mächtigen Sabiner.)

Turnus Turnus (Fürst und Anführer der Rutuler, eines Volksstammes in Latium. Turnus wollte Lavinia, die Tochter des Königs Latinus, zur Frau nehmen. Aber Latinus bot – veranlasst von einem Orakelspruch – seine Tochter dem Äneas an. Als es zum Krieg zwischen Latium und den Trojanern kam, tötet Turnus im Zweikampf den jugendlichen Pallas, einen Freund und Verbündeten des Äneas. Turnus fällt schließlich im Zweikampf mit Äneas.) 33. XI. 34

Tūscī, ōrum vgl. „Etrusci"

Ulixēs, is *m* Ulixes (lat. Name des Odysseus; König der griech. Insel Ithaka, konnte im Trojanischen Krieg die Trojaner mit dem hölzernen Pferd überlisten, zog sich damit den Zorn des Neptun zu und musste auf seinem zehn Jahre dauernden Heimweg viele Gefahren überstehen.) 31. 32

(Publius Licinius) **Valeriānus** Valerian (röm. Kaiser 253-260; unter seiner Herrschaft kam es zu Christenverfolgungen. Er erließ ein generelles Versammlungsverbot für Christen und ließ Bischöfe verhaften und hinrichten.) 67

(Publius Quīnctīlius) **Vārus** Varus (Feldherr des röm. Kaisers Augustus; verlor 9 n. Chr. die Schlacht im Teutoburger Wald, nachdem er vom Cheruskerfürsten Arminius in einen Hinterhalt gelockt worden war. Ganze drei Legionen wurden vernichtet, Varus beging Selbstmord. Die röm. Expansion im nördlichen Germanien war damit für immer beendet.) XXIV. XXV

Veiī, ōrum *m Pl.* Veji (etruskische Stadt, etwa 18 km nordwestlich von Rom; gehörte zum etruskischen Zwölfstädtebund. Schon im 8. / 7. Jh. v. Chr. kam es zu kriegerischen Auseinandersetzungen zwischen Veji und Rom. 396 v. Chr. wurde Veji von Rom erobert.) 61

Venus, Veneris *f* Venus (griech. Aphrodite; Göttin der Liebe und der Schönheit) 22

(Publius) **Vergilius** (Marō) Vergil (röm. Dichter zur Zeit des Augustus, 70-19 v. Chr.; Verfasser des röm. Nationalepos „Aeneis") 33. 71

(Titus Flāvius) **Vespasiānus** Vespasian (röm. Kaiser von 69-79 n. Chr., Vater der Kaiser Titus und Domitian; bekannt für seinen bescheidenen Lebenswandel und seine sparsame, effiziente Verwaltung. Er ließ u.a. das Kolosseum errichten (unter Titus fertiggestellt).) 21

Vesta Vesta (die Göttin des heiligen Herd- und Opferfeuers, Hüterin über Heim und Herd. Der Tempel der Vesta stand auf dem Forum Romanum.) IV. V

Vestālis, is *f* (virgō Vestālis bzw. sacerdōs Vestālis) Vestalin (Priesterin der Göttin Vesta. Das Kollegium der Vestalinnen bestand aus sechs Priesterinnen, die im Alter von 6-10 Jahren für eine 30-jährige Dienstzeit berufen wurden. Ihre Hauptaufgabe war das Hüten des heiligen Herdfeuers im Tempel der Vesta, das niemals erlöschen durfte; denn dies galt als das schlimmste Vorzeichen für den Staat. Die Vestalinnen waren zu absoluter Keuschheit verpflichtet. Verstieß eine Vestalin gegen diese Vorschrift, wurde sie lebendig begraben.) XI. 34

Vesuvius der Vesuv (Vulkan in Kampanien, der bei einem Ausbruch am 24. August 79 n. Chr. die Städte Pompeji, Herkulaneum und Stabiä verschüttete) 16-18. 24-27. IX. 28

Veturia Veturia (die Mutter des Coriolan) 60. 62

via Appia Via Appia (Straße, die von Rom aus in südlicher Richtung durch ganz Italien bis nach Brundisium führte, Baubeginn 312 v. Chr.) 7

Vīminālis (collis) *m* der Viminal (einer der sieben Hügel Roms) 40

Volscī, ōrum *m Pl.* die Volsker (italischer Volksstamm; seit dem 6. Jh. v. Chr. führten sie immer wieder Krieg gegen Rom. Den Römern gelang es um 330 v. Chr., die Volsker zu unterwerfen. Sie gestanden den Volskern den Status von Bundesgenossen zu und gaben ihnen das latinische Bürgerrecht.) 60

Volumnia Volumnia (die Gattin des Coriolan) 60. 61

Vulcānus Vulkan (griech. Hephaistos; Gott der Feuerflamme und der Schmiedekunst. Seine Schmiede lag unter dem sizilischen Vulkan Ätna. Schmiedete die Blitze des Jupiter.) 10

Zeus *m* (vgl. „Iuppiter")

Zeittafel

vor Christus

um 900	Erste Hirtensiedlungen auf dem Palatin
8. Jh.	Entstehung der homerischen Epen „Ilias" und „Odyssee"
753	sagenhaftes **Gründungsdatum der Stadt Rom**
um 750	**Beginn der Griechischen Kolonisation:** Einwanderung der Griechen nach Unteritalien und Sizilien
um 550	**Herrschaft etruskischer Könige in Rom;** Errichtung des **Circus Maximus** und der ersten römischen Stadtmauer
510/509	Vertreibung des Tarquinius Superbus: Ende der etruskischen Königsherrschaft und **Beginn der römischen Republik**
507	Einweihung des Tempels des Iuppiter Capitolinus
450	**Zwölftafelgesetz:** Erste schriftliche Fixierung des römischen Rechts
387	Schlacht an der Allia und Plünderung Roms durch die Gallier unter Brennus
367	Zulassung der Plebejer zum Konsulat
seit 312	Bau der Via Appia
269	Erste römische Münzprägungen
um 264	Nach zahlreichen Kriegen gegen die umliegenden Völker ist die **römische Herrschaft in Mittel- und Süditalien** gefestigt.
264–241	**1. Punischer Krieg** gegen Karthago
242	Einrichtung der ersten römischen Provinz (Sicilia)
227	Einrichtung der Provinzen Sardinia et Corsica
218–201	**2. Punischer Krieg**
219/218	**Hannibal** zieht durch Spanien bis nach Italien: **Alpenübergang**
216	Schlacht bei Cannae: Verheerende Niederlage der Römer gegen die Karthager
202	Schlacht bei Zama: Sieg der Römer über Hannibal
197	Spanien wird römische Provinz (Hispania).
149–146	**3. Punischer Krieg**
148	Einrichtung der Provinz Macedonia
146	**Zerstörung Karthagos:** Africa wird römische Provinz. Griechenland wird zur römischen Provinz Achaia. **Herrschaft der Römer über den Mittelmeerraum**
129	Einrichtung der Provinz Asia
91–88	Bundesgenossenkrieg: Forderung der italischen Bundesgenossen nach dem römischen Bürgerrecht
59	**Konsulat Cäsars**
58–51	**Eroberung Galliens** durch Cäsar
51	Einrichtung der Provinz Gallia
49–46	**Bürgerkrieg:** Cäsar gegen Pompejus
46–44	Diktatur Cäsars
45	Einführung des julianischen Kalenders
15.3.44	**Ermordung Cäsars**
42	**Schlacht bei Philippi:** Niederlage der Cäsarmörder
31	**Seeschlacht bei Aktium:** Sieg Oktavians über Markus Antonius und Kleopatra
30	Selbstmord des Antonius und der Kleopatra; Ägypten wird römische Provinz.
27	Der Senat verleiht Oktavian den Ehrentitel **Augustus: Beginn des Prinzipats**
um 25	Livius beginnt mit der Herausgabe seines Geschichtswerks „Ab urbe condita"
19	Veröffentlichung der „Aeneis" Vergils

nach Christus

9 n. Chr.	**„Schlacht im Teutoburger Wald":** Sieg des Cheruskerfürsten Arminius über die Legionen des römischen Feldherrn Varus (Kalkriese bei Osnabrück)
14	Tod des Augustus
14–68	**Julisch-Claudisches Herrscherhaus**
um 30	Kreuzigung Jesu
14–37	**Kaiser Tiberius**
37–41	**Kaiser Caligula**
41–54	**Kaiser Claudius**
43	Britannien wird römische Provinz.
54–68	**Kaiser Nero**
um 55	Missionsreisen des Apostels Paulus (u.a. nach Ephesos)
64	**Brand Roms:** erste Christenverfolgungen
66–70	Aufstand der Juden gegen die römische Besatzung
68–69	Vierkaiserjahr (Galba, Otho, Vitellius, Vespasian)
69–96	**Flavisches Herrscherhaus**
69–79	**Kaiser Vespasian**
70	**Eroberung Jerusalems** durch Titus
79–81	**Kaiser Titus**
79	**Vesuv-Ausbruch:** Zerstörung von Pompeji und Herkulaneum
80	Bau des **Kolosseums** beendet
81–96	**Kaiser Domitian**
84	Baubeginn des **Limes** in Germanien
90	Einrichtung der Provinzen Germania superior und inferior
96–192	**Adoptivkaiser**
96–98	**Kaiser Nerva**
98–117	**Kaiser Trajan**
106–115	**Größte Ausdehnung des römischen Reiches** (Schaffung der Provinzen Arabia, Dacia, Armenia, Mesopotamia und Assyria)
117–138	**Kaiser Hadrian**
122	Errichtung des Hadrianswalls in Nordengland
138–161	**Kaiser Antoninus Pius**
161–180	**Kaiser Mark Aurel**
180–192	**Kaiser Commodus**
193–235	**Severisches Kaiserhaus**
235–305	**Soldatenkaiser**
um 250	Christenverfolgung unter den Kaisern Decius und Valerian
284–305	**Kaiser Diokletian**
303–311	Christenverfolgung unter Diokletian
306–337	**Kaiser Konstantin der Große**
313	Toleranzedikt von Mailand: Religionsfreiheit für die Christen
330	**Konstantinopel wird Hauptstadt des römischen Reiches.**
um 375	Die Hunnen erobern im Norden große Teile des römischen Reiches. Beginn der **Völkerwanderung**
379–395	**Kaiser Theodosius der Große**
380	**Das Christentum wird Staatsreligion.**
390	Hieronymus beginnt mit der Übertragung der Bibel ins Lateinische (**„Vulgata"**).
391	Verbot heidnischer Kulte
395	**Reichsteilung** nach dem Tod des Theodosius (Entstehung eines west- und eines oströmischen Reiches)
410	Rom wird von den Westgoten (Alarich) eingenommen.
455	Plünderung Roms durch die Vandalen
476	Absetzung des letzten weströmischen Kaisers durch den Germanen Odoaker: **Ende des weströmischen Reiches**
527–565	**Kaiser Justinian** (Sein Versuch, die Reichseinheit wiederherzustellen, scheitert.)
seit 7. Jh.	Ausbreitung des Islam: Die Provinzen der östlichen Reichshälfte fallen an die Araber.
800	Kaiserkrönung Karls des Großen
1453	**Ende des oströmischen Reiches** (Einnahme Konstantinopels durch die Osmanen)

DAS STADTZENTRUM VON ROM

in der Mitte des 4. Jahrhunderts n. Chr.

1 Tiber
2 Marcellus-Theater
3 Tempel des Apollo und der Bellona
4 Forum Holitorium
5 Tempel des Portunus
6 Rundtempel des Hercules Victor
7 Forum Boarium
8 Pons Aemilius
9 Tempel des Iuppiter Optimus Maximus (Iuppiter Capitolinus)
10 Capitolium
11 Arx
12 Tempel der Iuno Moneta
13 Staatsarchiv (Tabularium)
14 Vespasian-Tempel
15 Tempel der Concordia
16 Trajan-Tempel
17 Tempel der Venus Genetrix
18 Basilica Ulpia
19 Forum Traiani
20 Forum Iulium (Cäsar-Forum)
21 Curia
22 Forum Romanum
23 Saturn-Tempel (Aerarium)
24 Basilica Iulia
25 Septimius-Severus-Bogen
26 Basilica Aemilia
27 Tempel des Castor und Pollux (Tempel der Dioskuren)
28 Cäsar-Tempel (T. des Divus Iulius)

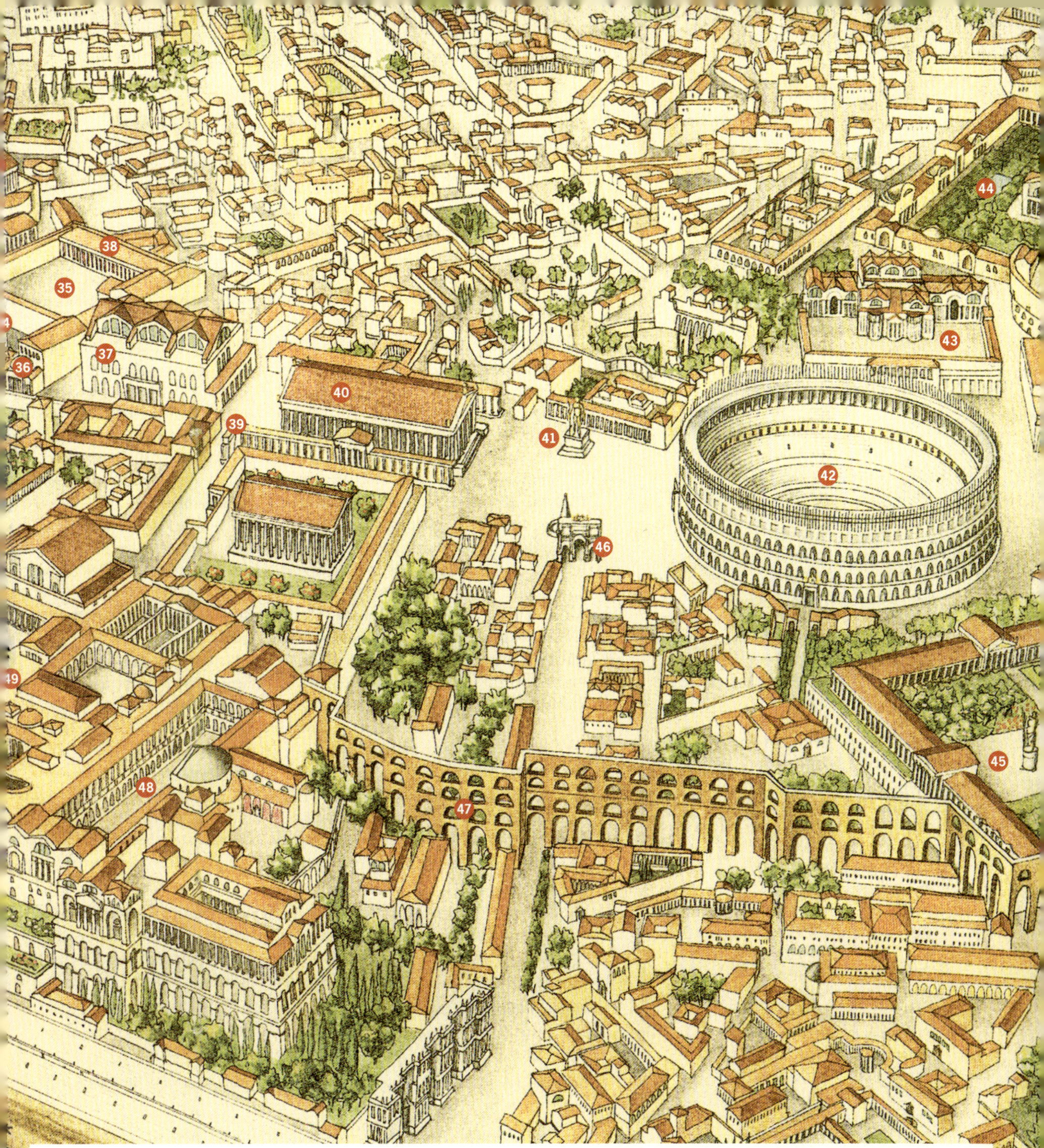

29 Tempel der Vesta
30 Haus der Vestalinnen (Atrium Vestae)
31 Forum Nervae (F. Transitorium)
32 Forum Augusti
33 Tempel des Mars Ultor
34 Tempel des Antoninus Pius und der Faustina
35 Forum Vespasiani (Forum Pacis)
36 Tempel des Romulus (bzw. Tempel des Iuppiter Stator)
37 Maxentius-Basilica (Konstantins-Basilika)
38 Tempel der Pax
39 Titus-Bogen
40 Tempel der Venus und der Roma
41 Kolossalstatue Neros
42 Colosseum (Amphitheatrum Flavium)
43 Titus-Thermen
44 Trajans-Thermen
45 Claudius-Tempel
46 Konstantins-Bogen
47 Aquädukt (Aqua Claudia)
48 Hippodrom des Domitian
49 Kaiserpaläste (Domus Augustana, D. Tiberiana, D. Flavia)
50 Palatin
51 Tempel des Apollon
52 Tempel der Kybele (Magna Mater)
53 Circus Maximus
54 Ianus-Bogen

Abkürzungen

Abl.	Ablativ
AcI	Akkusativ mit Infinitiv
Adj.	Adjektiv
Adv.	Adverb
Akk.	Akkusativ
Akt.	Aktiv
Dat.	Dativ
Dekl.	Deklination
dir.	direkt
dopp.	doppelt(er)
dt.	deutsch
e.	englisch
f	feminin
f.	französisch
Fut.	Futur
Fw.	Fremdwort
Gen.	Genitiv
griech.	griechisch
i.	italienisch
Imp.	Imperativ
Impf.	Imperfekt
indekl.	indeklinabel
Ind.	Indikativ
Inf.	Infinitiv
jd.	jemand
jdm.	jemandem
jdn.	jemanden
intrans.	intransitiv
Jh.	Jahrhundert
Konjug.	Konjugation
Konj.	Konjunktiv
kons.	konsonantisch
lat.	lateinisch
m	maskulin
m.	mit
n	neutrum
Nom.	Nominativ
örtl.	örtlich
p.	portugiesisch
Pass.	Passiv
Perf.	Perfekt
Pers.	Person
Pl.	Plural
Plusqpf.	Plusquamperfekt
Präd. nom.	Prädikatsnomen
Präp.	Präposition
Präs.	Präsens
Pron.	Pronomen
r.	rumänisch
röm.	römisch
s.	spanisch
Sg.	Singular
Subj.	Subjunktion
Subst.	Substantiv
trans.	transitiv
vgl.	vergleiche
Vok.	Vokativ
wörtl.	wörtlich
zeitl.	zeitlich

Bildnachweis

akg-images **32 (1). 48. 57. 64. 68. 95. 99. 103. 104. 109** | akg-images / Bildarchiv Steffens **25. 33 (4)** | akg-images / Electa **13 (5). 74** | akg-images / Erich Lessing **17. 20 (1). 33 (5). 50 (3). 51 (5). 58 (3). 58 (4). 65. 66. 86. 88 (1). 88 (2). 125** | akg-images / François Guénet **89 (6)** | akg-images / Hervé Champollion **70 (1)** | akg-images / Museum Kalkriese **106 (2)** | akg-images / Nimatallah **23. 58 (1). 66** | akg-images / Peter Connolly **20 (2). 30. 59 (6)** | akg-images / Pirozzi **88 (3)** | akg-images / Rabatti – Domingie **21 (1). 35** | akg-images / Sammlung Archiv für Kunst und Geschichte **15** | akg-images / Werner Forman **77** | Archiv Dr. Klaus Mühl, Spardorf **53** | Bildarchiv Preußischer Kulturbesitz / SMB / Johannes Laurentius **123** | British Museum, London **13 (4). 70 (2). 73** | dpa picture-alliance / akg-images **63** | dpa picture-alliance / akg-images / Erich Lessing **89 (4). 121** | dpa picture-alliance / akg-images / Peter Connolly **71 (4)** | dpa picture-alliance / epa Gouliamaki **50 (4)** | dpa picture-alliance / Report / Matthias Hiekel **145** | Foto + Co. Peter Schubert, Dresden **107 (7)** | interfoto / Aisa **13 (2)** | interfoto / La Collection / Gilles Mermet **85** | interfoto / Prof. Mag. Michael Floiger / C.C. Buchner **71 (5)** | interfoto / Sammlung Rauch **13 (6)** | Kunsthistorisches Museum, Wien **56** | Limesmuseum Aalen / Ulrich Sauerborn **106 (1). 107 (5)** | Luciano Pedicini, Archivio dell'Arte, Neapel **84** | Ludwig-Roselius-Sammlung der Böttcherstraße, Bremen **96** | mauritius images / imagebroker / Christian Handl **45** | mauritius images / imagebroker / Helmut Meyer zur Capellen **50 (2)** | mauritius images / imagebroker / Stella **59 (7)** | mauritius images / John Warburton-Lee **6** | mauritius images / Radius images **51 (7)** | mauritius images / Volker Miosga **106 (3)** | Museum Kalkriese, Archäologischer Park **117** | Ny Carlsberg Glyptothek, Kopenhagen / Archiv Dr. Klaus Mühl, Spardorf **39** | Pfarrkirche St. Martin, Westenhofen bei Schliersee / Alfred Giglberger **101** | Prähistorische Staatssammlung, München **113** | Scala, Florenz **13 (3). 18. 32 (2). 32 (3). 33 (6). 37. 47. 51 (6). 89 (5). 93** | Staatliche Museen, Münzkabinett, Berlin **122. 126** | The Bridgeman Art Library **12 (1). 29. 50 (1). 59 (5). 89 (7). 91** | The Bridgeman Art Library / Agnew's, London **81** | The Bridgeman Art Library / Alinari **60** | The Bridgeman Art Library / Giraudon **43. 71 (6)** | The Bridgeman Art Library / Julian Hartnoll **69** | The Bridgeman Art Library / Look and Learn **83** | The Bridgeman Art Library / Manchester Art Gallery **21 (4)** | ullstein bild / Frischmuth **58 (2)** | Wien, Parlament **78** | Verlagsarchiv.

Einband Vorderseite: Die **römische Wölfin**. Etruskische Bronzeplastik. Um 500 v. Chr. Rom, Musei Capitolini. Bildarchiv Preußischer Kulturbesitz / Hermann Buresch | Die **Celsus-Bibliothek in Ephesos (Türkei)**. mauritius images / René Mattes | Die **Engelsburg in Rom (Italien)**. mauritius images / imagebroker / Sabine Lubenow | Die **Maison Carrée in Nîmes (Frankreich)**. mauritius images / age.

Einband Rückseite: Der **Trajantempel in Pergamon (Türkei)**. mauritius images / José Fuste Raga | **Getreidespeicher in Ostia (Italien)**. ullstein bild / imagebroker | Der **Dianatempel in Evora (Portugal)**. ullstein bild / KPA.

Seite 6: Das **römische Theater von Palmyra (Syrien)**. mauritius images / John Warburton-Lee.

IMPERIUM ROMANUM
Das Römische Reich
zur Zeit seiner größten Ausdehnung
2. Jh. n. Chr.
km 200 400
Maßstab 1:145 000
CALEDONIA
HIBERNIA
Vallum
Hadriani
Eburacum
BRITANNIA
Londinium
OCEANUS ATLANTICUS
Mare Germanicum
Oceanus
Britannicus
Rhenus
Visurgis
Albis
Viadua
Germania
inferior
Colonia
Agrippina
GERMANIA
Limes
Belgica
Sequana
Lugdunensis
Lutetia
GALLIA
Mosella
Augusta
Treverorum
Mogontiacum
Germania
superior
Castra Regina
Vindobona
Danuvius
Mare
Cantabricum
Liger
Aquitania
Vesontio
Augusta
Rauricorum
Augusta
Vindelicum
Raetia
Noricum
Dravus
Brigantium
Burdigala
Duranius
Lugdunum
Garumna
Rhodanus
Mediolanum
Aquileia
Pannonia
Padus
HISPANIA
Tarraconensis
Iberus
Narbonensis
Tolosa
Arausio
Arelate
Aquae
Sextiae
Genua
Savus
Durius
Salmantica
Numantia
PYRENAEI
Narbo
Massilia
Ravenna
ILLYRICUM
Dalma
Lusitania
Caesaraugusta
Bilbilis
Pisae
Salonae
Tagus
Olisipo
Emerita Augusta
Toletum
Tarraco
Corsica
Tiberis
Mare Adriaticum
Anas
Saguntum
ITALIA
Ostia
Roma
Valentia
Corduba
Baetis
Baleares
Capua
Neapolis
Pompei
Paestum
Brundi
Tarentum
Sardinia
Gades
Baetica
Nova Carthago
Mare Tyrrhenum
Tingis
Mare Ibericum
Mauretania
Tingitana
Volubilis
Hippo Regius
Panormus
Segesta
Mare
Ion
Carthago
Sicilia
Agrigentum
Syracusae
Mauretania Caesariensis
Numidia
Zama
Thapsus
MARE
Syrtis minor
Tripolis
Leptis Magna
Africa proconsularis
Syrtis m
AFRICA